Psychologie des Wohlstands

Reihe Campus
Band 1029

Dieses Buch ist seit seinem ersten Erscheinen 1977 zum Klassiker geworden. Über die erste Auflage schrieb Hanspeter Müller im *Handelsblatt:*

»Die Psychologie hat erst sehr spät ihren Einzug in die Wirtschaftswissenschaften gehalten . . . So muß der amerikanische Wirtschaftswissenschaftler Tibor Scitovsky darauf hinweisen, ›daß die psychologische Theorie sehr viel realistischer und überzeugender ist als die vage Prämisse eines »rationalen Verhaltens«, die von den Ökonomen unterstellt wird‹. Diese Worte stammen – wohlgemerkt – von einem Professor der Ökonomie.

Aber Scitovskys Buch ist alles andere als eine plumpe ›Ökonomen-Schelte‹ – es liest sich nur zuweilen in lockeren Passagen so . . . Es mögen im zweiten Teil des Buches zu viele Beispiele aus dem amerikanischen ›way of life‹ genannt werden – doch bei genauerem Hinschauen sind sie ohne weiteres auf deutsche Verhältnisse übertragbar. Scitovsky stellt die Fragen ›Geht es uns zu gut?‹, ›Ist unser Leben zu langweilig?‹, ›Was stimmt mit der Massenproduktion?‹, ›Was stimmt mit der Spezialisierung?‹

. . . Das Buch ist eine Provokation: Zum einen gegen die herrschenden Lehren der Wirtschaftswissenschaften vom Wohlstandsstaat, zum anderen gegen diejenigen, die meinen, menschlich-allzu-menschlichen Bedürfnissen wie Handarbeiten, Do-it-yourself-Aktivitäten oder Geselligkeit allzu wenig Raum in der Beurteilung des Menschen mit dem angeblich ›rationalen Verhalten‹ erlauben zu können.

Der ›homo oeconomicus‹, dessen unglaubliche Eigenschaften auch heute noch in Prüfungen angehender Wirtschaftswissenschaftler abgefragt werden, sollte vergessen werden (die wirtschaftliche Praxis amüsiert sich schon lange über ihn). Scitovskys Buch gibt dazu wieder beredten Anlaß.«

Tibor Scitovsky, geb. 1910, war bis zu seiner Emeritierung 1982 Professor für Ökonomie an der Stanford University und lebt in Kalifornien.

Tibor Scitovsky

Psychologie des Wohlstands

Die Bedürfnisse des Menschen
und der Bedarf des Verbrauchers

Campus Verlag
Frankfurt/New York

Das amerikanische Original erschien unter dem Titel *The Joyless Economy*
Copyright © 1976 by Oxford University Press Inc., New York, London, Toronto
Aus dem Englischen von Gerti von Rabenau

CIP-Titelaufnahme der Deutschen Bibliothek

Scitovsky, Tibor:
Psychologie des Wohlstands : die Bedürfnisse des Menschen
und der Bedarf des Verbrauchers / Tibor Scitovsky. [Aus d.
Engl. von Gerti von Rabenau]. – Frankfurt/Main ; New York :
Campus Verlag, 1989
   (Reihe Campus ; Bd. 1029)
   Einheitssacht.: The joyless economy <dt.>
   ISBN 3–593–34202–2
NE: GT

Veröffentlicht in der Reihe Campus 1989

Umschlaggestaltung: Atelier Warminski, Büdingen unter Verwendung eines Fotos von Peter Hebler, Berlin 1982 (WIR, Beltz Verlag Weinheim Basel 1984)
Gesamtherstellung: Friedrich Pustet, Regensburg
Printed in Germany

Inhalt

Für Elisabeth, die mich zum Schreiben dieses Buches anregte, mich dabei unterstützte und mir viele Ideen dazu lieferte.

Vorwort

Dieses Buch wurde zwar von einem Ökonomen geschrieben, aber es behandelt Fragen, die offiziell noch nicht als Bestandteil der Wirtschaftswissenschaft betrachtet werden. So sind die individuellen Neigungen der Menschen sowie die Art und Weise, wie sie ihr Geld verwenden und ihr Leben gestalten, von Ökonomen eigentlich immer mit ziemlich vordergründigem Interesse behandelt worden. Sie gehen offensichtlich von der Vorstellung aus, daß eine genauere Analyse der individuellen Neigungen und Motivation als Einbruch in die Intimsphäre und als eine Verletzung der Konsumentensouveränität empfunden werde. Außerdem scheinen sie den Vorwurf zu befürchten, sie würden dem Konsumenten vorschreiben, was für diesen gut ist. Deswegen unterstellen Nationalökonomen dem Verbraucher ein grundsätzlich rationales Handeln, das heißt, sie nehmen an, daß er je nach seinen Neigungen, Marktchancen und Umständen bei allem, was er tut, immer den größtmöglichen Nutzen anstrebt, da er sich sonst anders verhalten würde. Der große Vorteil einer solchen Prämisse ist, daß die Ökonomen das tatsächliche Verhalten des Konsumenten als ein getreues Abbild seiner Präferenzen betrachten und daraus wiederum sein Verhalten ablesen können. Diese Annahme und die damit verbundenen Implikationen werden als die Theorie der offenbarten Präferenzen bezeichnet, auf der ein großer Teil der wirtschaftswissenschaftlichen Thesen, Schlußfolgerungen und Empfehlungen aufbaut.

Ich halte ein derartiges Vorgehen für unwissenschaftlich und versuche deshalb in diesem Buch, den Grundstein für etwas weniger Anspruchsvolles und zugleich Besseres zu legen. Meines Erachtens besteht die wissenschaftliche Behandlung eines Themas darin, bestimmte Verhaltensweisen zu beobachten – das heißt, das Verhalten verschiedener Menschen in ähnlichen Situationen und dieselben Personen in anderen Situationen zu untersuchen – um die dabei feststellbaren Regelmäßigkeiten, Gemeinsamkeiten und offensichtlichen Widersprüche sowie deren Auflösung zu erkennen und daraus dann eine Theorie über das menschliche Verhalten zu entwickeln. Die Verhaltensforscher der Psychologie haben sich genau an dieses Prinzip gehalten. Deshalb werde ich mich bei meinem Versuch, das Verbraucherverhalten und dessen Motivationen zu erklären, auch ihrer Arbeiten, ihrer experimentellen Ergebnisse und der daraus abgeleiteten Theorien bedienen. Dementsprechend werde ich im Anschluß an mein erstes Kapitel, in dem ich den Standpunkt der Ökonomie sowie die Notwendigkeit einer sehr viel gründlicheren Untersuchung des Verbrauchers aufzeigen möchte, in den folgenden drei Kapiteln (2, 3, 4) versuchen, eine ausführliche aber leicht verständliche Darstellung über die Erforschung des menschlichen Verhaltens durch die Psychologen zu geben. Dabei möchte ich den Leser von vornherein darauf aufmerksam machen, daß ich mit »Psychologie« immer die *physiologische* Psychologie meine, oder genauer gesagt, die Motivationspsychologie als den Bereich der physiologischen Psychologie, der sich am ehesten für die Entwicklung, Erweiterung und möglicherweise Korrektur der ökonomischen Theorie des Konsumentenverhaltens eignet.

Die Theorie der Psychologie zeichnet sich durch die Möglichkeit aus, jede Behauptung durch experimentelle Untersuchungen zu prüfen. Ich werde später noch mehrere Beispiele hierfür bringen, um einen kleinen Eindruck von dem Beweismaterial zu vermitteln. Meine Beispiele werden zeigen, daß die psychologische Theorie sehr viel realistischer und überzeugender ist als die vage Prämisse eines »rationalen Verhaltens«, die von den Ökonomen unterstellt wird. Das soll keineswegs heißen, daß unser Verhalten immer irrational ist, sondern es ist einfach sehr viel komplexer und subtiler, als uns die Wirtschaftswissenschaftler glauben machen wollen. Rationales Verhalten heißt doch, daß man die beste aller vorhandenen Alterativen wählt oder den besten Kompromiß zwischen sich gegenseitig ausschließenden Überlegungen findet, was jedoch nicht ausschließt, daß man sich bei der Bestimmung der möglichen Alternativen und der relevanten Überlegungen nicht auch täuschen kann.

Um die Theorie der Psychologie mit der Wirtschaftstheorie verbinden zu können, integriere ich dann (in Kapitel 5) ökonomische Aktivitäten und die wirtschaftliche Wohlfahrt in den erheblich umfassenderen Rahmen der Psychologie. Das Ergebnis ist eine klare Trennung von materiellen und immateriellen Befriedigungen, eine Diskussion über die Arbeit als Grenzfall der Bedürfnisbefriedigung und ein besseres Verständnis jener Faktoren, die darüber entscheiden, welche Mittel der Bedürfnisbefriedigung dem Bereich der Ökonomie zuzuordnen sind. Die Befriedigung der materiellen Bedürfnisse, der die breite Öffentlichkeit die meiste Zeit und Aufmerksamkeit widmet, macht zwar nur einen relativ geringen Teil aller Bedürfnisse aus, aber dies ist genau der Teil, dessen Umfang und Verteilung wir am ehesten kontrollieren können. Anschließend (in Kapitel 6) versuche ich, ökonomische und psychologische Kategorien der Mittel zur Bedürfnisbefriedigung in Einklang zu bringen, um schließlich die in den vorhergehenden Kapiteln erläuterte Theorie des Individuums in Isolation durch die Einbeziehung sozialer Motivation zu vervollständigen. Die Psychologen besitzen ein viel umfassenderes Wissen vom menschlichen Verhalten als die Ökonomen, und ich möchte versuchen, diese Erkenntnisse noch durch die Erwähnung von Gratifikationen zu ergänzen, die aus einem bestimmten sozialen Status resultieren bzw. mit philanthropischem und altruistischem Verhalten verbunden sind.

Der theoretische Teil dieses Buches wird mit Kapitel 7 abgeschlossen, in dem das überraschende Verhältnis – vielmehr das fehlende Verhältnis – zwischen Einkommen und Bedürfnisbefriedigung untersucht wird, und aus dem sich erkennen läßt, warum unsere Hoffnung, daß mehr Geld auch mehr Glück mit sich bringt, falsch ist.

Im zweiten Teil des Buches habe ich versucht, die Theorie des ersten Teils auf die Realität zu übertragen, indem ich (in Kapitel 8 und 9) zunächst die in den Vereinigten Staaten vorherrschenden Verhaltensmuster im allgemeinen und das Konsumverhalten im besonderen darstelle und (in Kapitel 10 bis 13) erkläre. In Kapitel 8 möchte ich Beispiele dafür bringen, daß wir bei manchen sogenannten guten Dingen des Lebens zuviel des Guten tun oder – wie in Kapitel 9 gezeigt wird – von manchen dieser Dinge wiederum zu wenig bekommen. Ich habe diese beiden scheinbar ähnlichen Phänomene bewußt getrennt, weil das Merkmal des Überflusses sich doch erheblich von dem des Mangels unterscheidet. Eigentlich gehört zu Kapitel 8 und 9 auch der größte Teil des statistischen Materials; aber um den Leser nicht mit Daten zu überfüttern, habe ich einen Teil davon in spätere Kapitel verlagert.

In den folgenden Kapiteln versuche ich den Ursprung des American way of life zu erklären und mit dem europäischen Lebensstil zu vergleichen. Die Erfahrungen der frühen amerikanischen Einwanderer mit den privilegierten und begüterten Schichten Europas schufen in unserer nationalen Tradition ein starkes Moment der moralischen Abkehr von solchen Lebensformen. Heute ist die ganze amerikanische Gesellschaft jedoch dank des technischen Fortschritts zur Wohlstandsgesellschaft geworden. Es gibt einen himmelweiten Unterschied zwischen einer privilegierten Klasse, deren Wohlstand auf der Ausbeutung anderer beruht und einer Gesellschaft, deren technischer Fortschritt Wohlstand für jeden einzelnen schafft; vom moralischen Unterschied jedoch abgesehen, haben sie das gemeinsame Problem, Muße und Wohlstand sinnvoll zu nutzen. Wir Amerikaner hatten wenig Zeit, für uns eine Fähigkeit zur Muße zu entwickeln, in mancher Hinsicht haben die privilegierten Klassen in Europa darauf immer noch das Monopol; und natürlich wehren wir uns dagegen, von denen, die wir früher verachtet und bekämpft haben, Rat anzunehmen.

Der Ansatz des ersten Teils meines Buches liefert jedoch Kriterien für die Kritik sowohl der europäischen privilegierten Klassen wie der amerikanischen Wohlstandsgesellschaft. Der europäische Leser wird, so hoffe ich, das Buch in diesem Sinne lesen – zumal sich in Europa eine ähnliche Wohlstandsgesellschaft entwickelt, die auf Amerika als Ratgeber blickt. Scheinbar mißtraut sie den Traditionen ihrer eigenen privilegierten Klassen genauso stark, wie wir es tun.

Kapitel 10 gibt zunächst einen Überblick über unsere religiöse und kulturelle Tradition, Kapitel 11 schildert die Rolle der Bildung für die Entwicklung unserer Neigungen und Wertvorstellungen, und Kapitel 12 und 13 behandeln die Auswirkungen der Massenproduktion beziehungsweise der Spezialisierung.

Kapitel 1
Einführung: Geldherrschaft und die Diktatur der Armen

Der Amerikaner gilt in der Welt als Verbraucher Nummer Eins, und die Art und Weise, wie er das höchste Einkommen der Welt für seinen spezifischen Lebensstil ausgibt, wurde von den meisten Völkern nachgeahmt und angestrebt.

Es erscheint aber keineswegs ausgeschlossen, daß Amerika den Höhepunkt seiner Blüte bereits in der Mitte dieses Jahrhunderts überschritten hat. Bis dahin fühlten wir uns nicht nur als Nation, sondern auch als Individuen in jeder Beziehung tonangebend.

Leider war dies ein kurzlebiger Ruhm. Unser Selbstbewußtsein ließ bereits nach, während wir noch im Aufstieg begriffen waren. Obwohl sich die objektiven Gegebenheiten kaum verändert haben, hat sich das Bild des amerikanischen Verbrauchers in der kurzen Zeitspanne eines Jahrhunderts grundlegend gewandelt. Unsere stolze Selbstdarstellung eines »souveränen Konsumenten« schrumpfte zu dem bemitleidenswerten Bild eines hilflosen Verbrauchers, der von allen Seiten schikaniert und belästigt, betrogen und übers Ohr gehauen und sogar vergiftet wird. Wie ist ein derart großer und plötzlicher Wandel des Bildes, das wir von uns selbst haben, möglich?

Ein Grund ist zweifellos die zunehmende Erkenntnis, daß der technologische und wirtschaftliche Fortschritt auch eine negative Seite hat. Die Wissenschaft liefert uns immer mehr Beweise für die zunehmende Gefährdung unserer Gesundheit, unserer Umwelt und der kommenden Generationen, die durch unsere rücksichtslose Kriegsführung und Schädlingsbekämpfung, durch die Vergeudung von Ressourcen, durch das Konsumieren zu vieler Medikamente und Nahrungsmittelzusätze und durch die insgesamt übermäßige Verwendung mechanischer Hilfsmittel zugunsten unserer Bequemlichkeit und Sicherheit bedingt ist.

Gibt es noch andere Gründe für unsere zunehmende Frustration über unseren Lebensstil? Könnte es sein, daß wir unsere Befriedigung bei den falschen Dingen oder auf die falsche Art und Weise suchen und daß wir deswegen mit dem

Ergebnis unzufrieden sind? Dies ist genau die Frage, die dieses Buch behandelt und zu beantworten sucht. Es ist eine ziemlich schwierige Frage, weil wir uns daran gewöhnt haben, die Schuld im System oder in der Wirtschaft zu suchen, und weil wir erst wieder lernen müssen, die Ursachen bei uns selbst zu sehen. Diese Haltung war in den vergangenen, stärker religiös geprägten Jahrhunderten durchaus üblich, da sich damals die Aufmerksamkeit vor allem auf die Übertretung der göttlichen Gebote durch den Menschen richtete. Im Laufe der Zeit haben wir die christlichen Gebote immer mehr abgewertet, bis wir schließlich den Menschen selbst zum besten Schiedsrichter für sein Tun und Handeln erklärten.

Dies war eine ziemlich kühne und stolze Anschauung, aber sie unterband mehrere Generationen hindurch jegliche wissenschaftliche Erforschung des Konsumentenverhaltens; denn sie schien – völlig logisch – jeden Konflikt zwischen dem, was der Mensch für sich selbst auserwählt, und dem, was ihn am meisten befriedigt, auszuschließen.

Die Ökonomen von heute betrachten beides als synonym. Sie akzeptieren bedingungslos das Urteil des Verbrauchers als Ausdruck dessen, was für ihn am besten ist. Sie legen seine Neigungen als das Ergebnis seines Urteils aus und interpretieren sein Marktverhalten als Realisierung seiner Präferenzen. Sie analysieren nicht die Motivationen für das Konsumentenverhalten, weil dies angeblich ihren fachlichen Rahmen übersteigt und unweigerlich ein falsches Urteil impliziert, da nämlich ein Mensch, der das Beste aus seinem Leben zu machen versucht, mit dem Maßstab eines anderen Menschen beurteilt würde. Deswegen unterstellt der Ökonom stillschweigend, daß die Konsumenten genau wissen, was sie tun, und daß sie immer ihr Bestmögliches tun, so daß der Wirtschaftswissenschaftler nur mehr dafür sorgen muß, daß die Wirtschaft genau das liefert, wonach der Verbraucher fragt.

Eine derartige Auffassung ignoriert die Tatsache, daß individuelle Neigungen sehr stark variieren, daß sie auf Gewohnheiten und äußere Eindrücke reagieren und sich ständig durch neu hinzukommende Erfahrungen sowie durch geänderte Preise wandeln und daß sie darüber hinaus auch durch die unterschiedlichen Möglichkeiten der Bedürfnisbefriedigung beeinflußt werden. Außerdem übersieht diese Auffassung die Möglichkeit, daß dieselben Einflüsse, die unsere Neigungen verändern, auch unsere Fähigkeit modifizieren können, uns durch die Dinge befriedigen zu lassen, die unserem Geschmack entsprechen. Kurzum, die herkömmliche Annahme der Ökonomen, daß jeder Konsument am besten weiß, was gut für ihn ist, und daß sich im Konsumentenverhalten genau dieses Wissen widerspiegelt, erscheint ausgesprochen unwissenschaftlich. Stattdessen schlage ich vor, das Verhalten der Konsumenten zunächst einmal genauer zu betrachten, seine Motivationen zu untersuchen, um dann die entsprechenden Schlußfolgerungen zu ziehen.

Der Markt liefert den einzelnen Produzenten sowie den Käufern und Verkäufern Informationen und bringt dadurch ihre Handlungen in Einklang. Die Wirtschaftswissenschaftler sehen in einer derartigen »Harmonie« den Beweis dafür, daß die von der Wirtschaft hergestellten Güter dem Geschmack der Konsumenten genau entsprechen. In Wirklichkeit ist der Markt jedoch völlig neutral. Er übt auf Käufer und Verkäufer genau denselben Druck zur Anpassung aus, und derjenige, der von beiden am flexibelsten ist, muß sich letztlich am stärksten anpassen. Obwohl Konsumenten und Produzenten von der Anpassung der anderen Gruppe an ihre Wünsche gleichermaßen profitieren, besitzen die Produzenten grundsätzlich mehr Macht und Einfluß. 1973 gaben die amerikanischen Produzenten 20 Milliarden Dollar für Werbung aus – dies ist ein deutlicher Beweis, daß sie diese Macht auch ausnutzen. Insofern kann die Übereinstimmung zwischen Konsumentenwünschen und Angebotsstruktur auch einfach ein Zeichen für die Anpassung der menschlichen Neigungen an die strengen Anforderungen des Produktionssystems sein – und wenn dies so wäre, könnten wir uns kaum dazu beglückwünschen. Wir wissen nicht, was flexibler ist, das Konsumenten- oder das Produzentenverhalten. Und wir wissen auch nicht, wer sich letztlich am meisten anpaßt. Und diese Frage läßt sich auch nicht im voraus beantworten. Die Ökonomen wissen zwar ziemlich genau, wie die Produzenten »funktionieren«, aber sie wissen fast gar nichts über die Motivationen der Konsumenten – obwohl dies mindestens genauso wichtig für uns ist.

Die Erforschung des Konsumentenverhaltens und seiner Antriebskräfte könnte den Ökonomen ein besseres Verständnis für die tatsächliche Bedeutung der Harmonie zwischen Verbrauchs- und Produktionsstrukturen sowie eine genauere Vorstellung über das Funktionieren der Wirtschaft vermitteln und damit eine bessere Grundlage für die Entwicklung und Empfehlung wirtschaftspolitischer Maßnahmen zur Produktivitätssteigerung bieten.

Im Idealfall ließe sich durch das größere Verständnis des Konsumentenverhaltens sogar noch mehr erreichen. Wie wir wissen, hat es sich bei uns eingebürgert, Wirtschaftswissenschaftler als Regierungsberater einzustellen, und diese gehen, wie alle Ökonomen, von der Annahme des Maximierungsverhaltens aus, das heißt, der Konsument strebt seine größtmögliche Befriedigung an und der Unternehmer den höchstmöglichen Gewinn. Auf dieser Grundlage konzentriert sich der Ökonom nunmehr darauf, welches Ergebnis ein derartiges Maximierungsverhalten unter verschiedenartigen Einrichtungen, Bedingungen und politischen Maßnahmen zur Folge hat und inwieweit dies erwünscht ist. Er betrachtet es jedoch nicht als seine Aufgabe, die Fähigkeit des Konsumenten zur Maximierung seines wie auch immer definierten Nutzens zu bezweifeln oder ihm zu raten, was für ihn das Beste ist.

Vor noch nicht allzu langer Zeit verhielten sich die Nationalökonomen gegenüber der Fähigkeit der Unternehmer zur Maximierung ihrer Gewinne genauso zurückhaltend und ablehnend. Doch als sie schließlich anfingen, dessen Schwierigkeiten bei der Gewinnmaximierung zu untersuchen und zu verstehen, bekamen sie allmählich einige dieser Probleme besser in den Griff als die Unternehmer selbst. Dadurch gerieten sie bald in die Rolle gesuchter Experten, die Firmen bei der Vorhersage von Trends, beim Einsparen von Kosten und bei Maßnahmen zur Produktivitäts- und Gewinnsteigerung beraten konnten.

Es erhebt sich die Frage, ob die Ökonomen in der Lage sind, die Probleme eines Konsumenten bei der Verplanung seines Einkommens und der Gestaltung seines Lebens ebenso abzuschätzen und ihm dabei in ähnlicher Form zu helfen. Die Beantwortung dieser Frage ist noch nicht möglich. Ich kann mir jedenfalls mich oder meine Kollegen noch nicht in der Rolle eines »Familienökonomen« vorstellen, der feste Bürozeiten hat oder gar Hausbesuche bei Konsumenten macht, um sie in Konsumfragen zu beraten. Es ist aber sicher denkbar, daß wir dem Konsumenten zu einem besseren Verständnis seines eigenen Verhaltens und zu größerer Rationalität verhelfen könnten, wenn wir seine Bedürfnisbefriedigungen in Bestandteile zerlegen und die Kräfte aufzeigen, die den Verbraucher veranlassen, eine Sache abzulehnen und eine andere zu begehren. Wer weiß? Vielleicht kann dieses Buch seinen Lesern helfen, bessere Konsumenten zu werden.

Obwohl die Wirtschaftswissenschaftler nie das Wesen und den Ursprung der Konsumentenpräferenzen analysiert haben, wurde diese Arbeit dennoch bereits von anderen Wissenschaftlern gemacht, so daß wir nicht ganz von vorn anfangen müssen. Die Psychologen haben schon sehr viel über die Motivationen des menschlichen Verhaltens erforscht, von dem das Konsumverhalten ja ein Teilbereich ist. Darüber hinaus ähnelt die wissenschaftliche Methode zumindest mancher Psychologen – und zwar meistens der physiologischen Psychologen – der der Ökonomen, weil sie ebenfalls vom Verhalten ausgehen und von daher dessen Motivationen ableiten. Der Hauptunterschied besteht darin, daß die Ökonomen speziell das tatsächlich zu beobachtende Marktverhalten der Wirtschaftssubjekte untersuchen, während die physiologischen Psychologen einerseits sehr viel mehr Verhaltensweisen beobachten – und zwar meistens an Hand sorgfältig kontrollierter Experimente – und daß sie sich andererseits nicht auf den Menschen beschränken. Auf jeden Fall passen beide Gebiete gut zusammen, und ich werde versuchen, beide in einer umfassenderen Theorie über das menschliche Streben nach Bedürfnisbefriedigung zu integrieren.

Ein Grund, warum sich die Wirtschaftswissenschaftler weigerten, die Konsummotivationen näher zu erforschen, war ihr Glaube, daß jeder Konsument sein eigener Herr ist, der seinem persönlichen Geschmack und seinen individuellen Neigungen nachgehen kann, und daß die Wirtschaft überdies im Bereich der privaten Güter die verschiedenen Geschmäcker alle gleichzeitig erfüllen kann. Diese Auffassung, die als das Prinzip der Konsumentensouveränität bezeichnet wird, ist eine grobe Vereinfachung. Dies gilt insbesondere für unser Zeitalter der Massenproduktion, in dem fast nichts mehr hergestellt wird, das nicht auch in Stückzahlen von mehreren Tausend produziert werden könnte.

Immer dann, wenn jemand Geld ausgibt, um Güter und Dienstleistungen zu erwerben, machen die Menschen von ihrem Recht der freien Wahl Gebrauch und von ihrer Freiheit zu entscheiden, was und wieviel sie kaufen. Diese Freiheit darf man jedoch nicht mit der Konsumentensouveränität verwechseln. Der Konsument ist nur dann souverän, wenn seine Wahl die Art und Menge der produzierten Güter und Dienstleistungen beeinflußt.

In zentralen Planwirtschaften treffen beispielsweise zentrale Planer die Produktionsentscheidungen, aber diese Entscheidungen richten sich mehr oder weniger stark nach den Präferenzen der Käuferschichten und kommen in deren Käufen zum Ausdruck. Die Stärke dieses Einflusses gibt das Maß an Konsumentensouveränität in einer Planwirtschaft wieder. Demgegenüber werden in einer freien Marktwirtschaft angeblich alle Produktionsentscheidungen ausschließlich von der freien Wahl der Käufer determiniert, das heißt es herrscht volle Konsumentensouveränität. Selbst wenn wir diese stolze Behauptung als richtig akzeptieren, bleiben dennoch die meisten wichtigen Fragen unbeantwortet. Es gibt ja immerhin Millionen von Konsumenten. Sind alle wirklich souverän? Und sind sie gleichermaßen souverän? Und wenn nicht, wodurch bestimmt sich ihr relativer Einfluß auf die Art und Menge der produzierten Güter und Dienstleistungen.

Die herkömmliche Antwort auf diese Fragen lautet, daß der Markt einer Wahlmaschine ähnelt, in der das von den Konsumenten ausgegebene Geld wie Wählerstimmen bewertet wird. Je mehr ein Konsument ausgibt, umso größer ist sein Stimmgewicht. Deswegen führt die Konsumentensouveränität in einer freien Marktwirtschaft zur Plutokratie, das heißt zur Herrschaft der Reichen, da sich der Einfluß jedes Konsumenten auf die Art der produzierten Güter nach der Höhe seiner Ausgaben richtet. Diese Plutokratie ist eine echte Schwäche unserer Wirtschaft, aber wir versuchen, deren schlimmste Folgen soweit wie möglich auszuschalten und sie durch progressive Steuern, Wohlfahrtsmaßnahmen und die kostenlose oder subventionierte Bereitstellung von lebensnotwendigen Gütern zu mildern.

Darüber hinaus liefert unsere Wirtschaft noch ein sehr viel wirkungsvolleres Hilfsmittel gegen die Herrschaft der Reichen: die Vorteile der Massenproduktion. Dank der modernen Technologie können die von vielen Leuten gekauften Güter billiger hergestellt werden als jene, die nur von wenigen gekauft werden. Die Armen genießen deshalb den Vorteil der großen Zahl; denn alle diejenigen, die dieselben Güter haben wollen, können gewöhnlich billiger bekommen, und dieser günstigere Preis mildert zumindest bei diesen spezifischen Gütern ihre Armut. Somit geht in der modernen Wirtschaft die Herrschaft des Geldes immer dann mit einer »Herrschaft des Mobs« einher, wenn die Vorteile der Massenproduktion zu bedeutenden Kostensenkungen führen und die Massen die Möglichkeit haben, genau die Güter zu bekommen, die gleichzeitig von vielen als erstrebenswert betrachtet werden. Eines der Hauptziele der Werbung ist, dies Streben auf möglichst viele Menschen auszudehnen.

»Herrschaft der Reichen« und »Herrschaft der Massen« hört sich etwas merkwürdig an, aber es ist tatsächlich genau die Herrschaftskombination, die uns vom Kapitalismus der Gegenwart auferlegt wird. Außerdem ist die Kombination beider Formen besser als die Existenz einer einzigen Herrschaftsform, weil sie so beide ihre Nachteile gegenseitig mildern. So wären die prinzipiellen Ungerechtigkeiten der Herrschaft der Reichen sehr viel schwerer zu ertragen, wenn die moderne Technologie und die Massenproduktion nicht viele der lebensnotwendigen Güter fast allen Menschen zugänglich machen würden. Unser Gerechtigkeitssinn wird nicht allein dadurch befriedigt, daß irgendein statistischer Index für Einkommensungleichheit unter einem groben numerischen Wert bleibt, sondern er verlangt, daß unabhängig von den vorhandenen Einkommensungleichheiten jeder den gleichen Zugang zu den lebensnotwendigen Gütern hat. Und genau dies ist einer der Vorzüge der Massenproduktion.

Die mit der Herrschaft der Massen verbundenen Nachteile und deren Milderung durch die Plutokratie sind nicht so einfach zu erfassen. Um möglichst billig zu produzieren, muß der Produzent seinen Markt erweitern, und dies kann er am besten dadurch erreichen, daß er die Bedürfnisse anspricht, die bei vielen Menschen vorhanden sind und die über die Gründbedürfnisse hinausgehen. Hierbei handelt es sich um die primitiven unreflektierten Bedürfnisse oder deren Abarten, die selbst der anspruchsloseste Konsument mit allen anderen Verbrauchern gemein hat. Durch die gezielte Ansprache dieser Wünsche übt der Anbieter eine wichtige ökonomische Funktion aus: Er schafft nämlich die notwendigen Bedingungen, um die Vorteile der Massenproduktion auszunutzen, wodurch sein Produkt billiger und für alle erschwinglich wird. Gleichzeitig entmutigt und unterdrückt er allerdings etwas ausgefallenere Neigungen und vermindert dadurch das Geschmacksniveau der Konsumenten. Diese beiden Effekte scheinen in unserer Wirtschaft bedauerlicherweise unvermeidlich miteinander gekoppelt zu sein, so daß meine Wahl des etwas abfälligen Ausdrucks »Herrschaft des Mobs« für die Vorteile der Massenproduktion im Kapitalismus demnach gerechtfertigt erscheint. Wir können der Filmindustrie zwar vorwerfen, daß sie mit ihren »Familien-« und »Erwachsenenfilmen« eine das Jugendliche übertreibende Mentalität erzeugt, aber es erscheint ungerecht, wenn wir die Unternehmer dafür tadeln, daß ihnen alle Mittel recht sind, solange sie ihre Gewinne maximieren helfen, während wir gleichzeitig in der Gewinnmaximierung das Leitprinzip der Wirtschaft sehen.

Jemand, der konformistisch genug ist, um seine Bedürfnisse mit Millionen anderer Leute zu teilen, wird sich gut versorgt fühlen, weil die Dinge, die er haben möchte, in Massen erzeugt und zu niedrigen Preisen angeboten werden. Demgegenüber wird jemand mit ausgefallenem Geschmack, der einen andersartigen Lebensstil bevorzugt, durch sehr hohe Preise oder durch das Fehlen bestimmter von ihm erstrebter Güter benachteiligt und entmutigt werden. Wenn er zugleich Millionär ist, kann er sowohl die hohen Preise zahlen, als sich auch die nicht vorhandenen Güter beschaffen, da dies ja in der Regel nur eine Frage des Preises ist. Je entwickelter eine Wirtschaft ist, umso größer sind die Vorteile der Massenproduktion und umso größer ist die Diskrepanz zwischen den Massenprodukten und anderen Erzeugnissen und damit auch zwischen der Anpassung an den vorherrschenden Lebensstil und der Präferenz einer davon abweichenden Lebensweise.

Die Leser, die kein besonderes Mitgefühl für die Reichen empfinden, haben wahrscheinlich nichts dagegen, daß Millionäre horrende Preise zahlen und begründen dies damit, daß jede Preisdiskriminierung, die irgenwelche Ungleichheiten mindert, nur positiv ist. Doch beruht eine derartige Einstellung auf einem Mißverständnis. Nicht die Millionäre werden vom Durchschnittskonsumenten beargwöhnt, indem er diese diskriminiert und überhöhte Preise zahlen läßt, das Mißtrauen der Massen richtet sich vielmehr gegen die Exzentriker. So zahlt ein kauziger Millionär – und wahrscheinlich sind die meisten Millionäre etwas kauzig – genau denselben Preis wie ein kauziger Nicht-Millionär für die von ihm gewünschten Güter. Seine höhere Kaufkraft und größere Konsumentensouveränität entsprechen demnach seinem höheren Einkommen und Reichtum. Aber unsere Wirtschaft diskriminiert in erster Linie die Exzentriker, das heißt die Leute, die – egal, ob arm oder reich – etwas anderes wollen. Der exzentrische Millionär ist schon fast sprichwörtlich geworden, weil er unter den Exzentrikern der einzige ist, der seine ausgefallenen Wünsche realisieren kann. Die meisten anderen sind aufgrund der hohen Preise gezwungen, ihre ausgefallenen Wünsche aufzugeben und sich stattdessen anzupassen.

»Exzentrisch« und »kauzig« sind vielleicht nicht ganz die richtigen Ausdrücke, aber die Bedürfnisse der Menschen nach andersartigen Erfahrungen, nach abweichender Lebensweise und nach der Möglichkeit, neue Dinge auszuprobieren und neue Bedürfnisse zu befriedigen, sind ein ernstes und grundlegendes Problem, wenn die Gesellschaft bei ihrer Suche nach dem guten Leben ihre wirtschaftlichen Möglichkeiten und ihren zunehmenden Wohlstand richtig ausnutzen will. Die moderne Technologie bietet viele erstaunliche Möglichkeiten, aber sie bringt uns gleichzeitig eine verstärkte Standardisierung und Einförmigkeit und beschränkt damit unsere Fähigkeit, die neu geschaffenen Möglichkeiten auszuschöpfen. Dies ist eines der großen Probleme unserer Zeit und zugleich das Hauptthema dieses Buches.

Es sollte nunmehr klar sein, daß die in der Wirtschaftswissenschaft übliche Darstellung des Konsumenten als einer Person mit bestimmten Neigungen und genauen Vorstellungen über seine Wünsche, die er nur deshalb nicht realisiert, weil ihm die Mittel dazu fehlen, ziemlich unzureichend ist. Und diese Unzulänglichkeit ihres Menschenbildes hat die Ökonomen bisher davon abgehalten, die Faktoren mit zu berücksichtigen, die den vorherrschenden Lebensstil beeinflussen und uns veranlassen, ihn bedingungslos zu akzeptieren und zu übernehmen, in Erwägung zu ziehen. Dadurch haben die Wirtschaftswissenschaftler versäumt, die wichtigste Antriebskraft des menschlichen Verhaltens zu erkennen und zu erforschen – nämlich das Streben des Menschen nach dem Unbekannten. Das Streben nach neuen Dingen und Ideen ist der Ursprung allen Fortschritts und jeglicher Zivilisation, und es ist sicher ein großer Fehler, es als eine wesentliche Quelle der Bedürfnisbefriedigung zu ignorieren.

Teil I
Die Psychologie und die Ökonomie der Motivationen

Kapitel 2
Zwischen Stress und Langeweile

Die Volkswirtschaftslehre und die Psychologie der Gegenwart haben ihren Ursprung in der Aufklärung. Beide Wissenschaften sehen in Jeremy Bentham einen ihrer Begründer, obwohl sich ihre Wege schon kurz nach seinem Tode deutlich trennten. Bentham machte damals unter anderem die scharfsinnige psychologische Beobachtung, daß die zweite Tasse Kaffee oder der zweite Teller irgendeines Gerichts weniger genossen wird als die erste Portion, und die Ökonomen entwickelten daraus ihr berühmtes Gesetz vom abnehmenden Grenznutzen. In unserem Jahrhundert jedoch haben sie sogar dies bißchen Psychologie aus ihrer Lehre verbannt, so daß sich die gegenwärtige ökonomische Theorie des Konsumentenverhaltens auf die Erforschung der logischen Konsequenzen beschränkt, die sich aus der Annahme rationalen menschlichen Verhaltens ergeben.

Dieselben Philosophen des achtzehnten Jahrhunderts, die das Verhalten des Menschen durch die ziemlich anmaßende Annahme der Rationalität erklärten, führten das keineswegs sehr andersartige Verhalten von »dummen« Tieren auf deren Instinkt zurück. Demgegenüber wählten die Psychologen für die Erforschung der Verhaltensmotivationen zunächst den Instinkt als Ausgangspunkt. Und dieses Konzept ist nach wie vor richtungsweisend, obwohl seine Nachteile allmählich immer stärker zutage traten und schließlich zu dem verwandten, aber befriedigerenden Konzept des »Triebes« führten. Danach sind Gefühle wie Hunger, Durst, Schmerz, Hitze und Kälte sowie sexuelle Empfindungen allesamt der Ausdruck biologischer Störungen, die nach der ursprünglichen Auffassung bestimmte Handlungen zur Beseitigung derselben und zur Wiederherstellung des organischen Gleichgewichts auslösten. Der Mechanismus, durch den eine Störung einen Trieb auslöst, und durch den die damit verbundene Handlung das Gleichgewicht wiederherstellt und somit den Trieb eliminiert, wird als »Triebtheorie«, »Reizreaktionstheorie« (SR-Theorie) und »Homöostase« bezeichnet. Ursprünglich hatte die Homöostase, das heißt die Tendenz des Organismus, wie eine Art Thermostat zu reagieren, eine engere Bedeutung. Man verstand darunter die heutige physiologische Homöostase, das heißt, die automatische unwillkürliche Aktion von Organen und Muskeln, durch die zum Beispiel die Körpertemperatur und die chemische Zusammensetzung des Blutes auf demselben Niveau gehalten werden, so daß beispielsweise ein Fremdkörper im Auge durch ein unwillkürliches Auswischen mit der Hand beseitigt wird. Dieses Konzept wurde später noch durch die »psychologische Homöostase« erweitert, welche die bewußten durch Triebe ausgelösten Aktionen beschreibt. Dabei sind diese bewußten Aktionen den unwillkürlichen Handlungen oft sehr ähnlich und ergänzen sie häufig: Auf jeden Fall zielen beide darauf ab, die Umgebung des Organismus in dem »Normal«-Zustand zu erhalten, der für die Selbsterhaltung und für die Bequemlichkeit am günstigsten ist (Cofer/ Appley 1964, Kap. 7).

Da sich durch die Dynamik der biologischen Triebe nicht sämtliche Aktivitäten erklären lassen, wurde die Theorie bald noch durch sekundäre oder erlernte Triebe im Gegensatz zu den primären oder biologischen ergänzt. Heute herrscht sogar die Auffassung vor, daß selbst beide zusammen nicht das gesamte Verhalten erklären können und daß ein noch umfassenderer Rahmen zur Vervollständigung der Triebtheorie erforderlich ist.

Die Erregung[1]

Genau wie der Instinkt mit der fortwährenden Entdeckung neuer Instinktformen als Erklärungsprinzip ausfiel, verlor die Triebtheorie mit der Zunahme der Triebarten ebenfalls an Bedeutung. Aber es gibt noch bessere Gründe dafür, daß man das menschliche Verhalten anders als durch Triebe zu erklären versucht.

Der erste ist, daß die Triebtheorie den Organismus als völlig passiv hinstellt, solange nicht irgendeine Störung oder eine Deprivation einen Trieb auslöst und so zu einer Handlung führt, um die Störung zu beseitigen. Dies hat sich inzwischen als falsch erwiesen.

»Die Beobachtung von Tieren und Menschen . . . hat ergeben, daß viel Zeit und Energie für kurze, unabhängige, oftmals wiederholte Handlungen verbraucht werden, die ohne äußeren Anlaß auftreten . . . autonom motiviert sind und . . . keinerlei Beitrag zur Erfüllung irgendeines entfernten, besonders wichtigen Zieles leisten. Der Organismus kratzt sich selbst, streckt sich, schüttelt seinen Kopf, grunzt oder trällert, schaut herum, untersucht einen unbedeutenden Gegenstand in seiner Umgebung, bohrt sich in der Nase oder stochert in den Zähnen, schaukelt hin und zurück, verändert seine Position, verdreht ein Stück Papier, knackt mit seinen Gelenken, summt, betrachtet ein Bild an einer Wand usw. ad infinitum.« (Nissen 1954, 314)

Der Mensch und die höher entwickelten Tiere vollbringen darüber hinaus eine Reihe längerer und komplizierterer Handlungen, die sich ebenfalls weder durch die Triebtheorie noch durch die Bedürfnisbefriedigung erklären lassen.

Der andere Grund für den neuen Erklärungsversuch des Verhaltens von seiten der Psychologen ist die zunehmende Erforschung durch die Neurophysiologen und die dadurch bedingten veränderten Auffassungen über die Funktionsweise des Gehirns. Genau wie den Organismus hat man lange Zeit auch die Nervenzellen und das gesamte zentrale Nervensystem für passiv gehalten, solange es nicht durch irgendeinen Impuls stimuliert wurde. Diese Vorstellung hat sich inzwischen als genauso falsch erwiesen. Wir wissen heute, daß Nervenzellen spontan »zünden« können und dies auch tun und daß das zentrale Nervensystem ständig in Aktion ist, egal ob der Organismus wach ist oder schläft, ob er stimuliert wird oder nicht. Die Gehirnaktivität, die als Erregung oder Aktivierung bezeichnet wird, schlägt sich in elektrischen Impulsen nieder, die mit Hilfe von Elektroenzephalographen registriert werden können und die dort als sogenannte EEG-Wellen erscheinen. Je schneller sich die Neuronen elektrisch entladen, umso größer ist die Erregung und umso höher die Frequenz der EEG-Wellen (die in Hertz gemessen werden). Darüber hinaus registrieren die EEG-Wellen nicht nur das »Feuern« einer einzigen Nervenzelle, sondern sie erfassen gleichzeitig viele Neuronen, und die Amplitude einer Welle mißt die Summe aller elektrischen Entladungen sämtlicher Neuronen, die in einem bestimmten Augenblick in einen gegebenen Teil des Gehirns Impulse schicken. Geschieht dies langsam, dann verläuft der Prozeß ziemlich synchron, das heißt, alle Nervenzellen feuern zur gleichen Zeit, wodurch die langsamen EEG-Wellen relativ gleichmäßig und breit werden. Andererseits bewirkt ein schnelleres Entladen ein geringeres Maß an Synchronizität, da verschiedene Nervenzellen zu unterschiedlichen Zeiten Impulse senden, so daß die schnellen EEG-Wellen ziemlich unregelmäßige und kleine Ausschläge aufweisen.

Die einzelnen Gehirnwellen entsprechen verschiedenartigen Erregungszuständen, obwohl wir noch nicht genau wissen, wie oder ob beide sich gegenseitig bedingen. Die Neurophysiologen haben diese Wellen nach dem griechischen Alphabet beziffert: Alpha, Beta, Gamma und so fort. Die bekanntesten und am leichtesten erkennbaren sind die langsamen (acht bis dreizehn Hertz), synchronen und ziemlich regelmäßigen Alphawellen, die eine relativ große Amplitude haben und die ein wacher Mensch dann zeigt, wenn er völlig ausgeruht und entspannt ist.

Der Grad der Erregung, der durch die Frequenz, die Amplitude und Synchronizität der EEG-Wellen gemessen wird, hängt von den Reizen ab, die das zentrale Nervensystem von außen erhält, das heißt über die Sinne (exterozeptive Stimulation), über die Muskeln und inneren Organe (enterozeptive Stimulation) und vom Gehirn (zerebrale Stimulation). Aber solange der Organismus lebendig ist, kann die Erregung nie bis auf Null absinken. Dementsprechend wird heute der Tod nicht mehr als das Aufhören der Herztätigkeit sondern der Gehirnaktivität definiert. Außerdem variiert das Erregungsniveau im Laufe des vierundzwanzigstündigen Tagesrhythmus mit dem jeweiligen Ruhezustand des Organismus. Es ist am niedrigsten während des Schlafens, aber »nach dem Aufwachen zeigen höhere Organismen gewöhnlich ein zunehmendes Maß von Wachheit, welche über eine relativ lange Zeit allmählich ansteigt und später stetig abnimmt, um schließlich bis zur Schläfrigkeit abzusinken und dann in den Zustand des Schlafes überzugehen« (Fiske/Maddi 1961, 39).

Das Erregungsniveau läßt sich natürlich nicht nur messen, sondern auch fühlen. Wir fühlen uns krank oder gesund, wir empfinden Schmerz oder Lust und jedesmal spüren wir zugleich unseren Grad der Erregung. Und weil der Mensch grundsätzlich Lust sucht und Schmerz zu vermeiden versucht, ist das Erregungskonzept grundlegend für die Erklärung unseres Verhaltens. Ohne die fortwährende Gehirntätigkeit und ohne das unaufhörliche Feuern der Nervenzellen kann es keine Reaktion auf Reize geben. Höhere Erregung ist mit Wachsamkeit und schneller Reaktion verbunden, sie sensibilisiert die Sinne gegenüber Reizen, erhöht die Kapazität des Gehirns zur Verarbeitung von Informationen, bereitet die Muskeln auf Handlungen vor und verkürzt so die gesamte Reaktionszeit, die zwischen dem Auftreten einer Sensation und der Reaktion darauf durch eine Handlung verstreicht. In dieser Zeit empfinden wir Aufregung, Emotionen, Ängste und Spannung. Demgegenüber befinden wir uns in einem Zustand geringer Erregung, wenn wir uns schwach, unaufmerksam, schlapp und müde fühlen. Die Teile des Gehirns, die bei dieser ständigen Aktivität mitwirken und für die Wachsamkeit des Organismus sorgen beziehungsweise diese regulieren, werden als »Erregungssystem« bezeichnet.

Heute geht man davon aus, daß Reize zwei parallele Effekte auf das zentrale Nervensystem ausüben: Einerseits stellen sie eine direkte Verbindung zu den assoziativen Bereichen des Gehirns her, das heißt zu den Teilen, die für das Denken und Entscheiden zuständig sind, indem sie spezifische Informationen über jeden einzelnen Reiz übertragen und dadurch eine mögliche Handlung vorbereiten. Andererseits verursachen dieselben Reize ein weitreichendes, unspezifisches, allgemeines Ansteigen im Aktivierungsniveau des Erregungssystems, was die Wachsamkeit erhöht und dadurch den direkten Reizreaktionsmechanismus des Gehirns auf ein effizientes und schnelles Funktionieren vorbereitet (Hebb 1955, 248).

Die verschiedenen Reize scheinen trotz unterschiedlicher Herkunft und Eigenschaften kumulativ auf das Erregungssystem zu wirken, so daß sich die Gesamterregung aus der Summe aller erregenden Effekte jedes einzelnen Reizes ergibt. Dies bedeutet, daß die Gesamterregung durch sämtliche Reize determiniert wird, die von den Sinnen, den Muskeln, den endokrinen Absonderungen und dem Gehirn ausgehen (Berlyne 1960, 209). Außerdem scheint die Erregung immer mit der Gesamtheit aller Reize anzusteigen, obwohl man hier einige Einschränkungen machen muß. Denn der Grad der Erregung läßt sich nicht nur durch die Frequenz und die mangelnde Synchronizität der elektrischen Impulse auf dem Enzephalographen messen, sondern auch durch diverse andere Faktoren, die auf eine Aktivität des sympathischen Nervensystems hinweisen. Beispiele hierfür sind die galvanische (elektrische) Beschaffenheit der Haut, Muskelanspannung, Blutdruck, Herzschlag, Erweiterung der Pupille und so fort (ebd., 49). Es besteht ein enger, wenn auch nicht hundertprozentiger Zusammenhang zwischen diesen Faktoren und der Frequenz, Amplitude und Synchronizität der Gehirnwellen. Diese Korrelation scheint bei den Extremfällen am schlechtesten zu sein. So führt zum Beispiel ein länger anhaltender Zustand mit niedrigem Reizniveau offenbar zu Ruhelosigkeit und läßt gewisse Erregungsindikatoren (allerdings nicht die elektrische Tätigkeit des Gehirns) ansteigen, wohingegen zu viele Reize manchmal gewisse äußere Anzeichen von Erregung vermindern, indem sie die betreffende Person benommen und betäubt machen, als ob irgendein Schutzmechanismus dafür sorgen würde, daß die Erregungskapazität des Nervensystems nicht durch zu starke Reize überbeansprucht wird (ebd., 193).

Wir erkennen allmählich, daß das, was wir jetzt Erregung oder Aktivierung nennen, sehr wohl mehrere Komponenten besitzen kann, zum Beispiel die kortikale Erregung, die durch die Gehirnwellen erfaßt wird, sowie die Erregung des autonomen (unwillkürlichen) Nervensystems, das durch die gerade erwähnten anderen Indikatoren gemessen wird. Wir wissen leider noch sehr wenig über den Unterschied zwischen beiden, über ihr Zusammenspiel und ihre jeweiligen Funktionen. Da sie aber sehr stark korreliert sind, können wir diese Unterschiede hier ohne weiteres außer acht lassen.

Der Grad der Erregung oder Aktivierung interessiert uns in zweifacher Hinsicht. Zunächst einmal erfordert die effiziente Ausführung jeder Aufgabe einen angemessenen Grad der Wachsamkeit und Aufmerksamkeit, um auf sinnliche Reize schnell und richtig zu reagieren, um die im Gedächtnis des Organismus gespeicherten Informationen zu überprüfen und die erforderlichen Entscheidungen treffen und ausführen zu können. In Laborexperimenten hat man zwischen der Verhaltenseffizienz und dem Erregungsgrad eine funktionale Beziehung festgestellt. Ein ganz einfaches und verblüffendes Beispiel ist, daß ein Mensch sich offensichtlich im Zustand erhöhter Erregung Gedichte besser merken und arithmetische Probleme leichter lösen kann als im Normalzustand und daß man diesen Effekt sogar schon durch das bloße Anspannen der Handmuskeln beim Anfassen und Zusammendrücken eines Dynamometers erreichen kann (Bills 1927, 227–51).

Die Leistungsfähigkeit steigt zunächst mit dem Grad der Erregung an, fällt dann jedoch von einem bestimmten Punkt an wieder ab. Der Erregungszustand, bei dem die Leistung ihr Maximum erreicht, variiert bei den verschiedenen Arten von Tätigkeiten und liegt grundsätzlich höher bei den einfachen und niedriger bei den schwierigen Aufgaben. Dasselbe gilt für physische (höher) und für geistige (niedriger) Aktivitäten (Fiske/Maddi 1961, 30–6). Viele Aktivitäten – insbesondere die physischen – sorgen durch enterozeptive Reize genau für die richtige Reizmenge, die den Erregungsgrad herbeiführt, der für diese Tätigkeit gerade angemessen ist. Allerdings trifft dies nicht immer zu, besonders nicht am Anfang einer Aktivität oder im Falle eines plötzlichen Überwechselns zu einer anderen Tätigkeit. Der Erregungsgrad schafft oftmals nicht den richtigen Hintergrund für effizientes Handeln. Nehmen wir beispielsweise den Fall der »Paralysierung durch Angst«, also den Zustand, in dem eine Person, die sich plötzlich in extremer Gefahr sieht, aber noch genug Zeit hat, um sich zu retten, dies einfach nicht schafft, weil ihr Erregungsgrad zu niedrig ist und zu langsam steigt, um rechtzeitig den Punkt zu erreichen, an dem sie die von der Situation verlangte schnelle Entscheidung und erforderliche Bewegung machen kann. Manchmal wird auch die Auffassung vertreten, daß die Erregung für eine sinnvolle Handlung zu stark ist. Zum Beispiel zeigte eine Untersuchung von amerikanischen Soldaten im zweiten Weltkrieg, daß der emotionale Streß des Kampfzustandes die Erregung gleich zu stark werden läßt, so daß es bei einem Angriff nur etwa zwanzig bis fünfundzwanzig Prozent der Männer fertigbringen, tatsächlich mit ihren Gewehren zu schießen, geschweige denn zu treffen (Marshall 1947, Kap. 5).

Der Mensch, der weiß, daß er für effizientes Handeln den richtigen Grad der Aktivierung erreichen oder aufrechterhalten muß, wird oft bewußt versuchen, ihn zu erhöhen oder zu senken. Beispiele für die Erhöhung unseres Erregungsniveaus sind das Aufwärmen der Leichtathleten, die Einnahme von Aufputschmitteln, um bei geistiger Arbeit wach zu bleiben, oder das Singen während des Autofahrens, um munter zu bleiben. Verhaltensweisen, die die entgegengesetzte Wirkung erreichen sollen, sind zum Beispiel das Zählen vor dem Einschlafen, die bewußt eingelegte Beruhigungspause, bevor man auf das nicht einwandfreie Verhalten einer anderen Person reagiert, sowie die Angewohnheit mancher Chirurgen, sich vor einer Operation in einem ruhigen Raum zu entspannen.

Die zweite und für unser Thema noch wichtigere Eigenschaft der Erregung ist, daß deren Niveau sehr eng mit unserem allgemeinen Wohlbefinden und insofern auch mit dem dafür ursächlichen Verhalten zusammenhängt. Die Erregung des autonomen Nervensystems kann hierbei größeres Gewicht haben als die Erregung des Kortex, aber dies ist für uns hier nicht relevant.

Wir alle wissen, daß übermäßige Reize und die damit einhergehenden extremen Erregungszustände unangenehm sind. Anspannung, Angst, Sprunghaftigkeit, Ruhelosigkeit, Reizbarkeit, Wut und Panik sowie der Schmerz und das Unbehagen, die bei biologischen Deprivationen oder »organismischen Bedürfnissen« auftreten, sind Symptome mehr oder weniger extremer Erregung und wirken (wie auch mangelnder Schlaf) erregungssteigernd.

Ich habe bereits vorhin darauf hingewiesen, daß die einzelnen Reize – unabhängig von ihrem Ursprung – die Erregung kumulativ verstärken. Deswegen können wir einem Verletzten dadurch helfen, daß wir ihn hinlegen, seine Kleider öffnen und es ihm irgendwie bequem machen, da wir dadurch andere Reize ausschalten und seine Erregung senken helfen. Aus demselben Grund können wir auch in begrenztem Umfang Nahrung durch Schlaf und umgekehrt ersetzen. Da sowohl Hunger als auch ein Mangel an Schlaf die Erregung erhöhen, können wir durch häufigeres Essen länger wach bleiben und im ausgeschlafenen Zustand Hunger besser ertragen.

Während einerseits zu viele Reize und die daraus resultierende starke Erregung unangenehm wirken und den Wunsch nach Beendigung dieses Zustandes entstehen lassen, empfinden wir andererseits auch zu wenig (oder gar keine) Reize als unangenehm und wünschen uns mehr davon. Diese Erkenntnis hat sich zwar noch nicht durchgesetzt, aber es gibt genügend Beweise dafür. Von der Wissenschaft wurde sie zum ersten Mal während des koreanischen Krieges festgestellt, als sich die bei amerikanischen Kriegsgefangenen vorgenommenen Gehirnwäschen als erfolgreich erwiesen, obwohl das einzige physische Druckmittel im längeren Reizentzug durch Isolierhaft bestanden hatte. Seither ist die Erkenntnis, daß eine derartige Isolierung äußerst schwer zu ertragen ist, durch eine Reihe von kontrollierten Experimenten vollauf bestätigt worden.

In einem Experiment wurden die Versuchspersonen gut bezahlt, ernährt und versorgt und mußten nur in einem schalldichten Raum liegen, mit Milchglas abgedeckte Brillen sowie Handschuhe mit Handschellen tragen, um alle möglichen Reize auszuschließen. Alle Versuchspersonen schliefen anfangs oder entspannten sich eine Zeitlang. Aber bald danach begannen sie bereits die Auswirkungen der sinnlichen Deprivation zu spüren und empfanden diese als ziemlich unerträglich. Sie stellten bei sich ein konstantes Bedürfnis nach äußeren Reizen fest und waren erleichtert und dankbar, als man ihnen so langweilige Sachen wie einen völlig veralteten Börsenbericht und eine Rede über die Gefahren des Alkohols zu lesen gab, die für Sechsjährige bestimmt war. Die mit diesem Reizentzug verbundenen Qualen waren so groß, daß manche Versuchspersonen nach den ersten vier bis acht Stunden über Kopfschmerzen, Übelkeit, Schwindelgefühle, Müdigkeit, Halluzinationen und eine vorübergehende Beeinträchtigung diverser geistiger Fähigkeiten klagten (Bexton u. a. 1954, 70–76). Andere Experimente mit verschiedenen Formen des Reizentzugs haben ähnliche Ergebnisse erbracht. Sie alle bestätigen die Erzählungen von Gefangenen über die Qualen der Isolierhaft, bei der sie nichts zu tun hatten und sich überhaupt nicht ablenken konnten. In einem bemerkenswerten Bericht über die Isolierhaft (in einem Nazigefängnis) schreibt ein Mann sehr treffend: »Abwechslung ist nicht die Würze des Lebens, sondern das Leben selbst.« (Burney 1952)

Der Unterschied zwischen diesen Experimenten mit mehr oder weniger vollständigem Reizentzug und denen mit sehr wenig Reizen ist minimal. So haben Experimente mit rein mechanischen, sich wiederholenden und anspruchslosen Tätigkeiten gezeigt, daß sich die Qualität der Arbeit allmählich immer mehr verschlechtert und daß die Versuchspersonen im Laufe der Zeit immer unzufriedener werden, sich über den Experimentator ärgern, daß sie versuchen, ihre Situation oder ihre Arbeit abwechslungsreicher zu gestalten und sich nach anderen Dingen sehnen, die sie lieber machen würden (Karsten 1928, 142–254). Diese Reaktion ist genügend verbreitet und bekannt, als daß sie kontrollierter Experimente bedürfte, um nachgewiesen zu werden. Fast jeder weiß, wie mühsam und unangenehm eine zu einfache und stereotype Arbeit empfunden wird, wenn man sie zu lange ausüben muß. Dabei ist es oftmals nicht einmal die Arbeit selbst, sondern der Mangel an Abwechslung und Anreiz, den wir als unangenehm empfinden. Die Arbeit ist nur deshalb unangenehm, weil wir sie über den Punkt hinaus ausüben müssen, bei dem sie rein mechanisch und uninteressant geworden ist, und weil wir uns nicht dadurch Erleichterung verschaffen können, daß wir gleichzeitig etwas anderes tun oder denken können. Wenn wir allein in einem Raum sitzen müssen, ohne etwas lesen, tun, beobachten oder hören zu können, ist dies für uns genauso schlimm wie das Verbot, manchmal aufspringen und hin- und hergehen zu können, um unser Aktivierungsniveau zu erhöhen.

Dies sind nur die Extremfälle sehr hoher oder sehr niedriger Gesamtreize; dazwischen gibt es eine ganze Reihe von weniger extremen Zuständen, die vielleicht nicht dieselben starken Störungen und pathologischen Symptome auslösen, aber deren Abweichung vom Normalzustand auch als unangenehm empfunden wird. Die Psychologen sprechen sogar von einem optimalen Reiz- und Erregungsniveau, das ein Gefühl der Behaglichkeit und des Wohlbefindens vermittelt. Auch dies ist wahrscheinlich im Zeitablauf nicht konstant, sondern schwankt mit dem Wachheitszyklus. Man nimmt an, daß negative Abweichungen vom Reizoptimum Gefühle der Langeweile mit sich bringen, während positive Abweichungen Anspannung, Müdigkeit oder Angst auslösen, und daß diese unangenehmen Gefühle mit zunehmender Dauer und Intensität der positiven oder negativen Abweichung stärker werden. Dadurch wird der Organismus wahrscheinlich von sich aus versuchen, die Erregung auf ihr optimales Niveau zurückzubringen, da er nach Auffassung der Psychologen immer danach strebt, das optimale Erregungsniveau möglichst weitgehend zu erhalten (Berlyne 1960, 200–29).

Das Konzept des optimalen Erregungsniveaus, das vorläufig von einer Reihe von Psychologen als Arbeitshypothese vertreten wird, bedarf wohl noch einiger Ergänzungen und Änderungen. So haben zum Beispiel Reizentzugs-Experimente gezeigt, daß die meisten Menschen am Anfang das Fehlen von Reizen und die damit einhergehende vollständige Entspannung (oder den Schlaf) eher genießen. Erst nach mehrstündiger Dauer der Reizdeprivation wird dieser Zustand zunächst als langweilig, dann als qualvoll und unerträglich empfunden. Deshalb läßt sich das Optimum auch kaum als ein genau meßbarer Zustand zu einem gegebenen Zeitpunkt definieren, sondern man muß es wohl etwas vage als einen Durchschnittswert betrachten. So empfinden wir nach einer Zeit der Unruhe und Aufregung eine Periode der Ruhe als ausgesprochen angenehm und umgekehrt. Und viele Menschen ziehen vielleicht sogar den Wechsel zwischen Zuständen mit hoher und geringer Erregung einem völlig gleichbleibenden Zustand der Heiterkeit vor, solange dieser Wechsel sich um einen optimalen Durchschnittswert bewegt.

Während sich alle Psychologen im Bezug auf das optimale Reizniveau darin einig sind, daß es sich im Bereich zwischen einem zu hohen und einem zu geringen Maß an Erregung befindet, gehen die Meinungen über das optimale Erregungsniveau, welches durch die optimale Reizmenge erreicht wird, ziemlich weit auseinander. Dabei vertreten die Psychologen, nach deren Ansicht die Erregung immer proportional mit dem Gesamtreiz steigt, offensichtlich die Meinung, daß das Reizoptimum gleichfalls auf einem mittleren Niveau liegen muß. Berlyne, der zu diesem Gebiet sehr viel veröffentlicht hat, erbringt dagegen den Beweis, daß die Entbehrung sinnlicher Reize die Erregung steigert – was sich an Hand bestimmter Indikatoren ablesen läßt – und er behauptet, daß das Erregungsniveau zunächst sinkt, dann aber mit der Zunahme der Gesamtreize steigt, wobei der niedrigste Erregungspegel das Optimum bildet (Hunt 1965, 221 ff.).

Diese Kontroverse ist bisher noch ungelöst. Vielleicht hängt sie mit dem Unterschied zwischen den beiden bereits erwähnten Erregungsformen zusammen. Auf jeden Fall bleibt die (für uns wichtige) Schlußfolgerung, daß das angenehmste Reizniveau in der Mitte zwischen zu vielen und zu wenigen Reizen liegt, von diesem Streitpunkt unberührt. Der Einfachheit halber werde ich hier einmal unterstellen, daß die Erregung immer mit dem Ausmaß des Reizes ansteigt, so daß sich sowohl das Reiz- als auch das Erregungsoptimum auf einem mittleren Niveau befinden. Diese Annahme wird viele meiner Aussagen vereinfachen, ohne meine Argumente zu beeinträchtigen.[2]

Die Persönlichkeit[3]

Das Phänomen der Erregung ist den meisten Menschen vertraut; denn genau davon ist die Rede, wenn wir jemanden als angespannt oder träge, als ängstlich oder leichtfertig, nervös oder gelassen bezeichnen, oder wenn wir die abgedroschenen Klischees des phlegmatischen Engländers, des reizbaren Franzosen und des hoch erregbaren Italieners verwenden. Am bekanntesten und am meisten gebräuchlich ist der Begriff der Erregung im Rahmen der Persönlichkeitstheorie. Das Typenkonzept der Persönlichkeitstheorie, das in der Vergangenheit so populär war, ist inzwischen durch die Faktoren analytischer Persönlichkeitsmessung auf einem ein- oder zweidimensionalen Kontinum ersetzt worden. Eine – und vielleicht die einzige – Dimension, die unterschiedlich als Angst, Emotionalität oder »Stärke des Nervensystems« bezeichnet wird, würde hier als Erregbarkeit oder Durchschnittsniveau der Erregung bezeichnet werden. Am bekanntesten ist vielleicht Jungs Klassifizierung der Menschen entlang einer Extroversions-Introversions-Skala. Für diesen Zweck hat er eine Reihe von Persönlichkeitsmerkmalen zusammengestellt, mit deren Hilfe wir die Menschen auf einer kontinuierlichen Skala einstufen oder sie zumindest in die beiden Gruppen der Introvertierten und Extrovertierten einordnen können. Die Messungen des durchschnittlichen Erregungsniveaus der so klassifizierten Menschen zeigen, daß es zwischen beiden Gruppen bedeutende Unterschiede gibt, was dafür spricht, daß die Persönlichkeit sehr viel mit der Durchschnittserregung zu tun hat.[4]

Ein Zweck der Persönlichkeitsmessung ist die Vorhersage menschlichen Verhaltens. Menschen mit einer bestimmten Persönlichkeit besitzen eine Reihe gemeinsamer Merkmale und charakteristischer Neigungen, und wenn wir einige davon identifizieren, lassen sich mehrere andere daraus ableiten. So kann man ziemlich gut nachweisen, daß die Ausführung verschiedenartiger Aufgaben von der Persönlichkeit des Einzelnen abhängt. Man hat zum Beispiel experimentell nachgewiesen, daß die gleichen Aufgaben von Introvertierten und Extrovertierten zu verschiedenen Tageszeiten unterschiedlich gut erfüllt wurden: Die ersteren leisteten morgens am meisten, während letztere nachmittags am leistungsfähigsten waren. Wir wissen, daß zu jeder Aktivität ein bestimmter Erregungspegel gehört, bei dem sie am besten ausgeführt wird. Und wir wissen gleichfalls, wie sich das normale, mit dem Ruhezustand verbundene Erregungsniveau verändert. Ausgehend vom niedrigen Niveau des Aufwachens steigt es im Laufe des Tages allmählich an und fällt später bei Einsetzen der Müdigkeit und beim Schlafen wieder ab. An einem bestimmten Punkt des Wachheitszyklus erreicht das Erregungsniveau einer Person einen Punkt, an dem der Betreffende eine bestimmte Aufgabe am besten erfüllen kann. Und diesen Punkt erreichen Introvertierte früher, da sich ihr Durchschnittspegel und damit ihr gesamter Wachheitszyklus auf einem höheren absoluten Niveau befinden (Eysenck 1967, 96; Colquhoun/Corcoran 1964, 226–31).

Die Persönlichkeit beeinflußt unsere Leistungsfähigkeit darüber hinaus auf mannigfache Weise. Und dieses Buch beschäftigt sich ja mit menschlichem Verhalten, das heißt, mit dem Versuch des Menschen, seine Bedürfnisse zu befriedigen, und die Art und Weise, wie er dies tut, wird ebenso von seiner Persönlichkeit beeinflußt. Extrovertierte suchen Aufregung, Außenreize, Kontakt mit anderen Menschen; sie sind häufig spielerisch, abenteuerlustig, zügellos, lieben das Spiel und das Risiko. Demgegenüber sind Introvertierte bedacht und ausdauernd, halten sich streng an Regeln, sie wirken in sich gekehrt und selbstgenügsam und scheuen Aufregung.

Diese und viele andere Merkmale passen genau ins Bild und lassen sich leicht erklären, wenn wir das niedrige durchschnittliche Erregungsniveau der einen Gruppe und den hohen Durchschnittspegel der anderen berücksichtigen. Die geringe Erregung der extrovertierten Menschen läßt diese oft nach Mitteln zur Erregungssteigerung suchen, wodurch sich ihr großes Bedürfnis nach Aufregung und Abenteuer erklärt, wohingegen der hohe Erregungsgrad der Introvertierten für deren Hang zu einem sicheren und ruhigen Leben ursächlich ist. Derselbe Unterschied der durchschnittlichen Erregungsniveaus erklärt auch den höheren Verbrauch von Aufputschmitteln wie Kaffee, Tee und Tabak bei Extrovertierten, während die Introvertierten mehr nach Beruhigungsmitteln wie Alkohol greifen. Dieser Unterschied schlägt sich in der Marktnachfrage nieder und läßt sich statistisch nachweisen. Ein ähnlicher Einfluß der Persönlichkeit wurde auch bei sexuellem Verhalten beobachtet.

»Extrovertierte haben im Gegensatz zu Introvertierten mehr vorehelichen . . . außerehelichen . . . sehr frühen Verkehr . . . verkehren mit mehreren Leuten in einem bestimmten Zeitraum . . . gehen Verhältnisse mit mehr als einer Person gleichzeitig ein . . . (praktizieren) Verkehr in verschiedenen Positionen. Extrovertierte machen eher »perverse« Formen wie Fellatio und Cunnilingus mit . . . und kommen gut mit andersgeschlechtlichen Partnern aus . . . (und sie) neigen seltener als Introvertierte zu homosexuellen Beziehungen . . . Masturbation.« (Eysenck 1972, 66)

Diese theoretischen Aussagen sind sowohl durch eine in England speziell hierfür entwickelte Fragebogenuntersuchung als auch in Deutschland von einer umfassenderen aber weniger detaillierten Untersuchung getestet und bestätigt worden (ebd., 68 ff). Darüber hinaus gibt es noch eine ganze Reihe von Verhaltensunterschieden, die sich ganz ähnlich erklären lassen.

Wir unterstellen den Menschen meistens unterschiedliche Neigungen, aber in Wirklichkeit unterscheiden sie sich durch ihre verschiedenen Persönlichkeitstypen. Wenn das typische Verhalten der hocherregten Menschen in erregungssenkenden Verhaltensweisen besteht, während die Menschen mit geringerer Erregung diese eher zu steigern versuchen, dann müssen die von beiden Gruppen angestrebten Optima in etwa übereinstimmen – und sie liegen sicherlich sehr viel näher beieinander als ihre Durchschnittsniveaus. Dies bedeutet, daß ihre Ziele und Vorstellungen über das als optimal empfundene Maß an Erregung hinaus übereinstimmen, obwohl ihre Ausgangsbasis unterschiedlich und letztlich ausschlaggebend für ihre divergierenden Verhaltensweisen ist.

Dies ist nur einer der Gegensätze, die zwischen den Auffassungen der Psychologen und Ökonomen über das Verhalten des Menschen bestehen. Der Ökonom registriert das unterschiedliche Konsumverhalten der Menschen und sieht darin einen Ausdruck für die Unterschiede in den sogenannten »offenbarten Präferenzen«. Der Psychologe gibt sich damit nicht zufrieden, sondern versucht mehr unter die Oberfläche vorzudringen, um die Ursachen für die verschiedenartigen Verhaltensweisen zu finden und die beobachteten Unterschiede erklären zu können.

Der Abbau der Erregung

Ich hoffe, daß das bisher Gesagte zumindest eine ungefähre Vorstellung von der Bedeutung und den Anwendungsmöglichkeiten des Erregungskonzepts vermittelt hat. Vielleicht läßt sich die Erregung noch am einfachsten und kürzesten als »Zustand der Aufregung« definieren, wodurch zugleich ihre Rolle bei der Verhaltensmotivation angedeutet wird. Denn es dürfte inzwischen klar sein, daß wir sowohl ein Zuviel als auch ein Zuwenig an Aufregung vermeiden sollten. Aus dieser Erkenntnis leitet sich die Bedeutung des von uns dargestellten Konzepts eines optimalen Niveaus der Aufregung, Erregung und Anregung ab. Wir wollen im folgenden die Rolle der Erregung für die menschliche Motivation etwas systematischer untersuchen. Das Konzept eines optimalen Erregungs- oder Reizniveaus legt nahe, die Diskussion auf zwei Fälle zu beschränken: auf den der Reizverminderung und den der Reizerhöhung. Der erste Fall einer Erregungsreduktion läßt sich schnell und einfach darstellen, da es sich hierbei im wesentlichen um genau dasselbe Verhalten handelt, das bereits im Zusammenhang mit der Triebtheorie oder Triebverminderungstheorie besprochen wurde. Den Fall der Erregungssteigerung dagegen, der in einigen der interessantesten und einfallsreichsten Arbeiten der modernen Psychologie behandelt wurde, werden wir später noch besprechen.

Wir wissen, daß Schmerz, Hunger, Durst, extreme Temperaturen sowie die anderen biologischen Deprivationen alle erregungssteigernd wirken und daß dies scheinbar für alle Arten von Störungen zutrifft – das heißt sowohl für physische und psychische als auch für wirkliche und eingebildete. Erstaunlicherweise wirken Müdigkeit und mangelnder Schlaf ebenfalls anregend, was viele Eltern bei ihren Kindern beobachten, hinter deren steigender Aufregung, Sprunghaftigkeit und Überaktivität sich oft das Bedürfnis nach Bettruhe verbirgt. Gesteigerte Erregung regt den Organismus einerseits zu Handlungen an, die die Störung beseitigen und damit das Erregungsniveau senken sollen, und bereitet ihn andererseits auf diese Handlungen vor. Wir scheinen uns hier wieder im Bereich der Homöostase oder Triebtheorie zu befinden. Doch ist es hier die Störung, die erregungssteigernd wirkt, während die Handlung den Zweck hat, die Erregung zu senken. Der Vorteil dieser neuartigen Darstellung ist, daß sie größere Allgemeingültigkeit besitzt und mehr als nur einen engen Kreis physiologischer Störungen erklären kann.

So kann man mit Hilfe der Triebverminderungstheorie ohne weiteres einsehen, daß die physiologischen Veränderungen, die von Hungergefühlen erzeugt werden, zu Handlungen führen, die die Nahrungsaufnahme sichern, aber andererseits bietet uns diese Theorie keine Erklärung, warum sich jemand mit einem vollen Magen um die Vorratshaltung von Nahrung für zukünftige Bedürfnisse kümmern sollte. Sobald wir jedoch die gesteigerte Erregung mit einbeziehen, erhalten wir auch hierfür eine Erklärung. Denn wir erkennen, daß das Nachdenken über ein Problem uns genauso anspannen und unseren Erregungspegel genauso erhöhen kann wie die Erfahrung des Konfliktes selbst. Jeder Organismus, der im voraus denken kann, wird auf eine tatsächlich gegebene, auf eine möglicherweise eintretende oder eine nur mehr vorgestellte Situation ganz ähnlich reagieren. So ist die durch Hunger ausgelöste Nahrungsaufnahme eine ganz ähnliche Handlung wie die Vorratshaltung für das Wochenende oder das Zurücklegen eines Einkommensteils für einen gesicherten Lebensabend; denn alle diese Tätigkeiten werden durch unsere gesteigerte Erregung motiviert, und dabei spielt es keine Rolle, ob diese durch Hunger oder durch den Gedanken an möglichen Hunger erzeugt wird.

Es gibt zahlreiche Arten von Aktivitäten, die durch eine erhöhte Erregung ausgelöst werden und deren Ziel es ist, diese Erregung zu senken. Dazu zählen beispielsweise alle Handlungen, die dazu dienen, eines unserer unzähligen Bedürfnisse zu befriedigen – seien diese biologisch oder gesellschaftlich bedingt, angeboren oder erlernt, auf die Gegenwart oder Zukunft gerichtet, tatsächlich vorhanden oder nur eingebildet. Die Psychologen glauben, daß jedes unbefriedigte Bedürfnis das Erregungsniveau erhöht, dadurch den Organismus zu Aktivitäten anregt, die dieses Bedürfnis befriedigen, und ihn gleichzeitig darauf einstellt. Die Handlung selbst erhält das erhöhte Erregungsniveau aufrecht und steigert es noch und garantiert dadurch eine maximale Leistungsfähigkeit und Ausführung der Handlung.

Hinsichtlich der Beziehung zwischen dem Empfinden eines Bedürfnisses und der Ausführung einer Handlung zu dessen Befriedigung sind sich die heutigen Psychologen weitgehend darin einig, daß derartige Handlungen angelernt sind. Im Gegensatz hierzu sind bei den Ökonomen die Handlung und das Bedürfnis unwiderruflich miteinander verbunden. Nach Ansicht der Psychologen ist das Essen keine instinktive, sondern eine angelernte Reaktion, die auf der Erinnerung an die Erfahrung beruht, daß der Organismus Hunger stillen und das damit verbundene Unbehagen beseitigen kann. Früher wurden die meisten tierischen Verhaltensweisen dem Instinkt zugeschrieben, da sich kein längerer Lernprozeß feststellen ließ; heute dagegen glaubt man, daß der Lernprozeß bei niederen Organismen schneller und bei höheren Lebewesen langsamer vor sich geht, weil die Lerngeschwindigkeit von der Größe des Gehirns sowie dem Verhältnis zwischen den assoziativen und den sensorischen Bereichen abhängt. Demnach ist ein niedriger Organismus zwar nur zu relativ einfachen Reaktionen fähig, aber er lernt dafür sehr viel schneller als ein höherer Organismus. Somit ist das scheinbar instinktive Verhalten eines Tieres vermutlich eine Reaktion, die innerhalb von Minuten oder Sekunden *gelernt* wurde, während ein höher entwickeltes Tier oder ein Mensch vielleicht Stunden oder Tage braucht, um dieselbe Reaktion zu erlernen (Hebb 1949, 123 f., Hunt 1965, 206).

Für den Ökonomen ist die Erregungssenkung oder die Triebreduktion besonders wichtig, weil fast sämtliche Aktivitäten des Menschen – der Konsum ebenso wie die Produktion – unter diese Kategorie fallen. Es ist daher kein Wunder, daß die Konsumtheorie der Ökonomen mit diesem Teil der psychologischen Theorie am weitesten übereinstimmt. Die andere Hälfte der psychologischen Motivationstheorie, die sich mit der Steigerung einer zu niedrigen Erregung befaßt, entspricht dagegen überhaupt nicht der Denkweise der Ökonomen und ist ihr völlig fremd.

Kapitel 3
Der Drang nach Neuem[5]

Was macht ein Organismus, wenn seine sämtlichen Bedürfnisse befriedigt sind und sein Unbehagen beseitigt ist? Die ursprüngliche Antwort hierauf – daß er dann nichts mehr tut – ist inzwischen als falsch erkannt worden.

Der Zustand der vollkommenen Zufriedenheit und des Fehlens jeglicher Reize wirkt zunächst beruhigend, wird jedoch bald als langweilig und dann recht schnell als störend empfunden. In diesem Stadium beginnt der Organismus aktiv nach Anreizen zu suchen. Somit ist das Bekämpfen von Langeweile das Gegenstück zu dem Versuch, einen unbehaglichen Zustand zu beseitigen: Im einen Fall wird ein zu niedriges Erregungsniveau erhöht, im anderen ein zu hoher Erregungspegel gesenkt. Beide Fälle sind auch insofern entgegengesetzt, als Unbehagen gewöhnlich ein ziemlich konkretes Gefühl ist, das sich deshalb völlig beseitigen läßt – indem man nämlich das jeweilige dafür ursächliche Bedürfnis befriedigt –, während Langeweile nur sehr vage empfunden wird und durch verschiedenartige Aktivitäten bekämpft werden kann. Insofern läßt sich Langeweile viel schwerer analysieren, weil wir hierfür die gesamte Palette von Aktivitäten untersuchen müssen, die zu deren Bekämpfung dienen können, und weil wir gleichzeitig das ihnen gemeinsame Element herausfinden müssen, das ihre Fähigkeit, als Anreiz zu dienen, erklärt.

Physische Reize

Das einfachste Hilfsmittel gegen zu niedrige Erregung ist körperliche Bewegung. Den Beweis hierfür liefern die Aufwärmübungen von Leichtathleten sowie die Streckbewegungen vieler Menschen beim Aufwachen. Tiere und Kinder bekämpfen gewöhnlich Langeweile durch Herumlaufen und Zappeligkeit. Und es spricht einiges dafür, daß Labortiere sich in ihren Käfigen fast genausoviel bewegen und herumlaufen, als wenn sie in Freiheit wären. Wahrscheinlich hängt auch das ununterbrochene Hin- und Hergehen mancher Zootiere mit ihrer Langeweile zusammen.

Andererseits ist körperliche Bewegung nicht nur ein gutes Mittel gegen Langeweile, sondern macht auch einfach Spaß, und zwar insbesondere dann, wenn unsere Fähigkeiten und Leistungskraft voll in Anspruch genommen werden. So strengen wir uns beim Sport in der Regel weniger aufgrund eines äußeren Drucks an, sondern verausgaben uns in erster Linie zu unserer eigenen Befriedigung. Ein Tennisspiel mit einem gleich starken Partner macht deswegen auch am meisten Spaß, wohingegen das Spielen mit einem viel schwächeren Gegner langweilig, da zu leicht, ist und das Spiel mit einem viel stärkeren Partner entmutigend wirkt, da es die eigenen Fähigkeiten überfordert. Kampfsportarten und -spiele sind deswegen so beliebt, weil die Freude an der körperlichen Bewegung durch den vollen Einsatz unserer Stärken und Fähigkeiten im Wettkampf maximiert wird. Bei höher entwickelten Tieren kann man ebenfalls spielerische Kämpfe und andere Formen des Wettkampfes beobachten.

Geistige Anregung

Die andere Quelle der Anregung ist die geistige Betätigung im weitesten Sinne, das heißt Freizeitgestaltung, Unterhaltung, Zuschauen bei Sportveranstaltungen, Spiele, Kunst, Philosophie, die Befriedigung wissenschaftlicher und gewöhnlicher Neugier und viele andere geistige Tätigkeiten, die nicht der Befriedigung irgendeines spezifischen Bedürfnisses, sondern allein der Vertreibung von Langeweile dienen. Derartige Aktivitäten, die um ihrer selbst willen unternommen und nach der damit einhergehenden Anregung beurteilt werden, gibt es keineswegs nur bei Menschen, sondern auch bei Tieren. Es gibt kaum eine Tierart, die man nicht schon bei irgendwelchen Spielen und Explorationen ihrer Umwelt beobachtet hätte, nur weil ihnen dies Spaß gemacht hat (Welker 1961, 175–226). Unser Wissen über derartige Verhaltensweisen stammt größtenteils aus Tierversuchen, und der terminus technicus »exploratives Verhalten« der Psychologen zeigt, daß sie dieses Gebiet in erster Linie an Hand der Beobachtung von Tieren erforscht haben, die gegenwärtig immer noch eine große Rolle spielt.

Ein Grund ist, daß die Erforschung der Umwelt uns oftmals Informationen liefert, die wir später in irgendeiner Form verwenden können. Dieser Aspekt wird als *extrinsische Exploration* bezeichnet im Gegensatz zur *intrinsischen Exploration*. (So wird beispielsweise eine Hündin, der man die Eierstöcke entfernt hat und die gut versorgt und ernährt ist, trotzdem noch aus bloßer Neugier und aus Spaß an Straßenecken schnüffeln und die verschiedenen Gebüsche erforschen. Demnach ist die intrinsische Exploration eine Aktivität, die ausschließlich um ihrer selbst wissen und wegen des damit verbundenen Vergnügens durchgeführt wird) (Berlyne 1960, 4 f., Hunt 1965, 194 ff.). Aber selbst bei der intrinsischen Exploration spielt zugleich auch der Selbsterhaltungstrieb eine Rolle, was in dem Wort »körperliche Ertüchtigung« (physical exercise) recht gut zum Ausdruck kommt. Sämtliche Organe, Sinne und Fähigkeiten brauchen unbedingt ständige Übung, um funktionsfähig zu bleiben und nicht zu schnell nachzulassen. Hierzu eine Zahl: Bei vollkommener Bettruhe verliert der Mensch täglich etwa drei Prozent seiner gesamten Muskelkraft.

Insofern ist irgendeine Betätigung nie ganz sinnlos – selbst wenn es keinen besonderen Grund dafür gibt. Für alte Leute kann der Kampf gegen die Langeweile durch genügend Außenreize sogar zu einer Frage auf Leben und Tod werden. Dasselbe gilt eines Tages vielleicht sogar für unsere gesamte Zivilisation, wenn der technische Fortschritt uns im Wirtschaftsleben auch weiterhin immer mehr physische und geistige Anstrengungen abnimmt.[6]

Die Nützlichkeit nutzloser Betätigungen ist ein Paradox, aber bei unserem Versuch zu erforschen, warum geistige Betätigung stimulierend wirkt, treffen wir noch auf einen zweiten Widerspruch. Uns interessieren in diesem Zusammenhang nur die Reize, die ausschließlich um ihrer selbst willen gesucht und genossen werden und nicht etwa die Motivation für irgendeine Handlung oder eine Verhaltensänderung darstellen oder darstellen sollen. Doch wenn man sich fragt, warum ein Blick, ein Geräusch, ein Gedanke oder eine Nachricht das zentrale Nervensystem anregt, scheint die einzig glaubwürdige Antwort zu sein, daß der Organismus dadurch auf eine Handlung vorbereitet wird. Wenn ein Organismus gegessen, getrunken, geliebt hat und sich in jeder Hinsicht behaglich und wohl fühlt, kann ihn nur eine Lebensbedrohung zu Handlungen veranlassen. Dabei kann jede Neuerung oder unerwartete Veränderung seiner Umgebung potentiell eine solche Bedrohung darstellen und dadurch die Aufmerksamkeit erregen sowie eine mögliche Reaktion zur Folge haben. Doch erfordert eine sinnvolle Reaktion – und dazu gehört auch die Entscheidung, ob der Betreffende reagieren soll oder nicht – zugleich auch eine gesteigerte Erregung. Aus der Evolutionstheorie läßt sich deshalb ableiten, daß alles Neue oder Unerwartete erregend wirkt, was durch das Beweismaterial vollauf bestätigt wird. Empirische Beobachtungen und Experimente haben gleichermaßen ergeben, daß alles Neue, das heißt, alles Überraschende, das anders ist als das, was bisher war und erwartet wurde, die Aufmerksamkeit auf sich zieht und daher stimulierend wirkt.

Damit ist aber noch nicht geklärt, warum potentielle Gefahren für unser Leben nicht nur anregend sind, sondern gleichzeitig sogar als angenehm anregend empfunden werden. Manchmal wirken neue und überraschende Empfindungen erschreckend und werden vermieden, und manchmal wirken sie anziehend und erstrebenswert. Der darin liegende offensichtliche Widerspruch wird aufgehoben, wenn wir das jeweilige Ausmaß an Neuem mit berücksichtigen. Grundsätzlich wirkt alles Neue und Überraschende zunächst einmal anregend und ist bis zu einem bestimmten Grad reizvoll, aber darüber hinaus wird jede weitere Neuheit und Überraschung als unangenehm und beängstigend empfunden. Dies bedeutet, daß der Reiz des Neuen immer nur bis zu einem bestimmten Maße angenehm ist. Eine derartige Beziehung kommt in der Psychologie immer wieder vor und wird uns später noch so oft begegnen, daß es sich lohnt, sie hier an Hand eines Schaubilds darzustellen.

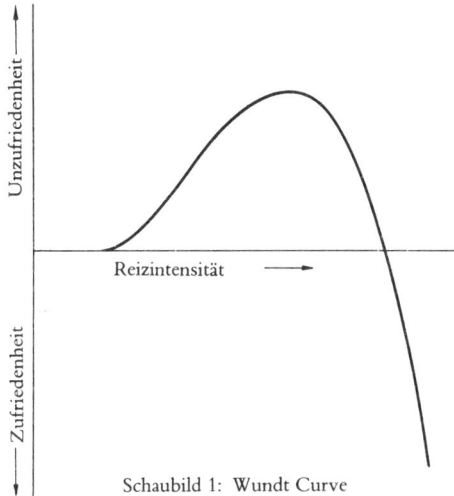

Schaubild 1: Wundt Curve

Die umgestülpte U-förmige Kurve, die das Angenehme einer Empfindung mit deren Intensität korreliert, wird oft als Wundt-Kurve bezeichnet, da dieser Psychologe als erster (1874) eine derartige Beziehung festgestellt hat. 1928 wurde ihr Verlauf dann von Engel bestätigt, nachdem er experimentell die Reaktion von Tieren auf unterschiedlich starke Geschmacksempfindungen (salzig-sauer-süß) getestet hatte. Seither ist diese Relation in vielen anderen, völlig andersartigen Erfahrungsbereichen bestätigt worden, so daß man wohl bedenkenlos von einem allgemeingültigen Gesetz sprechen kann (Berlyne 1960, 174).

Ich möchte noch einmal in aller Kürze die Theorie erläutern, die ich aufstellen und beweisen werde. Es ist eine Tatsache, daß das Angenehme und das Unangenehme ganz dicht beieinanderliegen. Dabei sind die Grenzen meistens fließend; sie variieren von Mensch zu Mensch und können sich den jeweiligen Umständen entsprechend auch verschieben.

Wie wir bereits festgestellt haben, ist zuwenig Neues und Überraschendes langweilig und zuviel Neues verwirrend. Nun erhebt sich sofort die Frage, wonach sich dieser optimale und am meisten befriedigende Neuheitsgrad richtet. Die Antwort hierauf hat man durch die Relation zwischen der in einer Empfindung enthaltenen Informationsmenge, dem Überraschungsgrad und der Fähigkeit des Gehirns zu finden gesucht, die Informationen zu verarbeiten und sie mit den im Gedächtnis bereits gespeicherten Informationen in Beziehung zu setzen. Es scheint, als ob ein Informationsfluß, der entweder zu leicht verständlich oder zu bekannt ist, oder aber zu schnell erfolgt und zu unbekannt ist, weniger angenehm wirkt als die zwischen diesen beiden Extremen liegenden Fälle, und daß das am angenehmsten empfunden wird, was die Datenverarbeitungskapazität des Gehirns gerade voll auslastet.

Die Vorstellung, daß das Angenehmste zwischen den Extremen des Zuviel und des Zuwenig liegt, war schon den Philosophen des antiken Griechenland geläufig. Sie sprachen sehr viel über den »goldenen Mittelweg« und predigten bei allem maßvolles Verhalten. Unser heutiges Zeitalter scheint diese Wahrheit vergessen zu haben, obwohl es zahllose warnende Stimmen gibt, die uns immer wieder daran erinnern, daß zuviel des Guten schlecht sein kann.

»Viele Menschen, die plötzlich eine unerwartet gute Nachricht erhalten, weinen häufig und zeigen extreme Rührung. Die Tatsache, daß sich ihr Verhalten unter diesen Umständen nicht von dem unterscheidet, das sie im Falle einer schlimmen Nachricht zeigen würden, wird im Theater immer wieder zu Heiterkeitseffekten ausgenutzt. Dazu gehört auch das Syndrom der Überreizung bei kleinen Kindern. Es ist erstaunlich, wie oft ein Tag im Grünen oder eine Geburtstagsfeier, die ja dazu da sind, Vergnügen zu bereiten, mit Weinen und schlechter Laune enden.« (Berlyne 1960, 200)

Ausgewähltes Beweismaterial

Sowohl mit Menschen – Erwachsenen, Kindern und Kleinkindern – als auch mit allen Affenarten, Hunden, Katzen, Ratten und anderen Tieren, hat man unzählige verschiedenartige Experimente durchgeführt, die sich zum Teil überschnitten oder wiederholt haben. Da es noch keine fertige Theorie gab, die man nur mehr beweisen mußte, liefen die Entwicklung der Theorie und die Gestaltung der Experimente parallel, und ich möchte an Hand eines kleinen Ausschnitts aus dem vorhandenen Material eine Vorstellung von deren Beweiskraft vermitteln.

Durch Fotografieren der Augenbewegungen bei Babys und durch das Messen der elektrischen Impulse in Tiergehirnen hat man festgestellt, daß alles Neue und Unerwartete in der jeweiligen Umgebung Aufmerksamkeit erregt und die Erregung steigert. Außerdem hat sich gezeigt, daß ein wiederholt auftretendes Ereignis, das ja immer weniger neu und überraschend wirkt, weniger Aufmerksamkeit erhält und weniger Erregung verursacht. Und bei einer hinreichend großen Zahl von Wiederholungen kann sogar jegliche Reaktion ausbleiben. Durch die Überwachung der Gehirnwellen bei Katzen haben Psychologen herausgefunden, daß ein lautes Geräusch »zuerst einen Schwall unregelmäßiger Hochfrequenz-EEG-Wellen mit geringem Ausschlag erzeugte, die genau den Wellen entsprachen, die gemeinhin mit Angst und großer Anstrengung verbunden sind. Bei jedem nachfolgenden Ton wurde die Erregungsreaktion des EEG geringer und die Veränderung der Frequenz und der Amplitude kleiner. Nach dreißig Versuchen hatte die Erregungsreaktion völlig aufgehört.« (Sharpless/Jasper 1956, 655–80) Genau dieselben Ergebnisse lieferten Tests, die die Reaktion auf wiederholte Reize untersuchten.

»Die wahrscheinlichste Reaktion auf das erstmalige Auftreten eines neuen Reizes ist Angst: So wird sich ein Tier vermutlich zunächst zurückziehen und sich von den neuen Eigenschaften seiner Umgebung fernhalten ... Wenn der neue Reiz wiederholt wird ... werden diese Reaktionen allmählich durch eine Annäherung und genauere Untersuchung verdrängt. Wenn schließlich der Reiz des Neuen ganz verschwunden ist, läßt die Exploration nach, und am Ende wird der auslösende Reiz gänzlich ignoriert.« (Berlyne 1967, 59)

Erwachsene, die sich mehrmals nacheinander einen bestimmten Rhythmus anhören mußten, empfanden diesen zunächst als unangenehm, dann als angenehm und wurden schließlich indifferent. In ähnlicher Weise reagierten sechs Monate alte Kinder auf eine unvertraute hohe Stimme zuerst mit Schreien und Bewegungen, die Unzufriedenheit ausdrückten. Aber die Intensität und Dauer dieser Ablehnung nahm deutlich ab, bis man beim vierten Versuch bei den Kindern sogar »einen interessierten Blick in die Richtung des Stimulus« (ebd., 58 f.) feststellen konnte.

Vergleichbare Ergebnisse erzielten auch Experimente, bei denen die Versuchspersonen zwischen verschieden simultan auftretenden Neuheitsgraden wählen mußten. Das einfachste und bekannteste Beispiel hierfür ist das Alternationsexperiment (Dember 1961, 227–52). Dabei wurden Tiere in den Eingang eines Y- oder T-förmigen Labyrinths gestellt, an deren beiden Endpunkten gleichartige Belohnungen lagen. Es ergab sich, daß die Tiere bei den aufeinanderfolgenden Läufen signifikant häufiger zwischen der linken und der rechten Seite wechselten als dem reinen Zufallswert entspricht. Eine derartig »spontane Alternation« findet man bei vielen Organismen, von der Ratte über die Küchenschabe bis hin zum Regenwurm.

In einer abgewandelten Form des Experiments wurde das Tier bei jedem Durchlauf jeweils in die entgegengesetzten Arme eines kreuzförmigen Labyrinths gestellt. Dadurch wollte man testen, ob nicht die eigentliche Erklärung für das Verhalten »in der Müdigkeit zu suchen war, die aus den Wendemanövern der vorhergehenden Versuchsreihe herrührte«. Die Versuchsergebnisse schlossen dies jedoch aus (Berlyne 1960, 129 f.). Sie wurden überdies noch von einer anderen Versuchsvariante bestätigt, bei der einer der beiden Seitenarme des Labyrinths unverändert blieb, während bei dem anderen zwischen den einzelnen Durchläufen dessen Länge oder Form beziehungsweise die Lage oder Menge der Nahrung modifiziert wurden. Die meisten Ratten wählten diesen Gang häufiger als den anderen. Nach einer weiteren Versuchsabwandlung wurden den Ratten beide Labyrinthgänge gezeigt, aber sie durften zunächst nicht hineingehen. Während ursprünglich der eine Gang weiß und der andere schwarz war, wurde nunmehr ein Arm so verändert, daß er dieselbe Farbe hatte wie der andere. Als die Tiere dann hinein durften, wählten sie zuverlässig den veränderten Gang (Dember 1956, 93 ff.). Dies scheint die Schlußfolgerung zuzulassen, daß die Tiere selbst nach Reizen suchen, die sich möglichst stark von dem unterscheiden, was sie in der nahen Vergangenheit erlebt haben.

Für die Experimente mit menschlichen Versuchspersonen verwenden die Psychologen natürlich keine Labyrinthe, aber die Versuchsanordnung ist dennoch ganz ähnlich. In dem einen Fall setzen sich die Personen, so oft sie mögen, Empfindungen (gewöhnlich handelt es sich um Muster und Bilder) mit unterschiedlichen Graden der Überraschung, der Vielfalt oder der Abweichung aus.

Und die Psychologen zählen die Häufigkeit der zur Ansicht gewählten Objekte. Die Ergebnisse zeigen, daß die Menschen abwechslungsreichere und überraschendere Muster länger und häufiger betrachten, so als ob sie deren Inhalt und Komplexität voll erfassen und verstehen wollten.

Noch interessanter sind für uns die Multiple-Choice-Experimente, weil sie den uns bereits bekannten U-förmigen Kurvenverlauf bestätigen, der die Abhängigkeit angenehmer Empfindungen von dem Grad der Neuheit oder Vielfalt angibt.

In einem Bericht über die Beobachtung fünfwöchiger Babys wird festgestellt, daß »die Versuchsperson weder auf das zu Familiäre schaut, weil sie in gewisser Hinsicht damit übersättigt ist, noch auf das zu Neue, weil sich dies nicht in die bereits vorhandenen Kategorien einordnen läßt«. (Piaget 1936, zit. in: Berlyne 1960, 38) In einem etwas komplizierteren Experiment konnten sich mehrere Kleinkinder zunächst an fünf Spielsachen gewöhnen und mußten dann unter sechs Spielzeuggruppen mit jeweils fünf Spielsachen auswählen. Die erste Gruppe enthielt alle fünf vertrauten Objekte, die zweite bestand aus vier bekannten und einem unbekannten Spielzeug und so fort, bis zur sechsten Gruppe mit gänzlich unbekannten Spielsachen. Die meisten Babys vermieden die erste und die letzte Gruppe und zogen diesen eine Mischung aus Bekanntem und Unbekanntem vor. Dieses Verhalten war signifikant anders als das einer Kontrollgruppe, die vorher keines der in dem Experiment verwendeten Spielsachen gesehen hatte. Ähnliche Experimente mit Tieren erbrachten vergleichbare Resultate.

Derselbe Experimenttyp in leicht erweiterter Form ist auch dazu verwendet worden, um eine psychologische Entwicklung, das heißt eine zunehmende Verfeinerung der Neigungen durch ständiges Lernen und neue Erfahrungen zu zeigen.

In diesem Experiment wurden Ratten in ein kompliziertes Labyrinth geführt, dessen Gänge irgendwelche Gegenstände enthielten oder mit unterschiedlich vielfältigen Mustern bemalt waren. Die Präferenzen der Tiere wurden dann von der Zeitdauer abgeleitet, die sie in jedem Labyrinthgang verbrachten. Nach einem anfänglichen kurzen Erkundungsdurchlauf ließen sich verschiedene Ratten in einzelnen Teilen nieder und offenbarten dadurch Geschmackspräferenzen, die möglicherweise auf verschiedenartige vorhergehende Erfahrungen zurückzuführen waren. Doch bei der täglichen Wiederholung dieser Situation mit denselben Tieren zeigte sich bei vielen von ihnen ein ständiger Wechsel ihres »Lieblingsortes«, und die meisten Standortwechsel (zwölf von dreizehn in einem Experiment) offenbarten deutlich einen Hang zu größerer Vielfalt (Hunt 1965, 229 f.).

Diese Versuchsreihe ist in den verschiedensten Varianten wiederholt worden. Dabei erhalten menschliche Versuchspersonen häufig die Aufgabe, ihre angenehmen Empfindungen beim Anblick beliebiger Formen mit unterschiedlicher Komplexität (die durch die Anzahl der enthaltenen Krümmungen gemessen wird) anzugeben. Und hierbei hat sich gezeigt, daß viele Versuchspersonen die Formen mit mittlerer Komplexität am angenehmsten empfinden und daß sich ihre Präferenzen mit zunehmender Häufigkeit der Versuche und der entsprechend größeren Vertrautheit auf die komplexeren Formen verlagern.

An Hand eines anderen Experimenttyps kann man zeigen, wie veränderte Umstände die Trennungslinie zwischen angenehmen und störenden Graden der

Neuheit verschieben können. Wir wissen, daß verschiedenartige Reize die Erregung kumulativ verstärken, und wir würden deshalb erwarten, daß der Mensch eher ein Zuviel an Neuem ablehnt, sobald schon irgendein gänzlich anderer Reiz vorhanden ist, der erregungssteigernd wirkt. Dem widerspricht die Beobachtung von Ratten, die unter normalen Bedingungen eine Vorliebe für den neuen Gang eines Labyrinths gezeigt hatten und deren Präferenz sich ins Gegenteil umkehrte, nachdem ihre Erregung durch Hunger, Amphetaminspritzen oder durch eine laute Umgebung bereits erhöht war (Berlyne 1967, 71 f.). Bei den Menschen weiß man, daß ein ängstlicher Typus viele Formen der Unterhaltung zu aufregend und deswegen unangenehm findet, die von weniger ängstlichen Menschen wiederum genossen werden.

Dies sind nur einige der zahlreichen Experimente, die zwei Tatsachen erhellt und bestätigt haben, daß nämlich das Neue stimulierend wirkt und daß Menschen und Tiere im allgemeinen ein mittleres Maß an Neuem bevorzugen. Nunmehr müssen wir uns noch mit den Erkenntnissen befassen, welche die Psychologen inzwischen über die Hintergründe unseres Interesses an allem Neuen gewonnen haben, sowie mit den Ergebnissen, die sie bei ihrem Versuch der Quantifizierung und Messung des Faktors erzielt haben, der Empfindungen so stimulierend und reizvoll macht.

Experimente, die den Erregungseffekt so einfacher sinnlicher Einflüsse wie Licht und Ton messen, haben gezeigt, daß der »Nullpunkt der Erregung«, an dem es also keine Erregung gibt, nicht durch die völlige Abwesenheit von Licht oder Ton gekennzeichnet ist, sondern durch die Menge, die der Organismus bereits kennt und an die er sich angepaßt hat. Dieser Punkt wird als Anpassungsniveau bezeichnet. Alle Abweichungen von diesem Punkt wirken innerhalb eines ziemlich großen Bereiches in beiden Richtungen gleichermaßen erregend. So ist zum Beispiel das plötzliche Stehenbleiben eines tickenden Weckers genauso auffällig wie ein neuer Ton nach völligem Schweigen. Ferner wirken gemäßigte Abweichungen angenehm, starke hingegen unangenehm. Dies läßt sich graphisch manchmal in einem sogenannten Schmetterlingsdiagramm darstellen, das man durch zwei entgegengesetzte U-förmige Wundt-Kurven erhält, die sich jeweils links und rechts vom Anpassungsniveau als Koordinatennullpunkt befinden (Hunt 1965, 216f.; Helson 1964).

Gefahren

Viele Menschen ziehen starke Befriedigung aus der Ausübung gefährlicher Sportarten, aus Horrorfilmen und aus dem Lesen von Kriminalromanen. Desgleichen finden sie es schön, von einem geschützten Platz aus ein Gewitter zu beobachten, vom Ufer oder vom Deck eines sicheren Schiffes dem Spiel der Seewellen zuzuschauen oder aus sicherer Entfernung ein Feuer in einem Kamin zu betrachten. Kinder lassen sich gern in die Luft werfen und wieder auffangen; sie genießen die vorgespiegelte Grausamkeit der Erwachsenen, wenn diese zum Beispiel vorgeben, sie zu verhauen, sowie die harmlosen Gefahren des Spielplatzes und viele andere nicht ganz so harmlose Gefahren. Auch bei Tieren kann man eine ganz ähnliche Neigung, sich Gefahren auszusetzen, beobachten (Hebb 1949, 233). Ferner empfinden sowohl Erwachsene und Kinder als auch Tiere offensichtlich den ganz besonderen Reiz an verbotenen Dingen. Andererseits kann eine Sache für einen Menschen ein angenehmer Reiz und für einen anderen, ängstlicheren Typ die reine Tortur sein, während ein Dritter, der stärkere Reize gewöhnt ist, sie als völlig uninteressant empfindet. Die aufregenden Vergnügungen der Kinder sind für Erwachsene gewöhnlich langweilig, da sie diese bereits unzählige Male ausgekostet haben und sich der objektiv fehlenden Gefahr bewußt sind.

Somit wirken die Gefahr und die Angst vor ihr aufregend, und solange sich diese Aufregung in Grenzen hält, ist sie angenehm. Deshalb ist die Gefahr angenehm, solange sie begrenzt, kontrollierbar, mittelbar oder vorgetäuscht ist – und als solche erkannt wird. Allerdings darf die Gefahr nicht zu begrenzt und zu vage sein, da sie sonst die angenehmen Empfindungen beeinträchtigen würde. Unsere Neigungen hinsichtlich des Ausmaßes und der Art der Aufregung, die wir als genußvoll empfinden, schwanken stark, und der jeweilige Geschmack eines Menschen hängt weitgehend von seinem durchschnittlichen Erregungsniveau ab.

Die Suche nach begrenzter Gefahr ist allerdings nur eine Möglichkeit von vielen, die Langeweile zu vertreiben. Für uns war sie insofern ein günstiger Ausgangspunkt, weil die Gefahr ein ganz offensichtlicher Stimulator ist, und weil schon viele Menschen den angenehmen Nervenkitzel erfahren haben, der mit bestimmten Arten und Graden von Gefahr verbunden ist. Aber die meisten angenehmen Reize lassen sich nicht ganz so einfach erklären, da ihre Verbindung mit einer potentiellen Lebensbedrohung oft nur entfernt erkennbar ist, obwohl die durch sie erzeugte Befriedigung keineswegs entsprechend geringer ist. Wie läßt sich zum Beispiel der Kunstgenuß erklären? Immerhin stellt ein Violinkonzert keine Gefahr für unser Leben dar, und dennoch würden sich viele Leute eine aufregende Mordgeschichte entgehen lassen, die ja zumindest eine indirekte Bedrohung in sich birgt, um ein Konzert zu hören. Wie läßt sich dies mit der Theorie in Einklang bringen, nach der eine drohende Gefahr so lange angenehm stimulierend wirkt, als die Reize und dementsprechend auch die Gefahr ein Mittelmaß nicht übersteigen?

Entscheidend ist hier, was wir unter »Lebensgefahr« verstehen. Alles Neue und Unerwartete stellt zunächst eine Bedrohung für uns dar, weil wir nicht wissen, wie wir damit fertig werden. Der Mensch entwickelt vom Tage seiner Geburt an aufgrund seiner persönlichen Erfahrungen eine bestimmte Auffassung von der Welt, und diese Lebensauffassung ist die Grundlage der Strategie, nach der wir leben, um zu überleben. Dies wäre soweit in Ordnung, wenn sich die Welt nicht ständig ändern würde, so daß unsere Strategie fortwährend zu veralten droht. Aus diesem Grunde müssen wir unsere Lebensauffassung ständig erneuern, indem wir neue Informationen aufnehmen, sie verarbeiten und sie mit unserem vorherigen Wissen in Verbindung bringen, um dieses entweder zu ergänzen oder zu verändern. So erneuern wir unsere Überlebensstrategie. Und dazu gehört sowohl ein Violinkonzert als auch eine Kriminalgeschichte.

Hierbei ergibt sich das Problem der aufgenommenen Informationsmenge, das jedoch durch eine effiziente Informationsverarbeitung gelöst werden kann. Letztere hängt wiederum davon ab, ob die zu verarbeitenden Daten der Datenverarbeitungskapazität unseres Gehirns entsprechen. Das Verhältnis zwischen der zu verarbeitenden Datenmenge und unserer Verarbeitungskapazität ist die Basis für den Versuch der Psychologen, dieses Gebiet quantitativ zu erfassen.

Um also den mit dem Anhören eines Musikstücks verbundenen Genuß zu erklären, mußten wir den Begriff der »Gefahr« um den eines »Problems« erweitern und den Gedanken »vom Leben mit der Gefahr« durch den des »Problemlösens« ergänzen. Aufgrund dieser Erweiterung können wir viele bisher unerklärliche Dinge verstehen und nunmehr unsere Aufmerksamkeit auf die Messung der Reize und der durch sie ausgelösten angenehmen Empfindungen konzentrieren.

Die Reizmessung

Shannon hat für das Gebiet der Kommunikationstheorie ein Informationsmaß entwickelt. Er definierte die Informationseinheit, das »bit« (Abkürzung für binary digit), als den binären Logarithmus[7] aller gleich wahrscheinlichen Alternativen, weil dieser die Zahl der Wahlmöglichkeiten zwischen jeweils zwei Alternativen angibt, die man benötigt, um eine gegebene Botschaft unzweideutig zu übertragen. (Shannon/Weaver 1949, 9) Das bit bietet sich dann als Maßeinheit an, wenn Informationen unter der Bedingung binärer Wahlmöglichkeiten übertragen werden, wie dies zum Beispiel beim Schließen oder Unterbrechen eines elektrischen Stromkreises in einem Computer oder Kommunikationssystem oder beim Laden und Entladen von Nervenzellen im menschlichen Nervensystem der Fall ist, weil es die Anzahl der für die Übertragung einer gegebenen Informationsmenge erforderlichen Impulse (oder Relais) angibt. Will man zum Beispiel durch Ja- und Nein-Antworten erfahren, auf welchem der vierundsechzig Felder eines Schachbrettes eine Münze liegt, dann sind hier zumindest sechs Fragen ($64 = 2^6$) erforderlich. Die Informationsmenge, die diese Fragen liefern, beträgt 6 bit.

Vorläufige Schätzungen geben die durchschnittliche Datenverarbeitungskapazität eines Erwachsenen mit 16 bit pro Sekunde an.[8] Dies entspricht der durchschnittlichen Frequenz (16 Herz) von Beta-Wellen und damit genau der Geschwindigkeit, mit der sich Nervenzellen eines Organismus im Wachzustand entladen. Wenn die Information nicht gleichmäßig über die Zeit verteilt ist, sondern – wie bei einem Bild – simultan und räumlich verteilt auftritt, müssen wir die in allen Teilen des Bildes enthaltenen Informationen zueinander in Beziehung setzen und zu einem Ganzen zusammenfügen. Da die Augen das Bild abtasten und seine einzelnen Teile zu unterschiedlichen Zeiten wahrnehmen, muß der Beobachter beim Betrachten eines Ausschnitts fähig sein, alle anderen Teile im Gedächtnis zu behalten. Die Fähigkeit hierzu hängt von seinem »Kurzzeitgedächtnis« ab, das heißt von der Fähigkeit, sich die vielen Einzelinformationen zu merken und sie gleichzeitig für den Gesamteindruck zu berücksichtigen. Das Kurzzeitgedächtnis des Menschen beträgt etwa 10 Sekunden, so daß seine Fähigkeit, räumlich verteilte Informationen zu verarbeiten, bis zu 160 bit betragen kann (Riedel 1968, 55 ff.)

Der nächste Schritt wäre nunmehr, diese Schätzungen der menschlichen Gehirnkapazität mit Schätzungen der in den verschiedenen sensorischen Eindrücken enthaltenen Informationsmenge zu vergleichen. Schätzungen über den Informationsgehalt eines abstrakten Bildes, einer Zeichnung oder sogar eines Schauspiels lassen den vorläufigen Schluß zu, daß die Gegenstände und Eindrücke als am angenehmsten und ästhetisch ansprechendsten empfunden werden, deren Informationsgehalt fast die Obergrenze der menschlichen Informationsverarbeitungskapazität erreicht (Vgl. Gunzenhäuser 1968, 88–96; Frank 1968). Das ist natürlich nur ein ganz vorläufiges Ergebnis, und die weitere Erforschung dieses Gebietes wird überdies durch die erforderliche Lösung von zwei Problemen erschwert. Das eine besteht darin, daß es ausgesprochen schwierig ist, die von einer Information wahrgenommene Informationsmenge von den in seiner Umgebung enthaltenen Informationen zu trennen. Das andere beruht darauf, daß die mengenmäßige Beziehung zwischen der zu verarbeitenden Information und der Verarbeitungskapazität des Gehirns nicht die einzige Determinante dafür ist, ob eine Neuheit als angenehm empfunden wird oder nich..

Die Aufmerksamkeit

Da unsere Umgebung sehr viel mehr Informationen enthält als unser Gehirn verarbeiten kann, richten wir unsere Aufmerksamkeit immer nur auf einen kleinen Ausschnitt davon und unterdrücken oder behindern die sinnliche Wahrnehmung der übrigen Informationen. Gelegentlich konzentrieren wir unsere Aufmerksamkeit ganz bewußt auf spezielle Dinge: Wenn wir zum Beispiel versuchen, mitten in einer lauten Party die Worte unseres Gesprächspartners zu verstehen und die von den anderen Anwesenden verursachten Geräusche zu überhören. Meistens geschieht diese sinnliche Selektion jedoch unbewußt und unbeabsichtigt, da unsere Aufmerksamkeit in der Regel ganz automatisch von der auffälligsten und potentiell bedrohlichsten Eigenschaft unserer Umgebung angezogen wird.

Psychologen haben ermittelt, daß wir bei relativ unwichtigen Informationen unwillkürlich »abschalten«. Sie haben bei Experimenten mit unbetäubten Katzen festgestellt, daß »die Nerventätigkeit der Gehörschnecke (im inneren Ohr), die mit Hilfe von Elektroden gemessen wurde, welche man zuvor in den Schneckenkern eingeführt und durch äußerst intensive Töne angeregt hatte, deutlich nachläßt, wenn man den Katzen eine Maus unter einer Glasglocke vorsetzt oder Fischgeruch erzeugt«. (Hunt 1965, 199)

Tatsächlich ist es uns fast unmöglich, uns auf Musik oder ein Buch zu konzentrieren, wenn irgendeine größere und dringende Gefahr unsere unmittelbare Aufmerksamkeit erfordert. Deshalb läßt sich in Zeiten großer individueller oder nationaler Anspannung oder Probleme unser Wunsch nach vorübergehender Erleichterung und Ablenkung nicht durch einen seichten, ereignislosen Roman befriedigen, sondern erfordert beispielsweise die größere potentielle Gefahr eines spannenden Kriminalromans.[9] In dem Moment, wo wir mit einer Krise fertig werden müssen, sehen wir ohne weiteres ein, daß das ständige Darandenken nichts an den Tatsachen ändert, aber wir können dennoch unsere unwillkürliche Neigung, uns darauf zu konzentrieren, nicht unterdrücken, weil diese Sache gerade unser Wohlergehen am stärksten bedroht. Die in spannenden Erzählungen dargestellten Gefahren oder Schrecken führen oft zu einer Täuschung unseres Unterbewußtseins, so daß dieses selbst eine so indirekte Gefahr wie die der betreffenden Geschichte als größer und dementsprechend wichtiger ansieht als die tatsächlich vorhandene Bedrohung durch unser eigentliches Problem. Das instinktive Gefühl des Menschen, daß die lebensnotwendigen Bedürfnisse Vorrang vor den Genüssen des Lebens haben, hängt wahrscheinlich mit den starren Prioritäten zusammen, die uns das zentrale Nervensystem setzt, indem es die Aufmerksamkeit immer auf das richtet, was gerade am dringendsten oder gefährlichsten erscheint. Und wenn unsere Aufmerksamkeit sich auf etwas Angenehmes konzentriert, dann ist dies ein Zeichen dafür, daß es in dem Augenblick nichts Bedrohlicheres gibt, das unseren Genuß beeinträchtigen könnte, das heißt dies und nichts anderes ist in dem Moment unser »dringlichstes« Anliegen.

Für die Richtung unserer Aufmerksamkeit sowie für die angenehme beziehungsweise unangenehme Wirkung eines Reizes spielen Bedrohung oder Gefahr eindeutig eine wichtige Rolle, aber die für beide relevanten Arten von Gefahr sind trotz des häufig synonymen Sprachgebrauchs sehr unterschiedlich. Deshalb möchte ich hier kurz auf die beiden wesentlichen Merkmale der Gefahr einhergehen. Bei der einen Form geht es grundsätzlich um die Möglichkeit beziehungsweise Wahrscheinlichkeit des Eintretens einer Gefahr oder Bedrohung, während bei der anderen die Gefährdung in den potentiellen Folgen für das persönliche Wohlbefinden besteht, falls die Bedrohung Wirklichkeit werden sollte. Wenn man zum Beispiel das Bergsteigen mit dem Lösen eines Kreuzworträtsels vergleicht, dann gehört das Bergsteigen eindeutig zur letztgenannten Kategorie, weil bereits ein falscher Schritt mir das Genick brechen kann, während ein ungelöstes Rätsel nur meinen Stolz verletzt. Andererseits ist jedoch die Gefahr des Versagens beim Kreuzworträtsel für mich sehr viel größer als die des Umkehrens vor dem Gipfel, wenn ich zufällig schlecht im Rätselraten und gut im Bergsteigen bin. Insofern gehört das Rätselraten zur ersten Kategorie. Beide Kategorien, das heißt also die Möglichkeit des Versagens und die Konsequenzen des Versagens, haben nichts miteinander gemeinsam und beeinflussen dementsprechend unterschiedlich das menschliche Verhalten.[10]

Um einen Reiz genießen zu können, ist die Wahrscheinlichkeit des Versagens beziehungsweise die mögliche Gefahr, daß ich bei der Lösung irgendeines Problems oder einer Aufgabe effektiv versage, wichtiger als die tatsächlich vorhandene Gefahr, der ich im Falle des Versagens ausgesetzt wäre. Dementsprechend macht mir ein Kreuzworträtsel, das genau meinen Fähigkeiten entspricht, viel mehr Spaß als das Erklimmen eines Berges, der für meine Fähigkeiten zu leicht und anspruchslos ist. Deshalb hängt der Genuß eines Bridge-Spiels auch weniger von der Höhe der Einsätze als von der Zusammensetzung der Partner ab.

Andererseits sind für die Prioritäten meiner Aufmerksamkeit die *Konsequenzen* des Versagens sehr viel wichtiger als deren Wahrscheinlichkeit. Ich werde schließlich meine Augen und Gedankenstärke eher auf den Weg konzentrieren als auf das Rätsel, obwohl letzteres mich mehr herausfordert und schwieriger ist. Aber sobald sich meine Aufmerksamkeit einmal auf etwas konzentriert, hängt der damit verbundene Genuß des Reizes hauptsächlich von meiner Erfolgschance oder von der Gefahr des Versagens ab, für welche wiederum meine Fähigkeit ausschlaggebend ist, die damit einhergehende Informationsmenge zu verarbeiten.

Die Redundanz

Wenn ich mich auf etwas ganz konzentriere, reduziere ich gleichzeitig die von meinem Gehirn zu verarbeitenden Informationen. Dieser Effekt wird noch verstärkt, sobald die Information mit einer mir bereits bekannten Sache in Beziehung steht. Denn dann sind Informationen nicht mehr völlig neu und brauchen nicht mehr verarbeitet zu werden. Dieser Teil des Informationsflusses wird redundante Information genannt, und ihr Verhältnis zur Gesamtmenge an objektiver Information ist die relative Redundanz. Der andere Teil der objektiven Information, der neu für mich ist, wird subjektive Information oder subjektive Neuheit genannt, und ihr Verhältnis zur objektiven Information wird manchmal als relative Information bezeichnet.

Betrachten wir einmal die Redundanz der Sprache. Ein geschriebener Text enthält pro Buchstabe 4,7 bit Information, da das Alphabet 26 Buchstaben hat und 26 gleich $2^{4,7}$ ist. Hierbei handelt es sich jedoch um objektive Information, die zum größten Teil redundant ist. Im Englischen kommen einzelne Buchstaben, Buchstabenfolgen und Wortreihen mit unterschiedlichen Wahrscheinlichkeiten vor. Da ich englisch spreche, kenne ich – unbewußt – diese Wahrscheinlichkeiten, und die subjektive in einem Buchstaben enthaltene Information steht im umgekehrten Verhältnis zu der Wahrscheinlichkeit, mit der ich sein Vorkommen erwarte. Schließlich hat Information ja die Aufgabe, Ungewißheit zu vermindern, und je mehr Unsicherheit eine gegebene Information beseitigt, umso größer ist die übermittelte Informationsmenge. Umgekehrt gilt, daß eine Nachricht, durch die sich eine subjektive Vermutung bestätigt, für mich, einen umso geringeren Informationsgehalt besitzt, je stärker ich die Vermutung für zutreffend halte.

Die relative Redundanz der englischen Sprache wird auf mehr als fünfzig Prozent geschätzt (Shannon/Weaver 1949, 13 f.; Moles 1966, 42 ff.). Das heißt, daß der subjektive, in einem geschriebenen englischen Text enthaltene Informationsgehalt ungefähr 2,3 bit pro Buchstabe beträgt.[11] Demnach können wir beim Schreiben nur die Hälfte der Buchstaben frei wählen, da die andere Hälfte durch die Orthographie, Grammatik und Satzregeln bereits vorgegeben ist. Deswegen können wir auch oft einen nur teilweise gehörten Satz verstehen und vervollständigen, falls wir geschriebene Worte erkennen, im Telegrammstil schreiben, mit Abkürzungen und Stenographie arbeiten und Kreuzworträtsel lösen. Die Redundanz der Kommunikation ist somit alles andere als sinnlos, da sie unsere Mitteilungen trotz des Auftretens von Fehlern oder trotz unvollständiger Wiedergabe lesbar macht.

Die Redundanz ist auch für die Datenverarbeitung nützlich. Völlig neue Informationen, die keinerlei Verbindung zu irgendetwas bereits Bekanntem besitzen, lassen sich bestenfalls auswendig lernen, wobei sich die meisten Leute sehr schwer tun. Außerdem ist es ein ziemlich langwieriger Prozeß: Die Geschwindigkeit, mit der Erwachsene ihnen unbekannte Informationen auf ihr Langzeitgedächtnis übertragen können, wird auf 0,5 bis 0,7 bit pro Sekunde geschätzt (Riedel 1968, 45). Die meisten Informationen nehmen wir dadurch auf, daß wir sie mit bereits bekannten Dingen verbinden, indem wir sie damit vergleichen und die in unserem Gedächtnis gespeicherte Informationsmenge verändern. Allerdings geht dies nur, wenn sich zwischen neuen Informationen und bereits vorhandenen bekannten Informationselementen irgendeine Beziehung herstellen läßt. Jeder Lehrer weiß, wieviel leichter die Schüler etwas lernen, wenn sie das Neue mit dem Vertrauten verbinden können, sei es durch Ähnlichkeiten, Parallelen oder Gegensätze, und er wird versuchen, seinen Schülern dadurch zu helfen, daß er jene Elemente besonders betont oder anführt, die eine derartige Beziehung ermöglichen. Demnach stellt redundante Information nicht etwa eine zusätzliche Last für die Verarbeitungskapazität des Gehirns dar, sondern sie erleichtert diese und macht sie angenehmer.

Ein völlig neuartiger Anblick, Ton, Geschmack oder Geruch ist meistens verwirrend und deshalb unangenehm. Soll zum Beispiel eine neu erfundene Geschichte als angenehm empfunden werden, muß sie Personen und Situationen behandeln, die eine gewisse Ähnlichkeit mit den uns vertrauten haben. Dasselbe gilt für die Nachrichten: Sie sind nur dann interessant, wenn sie von Themen oder Personen handeln, die wir bereits kennen oder von denen wir gehört haben. Gewöhnlich sind sie umso interessanter, je besser wir die Betreffenden kennen.

Auch in der Musik wird uns eine nie zuvor gehörte Melodie, die auch nicht in irgendeine uns vertraute musikalische Tradition paßt, verwirren und fremd bleiben. Ein gewisses Maß an Redundanz ergibt sich schon allein dadurch, daß ein Musikstück in einer bestimmten Tonart geschrieben ist (und als solche erkannt wird), da die dazugehörenden Töne mit größerer Häufigkeit erwartet werden können als andere. Der Grundton und die Dominante dieser Tonart kommen sogar noch häufiger vor. Wenn das Stück darüber hinaus noch aus einer dem Zuhörer einigermaßen vertrauten Epoche stammt, ist die Redundanz noch größer und befähigt ihn, weitere Vorhersagen zu treffen. Und wenn er dann noch den Komponisten erkennt, wird die Redundanz wiederum erhöht. Genau dasselbe läßt sich auf die Malerei, das Tanzen sowie jede andere künstlerische Tätigkeit übertragen. Um ein Kunstwerk genießen zu können, müssen wir es einer bestimmten Schule oder Stilrichtung zuordnen können, mit der wir vertraut sind; denn diese Redundanz erleichtert uns das Verständnis.

Kurzum, etwas Neues ist nur dann angenehm anregend, wenn es mit einer gewissen Redundanz verbunden ist, deren Ausmaß oder Menge wiederum darüber entscheidet, wie angenehm wir eine Sache empfinden. Auch hierbei wirken die Extreme der völligen Originalität oder Nicht-Redundanz beziehungsweise der absoluten Banalität oder reinen Redundanz entweder verwirrend oder langweilig, das heißt, nur ein Mittelmaß ist angenehm. Diese Beziehung läßt sich graphisch wiederum am besten an Hand der U-förmigen Wundt-Kurve darstellen (Moles 1966, 23; vgl. auch Alsleben 1962, 22f.). Das als besonders angenehm empfundene Maß an Redundanz variiert von Mensch zu Mensch. So ist für Introvertierte im Gegensatz zu Extrovertierten vermutlich eher ein Mehr an Redundanz angenehm. Außerdem scheinen auch sehr junge und sehr alte Menschen mehr Redundanz zu benötigen als die dazwischenliegenden Altersgruppen. Babys und Kleinkinder scheinen im Vergleich zu Erwachsenen Wiederholungen nie überdrüssig zu werden. Desgleichen neigen alte Leute nicht nur beim Reden zu Wiederholungen, sondern ihnen scheint auch das nochmalige Lesen und Hören alter Bücher und Geschichten großen Spaß zu bereiten. Die Erklärung hierfür liegt vermutlich in der schlechteren Merk- und Aufnahmefähigkeit ihres Gedächtnisses – aber dies ist ein Gebiet, über das wir bisher noch nicht allzuviel wissen.

Unglucklicherweise haben sich die bisherigen quantitativen Schätzungen der Redundanz nur mit der Sprache befaßt, deren Vokabular und allgemeine Sprachregeln eine objektive Redundanz erzeugen, die mehr oder weniger für alle gilt, die diese Sprache sprechen. Zu manchen Zeiten hat es Mal- und Musikschulen mit so starren Regeln gegeben, daß die damit einhergehende Redundanz sich eigentlich leicht schätzen lassen müßte. In der Regel ist aber die Redundanz eines Bildes, eines Musikstückes oder irgendeiner Form der Anregung sehr subjektiv und hängt von den jeweiligen vergangenen Erfahrungen der einzelnen Menschen sowie von deren Kenntnis künstlerischer Richtungen und Traditionen ab. Deswegen ist eine Quantifizierung äußerst schwierig.[12]

Die experimentelle Arbeit des Psychologen beruht gewöhnlich auf sehr schwer quantifizierbaren Begriffen, sie zeigt aber dennoch, daß alles Neue dann am anregendsten und angenehmsten wirkt, wenn es Überraschungen, Konflikte, Widersprüche, »kognitive Dissonanz« oder Abweichungen von dem Erwarteten und der Erfahrung mit sich bringt (Berlyne 1960, 283–88). Ohne die

Erwartung einer Norm kann es keine Überraschung, keinen Konflikt und keine Abweichung geben, und genau diese Norm liefert die Redundanz. Das subjektiv Neue kontrastiert mit der redundanten Information, und ihre Nebeneinanderstellung löst einen Konflikt oder eine Überraschung aus, deren Ausmaß vermutlich mit der Menge an subjektiv neuer Information zunimmt. Wir besitzen zwar eine gewisse Vorstellung davon, wieviel subjektive Neuheit am angenehmsten ist, aber wir wissen nichts über die optimale Menge an Redundanz. In vielen psychologischen Experimenten wird dieselbe Person immer wieder derselben Empfindung ausgesetzt, so daß die steigende Vertrautheit die Redundanz erhöht und die subjektive Neuheit vermindert, während die objektive Information, die sich aus der Summe der beiden ergibt, konstant bleibt. Soviel ich weiß, hat bisher noch niemand ein Experiment erfunden, das die Menge der redundanten Information verändert und die subjektive Neuheit konstant läßt, obwohl dieser oder ein ähnlicher Test notwendig sein wird, wenn wir jemals wissen wollen, wie sich die Redundanz auf Reize und die damit verbundenen Empfindungen auswirkt.

Die Notwendigkeit von Konflikten, das heißt die Verbindung der Redundanz mit subjektiver Neuheit als einer Bedingung für angenehme Anregung, ist nicht nur experimentell eindeutig erwiesen, sondern läßt sich auch recht gut in unserem Alltagsleben beobachten. Jeder weiß, daß alles, was ungewöhnlich ist und den Erwartungen widerspricht, mit dem größten Interesse aufgenommen wird, und daß alles Skandalöse und Abnormale das meiste Gerede nach sich zieht. Der Watergate-Skandal erregte die Gemüter vor allem deshalb so, und ließ die Verkaufszahlen der Tages- und Wochenzeitungen derart hochschnellen, weil den meisten Menschen plötzlich der Widerspruch zwischen den hohen Ämtern und dem gangsterähnlichen Verhalten der betreffenden Männer klar wurde.

In der Musik fangen die meisten Kompositionen mit einem Thema an, das dann variiert, transponiert und mit den einzelnen Instrumenten auf verschiedene Weise wiederholt wird. Die Grundmelodie bildet für alle folgenden Sequenzen ein Element der Redundanz; denn die meisten Variationen des Themas sind Abweichungen von dem, was wir nach dem ersten Hören der Melodie erwarten. Darüber hinaus gibt es bei der Musik mehrere Konflikte zwischen dem Neuen und dem Vertrauten, weil die gesamte Komposition sich zugleich im Rahmen der jeweiligen musikalischen Tradition bewegen muß. Das heißt, um verstanden und genossen zu werden, muß die Melodie zunächst durch ihre Zugehörigkeit zu einer bekannten Musikrichtung eine gewisse Redundanz liefern, obwohl sie andererseits wieder von diesem Stil genügend abweichen muß, um nicht als nachgeahmt empfunden zu werden. Außerdem hat die anschließende Entwicklung der Melodie ebenfalls ihre eigene Tradition, die Kennern bekannt sein wird; und deswegen dürfen die Variationen der Melodie nicht nur das zugrundeliegende Thema abwandeln, sondern müssen in gewissem Ausmaß auch die herkömmlichen Formen der Themenvariation verändern, um einen Höchstgenuß zu bieten (Meyer 1956, Kap. 1).

Da der Komponist sich innerhalb einer bestimmten Stilrichtung bewegt, die er immer wieder abwandelt, wird diese allmählich ausgehöhlt und die ursprüngliche Abwandlung wird zum neuen Stil. Somit bewirkt ein Teil der Musikentwicklung einen kontinuierlichen Wandel, der das Gleichgewicht zwischen dem Neuen und Bekannten aufrechterhalten soll und der beim Publikum den Effekt erzielt, daß das Neue allmählich seine Neuheit verliert und vertraut wird. Dies ist die alte Geschichte, daß man vorwärts gehen muß, um nicht nach hinten zurückzufallen. Ein anderer Teil der musikalischen Entwicklung ist die Entdeckung und Vervollkommnung neuer Möglichkeiten und Dimensionen der Abwandlung und Variation des melodischen Materials. Dadurch erweckt der Komponist Freude am Zuhören und kann die Aufmerksamkeit der Zuhörer länger fesseln. Dieser Teil der Musikentwicklung läßt sich sogar statistisch belegen. In der Musik der westlichen Welt »dauerten noch im 16. Jahrhundert sehr wenige Musikkompositionen länger als fünf Minuten.« Und die Durchschnittslänge der Haydn-Symphonien stieg im Laufe der fünfzig Jahre seines aktiven Schaffens von 5 auf 6 Minuten, während die durchschnittliche Länge eines Mozart-Satzes 7,5 Minuten betrug. Am Anfang des 19. Jahrhunderts dauerten Beethovens Sätze im Schnitt 9 Minuten, während Liszt fünfzig Jahre später die Aufmerksamkeit seiner Zuhörer bereits 15 Minuten lang fesseln konnte. Und zur Jahrhundertwende war der Durchschnittswert in den Mahler- und Bruckner-Symphonien und den Strauß'schen Tongedichten sogar bis auf 20 Minuten emporgeschnellt (Scholes 1938, 370).

Fest steht also, daß eine möglichst angenehme neue Empfindung zumindest ein gewisses Maß an Redundanz erfordert. Daneben gibt es aber noch bestimmte andere Formen von angenehmen Reizen, die absichtlich mehr Redundanz enthalten, um nur wenig zu stimulieren. Das beste Beispiel hierfür ist unsere sogenannte »Unterhaltungsmusik«, die nicht anregend, interessant und absorbierend genug ist, um sich ihr ganz zu widmen, sondern die eher dazu dient, irgendeine andere Aktivität reizvoll zu untermalen, so daß beide Reize zusammen ein Maximum an Genuß bilden. Tanzmusik und eine bestimmte Art leichter Musik – dazu gehören auch Werke ernster Komponisten wie Telemanns Tafelmusik, Händels Wassermusik und Mozarts Divertimenti – dienen genau diesem Zweck. Dabei versteht sich von selbst, daß auch noch so ernste Musik durch wiederholtes Anhören ihren subjektiven Informationsgehalt verliert und subjektive Redundanz gewinnt, wodurch sie als Hintergrundmusik immer geeigneter wird. Aus diesem Grunde ist auch die in Warenhäusern und Büros gespielte Musik, die die Kunden in eine bessere Stimmung versetzen soll, immer bewußt »seicht«, das heißt, ihr Informationsgehalt und ihre Erregungsfähigkeit sind besonders niedrig, um nicht die Aufmerksamkeit von dem Hauptzweck des Einkaufens abzulenken.

Andere Beispiele für bewußte Redundanz und begrenzte Neuheit sind Dekorationsobjekte (im Gegensatz zu Kunstgegenständen) wie Tapeten und Bilder. Da sie nur einen Teil des Hintergrundes bilden, sollen sie absichtlich nicht zu erregend wirken, um nicht im Mittelpunkt des Interesses zu stehen.

Die quantitative Messung des Informationsgehalts eines sinnlichen Reizes wird noch zusätzlich durch die Neigung des Gehirns beeinträchtigt, die erhaltenen Wahrnehmungen in Zeichen und Superzeichen zu zerlegen und den Rest als irrelevant abzutun. Wir haben bereits gesehen, wie das Gehirn sich auf einen bestimmten Ausschnitt seiner Umgebung konzentriert und alles andere ausklammert. Darüber hinaus wählt es aber selbst aus diesem Teilbereich nur bestimmte Informationen zur Wahrnehmung aus.

Eine derartige Selektion wird allein durch die fast unendlich große Anzahl an Informationen notwendig, die unsere Umgebung enthält. So sehen wir in einem Mikroskop ganze Welten, die das bloße Auge nicht erkennt, und dies sieht wiederum erheblich mehr, als das Gehirn verarbeiten kann. Die Informationsübertragungskapazität des Auges wird von 1,6 bis auf 3 Millionen bit pro Sekunde geschätzt (Frank 1968, 21 ff, Alsleben 1962, 38), das heißt, sie ist unvorstellbar viel größer als die Datenverarbeitungskapazität des Gehirns – und dabei sind die Augen nur eines unserer fünf Sinnesorgane. Es leuchtet also ein, daß wir die Informationen unbedingt in Zeichen und Superzeichen gliedern müssen.

So sehen die meisten Leser dieser Seite wahrscheinlich nur die Buchstaben (Zeichen) und die Worte (Superzeichen) und weniger ein abstraktes Bild, dessen Qualität von der Form und dem Typ des Druckbuchstabens, dem Zwischenraum der Buchstaben und Linien sowie dem Verhältnis zwischen Randabstand und dem gesamten Wortblock in der Mitte der Seite abhängt. Ein Teil der abstrahierenden und organisierenden Gehirntätigkeit geschieht automatisch und unwillkürlich. So hören wir das Ticken einer Uhr oder das Geräusch von Zugrädern auf den Schienen als ein rhythmisches Zusammenspiel eines zwei-, drei- oder mehrfachen Taktes, selbst wenn das Geräusch in völlig regelmäßigen Abständen und in gleicher Lautstärke auftritt. Der Rhythmus existiert nur in unserer Einbildung, und wenn der Zug schneller fährt, ändert sich der Rhythmus, wird aber keineswegs immer schneller. Der Vorteil dieses Hörens von Rhythmusgruppen (Superzeichen) anstelle von individuellen Tönen (Zeichen) ist, daß sie langsamer auftreten und deshalb leichter wahrnehmbar sind. Desgleichen sehen wir in der Zahlenreihe 00110011 nicht eine Sequenz von Nullen und Einsen, sondern wir vereinfachen, indem wir instinktiv die Superzeichen 00 und 11 bilden und uns ihr abwechselndes Auftreten merken.

Normalerweise müssen wir das Bilden von Zeichen und Superzeichen bewußt lernen. Beim Lesenlernen sehen wir zunächst nur die einzelnen Buchstaben. Doch nach einiger Zeit treten diese zurück, und wir sehen nur noch die Wörter und Wortgruppen, wodurch sich unsere Lesegeschwindigkeit erhöht, da weniger subjektive Informationen verarbeitet werden müssen. Und genau dasselbe geschieht beim Merken einer längeren Zahl – wie zum Beispiel einer Telefonnummer oder Sozialversicherungsnummer – indem wir diese in einzelne kleine Zahleneinheiten zerlegen.

Wir wollen noch einmal auf die Frage zurückkommen, was denn nun eigentlich den Reiz des Neuen angenehm macht. Das Zusammenfassen und Filtern von Informationen kann deren Verarbeitung zugleich angenehmer oder aber weniger angenehm machen. Wenn ich zum Beispiel ein komplexes Musikstück mit einem hohen Informationsgehalt höre, sorgt mein Gehirn automatisch dafür, daß die subjektive Informationsmenge innerhalb seiner Kapazitätsgrenze bleibt, indem es einen Teil der harmonischen Vielfalt bewußt ausklammert. Erst wenn das wiederholte Anhören die subjektive Neuheit des bereits Gehörten vermindert und so einen Teil meiner Gehirnkapazität freigibt, kann ich die Komplexität aufnehmen, die vorher unberücksichtigt blieb. Dadurch kann ich dasselbe Stück mehrmals mit gleichem oder sogar gesteigertem Genuß anhören, da die bei wiederholtem Anhören eintretende Zunahme der subjektiven Redundanz die Menge von subjektiv neu empfundener Information nicht vermindert. Außerdem führt die für mich beim ersten Hören nicht verkraftbare Informationsmenge zu einer gewissen Frustration oder Desorientierung, deren Beseitigung sowie die Erwartung, daß sie beseitigt wird, einen wichtigen Bestandteil meines Genusses bilden. Demnach bringt die Neuheit ein Problem mit sich, und die Tatsache, daß wir sie dennoch genießen können, beruht auf der Lösung dieses Problems. Um Informationen genießen zu können, muß ich sie verstehen und sie mir aneignen. Dadurch verringere und beseitige ich schließlich deren subjektive Neuheit und integriere sie in den Bereich des Vertrauten. Je schwieriger dies ist, desto mehr kann ich letztlich genießen – allerdings nur, solange es sich in den Grenzen des Möglichen bewegt.

Aus dem eben Gesagten lassen sich zwei sehr wichtige Unterschiede zwischen ernster und leichter Musik ableiten. Einerseits wirken die größere Vielfalt und der höhere Informationsgehalt ernster Musik oft leicht verwirrend, und andererseits macht derselbe größere Informationsgehalt ernste Musik länger erträglich als leichte Musik; denn die anfängliche Informationsmenge ist so groß, daß das Gehirn einen Teil davon zunächst ignoriert. Natürlich kann sich bei zu häufiger Wiederholung sogar die größte Komposition abnützen. Deshalb leuchtet es auch unmittelbar ein, daß der echte Jazz insofern beiden Musikarten überlegen ist, als seine Improvisationen selbst bei häufigem Anhören ein hohes Maß an subjektiver Neuheit gewährleisten.

Der entgegengesetzte Fall, bei dem das Gehirn durch die Bildung von Superzeichen den Genuß von Reizen eher verringert als erhöht, ist wahrscheinlich häufiger und deswegen auch wichtiger für uns. So sehen wir in einem Bild oder einer Skulptur oft nur das, was auf den ersten Blick ins Auge springt. Den Beweis hierfür liefern sogenannte Trickbilder, die gleichzeitig zwei verschiedene Dinge darstellen. So bald wir eines der beiden erkannt haben, verhindert die Neigung unseres Gehirns, alles andere auszuschalten, daß wir auch das zweite Motiv erkennen, da wir es nicht gewöhnt sind, für dieselbe Information zwei unterschiedliche Superzeichen zu bilden. Ein Beispiel für ein solches Trickbild gibt Abbildung 2, auf dem wir das strenge Profil einer alten Frau und die weichen Gesichtszüge einer jungen Frau sehen, aber sobald wir das eine Gesicht erkannt haben, fällt es uns schwer, auch die anderen Konturen ausfindig zu machen.

Das Ausschalten aller irrelevanten Informationen ist zwar eindeutig vorteilhaft für uns, da es unsere Informationsverarbeitungskapazität entlastet, aber es verhindert oft auch einen maximalen Genuß. Unser Hang, in einem Bild nur das tatsächlich Abgebildete zu sehen und es nach dem ersten Eindruck zu beurteilen, läßt uns alle anderen darin enthaltenen Informationen wie die Struktur

Schaubild 2: Meine Frau und meine Schwiegermutter
Quellen: Hilt 1915; Boring 1930, 444f.

der Formen und des Inhalts und die Farbkombinationen übersehen. Dadurch entgehen uns wahrscheinlich sehr wichtige Reize und der damit verbundene Genuß. Es ist gut möglich, daß die Tendenz unseres Gehirns, Superzeichen zu bilden und alles andere zu ignorieren, unsere Wertschätzung der darstellenden Künste eindeutig erschwert. Um Kunst beurteilen zu können, müssen wir das Gehirn sozusagen dazu bringen, sich nicht nur auf die Superzeichen zu konzentrieren, sondern sich auch um die dahinter befindlichen Informationen zu kümmern. Hierbei handelt es sich weitgehend um eine erlernte Fähigkeit, die bewußte Anstrengung und Übung erfordert. Wir brauchen uns nur an die Schwierigkeit zu erinnern, die wir in Abbildung 2 bei der Suche nach dem zweiten Gesicht hatten. Wir werden es kaum finden, wenn uns nicht jemand darauf hinweist, und selbst dann haben wir Mühe, es zu entdecken.

Maler und Bildhauer versuchen oft mit Hilfe von darstellerischen Tricks, uns diese Fähigkeit zu vermitteln. Verzerrte, entstellte, gegenstandslose oder abstrakte Darstellungen sind die Mittel der modernen Kunst, den Beobachter hinter das abgebildete Objekt blicken zu lassen und seine Aufmerksamkeit auf die Linien, Formen, Inhalt, Farben und ihre Kombinationen zu lenken.

Manchmal sind die verschiedenen Techniken allerdings auch irreführend. So braucht jemand, der keine abstrakte Malerei gewöhnt ist, vielleicht gerade die Darstellung eines vertrauten Objekts, das ihm das Minimum an Redundanz vermittelt, ohne das er die Information in dem Bild zu neu und deshalb zu verwirrend empfindet, um sie genießen zu können.

Die Ungewißheit

In diesem Kapitel habe ich bisher fast ausschließlich die qualitativen und quantitativen Eigenschaften aller neuen Eindrücke behandelt sowie ihre Fähigkeit, uns im Falle einer Bedrohung zu erregen. Wenn nun aber alles Neue und Unerwartete erregend ist, dann muß die Ungewißheit, die ja die Erwartung des Unerwarteten ist, genau dieselbe Wirkung haben. Und tatsächlich zeigen uns die Erfahrungen des täglichen Lebens, daß Ungewißheit nicht nur erregend, sondern häufig auch ziemlich unangenehm ist. Deshalb mag der Mensch auch die meisten Arten von Ungewißheit nicht.

Die Erklärung hierfür ist einfach. Wir wissen bereits, daß alles Neue und Unerwartete nur dann angenehm erregend wirkt, wenn eine gewisse Verbindung mit bereits Bekanntem vorhanden ist. Nur dann können wir es verarbeiten und in der Erwartung leben, daß wir es verkraften werden. Die Ungewißheit schließt dagegen in den meisten Fällen eine derartige Erwartung aus. Wir müssen also das Unerwartete erfahren haben, damit dessen Verbindung mit dem bereits Bekannten beruhigend auf uns wirkt. Wenn das Unerwartete noch in der Zukunft liegt, fehlt diese Gewißheit, so daß uns die Erwartung des Unerwarteten verstört und meistens eher erschreckt als erfreut.

»Den meisten Menschen fällt es ausgesprochen schwer, längere Zeit auf Informationen über die Zukunft warten zu müssen, selbst wenn sie mit der vorzeitig erhaltenen Information nichts anfangen können.« (Berlyne 1960, 206. Kinder sehnen voller Ungeduld ihren Geburtstag oder Weihnachten herbei, und Erwachsene bleiben extra in der Nacht auf, um die Wahlergebnisse einige Stunden früher zu erfahren. Wir alle wissen, daß es schon ein gewisser Trost ist, »sich auf das Schlimmste gefaßt zu machen«. Aus psychologischen Untersuchungen von Strafgefangenen geht hervor, »daß die Ungewißheit über die verbleibende Dauer des Gefängnisaufenthalts am schlimmsten zu ertragen ist. Diejenigen Gefangenen, die auf Begnadigung hoffen konnten, litten sehr viel stärker als die, die wußten, daß sie nie entlassen werden würden.« (ebd., 207)

Obwohl Ungewißheit meistens unangenehm und schwer zu ertragen ist, kann sie andererseits angenehm und erwünscht sein, wenn die Wirkung des unerwarteten Ereignisses kontrollierbar erscheint und sich bewältigen läßt. Spieler genießen das Spiel vor allem deshalb, weil sie das selbst gewählte Risiko voll unter Kontrolle haben, und sie werden ihr Risiko möglichst auf das Maß beschränken, das ihnen Spaß macht und angenehm für sie ist. Außerdem können sie in der Regel die Zeitdauer der Ungewißheit selbst bestimmten. Der erregende Effekt der Ungewißheit ist meistens dann unangenehm, wenn sie sich über einen sehr langen oder unbestimmten Zeitraum erstreckt. Oft ist sie vielleicht auch nur deswegen angenehm, weil wir im voraus wissen, daß dieser Zustand – wie beim Roulette – in wenigen Minuten oder – wie bei der Lotterieziehung – in wenigen Tagen bereits beendet ist. Wirtschaftswissenschaftler finden es manchmal unverständlich, daß jemand gleichzeitig eine Versicherung abschließt und im Lotto spielt. Doch im Grunde genommen läßt sich die Abneigung gegen den unangenehmen Zustand einer längeren Ungewißheit mit hohem Einsatz ohne weiteres mit dem gleichzeitigen Genuß der mit einer kurzfristigen und genau terminierten Ungewißheit verbundenen Aufregung mit selbstgewähltem relativ geringem Risiko vereinbaren.

Wenn man sieht, welche Mengen an Neuheiten wir täglich begierig in uns aufnehmen und welchen Wert sie für uns haben, dann muß die Neuheit eine äußerst wichtige Quelle der Bedürfnisbefriedigung sein. Die erste Liebe, der erste Geschmack eines bestimmten Essens, der erste Anblick einer fantastischen Aussicht sowie eines schönen Gebäudes oder Körpers gehören zusammen mit vielen anderen Ersteindrücken zu unseren liebsten Erinnerungen. Unsere Bücherregale und Fotoalben sind voller Andenken und Trophäen an vergangene neuartige Eindrücke, damit wir uns immer wieder an den damit verbundenen Genuß erinnern können. Und eine Quelle ständigen Genusses ist das Zusammensein mit unseren Ehepartnern, Kindern und Freunden, da ihre Spontaneität, ihre Fantasie oder ihr Wissen einen großen Vorrat an Neuheiten in sich bergen, aus dem wir lange schöpfen können. Da sich jedoch die Neuheit genau wie die Nahrung im Verlauf des Genusses verbraucht,[13] schafft ihr Genuß Probleme, wenn die zunächst neuen Gegenstände langlebig sind und nach ihrem ersten Genuß wie mehr oder weniger sinnlose Überreste bei uns bleiben. Diese Probleme sind besonders groß in unserer Wirtschaft des Überflusses und der Massenproduktion, in der die gleichen langlebigen Gebrauchsgüter in millionenfacher Ausführung geliefert werden und einen wichtigen Bestandteil unseres Lebens bilden. Auf diese Probleme werden wir später noch einmal zurückkommen.

Eine weitere Besonderheit der Neuheit – nämlich die Tatsache, daß sie mit dem bereits Vertrauten verbunden sein muß, um ein Maximum an Genuß zu vermitteln – impliziert, daß der Mensch zuerst einmal bestimmte Vorkenntnisse besitzen muß, das heißt, der Genuß alles Neuen erfordert Lernprozesse. Somit ist der »Konsum« von Neuheiten eine erlernte Fähigkeit. Diese Feststellung wirft eine Reihe wichtiger Fragen auf, die wir später behandeln werden. Zuvor müssen wir allerdings noch einige »Vorarbeiten« leisten und vor allem unseren Überblick über das menschliche Verhalten und seine Motivationen aus der Sicht der Psychologen beenden, indem wir die Lust als eine andere wichtige Quelle der Bedürfnisbefriedigung behandeln.

Kapitel 4
Wohlgefühle contra Lustgefühle

Bisher haben wir uns mit Verhaltensweisen befaßt, die darauf abzielten, uns ein möglichst großes Behagen zu gewährleisten oder – was dasselbe ist – Unbehagen zu beseitigen oder zu verhindern. Hierzu gehören alle Formen des Verhaltens, die verschiedene körperliche und geistige Bedürfnisse befriedigen und dadurch eine zu hohe Erregung senken, sowie alle Verhaltensweisen, die Langeweile bekämpfen und damit eine zu niedrige Erregung erhöhen. Obwohl diese beiden Arten des Verhaltens einige Unterschiede aufweisen und zum Teil sogar Gegensätze bilden, haben beide dennoch ein gemeinsames Ziel: Sie sollen uns sozusagen einen negativen Nutzen bieten, das heißt, uns von Schmerz, Unerfreulichem oder Unbehagen befreien. Der entsprechende positive Nutzen ist die Lust, die sich wiederum deutlich vom Begriff des Behagens unterscheidet.

Vor zwanzig Jahren entdeckten Neurophysiologen bei der Erforschung des Gehirns die Zentren für Belohnung und Bestrafung. Die Forscher arbeiteten mit Tieren, die mit Hilfe von Elektroden und eines Reizgenerators beim Herunterdrücken einer Taste schwache elektrische Stöße in bestimmte Bereiche ihres Gehirns schicken konnten. Dabei entdeckten sie ein Gebiet, dessen Reizung vermieden wurde und das alle Anzeichen für Schmerz lieferte, sowie zwei andere Bereiche, deren Reizung immer wieder gesucht wurde, was darauf schließen ließ, daß sie als angenehm empfunden wurde. Der Schmerzbereich ist als das Bestrafungs- oder Aversionssystem bekannt, während die beiden anderen Gehirnzentren als primäre und sekundäre Lust- oder Belohnungssysteme bezeichnet werden. Die Tatsache, daß es für Lust- und Schmerzgefühle zwei separate Gehirnzentren gibt, bestätigt unsere Vermutung, daß Lust etwas anderes und mehr ist als die Abwesenheit von Schmerz oder Unbehagen, und erklärt überdies, warum wir gelegentlich zugleich Schmerz und Lust empfinden können.

In den meisten Fällen schließen sich Schmerz und Lust allerdings aus. »Die primären Belohnungs- und Aversionssysteme sind . . . eng miteinander verbunden und lassen sich zumindest teilweise an Hand der Gehirnstrukturen identifizieren, welche die äußeren Anzeichen erhöhter Erregung kontrollieren.« (Berlyne 1971, 84) Experimente haben gezeigt, daß eine schwache Anregung des primären Belohnungssystems, die mit einer erhöhten Erregung einhergeht, angenehm ist. Bei einem weiteren Anstieg der Erregung tritt zugleich das Bestrafungssystem in Aktion, welches eine höhere Reizschwelle zu haben scheint. Dessen Aktivität wirkt einerseits unangenehm und behindert andererseits die Aktivität des primären Belohnungssystems, wodurch das Gefühl der Lust eliminiert wird.

Außerdem hat man experimentell nachgewiesen, daß das »sekundäre Belohnungssystem . . . mehr oder weniger mit dem . . . Beruhigungssystem identisch ist« (ebd. 84 f.), das heißt seine Aktivierung geht Hand in Hand mit einer Erregungs*senkung*. Sobald das sekundäre Belohnungssystem angeregt wird, schließt es das Aversionssystem aus und setzt das primäre Lustsystem frei. Wir empfinden dies als ein Nachlassen des Schmerzes und als ein Wiederaufleben der Lustgefühle. Diese Theorie des Zusammenspiels jener drei Systeme erklärt uns, warum eine steigende Erregung zunächst angenehm ist (weil sie nur das primäre Belohnungssystem stimuliert), dann aber von einem bestimmten Punkt an (der Schwelle des Aversionssystems) unangenehm wird, und warum eine Erregungsminderung oder eine Abnahme der Spannung gleichzeitig den Schmerz beseitigt und uns Lust vermittelt. Darüber hinaus erklärt uns diese Theorie, warum Ratten stundenlang ununterbrochen eine Taste drücken, die in ihrem primären Belohnungssystem einen schwachen elektrischen Reiz auslöst, während die Reizung des sekundären Belohnungssystems bei weiteren Wiederholungen offensichtlich an Anziehungskraft verliert, so daß die Ratten schließlich die Selbstanregung ganz einstellen (ebd. 81–94). Derartige Ergebnisse bestätigen die Vermutung, daß das primäre Belohnungssystem unmittelbar mit dem Gefühl der Lust zusammenhängt, während das sekundäre Belohnungssystem nur mittelbar damit verbunden ist und nur dann Lustgefühle erzeugen kann, wenn durch seine Aktivierung das primäre Belohnungssystem wieder in Kraft tritt (ebd., 85).

Die experimentellen Ergebnisse und Theorien der Neurophysiologen haben eine frühere rein instinktive Annahme einiger Psychologen bestätigt – daß nämlich die Gefühle des Behagens oder Unbehagens mit dem Erregungs*niveau* zu tun haben und davon abhängen, inwieweit die Erregung sich auf einem optimalen Niveau befindet oder nicht, wohingegen Gefühle der Lust durch *Veränderungen* des Erregungsniveaus erzeugt werden. Dies gilt insbesondere dann (aber nicht ausschließlich), wenn diese Veränderungen entweder eine zu niedrige Erregung steigern oder eine zu hohe auf das Optimum senken (Fiske/Maddi 1961, 46 ff.). Demzufolge hängen Behagen und Unbehagen von der Geschwindigkeit unserer Gefühle ab, während Lust durch deren Beschleunigung beziehungsweise Verlangsamung entsteht.

Diese Vereinfachung ist vielleicht etwas zu stark und zu eindeutig, um wörtlich genommen zu werden, aber sie entspricht ziemlich weitgehend den experimentellen Beobachtungen und läßt sich deshalb ohne weiteres als Arbeitshypothese verwenden.

Wenn wir diese Hypothese akzeptieren, müssen wir die herkömmliche Vorstellung aufgeben, daß Schmerz und Lust die negativen und positiven Bereiche einer eindimensionalen Skala sind, auf der wir wie auf einem »hedonistischen Maß« alle Empfindungen vom äußersten Elend bis zu höchster Seligkeit abtragen können und auf dem sich das hedonistische Befinden eines Menschen genau ablesen läßt, indem ein höherer Wert ein größeres Wohlbefinden anzeigt und umgekehrt. Diese Vorstellung wird allerdings durch eine Erhebung widerlegt.

In einer Fragebogenuntersuchung über die menschliche Zufriedenheit mußten die Befragten eine Reihe von Fragen über die Häufigkeit beantworten, mit der sie Störungen wie Schmerz, Sorgen und unerfreuliche Ereignisse einerseits sowie Heiterkeit, Lob, gute Nachrichten und verschiedene andere angenehme Empfindungen andererseits bei sich feststellten. Beide Gefühlsgruppen wurden als negative und positive Affekte bezeichnet, und jede erhielt eine Indexzahl. Unseren Erwartungen entsprechend waren sowohl die Abwesenheit eines negativen Affekts als auch das Vorhandensein eines positiven Affekts mit der persönlichen Zufriedenheit der Befragten positiv korreliert. Allerdings brachte die Untersuchung ein völlig unerwartetes Resultat: Es fehlte jegliche Korrelation zwischen dem positiven und dem negativen Affekt (Bradburn 1969). Das heißt, die Häufigkeit, mit der eine Person angenehme Empfindungen verspürte, hatte praktisch nichts mit der Häufigkeit seiner unangenehmen Gefühle zu tun. Dies entspricht sicherlich nicht der Vorstellung eines eindimensionalen hedonistischen Maßes; denn es zeigt ja, daß fehlender Schmerz offensichtlich keine Vorbedingung für das Empfinden von Lust ist und daß starke Lustgefühle sehr wohl mit intensiven Schmerzempfindungen einhergehen können.

Die Theorie, nach der Behagen vom Erregungsniveau und Lust von Veränderungen dieses Niveaus abhängt, läßt sich gut mit unserem herkömmlichen und selbst beobachteten Wissen vereinbaren. Zunächst bietet sie eine Erklärung für die vergängliche Natur der Lust sowie für den damit verbundenen Glauben, daß den Menschen das Anstreben seiner verschiedenen sich selbst gesteckten Lebensziele mehr befriedigt als deren tatsächliches Erreichen, da dieser Zustand nach dem ersten Moment des Triumphes oftmals Gefühle der Enttäuschung hervorruft. Nur wenige Menschen geben sich mit dem Erreichten zufrieden und versuchen, diesen Zustand zunächst einmal ausgiebig zu genießen, sondern sie suchen sich meistens sofort ein neues Ziel – wahrscheinlich weil sie das zielstrebige Hinarbeiten auf ein Ziel dem passiven Zustand der Zielerfüllung vorziehen.

Wenn wir nur die Veränderungen der Erregung als angenehm empfinden, die von einem mit Unbehagen assoziierten Pegel zu einem mit Behagen verbundenen Niveau hinführen, dann folgt hieraus, daß Lust immer mit der Beseitigung von Unbehagen einhergeht und daß sie umso intensiver empfunden wird, je mehr Unbehagen beseitigt wird. Außerdem kann der Ausgangspunkt natürlich kein Optimum sein, da das Optimum ja erst angestrebt wird. Demzufolge muß einem Lustgefühl unweigerlich Unbehagen vorausgehen. Diese Regel des gesunden Menschenverstandes ist sehr alt – sie wurde bereits von den

Griechen der Antike erörtert. Psychiater nennen sie das »Gesetz der hedonistischen Spannung«. Aus der Tatsache, daß zuviel Wohlbehagen Lust verhindern kann, läßt sich ein aufschlußreicher Lehrsatz ableiten. Dieser Satz bietet zugleich eine mögliche Erklärung für die weitverbreitete Unzufriedenheit mit unserem Lebensstandard. Wir werden darauf noch zurückkommen.

Zunächst müssen wir noch einen anderen und viel einfacheren Aspekt der Beziehung zwischen Behagen und Lust ansprechen. Wenn Behagen das Vermeiden von Unbehagen und Lust das mit der Beseitigung von Unbehagen verbundene Gefühl ist, dann wird alles, was eine unbehagliche Situation beendet, zugleich Lust erzeugen und Behagen nach sich ziehen. Dieser Gefühlsablauf ist zwar jedem bekannt; doch sind einige seiner Implikationen so paradox, daß sich eine nähere Betrachtung lohnt.

Die Verführungskraft der Lust

Wir essen, um unser biologisches Bedürfnis nach Nahrung zu befriedigen. Und da dies Bedürfnis während des Essens immer mehr nachläßt, würden wir erwarten, daß dies auch für unseren Essensdrang gilt. Gewöhnlich geschieht jedoch genau das Gegenteil. Unsere Eßlust verstärkt unseren Essenstrieb, das heißt, sie neigt dazu, das mit unserem nachlassenden biologischen Bedürfnis einhergehende Nachlassen unseres Triebes aufzuheben. Diese Beobachtung liegt sowohl dem Sprichwort »Der Appetit kommt beim Essen« als auch dem Begriff des »Appetitanregers« zugrunde, mit dem wir den ersten Gang einer Mahlzeit bezeichnen. Deshalb ist es für uns auch leichter, überhaupt nichts zu essen, als mit dem Essen aufzuhören, wenn wir einmal angefangen haben. Der Psychologe beschreibt dieses Verhalten als das »Erdnuß-Syndrom« (Hebb 1949, 199 f.; Flugel 1948, 171–90) oder als »Mini-Sucht«. Manche Leute essen einfach zuviel, das heißt sie essen nur noch aus Lust am Essen, obwohl ihr physiologischer Hunger längst gesättigt ist. Noch typischer ist das Beispiel des Kratzens an einer juckenden Stelle, obwohl man genau weiß, daß dies den Juckreiz nicht beseitigt, sondern eher verstärkt.

Es ist klar, daß die Lust und die verstärkende Wirkung der mit einer bestimmten Betätigung verbundenen Lust nicht nur auf den Menschen beschränkt ist. In zahlreichen Experimenten konnte man dasselbe Verhalten auch bei Tieren beobachten.

Der Belohnungswert von Nahrung und Wasser wird oft als Anreiz benutzt, um Labortiere zur Erfüllung verschiedener Aufgaben zu bewegen, und die Versuchsergebnisse haben gezeigt, daß die Leistung eines hungrigen Tieres noch *besser* wird, wenn man ihm einen Teil seiner Nahrung und seines Wassers schon *vor* Beginn seiner Aufgabe gibt. So finden durstige Ratten ihren Weg zu den mit Wasser gefüllten Zielschachteln deutlich schneller und müheloser, wenn man ihnen schon vorher ein wenig Wasser gibt, um ihren Durst zu erhöhen (Bruce 1938, 225–48). Schiffbrüchige und andere Menschen, die mit einer beschränkten Menge Trinkwasser auskommen müssen, haben große Mühe, die verfügbare Menge an Trinkwasser zu rationieren, um möglichst lange oder eine bestimmte Anzahl von Tagen damit auszukommen. Die Lust, die mit dem Löschen eines extrem starken Durstes verbunden ist, scheint so groß zu sein, daß manche Leute nicht aufhören können zu trinken, obwohl sie wissen, daß sie deswegen später umso größeren Durst erleiden werden, oder damit sogar ihre Überlebenschance in Frage stellen.

Menschen und Tiere haben viele Bedürfnisse, die sie aber nicht alle auf einmal befriedigen können, so daß sie dies zwangsläufig nacheinander tun müssen. So wird im Laufe der Zeit ein Bedürfnis wie zum Beispiel der Hunger immer größer, bis er einen Punkt erreicht, an dem er alle anderen Bedürfnisse dominiert, so daß seine Befriedigung für den Organismus die höchste Priorität erhält. Beim Essen wird dann der Hunger allmählich abgebaut, und andere latent vorhandene Bedürfnisse gewinnen immer mehr an Bedeutung, bis ein spezifisches Bedürfnis schließlich wieder für den Organismus vorrangig wird. Wenn Essen nicht mit Lust verbunden wäre, das heißt, es würde ausschließlich dem Stillen unseres Hungers dienen, würden wir erwarten, daß der Organismus einfach aufhört zu essen und sich seinem neuen und nunmehr vorrangigen Bedürfnis zuwendet, noch bevor er seinen Hunger ganz und gar gestillt hat.[14] Der Organismus tut jedoch das genaue Gegenteil, weil der Vorgang der Bedürfnisbefriedigung als solcher angenehm ist, so daß alle damit verbundenen Aktivitäten verstärkt werden und der Organismus bis zum Erreichen des Sättigungspunktes oder sogar darüber hinaus mit der Befriedigung dieses spezifischen Bedürfnisses fortfährt. Es spricht alles dafür, daß dieses Paradoxon im Verhalten und in der Motivation des Menschen Allgemeingültigkeit besitzt und grundsätzlich alle Formen der Bedürfnisbefriedigung und der Erregungssenkung beeinflußt.

Wie läßt sich ein derart paradoxes Verhalten mit der ökonomichen Theorie des rationalen Konsumentenverhaltens in Einklang bringen? Die Wirtschaftswissenschaftler beschäftigen sich fast ausschließlich mit einer Welt der Knappheit. Sie beschreiben den Menschen als jemand, der viele Bedürfnisse und Wünsche hat, aber nicht genügend Geld, Zeit oder Energie, um sie alle vollständig zu befriedigen. Nach Ansicht der Ökonomen besteht sein größtes Problem darin, die verschiedenen Zustände des Unbehagens gegeneinander abzuwägen. Um das mit Hunger verbundene Unbehagen zu vermindern, muß der Mensch andere Nachteile in Kauf nehmen, indem er arbeitet oder aber mehr als bisher arbeitet und eine entsprechend größere Müdigkeit in Kauf nimmt, oder indem er seine Ausgaben kürzt und in anderen Konsumbereichen auf etwas verzichtet. Wenn der »homo oeconomicus« nicht reich genug ist, um seine sämtlichen Bedürfnisse ausreichend zu befriedigen, wird er sich nicht nur auf einen oder einige wenige Wünsche konzentrieren, sondern nach der Vorstellung der Ökonomen seine sämtlichen Bedürfnisse unzureichend befriedigen. Dabei muß er darauf achten, daß ihm eine zusätzliche Mark, die er für eine Sache ausgibt, genausoviel Nutzen bringt, als wenn er sie für einen anderen Zweck ausgäbe. Denn sonst könnte er seine Situation durch eine Veränderung seines Ausgabeverhaltens ohne zusätzliche Kosten noch verbessern.

Das Prinzip der Nutzenmaximierung ist ein Stützpfeiler der volkswirtschaftlichen Theorie und wird von den Wirtschaftswissenschaftlern zugleich als ziemlich realistische Beschreibung rationalen Verhaltens betrachtet. Auf diesem beruht auch ihre optimistische Annahme, daß die Marktverkäufe zu Marktpreisen genau die Wünsche der Konsumenten widerspiegeln und zugleich den Maßstab bilden, nach dem sich die Produktionsstruktur ausrichten muß (Marshall 1920, Buch III, Kap. 5, Abs. 2).

Leider stimmt aber das Verhalten, so wie es die Ökonomen sehen, nicht mit dem tatsächlich beobachteten und psychologisch begründeten Verhalten überein.

Der Wirtschaftswissenschaftler unterstellt, daß der Konsument mit einem begrenzten Budget weniger für Nahrung ausgibt als für deren volle Befriedigung notwendig wäre. Dabei übersieht er jedoch die Tatsache, daß der Verbraucher durch das Essen einen Lustgewinn erzielt, so daß er aus reiner Freude am Essen mehr als notwendig ißt. Die Auffassungen der Ökonomen und der Psychologen scheinen auf den ersten Blick unvereinbar zu sein, aber wir können bei näherer Betrachtung dennoch gewisse Gemeinsamkeiten feststellen. Die Psychologen beobachten das Verhalten, das direkt mit der Bedürfnisbefriedigung zusammenhängt, während die Ökonomen sich mit dem Haushalten und Einkaufen befassen, das dem obigen Verhalten vorausgeht. Wenn jemand bei seinen Ernährungsausgaben sparen will, dann kann er wählen, ob er entweder seltener oder bei den einzelnen Mahlzeiten insgesamt weniger ißt. Entscheidet er sich für die erste Alternative, kann er meistens sein Problem lösen; denn durch die geringe Anzahl an Mahlzeiten kann er seine gesamte Nahrungsaufnahme begrenzen und sich dennoch satt oder mehr als satt essen.

Dieses triviale Beispiel soll den potentiellen Konflikt zwischen der psychologischen Interpretation des beobachteten Verhaltens und der ökonomischen Theorie des rationalen Verhaltens illustrieren. Glücklicherweise ist es einigermaßen tröstlich zu wissen, daß der Konsument diesen Konflikt durch eine Art höhere Rationalität löst, die sowohl den Psychologen als auch den Ökonomen befriedigt. Denn es spricht einiges dafür, daß die meisten Leute genau den Weg der selteneren Mahlzeiten gehen, um diesen Konflikt zu lösen. Im Laufe unserer westeuropäischen Geschichte ist nämlich seit dem frühen Mittelalter bis zur Zeit von Königin Elisabeth I. die Zahl der von der breiten Masse eingenommenen Mahlzeiten von ein bis zwei auf drei Mahlzeiten gestiegen. Bei den mittleren und höheren Schichten erhöhte sich diese Zahl bis zum 19. Jahrhundert auf vier (und sogar bis auf fünf) Mahlzeiten pro Tag, obwohl unter den Arbeiterschichten heute immer noch drei Mahlzeiten die Regel sind (Nahrstedt 1972, 122–26; Pullar 1970, 87, 157, 196, 202).[11] Demgegenüber gelten in sehr armen Ländern wie beispielsweise Indien zwei Mahlzeiten als normal. Nach den Ernährungsstatistiken zu urteilen, sind diese zwei Mahlzeiten der Inder unzureichend, während die drei und mehr Mahlzeiten, die in den Industrienationen bei der Masse der Bevölkerung üblich sind, mehr als ausreichend sind. Die in den entwickelten Ländern lebenden Menschen scheinen nicht dem Idealtyp des »homo oeconomicus« zu entsprechen; denn sie essen, bis sie völlig oder sogar mehr als satt sind und sparen dafür bei anderen Sachen.

Gespart wird zum Beispiel an der Qualität der Ernährung, obwohl das Erdnuß-Syndrom hier ebenfalls eine Rolle zu spielen scheint. In ländlichen Gegenden scheint man in der ganzen Welt eine einfache Kost vorzuziehen, die nur durch große Festmahle zu besonderen Gelegenheiten unterbrochen wird, bei denen man sich mit den angebotenen guten Sachen bis obenhin vollstopft. In sehr armen Gemeinschaften stürzen sich Familien oft in Schulden, um ein Begräbnis oder eine Hochzeit feiern zu können. Ein derartiges Verhalten entsetzt die Ökonomen der weniger armen Länder; denn ihre Theorie des rationalen Konsumverhaltens unterstellt ein überlegtes Abwägen der einzelnen Formen des Unbehagens und läßt die Lust völlig außer acht. Dabei ist die weite Verbreitung dieser Festmahlsitte unter armen Leuten in so vielen unterschiedlichen Kulturen der beste Beweis dafür, daß die Freuden eines guten Mahles für diejenigen, die so etwas selten genießen, sehr groß sind und gegenüber den biologischen Bedürfnissen der Selbsterhaltung unbedingt ins Gewicht fallen. Wenn der Ökonom ein derartiges Verhalten als irrational ablehnt, dann ist dies anmaßend und engstirnig. Wir müssen es als ein weiteres Beispiel für den Konflikt zwischen psychologischer Motivation und einseitiger Rationalität ansehen, und dieser Konflikt wird in der Regel schon durch die große Seltenheit derartiger Festmahle gelöst. Und selbst wenn die gesellschaftlich akzeptierte Begrenzung der Feste auf Hochzeiten und Beerdigungen sie dennoch zu häufig werden läßt und das Budget eines armen Mannes mit zu vielen Töchtern oder Toten in seiner Familie überfordert, dann kann man ihm kaum vorwerfen, daß er in dieser schicksalhaften Situation nicht anders handelt.

Außerdem scheint die erste Reaktion des Menschen auf steigenden Wohlstand eine erhöhte Häufigkeit der Festmahle zu sein, das heißt, er vermehrt die Zahl der besonderen Anlässe und Feiern, die ein solches Mahl rechtfertigen und macht sie schließlich zur Gewohnheit – indem er zum Beispiel jeden Sonntag gut ißt.

Ziemlich genau dasselbe Prinzip scheint für die Befriedigung der meisten anderen menschlichen Bedürfnisse zu gelten. So bringt bereits der Vorgang des Bedürfnisbefriedigens genügend Lust mit sich, um die völlige Befriedigung anzustreben, und wenn budgetäre oder andere Restriktionen dagegen sprechen, wird oft ein Kompromiß gesucht und gefunden. Der wichtigste Kompromiß dieser Art ist wahrscheinlich der bereits besprochene. Die Menschen versuchen zeitweilig eine völlige Befriedigung zu erreichen, indem sie die einzelnen Zeitpunkte oder Zeitabschnitte der Bedürfnisbefriedigung individuell verteilen. Es gibt allerdings auch andere Formen des Kompromisses. So wird beispielsweise ein Mann, der zu arm ist, um sein Haus auf die angenehmste Temperatur zu bringen, wahrscheinlich einen Teil des Hauses so beheizen, daß er angenehm warm ist, und den anderen Teil unbeheizt lassen. Alle obigen Beispiele für die verstärkende Wirkung der Lust, die mit der Bedürfnisbefriedigung einhergeht, hängen mit biologischen oder körperlichen Bedürfnissen zusammen. Allerdings dürfen uns die ausgewählten Beispiele nicht zu dem Schluß verleiten, daß unsere These nur für solche Fälle zutrifft; denn viele unserer Wünsche sind nicht angeboren und biologisch determiniert, sondern angelernt. Sobald wir diese aber einmal erworben und ihre Fähigkeit, uns zu befriedigen, effektiv gelernt haben, werden sie zur Gewohnheit und lösen selbständig Triebe aus, um die angelernten Bedürfnisse zu erhalten oder zu erneuern. Darüber hinaus ist natürlich der eigentliche Vorgang der Bedürfnisbefriedigung auch wieder mit Lust verbunden und verstärkt dadurch den primären Trieb. Somit motivieren erlernte Neigungen das Verhalten des Menschen ganz ähnlich wie rein biologische Bedürfnisse, so daß sich meine These auf beide anwenden läßt.

Bisher haben wir uns nur mit der Lust und ihrer verstärkenden Wirkung auf das Verhalten während einer Erregungsverminderung befaßt, wie wir sie bei der Befriedigung unserer Wünsche oder bei der Beseitigung von Schmerz und Unbehagen beobachten können. Andererseits erzeugt eine Steigerung der Erregung, die durch irgendeine anregende Aktivität verursacht wird, gleichfalls Lustgefühle, die wiederum unser Verhalten verstärken.

Um Langeweile zu überwinden und eine zu niedrige Erregung zu steigern, suchen wir nach einer stimulierenden Aktivität. Unser Wunsch nach einer derartigen Aktivität hört jedoch auf, sobald unsere Langeweile verschwunden ist und sich unsere Erregung im Optimum befindet. Andererseits wird wieder die einmal begonnene Tätigkeit durch die Lust verstärkt, die mit der steigenden Erregung einhergeht, so daß unsere Erregung zunächst das Optimum überschreitet. Deshalb werden ein Kriminalroman oder ein Kreuzworträtsel, die ursprünglich vielleicht nur die Zeit totschlagen sollten, oft so fesseln, daß wir es einfach nicht schaffen, mittendrin aufzuhören. Dies geht sogar so weit, daß wir deswegen andere Aktivitäten aufschieben und bereitwillig die durch unsere anhaltende Aufmerksamkeit erzeugte Spannung sowie das Unbehagen in Kauf nehmen, welches das Aufschieben der anderen Dinge möglicherweise verursacht. Kinder lassen sich oft völlig von der steigenden Spannung eines Spiels hinreißen; sie vergessen alles andere und gehen dabei (nach Erwachsenenmaßstäben) sehr viel weiter als sie sollten. Ausschlaggebend hierfür ist zunächst das angenehme Gefühl der steigenden Erregung, welches aufgrund seiner selbstverstärkenden Wirkung die Erregung vorübergehend über das Optimum steigen läßt, wodurch im Verlauf des nachfolgenden Erregungs- und Spannungsabbaus nochmals Lustgefühle freigesetzt werden, die wir häufig sogar noch intensiver empfinden. Die Erwartung dieser induzierten Lust wird zu einer zweiten Belohnung, die die ursprüngliche Aktivität noch weiter verstärkt (Hebb 1949, 232 ff.; Berlyne 1971, 91 f.).

Das einfachste und offensichtlichste Beispiel hierfür ist der Geschlechtsverkehr; aber derselbe Verstärkungsvorgang läuft auch bei den verschiedenen Sportarten, bei Spielen, körperlicher Betätigung, beim Lesen eines guten Buches und beim künstlerischen Schaffen sowie bei der wissenschaftlichen Forschung und beim Ausüben eines Hobbys ab. Bei all diesen Aktivitäten wären wir wohl kaum bereit, die Qualen, Frustrationen und Schwierigkeiten in Kauf zu nehmen, die alle größeren Erregungenschaften in den Geistes- und Naturwissenschaften und in der Forschung zu fordern scheinen, wenn wir nicht wüßten, daß uns eine zweifache Belohnung winkt: zum einen die steigende Erregung, die wir bei der Auseinandersetzung mit einem Problem empfinden, und zum anderen der schließliche Triumph über dessen Lösung.

Es kann auch vorkommen, daß Lustgefühle allein durch die äußeren Umstände hervorgerufen werden, während die Aktivität selbst unbedeutend oder unerwünscht erscheint.

»Im Urlaub haben wir vielleicht nur Lust zum Faulenzen und lehnen jegliche Form körperlicher Anstrengung ab. Aber wenn wir der Aufforderung eines bewegungsfreudigen Begleiters folgen und einen Spaziergang oder einen Ausflug mitmachen, werden wir nach einiger Zeit die Muskelarbeit als solche genießen und uns vielleicht sogar noch dem Störenfried unserer Ruhe gegenüber ein bißchen dankbar zeigen, indem wir sagen: ›Ich bin froh, daß Du mich mitgeschleppt hast‹. Desgleichen gibt es bei geistigen Tätigkeiten viele Aufgaben, die zuerst Widerwillen und Abneigung auslösen, aber bald so interessant werden, daß wir es bedauern, sie unterbrechen zu müssen, wenn dringendere Sachen dies erfordern. Auch im Sexualbereich gibt es (vor allem bei Frauen) viele Fälle, bei denen der eine Partner zunächst die Liebkosungen seines Liebhabers gleichgültig oder sogar mit einer gewissen Abneigung erduldet, bis schließlich das eigene Verlangen erweckt ist und die aktive Teilnahme nach sich zieht. Wahrscheinlich gehört gerade diese Fähigkeit, eine derartige Veränderung herbeizuführen beziehungsweise die anfängliche Frigidität zu überwinden, zu den wertvollsten Eigenschaften eines »guten« Liebhabers – genau wie ein guter Koch den Appetit anregen kann, selbst wenn ursprünglich kein Hungergefühl vorhanden ist. Auch bei länger dauernden Aktivitäten gibt es viele, die wir zunächst gegen unseren Willen tun müssen, die aber nach und nach so faszinierend und fesselnd werden, daß wir schließlich ohne Widerwillen und trotz anderer Ablenkungen immer wieder darauf zurückkommen. So kann ein guter Lehrer ein echtes und dauerhaftes Interesse für ein Thema erwecken, das zuerst abgelehnt wurde. Andererseits kommt es häufig vor, daß der Wunsch nach Reichtum oder Macht in einem Menschen so stark ist, daß er zum Hauptmotiv für seine berufliche Karriere wird, selbst wenn die ursprüngliche Zielsetzung bereits erreicht ist.« (Flugel 1948, 171)

Wir wissen aus Tierexperimenten, daß der Prozeß der Erregungssteigerung einen Belohnungscharakter hat. Der Geschlechtstrieb ist das einzige biologische Bedürfnis, dessen Befriedigung eine anfängliche *Steigerung* der Erregung erfordert. In einer Versuchsreihe mit männlichen Ratten hat sich gezeigt, daß der Beischlaf selbst dann belohnend und verstärkend wirkt, wenn keine Ejakulation erlaubt war und auch nicht erwartet wurde. Das heißt der Reiz und die erhöhte Spannung des sexuellen Vorspiels wirken selbst ohne die Entspannung eines Orgasmus oder deren Erwartung belohnend (Sheffields u. a. 1951, 3–8). Ein weiteres Beispiel für den Belohnungscharakter der Erregungssteigerung sind die Lustgefühle, die sowohl Männer als auch Frauen beim Lesen erotischer Erzählungen verspüren.

Eine andere Versuchsreiche hat gezeigt, daß Tiere, die gerade irgendeine Sache erforschen, sich nicht durch ein biologisches Bedürfnis ablenken ließen, selbst wenn dies inzwischen relativ wichtig geworden war und sich eine Möglichkeit zu seiner Befriedigung bot. So werden Affen, die mit dem Öffnen eines

Vorhängeschlosses beschäftigt sind, mit dieser für sie ausgesprochen intellektuellen Aufgabe auch während und nach ihrer regulären Fütterzeit und trotz des daliegenden Futters damit fortfahren (Harlow 1950, 289–94).

Die obigen Verhaltensbeispiele lassen sich sowohl beim Menschen beobachten als auch bei Tierversuchen reproduzieren. Man kann sie weder als rational beschreiben noch ausschließlich durch die Bedürfnisbefriedigung erklären (Triebverminderung oder Vermeiden von Langeweile), sondern man muß die zusätzliche motivierende Kraft der Lust mit berücksichtigen. Das Bedürfnis des Menschen nach Lust und deren starker Einfluß auf sein Verhalten sind ein grundlegender Bestandteil seines Wesens und müssen bei jeder Theorie über rationales Verhalten in Betracht gezogen werden.

Die Verführungskraft des Behagens

Der für die Ökonomen so grundlegende Konflikt zwischen unserem Wunsch nach Bedürfnisbefriedigung und unseren budgetären Restriktionen wird noch verschärft, wenn unsere Wünsche durch die mit ihrer Befriedigung einhergehende Lust verstärkt werden. Man würde annehmen, daß ein größerer Wohlstand und geringere finanzielle Einschränkungen diesen Konflikt mildern und das ganze Problem lösen, aber dies scheint nicht der Fall zu sein.

Wenn die meisten Menschen den Konflikt dadurch lösen, daß sie die Gelegenheiten oder die Bereiche der vollen Befriedigung verringern, dann wird ein höheres Einkommen natürlich diese Einschränkungen zum Teil wieder aufheben. Es gibt genügend Beweise dafür, daß der Anstieg unseres Lebensstandards sich zumindest teilweise dahingehend auswirkt, daß sich uns immer mehr Gelegenheiten und Bereiche zur vollen Bedürfnisbefriedigung bieten. Hierzu gehört beispielsweise auch die bereits erwähnte langfristig steigende Anzahl der täglichen Mahlzeiten und jährlichen Festessen, der sich sogar in den sehr reichen Vereinigten Staaten noch fortsetzt. Daneben gibt es natürlich noch viele andere Aktivitäten, die in bestimmten zeitlichen Intervallen erfolgen – wie zum Beispiel das Wäschewechseln – und deren Häufigkeit ebenfalls mit steigendem Einkommen zunimmt. Es leuchtet unmittelbar ein, daß dadurch unser Wohlbehagen gesteigert wird, aber wir werden uns gleichzeitig an den Gedanken gewöhnen müssen, daß dieses häufig mit einer verminderten Lust einhergeht.

Wir haben gesehen, daß das Behagen von einem Erregungspegel abhängt, der *im oder nahe beim* Optimum liegt, und daß demgegenüber die Lust mit *Veränderungen* des Erregungsniveaus in Richtung auf das Optimum verbunden ist. Deswegen bringt die Befriedigung eines Bedürfnisses sowohl Lust als auch Behagen mit sich. Andererseits wird aber ein ununterbrochenes Gefühl des Behagens das Aufkommen von Lustgefühlen verhindern, da es im Falle eines stabilen optimalen Erregungsniveaus ja keine Bewegung mehr zum Optimum geben kann.

Hier stehen wir vor einem Dilemma: Wir müssen uns entweder für die Lust entscheiden und auf etwas Behagen verzichten oder für ein stärkeres Behagen, das dann auf Kosten der Lust geht. Die meisten Menschen sind sich dieser Alternative mehr oder weniger bewußt. Wir wissen fast alle, daß man müde sein muß, um ein warmes Feuer zu schätzen, und hungrig sein muß, um eine gute Mahlzeit zu genießen. Wir wissen auch ziemlich genau, wie man sich seinen Appetit verderben und wie man ihn stillen kann. Manche Eltern achten deshalb streng darauf, daß ihre Kinder zwischen den Mahlzeiten nichts essen und sich so die Fähigkeit des vollen Essensgenusses erhalten.

Demgegenüber haben Kinder in sehr großzügigen Familien oft die Angewohnheit, den Eisschrank zu plündern und den ganzen Tag lang irgendwelche Kleinigkeiten zu essen, und es ist kein Wunder, wenn ihnen hinterher das Essen nicht schmeckt. Oftmals behalten sie diese Angewohnheit ihr ganzes Leben lang bei. Außerdem hat unser gestiegener Lebensstandard den Unterschied zwischen festlichen und alltäglichen Mahlzeiten verwischt. Alte Leute schwärmen daher oft von ihrem kargen Leben in jungen Jahren, als ein festliches Feiertagsmahl noch ein großes Ereignis war, auf das man sich freute, das intensiv vorbereitet wurde und an das man sich noch lange zurückerinnerte. Aus einem ähnlichen Gefühl heraus erinnern sich ältere Emigranten in Südkalifornien oft wehmütig an den Reiz der sich ändernden Jahreszeiten, obwohl sie andererseits die angenehmen Seiten des ewigen Frühlings sehr genießen.

Hinter all diesen Beispielen verbirgt sich dieselbe Gefühlsabfolge: Das anfängliche Behagen vermindert unsere Lust, und wir akzeptieren diesen Mangel mit mehr oder weniger großem Bedauern. Bei diesen Beispielen kann es sich sowohl um völlig rationale Entscheidungen als auch um halb unfreiwillige Verhaltensweisen handeln, in die wir uns bewußt oder unbewußt hineintreiben lassen.

Der hier angesprochene Konflikt bildet den Anfang eines neuen Stadiums in unserer Argumentation. Wir haben inzwischen das Reich der einfachen Motivation und der allgemeingültigen Verhaltensgesetzmäßigkeiten hinter uns gelassen, in dem kontrollierte Experimente mit Ratten unser Verständnis für das menschliche Verhalten und seine Beweggründe erleichtern können. Dabei haben wir die Lust und das Behagen als zwei stark differierende Triebkräfte erkannt, deren besondere Beziehung zueinander uns an das Verhältnis zwischen Beschleunigung und Geschwindigkeit erinnert und einen Konflikt unausweichlich erscheinen läßt. Bis zu einem gewissen Grad schließen sich Lust und Behagen aus und stellen das Individuum vor ein Dilemma, das es in der einen oder anderen Form lösen muß, indem es entweder seinem Instinkt, der Tradition oder der Gewohnheit folgt, oder aber rational entscheidet. Jede Lösung ist ein Kompromiß, und die einzelnen Menschen suchen und finden rein zufällig oder durch bewußte Entscheidung unterschiedliche Kompromisse. Deshalb werden wir uns von jetzt an vor allem mit dem Entscheidungsverhalten befassen, um zu verstehen, wodurch unsere Entscheidungen beeinflußt werden.

Die Wirtschaftswissenschaftler gehen gewöhnlich davon aus, daß der Konsument die Vorteile der verfügbaren Alternativen rational gegeneinander abwägt, bevor er seine Entscheidung trifft, genau wie ein Richter das Beweismaterial und die Argumente der gegnerischen Parteien vergleicht, bevor er sein Urteil fällt. Hierzu läßt sich nur sagen, daß dies vielleicht manchmal, aber keineswegs immer so ist. Es ist denkbar, daß in den eben betrachteten Beispielen die Menschen den Gewinn an Behagen mit der Einbuße an Lust vergleichen und sich deswegen zu einer Veränderung ihres Zustandes entschieden haben, weil der damit verbundene Gewinn größer zu sein schien als der Verlust. Es scheint unbestritten zu sein, daß sich mit zunehmendem Alter die Präferenzen vieler Menschen ändern, so daß sie das Behagen immer mehr der Lust vorziehen.[15] Andererseits ist es aber auch möglich, daß sie aufgrund ihres Hanges zur Bequemlichkeit mit steigendem Wohlstand nach und nach einen neuen Lebensstil annehmen, ohne sich zunächst über die damit verbundenen Kosten klarzuwerden, und daß sie sich zu dem Zeitpunkt, an dem sie das Ausmaß der erlittenen Lusteinbuße erkennen, schon nicht mehr umstellen können.

Das passiert gar nicht so selten. Wenn sich ein und dieselbe Handlung auf unser Wohlbefinden in zweifacher Weise auswirkt, indem beispielsweise der Zeitpunkt und die Vorhersehbarkeit dieser Wirkung divergieren, dann wird dies zunächst unsere Entscheidung beeinflussen und kann eventuell dazu führen, daß wir sie kurz danach schon wieder bereuen. Während beispielsweise ein gesteigertes Behagen unmittelbar ersichtlich und sofort wirksam ist, wird uns wahrscheinlich eine Einbuße an Lust erst ganz allmählich – oder sogar völlig überraschend – klar. Es erscheint völlig natürlich, daß man sich am häufigsten für das Naheliegende entscheidet, selbst wenn sich nachträglich – aufgrund neuer Einsichten – die zweite Alternative als vernünftiger erweist. Wenn jemand feststellt, daß er sich geirrt hat, und wenn er die Entscheidung rückgängig machen oder verändern kann, wird er den anfänglichen Fehler korrigieren und eine rationale Entscheidung fällen. Aber ob er dies kann, hängt davon ab, wie sehr sich diese neue Gewohnheit bereits durchgesetzt hat und wieviel Spielraum ihm in diesem Stadium noch für eine vernünftige Entscheidung bleibt.

Denn eine der wichtigsten Erkenntnisse der Psychologie ist, daß jede Handlung durch eine Belohnung (wie zum Beispiel ein gesteigertes Wohlgefühl) verstärkt wird, das heißt die Wahrscheinlichkeit und Häufigkeit ihrer zukünftigen Wiederholung nimmt zu. Darüber hinaus ist der Einfluß dieser Verstärkung umso größer, je häufiger ein Individuum die Belohnung einer Handlung an sich selbst erfährt. Das bedeutet, je später wir das Nachlassen der Lustgefühle erkennen, desto stärker wird unsere Gewohnheit und desto geringer die Wahrscheinlichkeit, daß die einmal getroffene Entscheidung noch revidiert wird.[16] Daraus folgt, daß die sofortige und eindeutige Wahrnehmung eines gesteigerten Wohlbefindens bei vielen Leuten eine stärkere Vorliebe hierfür entstehen läßt. Es gibt allerdings auch Beispiele für entgegengesetzte Reaktionen. Die in der europäischen Oberschicht übliche Tradition, daß Kinder nur zu den Mahlzeiten essen dürfen, ist für uns ein Beweis, daß es möglich ist, eine Gewohnheit anzuerziehen, welche Lust höher bewertet als Behagen. Gleichzeitig ist sie natürlich auch ein Beweis für die entsprechende rationale Entscheidung der Eltern. Das Gesetz der hedonistischen Spannung ist sowohl den Konsumenten als auch den Psychologen geläufig, und manche von ihnen verstehen sehr wohl, es sich zunutze zu machen.

Viele Menschen sind sich der komplizierten Beziehung zwischen Lust und Behagen voll bewußt, und sie können deshalb ihr Leben ganz rational gestalten, egal ob ihre Präferenzen in die eine oder die andere Richtung gehen. Andere dagegen handeln wieder nach ihren diversen Gewohnheiten, die sie bei den verschiedenen Gelegenheiten angenommen haben, und etliche andere wiederum lassen sich von den Annehmlichkeiten des Lebens verlocken und verzichten dafür auf mehr Lust, als sie aufzugeben bereit wären, wenn sie es besser gewußt hätten. Manche Leute scheinen sich mit dem allzu bequemen gewohnten Leben mehr oder weniger gedankenlos abzufinden, obwohl sie manchmal auszubrechen versuchen, indem sie sich in anderen Bereichen Lust zu verschaffen suchen. So üben Kinder reicher Eltern oder Menschen, die schon früh reich geworden sind, oft gefährliche Sportarten aus und nehmen an kühnen Abenteuern teil. Wäre es nicht denkbar, daß sie wegen ihres zu bequemen Lebens die einfacheren Freuden vermissen und dies durch die mit Aufregung und Gefahr verbundenen Lustgefühle zu kompensieren suchen? Vielleicht läßt sich die steigende Gewalttätigkeit unserer Wohlstandsgesellschaft ähnlich erklären.

Wenn dies wirklich der Grund ist, dann müssen wir uns zunächst folgende Fragen stellen: Ist die mit einem gefährlichen Leben verbundene Lust größer als die der Befriedigung eines biologischen Bedürfnisses mit hoher Priorität? Oder wird dieses Lustgefühl nur deshalb vorgezogen, weil unser Reichtum uns das beruhigende Gefühl vermittelt, daß kein biologisches Bedürfnis lange unbefriedigt bleiben muß? Ist es denkbar, daß wir schon derart von unserem gewohnten Komfort abhängen, daß wir die Freuden hedonistischer Spannung schon gar nicht mehr genießen können?

Vielleicht ist der Gedanke einer »Hierarchie der Lebensfreuden« gar nicht so abwegig. Viele Menschen betrachten manche Annehmlichkeiten – wie zum Beispiel die eines gleichmäßigen und angenehmen Klimas – als notwendige Voraussetzung für einen intensiveren Genuß aller anderen menschlichen Freuden, und dieselben Menschen betrachten dementsprechend das Fehlen konstrastreicher Jahreszeiten als einen vergleichsweise geringen Verlust. Genauso läßt sich auch das eigenartige mangelnde Interesse der Amerikaner am Essensgenuß erklären. Es sieht so aus, als ob wir die Freuden des Essens für den Genuß anderer uns wichtiger erscheinenden Freuden opfern.

Die andere Erklärung, daß nämlich zuviel Wohlbehagen die einfachen Freuden des Lebens verdrängt, so daß wir uns stattdessen mehr Aufregung suchen, erscheint plausibel. Aber es fragt sich, ob nicht ein ständiger Zustand der Aufregung dasselbe Schicksal erleidet wie ein ständiger Verzehr von Steaks, das heißt, er verliert seine Anziehungskraft. Dies führt uns zu einem wichtigen Unterschied zwischen den beiden Quellen von Lust.

Wir haben uns bisher vor allem mit den Empfindungen der Lust und des Behagens befaßt, die wir bei der Befriedigung eines Bedürfnisses oder der Beseitigung einer Störung verspüren, und wir haben gesehen, daß der Mensch, der mit steigendem Wohlstand seine Bedürfnisse noch vollständiger und kontinuierlicher befriedigt, gleichzeitig auf einen Teil oder sogar auf alle damit verbundenen Lustgefühle verzichten muß. Wir müssen uns nun fragen, ob die Beseitigung von Langeweile, die ja ebenfalls unser Wohlbehagen steigert, genauso lustmindernd wirkt. Daß die Verstärkungswirkung der Lust auch hier zum Tragen kommt, haben wir bereits gesehen. Denn die meisten Reize vertreiben nicht nur die Langeweile, sondern vermitteln gleichzeitig Lust, deren Verstärkungseffekt die Erregung zunächst über ihr Optimum hinausschießen läßt, wodurch in der anschließenden Phase der Entspannung verstärkte Lustgefühle freigesetzt werden. Hier erhebt sich die Frage, ob diese zweifache Lust des Spannungsauf- und -abbaus ausdauernd und stark genug ist, um sich gegenüber dem Behagen durchzusetzen. Und vielleicht sind diese Lustgefühle für die meisten Menschen doch so wichtig, daß sie bereit sind, ihretwegen auf die einfacheren biologischen Gelüste zu verzichten.

Dies trifft sicherlich für die Menschen zu, die irgendeine große Leidenschaft haben, ihre Arbeit oder ihr Hobby. Ihre Entscheidung wird in allen anderen Bereichen, die außerhalb ihrer einzigen und alles dominierenden Leidenschaft liegen, immer zugunsten des Wohlbehagens ausfallen. Aber wie ist es bei den vielen anderen Menschen, die weniger einseitig orientiert sind, und die sich durch die verschiedenartigsten Dinge zu stimulieren suchen? Einzelne Aktivitäten haben unterschiedlich stimulierende Eigenschaften, je nach ihrem Schwierigkeitsgrad und ihrem Gehalt an Neuem und Überraschendem. Ein langweiliges Buch, ein banales Theaterstück mit einem vorhersehbaren Ende oder ein zu vertrautes und routinemäßig gespieltes Musikstück sowie ein Kartenspiel mit sehr viel schwächeren Partnern bieten nur wenig Anregung. Sie vertreiben zwar die Zeit und die Langeweile, aber sie bereiten kein allzu großes Vergnügen.

Daneben gibt es jedoch Bücher, Theaterstücke, Kunstwerke und andere Quellen der Stimulierung, die uns fesseln und erregen, uns aufrütteln und unser Bewußtsein erweitern. Sie bedeuten uns erheblich mehr als ein reiner Zeitvertreib – allerdings bewirken sie gleichzeitig eine vorübergehende Erregungssteigerung über das Optimum hinaus, deren temporäre nervliche Anspannung sozusagen den Preis für die den Spannungsauf- und -abbau begleitenden Lustgefühle darstellt. Manche Leute sehen hierin einen unvermeidlichen Preis, den man gern für die Erfahrung der Lust bezahlt; andere wieder, die Unbehagen weniger bereitwillig hinnehmen, werden weniger Spannung und weniger Lust bevorzugen und sich eher schwächeren Reizen aussetzen. Der Psychologe bezeichnet derartige beruhigendere Reize als »diversive Exploration«. Er unterscheidet diese von der spezifischen Exploration, die das Suchen nach stärkeren Stimuli beschreibt, welche aufgrund der vorübergehenden Überschreitung des

Optimums die doppelte Lust der steigenden Spannung und der anschließenden Beruhigung mit sich bringen (Berlyne 1971, 100).

Dieselbe Unterscheidung findet sich auch in einigen neueren Arbeiten der experimentellen Ästhetik, bei der Versuchspersonen die ästhetischen Eigenschaften von Kunstwerken und verschiedenen Formen und Mustern einordnen sollten. Dabei wurden gleichzeitig ihre psychisch-physiologischen Reaktionen gemessen. Das Ergebnis dieser Versuchsreihe war, daß die Menschen bei der Beurteilung von Kunst zwei unterschiedliche Eigenschaften zu bewerten scheinen: das Gefällige und das Interessante. Danach galten die einfacheren Muster mit mehr Symmetrie und diversen anderen Ausdrucksformen der Redundanz in der Regel als gefällig, während die komplizierteren Muster, die einen höheren Informationsgehalt besaßen, eher als interessant eingestuft wurden. Diese beiden Eigenschaften überschneiden sich zum Teil. Die Versuchspersonen zeigten unterschiedliche Präferenzen für das eine oder andere, und selbst die Vorliebe ein und derselben Person für eine von beiden, die an Hand der Betrachtungslänge der diversen Muster abgelesen wurde, hing zum Teil davon ab, wie erregt oder wie gelangweilt die betreffende Versuchsperson am Beginn des Experiments war. Es scheint, daß die Versuchspersonen in der Kunst das als »gefällig« bezeichnen, was ihnen einen beruhigenden Reiz vermittelt, und daß demgegenüber alle stark erregenden Situationen als »interessant« empfunden werden (Berlyne 1971, 218). Der Unterschied zwischen diesen beiden Begriffen ähnelt dem, den wir weiter oben zwischen einer stark und einer schwach erregenden Neuheit gemacht haben.

Demnach scheint bei unserer Wahl zwischen Lust und Behagen das Dilemma unausweichlich zu sein. Dabei ist es gleichgültig, ob es um eine Situation der Stimulierung oder der Bedürfnisbefriedigung geht. In jedem Fall ist es uns nicht möglich, beide in vollem Umfang zu genießen. Denn ein zu starkes Streben nach Behagen und Annehmlichkeit wird unsere Lust zu jeder anderen Aktivität erheblich mindern oder sogar ganz verderben. Die vielleicht einzige Ausnahme von dieser Regel ist die sexuelle Lust des Mannes. Aus physiologischen Gründen muß der Mann beim Liebesakt seine Erregung zunächst über das Optimum hinaus steigern, was für ihn immer mit der zweifachen Lust der anfänglich steigenden Spannung und der anschließenden Entspannung verbunden ist. Beim Geschlechtsakt ist die individuelle Wahl zwischen Behagen und Lust stark eingeengt: Die Natur selbst sorgt dafür, daß der Mensch nicht zuviel Lust aufgibt, indem er möglichst viel Aufregung und Anspannung vermeidet. Es ist daher nicht sonderlich überraschend, daß für die meisten Männer das eigentliche Symbol der Lust die sexuelle Lust ist.

Während wir bisher die Ähnlichkeiten zwischen Bedürfnisbefriedigung und Stimulierung betrachtet haben, müssen wir uns jetzt mit einem wichtigen Unterschied zwischen beiden befassen. Die Befriedigung unserer Wünsche beseitigt ein Unbehagen, dessen Vorhandensein wiederum eine notwendige Voraussetzung für Lustempfindungen ist. Wir essen, um unseren Hunger zu stillen, aber wir müssen effektiv hungrig sein, um das Essen *genießen* zu können. Andererseits wird unmäßiges Essen unseren Essensgenuß beeinträchtigen. Demgegenüber beseitigt jede Form der Anregung zunächst das Unbehagen der Langeweile, aber die eigentliche Vorbedingung dafür, daß wir tatsächlich Lust empfinden, ist nicht etwa das mit der Langeweile verbundene Unbehagen, sondern vielmehr die unangenehmen Empfindungen, die durch die vorübergehende Anspannung in uns erzeugt werden. Ein Film oder ein Theaterstück ist nur reizvoll, wenn in seinem Verlauf eine Spannung entsteht, die am Ende aufgehoben wird, aber die Zuschauer müssen zu Beginn des Stückes keineswegs gelangweilt sein (obwohl sich dies nur positiv auswirken würde). Jemand, der unbedingt nach Anregung sucht, kann zwischen mehr oder weniger anstrengenden Formen wählen und dementsprechend viel oder wenig Lust dabei empfinden. Aber er braucht auf keinen Fall zu befürchten, daß er erfolglos bei seiner Suche ist; denn dafür ist sein Drang nach Stimulierung viel zu stark. Im Gegensatz zu den Lustgefühlen der Bedürfnisbefriedigung nimmt die mit der Stimulierung einhergehende Lust *nicht* dadurch ab, daß man sie zu hartnäckig und häufig anstrebt.

Hier finden wir auch die Antwort auf die Frage, ob die durch Stimulierung erzeugte Lust ausdauernder ist und insofern der Konkurrenz mit dem Behagen eher standhalten kann als die der Bedürfnisbefriedigung. Allerdings nicht etwa, weil sie für sich genommen eine größere Bedeutung hat; denn darüber können wir bisher noch nichts sagen. Der Grund ist vielmehr, daß die mit der Anregung einhergehenden Lustgefühle einen sehr viel größeren Spielraum für eine freie und rationale Entscheidung bieten. Wir können völlig frei zwischen mehr Behagen und mehr Lust wählen, da wir beide völlig gleichartig wahrnehmen und nicht Gefahr laufen, daß uns der steigende Wohlstand dazu verführt, Wohlbehagen der Lust vorzuziehen, wie dies bei der Triebreduktion der Fall war. Tatsächlich gibt es viele Beweise dafür, daß die Menschen oft aktiv nach Störungen suchen, um die mit deren Beseitigung verbundenen Lustgefühle genießen zu können (Berlyne 1967, 44 f.). Das heißt, wir können nicht wie bei der Triebreduktion unterstellen, daß manche Menschen ihre freie Entscheidung zwischen Behagen und Lust nicht richtig nutzen, nur weil sie sich gedankenlos angewöhnt haben, sich jeden Wunsch zu erfüllen, und weil sie diese Gewohnheit nicht mehr aufgeben können. Demgegenüber wird der Mensch in seiner Wahl zwischen den durch Stimulierung bedingten Gefühlen des Behagens und der Lust – die seine wichtigsten, wenn nicht gar seine einzigen Wahlmöglichkeiten darstellen – sehr viel freier sein als im Falle der Bedürfnisbefriedigung.

Behagen und Anregung

Nach Ansicht der heutigen Psychologen sind die drei wichtigsten Antriebskräfte des menschlichen Verhaltens der Drang, Unbehagen zu beseitigen, die Suche nach Anregung, um Langeweile zu vertreiben, sowie die Lustgefühle, die mit beiden einhergehen und sie verstärken. David Hume hatte bereits Mitte des 18. Jahrhunderts ganz ähnliche Motivationen im Sinn, als er in einem seiner Essays davon sprach, daß das »menschliche Glück nach der am weitesten verbreiteten Auffassung von drei Faktoren abzuhängen scheint: vom Handeln, von der Lust und von der Trägheit.« (Hume 1955, 21). Dies ist zwar eine sehr vereinfachte Betrachtungsweise, aber sie scheint dennoch für den Ökonomen der Gegenwart noch nicht einfach genug zu sein; denn er hat alle Erkenntnisse seiner Vorfahren über Bord geworfen, so daß es für ihn nur eine einzige Motivation des Verhaltens gibt, den Wunsch nach Bedürfnisbefriedigung.

Ich möchte der Einfachheit halber anstelle der Dreiteilung der Psychologen eine Zweiteilung vorschlagen. Wir werden uns im folgenden in erster Linie mit dem Wahlverhalten in den ökonomisch entwickelten und reichen Gesellschaften befassen, denen sich bei ihrer Wahl zwischen Lust und Behagen im Bereich der Stimulierung die meisten Möglichkeiten bieten, da mit steigendem Wohlstand für viele Leute die mit der Bedürfnisbefriedigung verbundenen Lustgefühle immer stärker verloren gehen. In derartigen Gesellschaften sind Bedürfnisbefriedigung und Wohlbehagen mehr oder weniger synonym, und Lustgefühle treten bei den meisten Menschen nur noch in Verbindung mit irgendwelchen Reizen auf, obwohl keineswegs alle Reize immer stimulierend sind und oft nur wenig oder gar keine Lust erzeugen. Damit bekommen wir eine Zweiteilung, die zwar weniger genau und weniger allgemeingültig ist als die sorgfältige Unterscheidung des Psychologen, die sich andererseits aber besser mit dem üblichen Sprachgebrauch und den ökonomischen Kategorien in Einklang bringen läßt.

Kapitel 5
Ökonomie und Motivation

Wir haben bisher die breite Palette der menschlichen Bedürfnisbefriedigungen aus der Sicht der Psychologen betrachtet, und obwohl wir dabei die wirtschaftliche Aktivität weitgehend außer acht gelassen haben, sollte inzwischen klar sein, daß diese nur eine der zahlreichen Quellen der Bedürfnisbefriedigung ist – und wahrscheinlich noch nicht einmal die wichtigste. Wie kommt es nun, daß manche Befriedigungen von einer wirtschaftlichen Aktivität abhängen und andere nicht, und daß letztere zum Teil gar nichts mit dem Markt zu tun haben?

Der Beitrag der Wirtschaft zur menschlichen Wohlfahrt ist bezüglich seiner Größe, seines Wesens und seiner einzelnen Komponenten hinreichend bekannt, gut meßbar und viel besprochen. Erheblich weniger bekannt ist dagegen der Stellenwert und die Rolle der Wirtschaft für die Gesamtheit aller menschlichen Bedürfnisse. Um ein vollständiges Bild zu erhalten, müssen wir den Beitrag der Wirtschaft mit den Beiträgen aller anderen Quellen der Bedürfnisbefriedigung vergleichen können, und dazu wiederum ist erforderlich, daß wir das Wesen sämtlicher anderen Beiträge besser verstehen. Außerdem müssen wir unsere Bedürfnisbefriedigungen nach einem anderen Prinzip ordnen, das die ökonomischen Bedingungen von den nichtökonomischen trennt und uns bei der Identifizierung der Faktoren hilft, durch die sich beide Arten unterscheiden.

Selbstversorgung

Die Wirtschaftswissenschaft ist eine Sozialwissenschaft, welche sich mit allen Arten von gegenseitigen Dienstleistungen sowie mit dem Angebot und der Nachfrage nach gekauften Gütern befaßt. Das volkswirtschaftliche Rechnungswesen läßt jedoch alle die Arten der menschlichen Befriedigung außer acht, die sich grundsätzlich oder am besten ohne Hilfe anderer erreichen lassen, wie zum Beispiel einige Dienstleistungen, die wir für uns selbst erbringen. Die meisten Menschen haben gelegentlich das Bedürfnis, allein zu sein. Ein großer Teil körperlicher Betätigung und geistiger Aktivität wird in Abgeschiedenheit erbracht; und obgleich wir für die Errichtung von Parks und Spielplätzen ökonomische Ressourcen bereitstellen und damit diese Betätigungen erleichtern, lassen die Nationalökonomen die damit verbundenen Befriedigungen dennoch unberücksichtigt. Dasselbe gilt für sämtliche für den Eigenbedarf erstellten Dienstleistungen. Wir waschen uns, ziehen uns an und führen diverse Hausarbeiten aus, ohne daß diese im volkswirtschaftlichen Rechnungswesen erfaßt würden, obwohl sich die Volkswirtschaftslehre sehr wohl mit der Frage nach der Trennungslinie zwischen den für uns selbst und den für andere erbrachten Dienstleistungen befaßt. Ich werde hierauf noch später in diesem Kapitel zurückkommen.

Die meisten Arten der Befriedigung entspringen allerdings dem Kontakt mit anderen Menschen sowie dem Gebrauch, Verbrauch oder der Betrachtung von Gütern und Dienstleistungen, bei deren Herstellung andere mitgewirkt haben. Bei diesen kann es sich um ökonomische oder nichtökonomische Befriedigungen handeln, je nachdem, ob sie über den Markt gehen und dabei einen Marktwert erhalten oder nicht. Dieser Marktwert, das heißt, die Tatsache, ob ein Gut über den Markt angeboten oder nachgefragt wird, ist das entscheidende Kriterium dafür, ob dieses Gut von der Ökonomie erfaßt wird oder nicht. Denn die Tatsache, daß der Empfänger eines Gutes, das zu seiner Befriedigung dient, einen Preis bezahlen muß, zwingt ihn zu einer Gegenleistung in Form einer anderen Dienstleistung oder irgendeines anderen Beitrages zur Befriedigung anderer Wirtschaftssubjekte. Dadurch trägt jeder einzelne zur Sicherung und Regulierung der Reziprozität des Gebens und Erhaltens von Befriedigungen bei, die zweifellos die Hauptaufgabe des ökonomischen Systems darstellt.

Es erscheint logisch, daß die unserer Selbstversorgung dienenden Befriedigungen und Dienstleistungen von der Volkswirtschaftslehre nicht erfaßt werden. Befriedigungen, die auf Arbeitsteilung oder auf der Interaktion mehrerer Wirtschaftssubjekte beruhen, bleiben ebenfalls oft unberücksichtigt, weil sie aus unterschiedlichen Gründen nicht auf dem Markt gehandelt werden. Manchmal lohnt es sich einfach nicht, die Reziprozität zu erzwingen. Und manchmal geschieht diese automatisch und bedarf keines besonderen Zwanges. In anderen Fällen ist sie allein durch die Tradition sowie durch informellen gesellschaftlichen Druck gewährleistet, so daß die Formalität von Marktverträgen überflüssig wird. Außerdem kann dieselbe Aktivität oder dasselbe Produkt gleichzeitig ökonomische und nichtökonomische Befriedigung bieten. So kann ein Arbeiter aus den von ihm hergestellten und verkauften Gütern Befriedigung ziehen, oder ein Garten kann sowohl seinem Besitzer, der für seine Pflege bezahlt, als auch dem Passanten Freude bereiten. Wir müssen uns diese Unterschiede und Kategorien merken, um die relative Bedeutung der ökonomischen und nichtökonomischen Befriedigungen in etwa abschätzen zu können; denn ihre genaue Messung ist praktisch unmöglich.

Ein weiteres Merkmal der ökonomischen Befriedigungen ist ihre Quantifizierbarkeit. Die Marktpreise, die sich aus den Markttransaktionen ergeben, sind unser einziger Indikator für den Wert, den die einzelnen Menschen den empfangenen Befriedigungen und ihren eigenen Dienstleistungen beimessen. Mit ihrer Hilfe erhalten wir Schätzwerte des Sozialprodukts und des Volkseinkommens, die uns den Wert der über den Markt laufenden Befriedigungen angeben, aber eben *nur* von diesen. Um die relative Bedeutung der ökonomischen und nichtökonomischen Befriedigungen ermessen zu können, müssen wir den relativen Wert der meßbaren und nicht meßbaren Befriedigungen ermitteln, und dieser läßt sich eben nicht ohne weiteres quantitativ erfassen.

Gegenseitige Anregung

Eine der wichtigsten Formen menschlicher Befriedigung ist der Reizgenuß (stimulus enjoyment), der größtenteils von gegenseitiger Stimulierung herrührt und somit meistens nicht in den Bereich der Ökonomie fällt. Die Gründe hierfür sind einfach. Stimulierend ist alles, was andersartig, überraschend und neu ist und letztlich dem menschlichen Handeln und der menschlichen Fantasie entspringt. Ferner wirken wir immer dann auf andere Menschen besonders anregend, wenn wir selbst von ihnen stimuliert werden. Man braucht nur an die zahlreichen persönlichen Kontakte zu denken, die wir mit anderen Menschen haben. Dabei ist es völlig gleichgültig, ob sie sich durch unsere Arbeit und unsere verschiedenen Aktivitäten von allein ergeben oder bewußt von uns als Mittel der Anregung gesucht werden. Man denke beispielsweise an Diskussionen, Debatten, Gespräche und Plaudereien, an den Geschlechtsverkehr oder das Tennisspiel, an irgendeine gemeinsame Arbeit oder ein Gemeinschaftsprojekt, an Gesellschaftsspiele oder andere gesellschaftlichen Aktivitäten. Stimulierend wirken dabei vor allem die unerschöpfliche Vielfalt und Unvorhersehbarkeit sowie die Herausforderung, die menschliche Kontakte für uns mit sich bringen, insbesondere wenn wir uns die Mühe machen, den anderen zu provozieren und ihn ebenfalls zu stimulieren. Immerhin ist das gegenseitige Messen unseres Intellekts und unserer Fähigkeiten für uns die wichtigste Form der Herausforderung. Und die von anderen Menschen empfangenen Informationen, ihr Wissen, ihre Erfahrung und ihre Leistungen, ihr Verhalten und ihre Reaktionen in bestimmten Situationen, wie ihre Art, Probleme zu lösen und über ungelöste Probleme nachzudenken, sind für uns die wichtigsten Quellen, um neue Eindrücke und Erfahrungen zu gewinnen.

Man kann sich den Beitrag jedes einzelnen zur Befriedigung seiner Mitmenschen als Preis für die erhaltene eigene Befriedigung vorstellen, es ist aber klar, daß für eine Beteiligung an einem solchen Kontakt kein wirtschaftlicher Austausch und keine formelle Garantie der Reziprozität erforderlich ist.

Es leuchtet auch unmittelbar ein, daß alle Beteiligten insgesamt zufriedener sein werden, je ebenbürtiger sie sich sind. Die Anregung wird dann am angenehmsten empfunden, wenn sie unsere Fähigkeiten und geistigen Kräfte voll beansprucht, und dies ist am ehesten bei einem gleichwertigen Partner möglich. Spiele, Gespräche und Diskussionen mit einem schwächeren Gegner werden leicht langweilig und uninteressant; während sie im Falle eines sehr überlegenen Partners unsere Fähigkeiten überfordern und uns zu sehr anstrengen. Zu ungleiche Partner können bei einem oder mehreren Beteiligten jegliche Befriedigung verhindern, so daß kein Anreiz zu einem weiteren Kontakt mehr besteht. In solchen Fällen können Teilnehmer, die selbst nichts beitragen, sondern nur gewinnen können, einen finanziellen Anreiz bieten, der – wenn er ausreichend ist – dieser Aktivität einen ökonomischen Charakter verleiht. Auf diese Weise entstehen Berufe wie Tennisprofis, Zeremonienmeister, Prostituierte und Gigolos. Unsere Gesellschaft neigt dazu, diese und ähnliche Berufe geringer zu bewerten. Ein möglicher Grund hierfür ist vielleicht, daß die Kommerzialisierung einer normalerweise nichtökonomischen Aktivität als Beweis für unpassende Partner und für eine entsprechend geringere Befriedigung angesehen wird, oder daß viele Leute diese Leistung nicht als Arbeit betrachten, da sie ja für die meisten Menschen ein reines Mittel der Befriedigung ist. Die genauen Hintergründe für diese Geringschätzung interessieren uns hier weniger. Für uns ist nur die Tatsache wichtig, daß eine Aktivität, die normalerweise zur gegenseitigen Anregung dient und für die Geld bezahlt wird, so daß sie nunmehr in das Sozialprodukt eingeht, häufig das Anzeichen einer unzureichenden Befriedigung ist. Glücklicherweise fallen derartige Aktivitäten sowohl als Mittel der gegenseitigen Anregung als auch als ökonomische Aktivität nicht sonderlich stark ins Gewicht.

Obgleich die gegenseitige Anregung nicht in die ökonomischen Kategorien paßt und deshalb auch nicht erfaßt wird, sind dennoch häufig ökonomische Ressourcen notwendig, um sie überhaupt zu ermöglichen, sowie um die dafür benötigten Werkzeuge, Örtlichkeiten und den entsprechenden Rahmen zu bieten. Eine Funktion des Marktes besteht darin, Informationen zu übertragen und den Partnern zu irgendeiner – ökonomischen oder nichtökonomischen – Transaktion zu verhelfen, so daß sie sich gegenseitig erkennen und finden können. Da die gegenseitige Anregung dann am größten ist, wenn die Beteiligten gut zueinander passen, ist die Partnervermittlung im weitesten Sinne eine monetär bewertbare Leistung, die oft gegen Geld angeboten wird, wie zum Beispiel die Arbeit von Heiratsvermittlern und die Partnervermittlung durch Computer. Tennis- und Bridge-Klubs leisten auf ihre Weise ähnliches und bieten darüber hinaus noch den erforderlichen Rahmen. Denn Tennis ohne Tennisplatz oder Bridge ohne Kartentisch spielen zu wollen, ist eben unmöglich, und selbst eine Unterhaltung mit Freunden oder Bekannten macht mehr Spaß bei einem Getränk. Der Wert dieser Aktivitäten und Annehmlichkeiten geht zwar in das volkswirtschaftliche Rechnungswesen ein, aber ihr Beitrag zur Bedürfnisbefriedigung ist im Vergleich zur gegenseitigen Stimulierung, von der alle Beteiligten profitieren, relativ gering.

Der andere große Bereich menschlicher Interaktion ist das Erstellen von Dienstleistungen und die Erzeugung von Gütern. Jeder Mensch könnte sich zumindest teilweise selbst versorgen, aber die zunehmenden Skalenerträge der Massenproduktion und die Arbeitsteilung bewirken, daß alle Menschen mehr leisten und mehr verdienen, wenn sie sich spezialisieren und Güter und Dienstleistungen größtenteils für andere herstellen. Hierin liegt der reziproke Charakter der ökonomischen Aktivitäten begründet. Diese Reziprozität der Dienstleistungen und Befriedigungen geschieht jedoch keineswegs automatisch oder simultan und muß deshalb durch irgendeinen Zwang garantiert werden, wenn die Vorteile wirklich gegenseitig sein sollen. Dieser Zwang drückt sich auf dem Markt gewöhnlich in den Austauschrelationen der Güter aus, und die Größe des Sozialprodukts vermittelt einen Eindruck von ihrer Bedeutung, da es den Wert der Güter und Dienstleistungen mißt, die über den Markt gehen. Sowohl die Produktion als auch die Verteilung der privaten Güter und Dienste werden über den Markt organisiert, während bei den öffentlichen Gütern nur deren Produktion über den Markt läuft, da deren Verteilung gewöhnlich kostenlos ist und durch das Zahlen von Steuern abgegolten wird. Die Konsumausgaben spiegeln den Nutzen wider, den die Konsumenten aus den gekauften privaten Gütern und Dienstleistungen ziehen, wohingegen die Staatsausgaben für öffentliche Güter und Dienste nur deren Kosten reflektieren. In Ermangelung eines besseren Maßstabes werden diese Kosten als eine grobe Maßzahl für den Wert betrachtet, den sie für ihre Nutznießer abgeben.

Wenn wir davon ausgehen, daß der Marktwert der Güter und Dienste uns in etwa den Wert angibt, den die Wirtschaftssubjekte dem Konsum dieser Güter und der damit verbundenen Befriedigung beimessen, müssen wir uns darüber im klaren sein, daß diese Schätzung jeweils zu niedrig ist. Denn der Konsument zieht aus jeder gekauften Sache mehr Befriedigung als aus dem Besitz des Geldes, das er dafür bezahlt; sonst würde er sie nicht kaufen. Diese zusätzliche Befriedigung ist seine sogenannte Konsumentenrente, deren Wert sich nicht schätzen läßt, obwohl man eine ungefähre Vorstellung davon erhielte, wenn man herausfinden könnte, was der einzelne für die ständige Nutzungsmöglichkeit eines bestimmten Gutes zum gegenwärtigen Preis notfalls zu zahlen bereit wäre, um nicht ganz darauf verzichten zu müssen.[17]

Externe Effekte

Das Sozialprodukt liefert uns zwar eine Vorstellung von dem Wert, den alle Konsumenten den von ihnen gekauften privaten Gütern und Dienstleistungen beimessen, aber es berücksichtigt nicht, daß diese Güter oft auch Dritten Befriedigung verschaffen oder aber Nachteile entstehen lassen. Der Anblick meines Hauses kann jeden Nachbarn und Passanten erfreuen, andererseits kann der

Lärm, Schmutz und Staub, die mit seinem Bau verbunden waren, viele Leute gestört haben. Diese sogenannten externen Erträge und Kosten gelten nicht als Bestandteil des Sozialprodukts, weil die davon betroffenen Individuen weder dafür bezahlen noch dafür entschädigt werden, obwohl sie das menschliche Wohlbefinden eindeutig erhöhen beziehungsweise mindern können. Da diese externen Effekte ein nicht unbedeutendes Nebenprodukt der ökonomischen Aktivität sind, sollten sie bei der Entscheidung über wirtschaftliche Maßnahmen unbedingt berücksichtigt werden. Ihre rechnerische Erfassung ist allerdings eines der ungelösten Probleme der Ökonomie.

Die meisten – positiven oder negativen – externen Effekte sind Sinnesreize, und die positiven sind fast immer das Nebenprodukt von solchen Gütern und Dienstleistungen beziehungsweise von deren Eigenschaften, die der Unterhaltung, dem Vergnügen, dem ästhetischen Genuß und anderen Formen der Anregung dienen. Der Grund hierfür ist offensichtlich: So lassen sich beispielsweise Töne und optische Eindrücke, die zu den wichtigsten Sinnesreizen gehören, kaum begrenzen, und das was für die Augen und Ohren des einen Menschen angenehm ist, gefällt oft auch anderen Menschen. Dabei muß derjenige, der für die Anregung bezahlt, durch die Tatsache, daß andere hieran teilhaben, in seinem Genuß nicht zwangsläufig beeinträchtigt werden, sondern dieser kann sich sogar erhöhen. Das heißt die Anregung ist eine typische Form von geteilter Befriedigung, da ich andere nicht ohne weiteres davon ausschließen kann. Im Gegensatz dazu haben die Annehmlichkeiten des Lebens und die Bedürfnisbefriedigung in der Regel keine derartigen positiven Nebeneffekte. Da viele Annehmlichkeiten aus der Substitution menschlicher Muskelkraft durch mechanische Kraft herrühren, haben sie oftmals unangenehme Nebenwirkungen, wie zum Beispiel Lärmbelästigung und Luftverschmutzung.

Güter und Dienstleistungen ohne Marktwert

Neben den Gütern und Dienstleistungen mit Marktwert gibt es noch viele andere, die nicht über den Markt gehen, sondern kostenlos angeboten werden, wobei ihre Reziprozität und gerechte Verteilung durch Sitte, Tradition, sozialen Druck, Familiendisziplin oder Gesetz garantiert werden. Beispiele hierfür sind unter den öffentlichen Gütern die Verpflichtung zum Militärdienst, zum Feuerlöschen in Notfällen und zum Amt des Geschworenen. Beispiele für entsprechende private Güter und Dienstleistungen reichen von der Selbstversorgung mit Nahrungsmitteln bei den Bauern bis zu den Ratschlägen, die früher von Eltern und Schwiegereltern gegeben wurden, heute allerdings mehr und mehr über den Markt laufen, weil diese Rolle immer stärker von Sozialarbeitern und Psychoanalytikern übernommen wird. Die zunehmende Spezialisierung, die erhöhte Mobilität und der Wechsel von der Groß- zur Kleinfamilie hat die Bedeutung dieser persönlichen Güter und Dienstleistungen zwar vermindert, aber sie fallen dennoch ins Gewicht. Und es scheint sogar, als ob der Teilbereich der Hausarbeit und der persönlichen Dienstleistungen, die innerhalb der Familie und unter Freunden erbracht werden, im Steigen begriffen ist.

Hausarbeit und persönliche Dienstleistungen lassen sich relativ schwer definieren. Eindeutig zuordnen lassen sich ihnen nur die eigentliche Haushaltstätigkeit – wie Kochen, Saubermachen, Bettenmachen, Aufräumen, Flicken und Kinderbetreuung. Dazu gehören aber auch kleinere und größere Reparaturen, die Instandhaltung der Haushaltsgeräte und anderer langlebiger Güter sowie alles, was wir unter dem Begriff des Do-it-yourself verstehen. Darüber hinaus muß man noch die persönlichen Dienste, Hilfeleistungen und Ratschläge hinzuzählen, die sonst anderweitig gekauft und bezahlt werden müßten.

Im Vergleich zu anderen nichtökonomischen menschlichen Befriedigungen ohne Marktwert sind die der Haushaltsführung und ähnliche Dienstleistungen, die Familienmitglieder füreinander tun, ihrem Wert nach wahrscheinlich unbedeutend. Da sie aber den entsprechenden Marktleistungen sehr ähnlich sind, läßt sich ihr Wert für ihre Empfänger immerhin abschätzen und mit dem Wert der Marktleistungen vergleichen. Denn selbst partielle Vergleiche zwischen dem Wert der über den Markt gehenden Güter und dem der nicht erfaßten Befriedigungen bringt uns bei unserer Schätzung des Beitrags, den das Sozialprodukt zur gesamten Bedürfnisbefriedigung leistet, einen kleinen Schritt weiter.

An Hand sogenannter Arbeitszeitstudien kann man eine ungefähre Vorstellung davon erhalten, wie viele Wochenstunden im Durchschnitt mit regelmäßiger Hausarbeit, mit freiwilligen Arbeiten und kostenloser Hilfe verbracht werden. Diese Zeitangaben kann man nun entweder mit dem Lohnsatz desjenigen bewerten, der eine solche unbezahlte Arbeit verrichtet, oder aber mit dem für eine solche Tätigkeit üblichen Marktsatz veranschlagen. Die Schätzungen zeigen, daß die nicht über den Markt gehenden Tätigkeiten, die die Wirtschaftssubjekte familienintern erbringen, fast noch einmal die Hälfte des Geldeinkommens einer Familie (48% nach der einen und 42% nach der anderen Schätzmethode) beziehungsweise etwa *zwei Drittel ihrer Ausgaben* für Güter und Dienstleistungen mit Marktwert ausmachen (Sirageldin 1969, 56–76). Die Schätzungen der amerikanischen Werte in Tabelle 4 sind sogar noch höher – wahrscheinlich weil sie auch die nicht über den Markt verrechnete Arbeit der Rentner und Arbeitslosen enthalten. Der Wert der familieninternen Aufgaben ist zwar im Vergleich zu anderen nichtökonomichen Befriedigungen gering, aber er ist andererseits mindestens genauso groß wie der Wert der ökonomischen Befriedigungen durch Güter und Dienstleistungen, die über den Markt gehen, daraus folgt, daß der Wert des Sozialprodukts verglichen mit den gesamten menschlichen nichtökonomischen Befriedigungen relativ unbedeutend sein muß.

Wenn ein so großer Teil der menschlichen Bedürfnisbefriedigungen aus dem Sozialprodukt ausgeklammert ist, dann erhebt sich die Frage, warum wir seiner Größe überhaupt so viel Bedeutung beimessen. Ein Grund hierfür ist, daß das Bruttosozialprodukt sich durch politische Maßnahmen leichter beeinflussen zu lassen scheint; ein anderer ist der Glaube oder die Hoffnung, daß die Veränderungen des Sozialprodukts positiv mit Veränderungen des Allgemeinwohls der Wirtschaftssubjekte verbunden sind, da sie die nichtökonomischen menschlichen Befriedigungen nicht berühren oder zumindest keine wesentlichen Veränderungen bei diesen hervorrufen. Wir können dieses Thema hier nicht erschöpfend behandeln, aber es lohnt sich dennoch, ein Gegenbeispiel, bei dem eine Veränderung des Sozialprodukts das Allgemeinwohl unverändert läßt, kurz zu diskutieren.

Dies ist dann der Fall, wenn die Trennungslinie zwischen den Gütern mit Marktwert und denen ohne Marktwert sich so verschiebt, daß die gemessene Veränderung des Sozialprodukts genau der entgegengesetzten Veränderung in der Erfassung der nicht über den Markt gehenden Güter und Dienste entspricht. Ich habe bereits den Übergang von der Groß– zur Kleinfamilie einerseits sowie die größere Spezialisierung und die zunehmenden Skalenerträge andererseits erwähnt, die beide entscheidend dazu beigetragen haben, daß heute sehr viel mehr Leistungen über den Markt gehen, als dies ursprünglich der Fall war. Da diese Veränderungen ganz typisch für den höheren Entwicklungsstand einer Wirtschaft sind, passiert es häufig, daß die Messungen des vermarkteten Produkts und des daraus abgeleiteten Einkommens die Entwicklungsgeschwindigkeit übertreiben, da sie nicht das tatsächliche Wachstum, sondern die Gesamtentwicklung messen, in der natürlich auch die strukturelle Verlagerung der ursprünglich marktmäßig nicht erfaßten Aktivitäten auf den Markt enthalten ist.

Außerdem haben die beiden eben erwähnten Faktoren praktisch keinerlei Einfluß darauf, welcher Teil der Hausarbeiten letztlich über den Markt geht oder nicht. Die meisten Hausarbeiten und persönlichen Dienstleistungen sind so einfach, daß jeder sie leicht erlernen kann, so daß unterschiedliche angeborene Fähigkeiten nicht ins Gewicht fallen. Da sie außerdem gewöhnlich an der Person oder im Haus ausgeführt werden, bieten sie wenig Spielraum für zunehmende Skalenerträge und Spezialisierung. Die Tatsache, daß die reichen Leute vor hundert Jahren Hausangestellte hatten, die jene Arbeiten verrichteten, welche viele Reiche heute selbst machen, hängt nicht damit zusammen, daß die Reichen diese Arbeit etwa weniger gut ausführen konnten als ihre Angestellten. Sie ist vielmehr ein Beweis dafür, daß der Unterschied zwischen ihrem Einkommen und dem ihres Personals groß genug war, daß es sich für sie lohnte, das entsprechende Entgelt auszugeben, und daß die anderen bereit waren, die Leistungen dafür zu erbringen. Das heißt, die Spezialisierung hängt nicht nur von den unterschiedlichen Fähigkeiten und Skalenerträgen, sondern auch von Einkommensdifferenzen ab; und für die Arbeitsteilung der Hausarbeiten und persönlichen Dienstleistungen sind letztere sogar ausschlaggebend.

Einkommensunterschiede können sowohl auf der ungleichen Verteilung von Macht, Reichtum, Arbeitsmöglichkeiten und Ausbildungschancen als auch auf unterschiedlichen Fähigkeiten beruhen. Und bei der Hausarbeit vermindern die letzteren nur indirekt über die Schaffung von Einkommensungleichheiten die Selbstversorgung des Individuums und der einzelnen Haushalte. Für

Wohlhabende ist es ökonomischer, wenn die Armen die Arbeiten für sie verrichten, die sie im Grunde genausogut selbst machen könnten, da ihnen dies Zeit für angenehmere und lukrativere Beschäftigungen gibt. Das Verhältnis aus der Zeit, die die Reichen bei der Hausarbeit verbringen, und der Zeit, die die Armen damit verbringen, ist etwa genauso groß wie die umgekehrte Einkommensrelation. Für die gesamte Gesellschaft hat dies zur Folge, daß es bei großer Einkommensungleichheit viele Hausangestellte gibt und daß der Anteil der von den Familienmitgliedern familienintern verrichteten Hausarbeiten relativ klein ist. Demnach sind die zahlreichen Hausangestellten in den reichen Haushalten eines armen Landes nicht etwa Ausdruck seiner Armut, sondern vielmehr seiner großen Einkommensungleichheit.

Arbeit als Selbstanregung

Bisher haben wir die Beziehung untersucht, die zwischen Gütern und Dienstleistungen und den Befriedigungen ihrer Empfänger besteht. Doch können wir bei unserer Betrachtung nicht einfach das Wohl all derer außer acht lassen, die an der Produktion von Gütern und Dienstleistungen beteiligt sind; denn deren Wohlbefinden hängt nicht nur von ihrem Verdienst ab, das sie als Gegenleistung für ihre Arbeitskraft erhalten. Die Arbeit des einzelnen kann angenehm oder unangenehm sein, und ihre Freuden, Annehmlichkeiten oder Unannehmlichkeiten spielen in unserem Leben eine wichtige Rolle. Diese Auswirkungen der Arbeit fehlen bei der quantitativen Erfassung der ökonomischen Wohlfahrt durch die Wirtschaftswissenschaftler völlig. So wird bei der Berechnung des Volkseinkommens oder Nettosozialprodukts *kein* Betrag für das Arbeitsleid abgezogen, das bei seiner Erzeugung entstand, und es wird andererseits kein Wert addiert, der die mit der Arbeit verbundenen Befriedigungen zum Ausdruck bringt. Der Grund hierfür ist einfach. Die Arbeit, die Marktgüter erzeugt, ist zwar eine wirtschaftliche Tätigkeit, aber die dabei für den Arbeiter entstehende Befriedigung ist kein ökonomisches Gut, da sie nicht über den Markt läuft und ihr Wert nicht meßbar ist – was aber nicht heißt, daß ihr Wert immer unerheblich ist.

Die protestantische oder puritanische Ethik sah in der Arbeit die Hauptquelle der weltlichen Befriedigung und die einzige Möglichkeit, ein segensreiches Leben zu führen. Karl Marx vertrat ebenfalls diese Auffassung.

»Nur durch produktive Tätigkeit kann der Mensch seinem Leben einen Sinn geben.« Arbeit ist »der Akt der Selbsterschaffung des Menschen«, »und nicht nur ein Mittel zum Zweck – dem Produkt –, sondern sie ist Selbstzweck, sie ist der sinnvolle Ausdruck der menschlichen Energie« (Marx, zit.: Fromm 1961)[18] Marx glaubte nicht nur, daß Arbeit grundsätzlich angenehm sein sollte, sondern er war überzeugt, daß sie die wichtigste Quelle menschlicher Freude war. Er kritisierte andere Ökonomen wegen ihres »Güter-Fetischismus« und ihrer Angewohnheit, ihre Aufmerksamkeit auf das Produkt zu konzentrieren und dabei die mit der Gütererstellung verbundene Tätigkeit zu vernachlässigen. Seine Kritik galt aber noch stärker dem ganzen Fabriksystem und der kapitalistischen Organisation, die das Wesen, die Bedingungen und die Organisation der Arbeit in einer Weise verändert hatten, daß sie keinerlei Befriedigung mehr bot und zu einer unangenehmen Angelegenheit geworden war. Er verurteilte die Spezialisierung und die starke Disziplinierung der Arbeiter, welche die von ihm als »Entfremdung« bezeichnete Veränderung mit sich brachte. Und seiner Meinung nach litten sowohl die Kapitalisten als auch die Arbeiter darunter. Die Arbeit konnte entweder ein Vergnügen oder eine Bürde sein; das hing ganz von den wirtschaftlichen Einrichtungen und den Eigentumsverhältnissen ab. Nach Marxens Auffassung war eines der Hauptziele des Kommunismus, die Arbeit dadurch angenehm zu machen, daß der Zwang der ökonomischen Notwendigkeit aufgehoben würde, damit jeder einzelne »sich in jedem beliebigen Zweige ausbilden kann . . . und mir eben dadurch möglich macht, heute dies, morgen jenes zu tun, morgens zu jagen, nachmittags zu fischen, abends Viehzucht zu treiben, nach dem Essen zu kritisieren, wie ich gerade Lust habe.«

Die Ökonomen der Gegenwart äußern sich nicht dazu, inwieweit Arbeit angenehm oder unangenehm ist. Sie glauben, daß sie als umso unangenehmer (oder als weniger angenehm) empfunden wird, je mehr der einzelne arbeiten muß, und daß die an der Grenze liegende Arbeit – das heißt der letzte Zuwachs an geleisteter Arbeit – unangenehm ist und nur wegen des damit verdienten Geldes verrichtet wird. In diesem Grenzbereich scheinen sie demnach die übertriebene Verallgemeinerung und den Pessimismus von Marx zu akzeptieren. Dennoch lassen sich die Schlußfolgerungen der Ökonomen weder durch wirtschaftliche Daten belegen noch aus ökonomischen Theorien ableiten, geschweige denn durch die Auffassung der Psychologen bestätigen.

Für die Psychologen ist Arbeit eine Quelle der Anregung und als solche potentiell angenehm. Demnach unterscheidet sich körperliche Arbeit nicht sonderlich von sportlicher Betätigung und müßte bei richtiger Dosierung, Dauer und bei richtig gewähltem Zeitpunkt angenehm und anregend wirken. Geistige Arbeit kann ebenfalls stimulierend wirken, solange sie Neues vermittelt und die Herausforderung des Lernens bietet. Dabei kann der stimulierende und herausfordernde Charakter der geistigen Arbeit noch durch zusätzliche Vielfalt oder einen zunehmenden Schwierigkeitsgrad intensiviert werden. Entdeckung und Forschung sowie wissenschaftliches und künstlerisches Schaffen bilden für den Menschen wahrscheinlich die befriedigendste Form der Anregung überhaupt, aber darüber hinaus gibt es noch viele andere Formen geistiger Arbeit, die ebenfalls anregend und angenehm sind. Der verblüffendste Beweis hierfür ist wohl in einem berühmten kanadischen Experiment erbracht worden.

Die gut 600 Schüler einer Grundschule in Montreal erfuhren plötzlich, daß sie nur noch zur Schule zu kommen brauchten, wenn sie Lust dazu hatten, und daß schlechtes Verhalten in Zukunft durch Spielzwang auf dem Spielplatz bestraft werden würde. Als erste Reaktion stürzten natürlich sämtliche Kinder aus der Schule, aber innerhalb von zwei Tagen waren sie alle wieder in die Klassen zurückgekehrt. Sie wählten zwar einen etwas weniger regelmäßigen Stundenplan, aber sie arbeiteten praktisch nicht weniger und oftmals sogar besser. (Das Experiment wird beschrieben bei Hebb 1930, 23 ff.; Hebb bezieht sich 1955 wieder auf dieses Experiment).

Natürlich sind manche Arbeiten einfach unangenehm, weil sie entweder zu anregend und deshalb ermüdend und sogar anstrengend sind, oder aber zu wenig stimulierend sind und deswegen langweilig, monoton und ermüdend wirken. Die biblische Vorstellung, nach der sich der Mensch sein Brot im Schweiße seines Angesichts verdienen muß, hat im Laufe unserer Geschichte ihre Gültigkeit behalten. Das Unangenehme an der Arbeit war, daß sie anstrengender war und länger dauerte, als es dem Menschen normalerweise Spaß macht, und daß man ihn deshalb besonders belohnen oder zwingen mußte, um ihn zu dieser zusätzlichen Anstrengung zu bewegen. Die industrielle Revolution brachte darüber hinaus noch Monotonie, mechanische Disziplin und die durch die Fabrikroutine vorgegebene Geschwindigkeit; und obgleich sie die erforderliche körperliche Anstrengung verringerte, wurde dieser Vorteil durch die stark verlängerte Arbeitswoche mehr als wettgemacht. Dies ist zumindest das von Marx vermittelte Bild.[19] Seither sind Mechanisierung, Automatisierung und Arbeitsteilung noch perfektionierter, und die Arbeitswoche ist noch kürzer geworden, was die Arbeit zwar weniger anstrengend aber nicht sehr viel angenehmer macht. Geändert haben sich eigentlich nur das Wesen und die Ursachen des von uns zu ertragenden Arbeitsleides.

In den entwickelten Industrienationen gibt es nur noch wenige Menschen, die eine zu strapaziöse Arbeit verrichten, und dennoch empfinden die meisten Arbeitnehmer ihre Tätigkeit als unangenehm. In den Vereinigten Staaten und in anderen Industrieländern hat sich an Hand verschiedener Fragebogenuntersuchungen eine deutlich ablehnende Haltung gegenüber der Arbeit herauskristallisiert (Sheppard/Herrick 1972). Die meisten Tätigkeiten sind heute zu einfach und daher zu langweilig, monoton, mechanisch, anspruchslos; sie werden wegen ihrer fehlenden Herausforderung als erniedrigend und deswegen häufig als unangenehm empfunden, weil sie den Arbeiter nicht anregen, sondern ihn überdies daran hindern, sich anderweitig stimulieren zu lassen. Dies Ergebnis ist von großer praktischer Bedeutung, da es erheblich leichter und billiger ist, die unangenehmen Eigenschaften der Arbeit zu beseitigen, die auf mangelnder Herausforderung und Anregung beruhen, als die negativen Aspekte der Arbeit zu eliminieren, die den Arbeiter aufgrund von Reizüberflutung erschöpfen.

Uns interessiert hier jedoch nicht die Ursache, sondern ausschließlich der Unterschied zwischen angenehmer und unangenehmer Arbeit. Marx war übertrieben pessimistisch in seiner Auffassung, daß das kapitalistische System sowohl den Arbeitern als auch den Kapitalisten jegliche Freude an der Arbeit genommen habe. Denn es scheint immer noch genügend angenehme und erfreuliche Berufe zu geben. Die Annahme, daß jede Arbeit grundsätzlich unangenehm ist, wird durch all diejenigen widerlegt, die sich für unbezahlte, freiwillige Arbeiten verdingen (Sirageldin 1969, 74–85), sowie durch die zahlreichen Rentner, die auch ohne Bezahlung noch weiterarbeiten, und durch die verschiedenen freiberuflichen Tätigen, die jederzeit zugeben, daß ihnen ihre Arbeit Spaß macht.[20]

Natürlich kann die gleiche Arbeit für den einen angenehm und für einen anderen unangenehm sein. Außerdem kann sie auch für dieselbe Person manchmal schön und ein andermal weniger schön sein. Darüber hinaus wechselt im

Verlaufe eines Tages unsere Einstellung zur Arbeit mit zunehmender Müdigkeit. Ferner kann sich diese Einstellung auch langfristig ändern, wenn eine Arbeit, die zuerst zu schwierig ist, interessant und herausfordernd wird, sobald wir die Schwierigkeiten meistern. Dies kann so weit gehen, daß sie schließlich eintönig und langweilig wird, da die ständige Wiederholung das Herausfordernde und Neue verschwinden läßt.

Die Befriedigung, die wir aus dem Reiz »Arbeit« ziehen, unterscheidet sich nicht von der Befriedigung, die uns irgendein anderer Reiz bietet. Bei einer anspruchsvollen Arbeit bewirkt der Verstärkungseffekt der steigenden Erregung gewöhnlich, daß wir den Punkt des optimalen Behagens überschreiten, so daß uns die dadurch entstehende Spannung und ein innerer Zwang veranlassen weiterzumachen, bis wir die Herausforderung bewältigt haben. Dann erfahren wir schließlich das Nachlassen der Spannung, das wahrscheinlich sogar ausschlaggebend dafür ist, ob ein Reiz uns Befriedigung bietet oder nicht. Diese Sequenz – einem angenehmen Reiz folgt ein fanatischer Trieb zum Weitermachen, dem man trotz Müdigkeit und Anspannung bis zu einer befriedigenden Vollendung nachgibt, um den Triumph eines gelösten Problems oder einer vollbrachten Aufgabe auszukosten – ist gewöhnlich mit allen starken Reizen verbunden (spezifische Exploration), egal, ob es sich um Arbeit oder Spiel handelt. Dies stimmt zwar nicht mit der simplen Vorstellung des Ökonomen überein, daß die Freude an der Arbeit stetig abnimmt beziehungsweise das Arbeitsleid kontinuierlich zunimmt, letzteres ist aber bei einer monotonen, rein mechanischen, anspruchslosen Arbeit ohne weiteres denkbar. Die für uns wichtige Frage ist jedoch, wie wir diese beiden Arten von Arbeit auseinanderhalten können.

Empirische Forschungen haben ergeben, daß die einzelnen Menschen ihre Arbeit ganz unterschiedlich bewerten. So arbeiten Selbständige sehr viel mehr als abhängig Beschäftigte, deren Aufgaben und Arbeitsverlauf vom Arbeitgeber vorgeschrieben sind und deren Arbeitsstunden ebenfalls im vorhinein ausgehandelt und vereinbart wurden. Der amerikanische Zensus unterscheidet sehr wenige Beschäftigtengruppen, aber er zeigt dennoch, daß 1960 die Landwirte pro Woche durchschnittlich 58,4 Stunden, Selbständige und Unternehmer 53,5 und Ärzte und Chirurgen 57,3 Stunden gearbeitet haben, was verglichen mit den 43,2 Stunden aller männlichen Arbeitnehmer doch deutlich mehr ist. (Vgl. U. S. Census of Population 1960: *Subject Deports, Occupational Characteristics. Final Report*, PC (2)–7A Tabelle 13, 184.) Die Zahlen der Bundesrepublik stellen pauschal die Unselbständigen den Selbständigen gegenüber, während der österreichische Mikrozensus die selbständigen und unselbständigen Erwerbstätigen aller Beschäftigungsgruppen vergleicht. Insgesamt arbeiteten alle diejenigen, die in ihre eigene Tasche wirtschaften, wöchentlich anderthalbmal soviel wie die abhängigen Arbeitnehmer.

Tabelle 1

*Durchschnittlich geleistete Wochenstunden der Selbständigen und abhängig Beschäftigten in West-
deutschland (in Stunden)*

	1957	1960	1963	1966	1969	1971
Selbständige	58.5	56.9	57.5	57.8	57.1	57.3
Angestellte	46.6	46.1	45.3	44.5	44.1	43.5
Arbeiter	45.3	45.0	44.1	43.2	42.8	42.5

Quellen: *Statistiken für die Arbeits- und Sozialpolitik 1973*, Bonn: Bundesministerium für Arbeit und
Sozialordnung, 1973, Tabelle 4.6.

Wir können diese großen Unterschiede aber nicht so interpretieren, daß die Arbeitgeber ihre Beschäftigten daran hindern, so viel zu arbeiten (und zu verdienen), wie sie gern möchten. Die Arbeitsstunden gehören ja mit zu den wichtigsten Verhandlungspunkten jedes Tarifvertrages, und die Verkürzung der
Arbeitswoche ist eine der größten Errungenschaften der Gewerkschaftsbewe-
gung. Die einfachste Erklärung für diese in vielen Erwerbszweigen und Ländern zu beobachtenden Unterschiede scheint die folgende zu sein: Diejenigen,
die nicht nach festen Vorschriften und auf Anweisung von anderen arbeiten
müssen, sondern sich ihre Aufgaben und anfallenden Arbeiten so frei einteilen
können, daß sie nicht langweilig werden und ihr Interesse wachhalten, scheinen
sich mit ihrer Arbeit stärker zu identifizieren und sie interessanter und erfreuli-
cher zu finden. Natürlich machen sie auch Perioden der Anspannung und
Überforderung durch, aber sie verschaffen sich nicht dadurch Erleichterung,
daß sie einfach aufhören zu arbeiten, sondern sie machen im Gegenteil so lange
weiter, bis sie ihren Leistungsdrang befriedigt haben. Die unterschiedlichen
Arbeitsstunden sind demnach ein Beweis für das divergierende Engagement der
einzelnen Menschen bei ihrer Arbeit. Diejenigen, die sich am meisten einsetzen,
ziehen mit hoher Wahrscheinlichkeit auch die größte Befriedigung daraus, obwohl sich dies an Hand der vorhandenen Daten nicht nachweisen läßt.

Aus Fragebogenuntersuchungen in repräsentativen Stichproben der Erwerbstätigen geht hervor, daß die Arbeitszeit umso länger ist, je höher die
Stundenverdienste sind.[21] Wenn man nun berücksichtigt, daß die Bezieher höherer Einkommen in der Regel mit denen übereinstimmen, die ihre Arbeitszeit
freier einteilen können, dann entspricht und bestätigt dies nur die vorherigen
Versuchsergebnisse.

Außerdem werden sie noch durch Erhebungen über städtische Verkehrsmit-
tel bekräftigt, die manchmal abzuschätzen versuchen, welchen Stellenwert die
Erwerbstätigen der für den Weg zum Arbeitsplatz aufgewendeten Zeit beimessen. So ging 1963 aus einer Befragung von Londoner Beamten, die mit dem
Auto oder der U-Bahn zu ihrer Arbeit fuhren und in drei Gruppen eingeteilt
wurden, hervor, daß die höheren Beamten die Anfahrt zum Arbeitsplatz viel
höher bewerten als die unteren Dienstränge (Beesly 1965, 174–85). Zu diesem
Ergebnis gelangt man, indem man die zusätzlichen Kosten des schnelleren

Tabelle 2

Durchschnittlich geleistete Wochenstunden der Selbständigen und abhängig Beschäftigten in Österreich (1970)

Wirtschaftszweig	Selbständige	Abhängig Beschäftigte
	(in Stunden)	
Land- und Forstwirtschaft	65.2	48.3
Energie- und Wasserversorgung		40.8
Bergbau		39.6
Lebensmittel, Getränke und Tabak	58.7	41.8
Textilien (außer Bekleidung und Bettwäsche)		40.1
Bekleidung, Bettwäsche und Schuhe	49.5	39.9
Leder, Lederprodukte (außer Schuhen)		40.4
Spielzeug und Holzmusikinstrumente	51.8	41.0
Papier und Pappe		40.4
Druck und Vervielfältigung		40.8
Chemische Erzeugnisse, Gummi, Öl		39.8
Steingut und Glaswaren		41.0
Metall, Metallverarbeitung	51.7	40.6
Baugewerbe	52.1	40.5
Handel	54.4	40.9
Gaststätten, Hotels, Restaurants	66.9	49.9
Verkehr, Nachrichtenwesen	57.3	41.5
Bankwesen, private Versicherungen		40.5
Immobilien, Finanzmakler	52.1	40.3
Hygiene, Reinigung, Bestattung	48.2	39.5
Kunst, Unterhaltung, Sport	45.4	40.9
Gesundheitsfürsorge		40.8
Lehre und Forschung		34.5
Kommunalverwaltung		41.1
Sozialversicherung		41.1
Hausarbeit		36.1
Durchschnitt aller Erwerbszweige	61.5	40.8

Quelle: Österreichisches Statistisches Zentralamt, *Mikrocensus 1970*, 51–64.

Transports als den Preis für die ersparte Zeit ansieht. Dann kann man aus der Bereitschaft der einzelnen, diesen Preis für die gesparte Zeit zu zahlen, den Wert ableiten, den jeder einzelne seiner Zeit beimißt. Die Unterschiede in der Wahl des Transportmittels in den einzelnen Gruppen lassen sich unter diesen Umständen durch die unterschiedliche Bewertung der Pendelzeit erklären. In den USA haben ähnliche Untersuchungen gelegentlich dasselbe Resultat erbracht (Quarmby 1967, 273–314).

Das bisher angeführte Beweismaterial läßt nur erkennen, daß diejenigen, die Art und Zeit ihrer Arbeit besser kontrollieren können – dabei ist es gleichgültig, ob sie ihre eigenen Herren sind oder ob sie als Mitglied der höheren Ebene einer Organisationshierarchie einfach größeren Spielraum haben – ein stärkeres Engagement für ihre Arbeit und wahrscheinlich eine größere Liebe für sie beziehungsweise eine geringere Abneigung gegen sie besitzen. Allerdings ist bisher noch nie nachgewiesen worden, ob der Wert beziehungsweise der Grenzwert, den eine spezielle Gruppe der Arbeit zumißt, positiv oder negativ ist, und die empirische Forschung hat sich mit dieser Fragestellung bisher kaum befaßt.

Die Tatsache, daß es unbezahlte freiwillige Arbeit gibt, ist einer der wenigen Beweise, daß der Mensch die Arbeit positiv bewertet. Die meisten Tätigkeiten dieser Art werden von Hausfrauen durchgeführt sowie von Rentnern, denen es Spaß macht, wieder an ihren alten Arbeitsplatz zurückzukehren. Daneben gibt es aber auch noch zahlreiche Erwerbstätige, die sich freiwillig für derartige Arbeiten zur Verfügung stellen. Es ist interessant, daß ein großer Teil dieser freiwilligen Arbeit von Leuten mit höherem Einkommen geleistet wird, die ja bereits für ihre bezahlte Arbeit mehr Zeit aufwenden (Sirageldin 1969, 77f., bes. Bild 4.6).

Ein weiterer Beweis dafür, daß die meisten Menschen ihre Arbeit gern tun, ist die wichtige Rolle der Spenden (im Gegensatz zu den philanthropischen Stiftungen), die Leute noch zu ihren Lebzeiten leisten. In den USA betrug deren durchschnittlicher Wert knapp 30% der gesamten persönlichen Ersparnisse (vgl. Giving USA; Statistical Abstract of the United States). Wenn man davon einen geschätzten Betrag für das abzieht, was aufgrund des gesellschaftlichen Drucks von den United Fund-Kampagnen, von Kirchensammlungen etc. gegeben wird, bleiben immer noch echt freiwillige Spenden in Höhe von etwa einem Viertel der persönlichen Ersparnisse übrig. Dies ist eine ziemlich große Summe, und die Bereitschaft der Menschen, dieses Geld noch zu ihren Lebzeiten wegzugeben, zeigt, daß diese Mittel ihre Bedürfnisse übersteigen und daß sie mehr Geld zur Verfügung haben, als sie für sich brauchen und ihren Familien und nächsten Angehörigen hinterlassen wollen. Die meisten Spender sind aktive Menschen, die das gespendete Geld selbst verdient haben, aber man kann sich kaum vorstellen, daß sie noch zusätzliche Anstrengungen auf sich nehmen und mehr Stunden oder Jahre arbeiten, nur um mehr Geld wegschenken zu können. Es ist viel wahrscheinlicher, daß ihnen ihre Arbeit einfach Spaß macht, ebenso wie das Geldverdienen an sich oder aber der Beweis ihrer Fähigkeit, es verdienen zu können, und daß es letztlich die mit ihrer Arbeit verbundene Befriedigung ist, die sie ihre Arbeit fortsetzen läßt. Und dies, obwohl ihr Bedürfnis nach Geld und nach allen Dingen, die man damit kaufen kann, längst befriedigt ist. Wichtig ist noch, daß dieses Argument und das vorhergehende uns bestätigen, daß der Mensch aus seiner Arbeit nicht nur insgesamt eine positive Befriedigung zieht, sondern daß dies auch für den Grenzfall gilt, wenn er sich zwischen längerer und kürzerer Arbeitszeit und zwischen einem längeren oder kürzeren Arbeitsleben entscheiden muß.

Ein weiterer Beweis dafür, daß es selbst im Grenzfall manche Leute gibt, die ihre Arbeit lieben beziehungsweise ablehnen, liefern die unterschiedlichen

Trends in der Länge der Arbeitswoche. Es ist ziemlich viel Aufhebens um die ständige Verkürzung der Arbeitswoche in der Industrie gemacht worden. In den USA ist die Arbeitszeit seit 1850 von 70 auf etwa 40 Stunden pro Woche gefallen (Wilensky 1969, 32–56). Genau derselbe Trend läßt sich so ziemlich in allen anderen entwickelten Ländern beobachten. Die immer kürzere Arbeitswoche scheint eine natürliche Begleiterscheinung eines steigenden Lebensstandards und ein Zeichen für den Wunsch der Arbeitnehmer zu sein, das steigende Einkommen zum Teil in Form von mehr Freizeit zu genießen. In der Terminologie des rein formalen ökonomischen Modells erhöht der Lohnanstieg den Preis für Freizeit (das heißt, die mit der Freizeit verbundenen Einkommensverluste) und veranlaßt so die Arbeitnehmer, weniger Freizeit und mehr Güter zu »kaufen«. Gleichzeitig erhöht der Lohnanstieg aber auch das reale Einkommen und stellt alle besser, so daß sich nunmehr alle mehr von den schönen Dingen des Lebens – inklusive der Freizeit – leisten können. Der Anstieg der Freizeitkosten und der Anstieg des realen Einkommens sind nur zwei Aspekte desselben Lohnanstiegs, die in der Sprache der Ökonomen als Substitutions- und Einkommenseffekt bekannt sind. Beide wirken genau entgegengesetzt. Der Ökonom betrachtet die tatsächliche Veränderung in der Nachfrage des Arbeitnehmers nach Freizeit als den Saldo der beiden entgegengesetzten Einflüsse. Da eine Veränderung der relativen Preise für Freizeit und Güter das Ausgabeverhalten der Wirtschaftssubjekte sehr wenig zu beeinflussen scheint, überwiegt der Einkommenseffekt, so daß bei einer Lohnerhöhung die Nachfrage nach Freizeit steigt und die Arbeitszeit pro Woche abnimmt.

Dieses Modell bietet eine recht gute Erklärung für die in der Industrie zu beobachtende Verkürzung der Arbeitszeit, wenn man unterstellt, daß Freizeit angenehm und Arbeit unangenehm ist. Doch wie würde das Modell abschneiden, wenn sowohl Arbeit als auch Freizeit als angenehm unterstellt würden? Der Substitutionseffekt einer Einkommenserhöhung bliebe auf jeden Fall unverändert. Aber der Einkommenseffekt wäre ganz anders oder gar nicht vorhanden. Wenn Arbeit und Freizeit die einzigen Möglichkeiten des Zeitvertreibs sind und wenn man beide als angenehm unterstellt, dann kann es keinen Einkommenseffekt geben, weil das Geld nicht mehr Zeit kaufen kann. Deshalb gäbe es bei einem Lohnanstieg nur den Substitutionseffekt, der dann zwangsläufig eine *Verlängerung* der Arbeitszeit nach sich ziehen würde.

Dieses Ergebnis, das dem des Ausgangsmodells, in dem Arbeit ja als unangenehm vorausgesetzt wurde, diametral entgegengesetzt ist, läßt sich auch aus einem etwas realistischeren Modell ableiten, das neben der als angenehm empfundenen Arbeit und Freizeit noch einen dritten unangenehmen Zeitvertreib mit einbezieht, nämlich die für das tägliche Leben erforderlichen Hausarbeiten (Vgl. hierzu Linder 1970, Kap. 2,3). In diesem Modell führt eine Lohnsteigerung zu einem Einkommenseffekt, denn die Menschen haben jetzt mehr Zeit für Freizeit und Arbeit, die sie sich durch zusätzliche Ausgaben für häusliche Dienstleistungen, Haushaltsgeräte und arbeitssparende Güter erkaufen. In diesem Fall gehen sowohl der Einkommens- als auch der Substitutionseffekt in dieselbe Richtung, indem sie die Arbeitswoche bei steigendem Einkommen verlängern.

Das eben angeführte Beispiel ist ausgesprochen typisch für die Denkweise der Ökonomen. Wenn Arbeit angenehm wäre, würde eine Lohnerhöhung die Arbeitszeit verlängern. Wenn die Statistiken zeigen würden, daß manche Leute bei steigenden Lohnsätzen länger arbeiten, dann müßte dies sicher nicht gleich heißen, daß deren Arbeit angenehm ist, aber es würde eine solche Schlußfolgerung zumindest plausibel machen.

Es gibt allerdings nur wenige Statistiken, die einen Zusammenhang zwischen Löhnen oder Gehältern und Arbeitszeit zeigen, und diese wenigen Angaben beziehen sich überdies auf Leute, denen mit hoher Wahrscheinlichkeit ihre Arbeit Spaß macht. In den meisten Diskussionen über die sinkende Zahl der Wochenstunden der Lohn- und Gehaltsempfänger wird darauf hingewiesen, daß es unter Akademikern und selbständigen Geschäftsleuten keinen ähnlichen Trend gibt. Die Zahlen über deren gegenwärtige Arbeitsstunden sind derart hoch, daß man sich kaum vorstellen kann, daß sie in der Vergangenheit länger waren (Wilensky 1961, 37–43). Sie scheinen eher kürzer gewesen zu sein, wenn man nach den wenigen verfügbaren Daten urteilt. In den USA beziehen sich die einzigen vorhandenen Zahlen über die zeitliche Entwicklung der Arbeitsstunden von Akademikern auf Universitätsprofessoren und Lehrer. Sie sind in Tabelle 3 enthalten. Selbst wenn sie nicht völlig vergleichbar sind, da sie unterschiedliche Schulen zu unterschiedlichen Zeitpunkten betrachten, zeigen sie trotzdem einen eindeutigen Aufwärtstrend. Immerhin sind die für das Unterrichten und die damit verbundenen Tätigkeiten aufgewendete Zeit sowie die für Verwaltung und Studentenangelegenheiten verbrachten Stunden zwischen 1917 und 1968 in etwa unverändert geblieben. Demgegenüber hat sich die für Forschung aufgewendete Zeit, die bei Akademikern neigungsmäßig Vorrang besitzt, mehr als vervierfacht.

Der gleiche Aufwärtstrend läßt sich auch bei den Arbeitsstunden der höheren Beamten in England beobachten. Vor hundert Jahren ging die offizielle Bürozeit der höheren Beamten in Großbritannien von 10.00 Uhr morgens bis 4.00 Uhr nachmittags, mit etwa ein bis zwei Stunden Mittagspause, so daß sich eine Nettosumme von 30 Stunden oder weniger pro Woche ergibt, die erheblich niedriger liegt als die Bürostunden der unteren Beamten und Angestellten in denselben Büros. (Vgl. U. K. *Final Report of the Civil Service Inquiry Commission, Command Paper* (C–1113, London 1875, Appendices G,E). Der jährliche Urlaub derselben höheren Beamten belief sich damals auf 32 bis 52 Arbeitstage, heute dagegen auf 18 bis 30 Tage. Und die wöchentlichen Arbeitsstunden der höheren Beamten betragen heute ohne Mittagspause in London 36 Stunden und in anderen Gebieten von England 37 Stunden – und entsprechen somit heute genau denen der unteren Dienstränge.[22] Dabei versteht sich von selbst, daß diese Stunden eher das Minimum als der Durchschnitt sind, aber das ändert nichts an meinem Argument.

Weiteres Zahlenmaterial liefert uns eine detaillierte Studie über die Verlängerungen der Arbeits- und Freizeit von Arbeitern und unabhängigen Geschäftsleuten in Hamburg seit 1750 bis zur Gegenwart. Diese zeigt zunächst, daß der Arbeitstag des Händlers im 18. und 19. Jahrhundert mehrere Stunden kürzer war als der eines Arbeiters, während es heute genau umgekehrt ist. Dem Trend nach war die Woche des Arbeiters in der Mitte des 19. Jahrhunderts, auf dem Höhepunkt der industriellen Revolution, am längsten – sie dauerte 72 Stunden – und ist seither bis auf fast 40 Stunden gesunken. Demgegenüber ist die Woche der Händler immer länger geworden: So stieg sie von 39 bis 51 Stunden im Jahre 1750 auf einen Durchschnittswert von 50 oder mehr Stunden wöchentlich im Jahre 1850 (Nahrstedt 1972, 132, 137f., 221f., 228, 238). Laut einer 1972 in Westdeutschland durchgeführten Fragebogenuntersuchung beträgt die durchschnittliche Arbeitswoche der Spitzenmanager in großen Gesellschaften fast 60 (59,4) Stunden (Kevenhörster/Schönbohm 1972, 30).[22]

In diesem Zusammenhang ist noch ein weiteres – obgleich indirektes – Beweisstück wichtig. Es stammt aus Untersuchungen über die Auswirkungen der progressiven Besteuerung und der damit verbundenen hohen Grenzsteuersätze auf die Arbeitsmotivation. Diese Untersuchungen konzentrieren sich natürlich auf die freien Berufen, die ihre Arbeitszeit frei einteilen können, und fast alle zeigen keine oder nur eine unwesentliche Beeinträchtigung der Arbeitsmotivation (Break 1957, 529–49, Baskin 1971, 687ff.). Dieses Ergebnis erscheint überraschend oder wenig plausibel, wenn wir von der Annahme ausgehen, daß Arbeit hart und langweilig ist. Doch sobald wir die entgegengesetzte Prämisse unterstellen, erscheint es uns als völlig logisch.

Tabelle 3
Geleistete Wochenstunden der Fakultätsmitglieder einer Universität (in Stunden)

	1917 Univ. of Washington	1924 North Colorado Univ.	1930 Rochester Inst. of Technology	1940 Univ. of Minnesota	1941 Ohio State Univ.	1960 Univ. of Calif.	1967 Univ. of Colo.	1968 Univ. of Calif.	1969 Univ. of Minn.
Gesamtstundenzahl	46.5	49.2	47.3	59	58	58	56.2	60.9	58.1
Standardabweichung der Gesamtstunden[a]	(12.4)	(11.5)						(10.9)	(18)
Lehre	33.2			29.0		31	32.1	31.3	27.0
Forschung	4.0			7.5		17	14.0	18.4	11.4
Verwaltung	9.4[b]			5.9		6	6.7	6.2	7.7
Sonstiges				16.6		4	3.4	5.0	12.0

[a] Eine Erklärung der Normalabweichung findet sich in Anmerkung 4.
[b] Enthält Sonstiges.

Quellen: Fisk 1968; Heilman 1925, 167–87; Morecock 1935, 88–91; *University of California Survey of Faculty Effort and Output*, 1968–69; Chartes 1942, 298–301; Koos 1919, Nr. 15.

Die Bedeutung des Sozialprodukts

Bisher haben wir sechs Kategorien der Bedürfnisbefriedigung unterschieden, von denen nur eine einzige in den Bereich der Ökonomie gehört und meßbar ist. Allerdings läßt sich der Wert einer weiteren Kategorie – nämlich der Güter und Dienstleistungen ohne Marktwert – zumindest noch abschätzen. Für die restlichen vier Kategorien ist dies dagegen nicht möglich: für die Selbstversorgung, die gegenseitige Anregung, die externen Effekte und die Befriedigung durch Arbeit. Manche Ökonomen haben versucht, den Wert der Freizeit zu schätzen, und da wir während unserer Freizeit alle nichtökonomischen Befriedigungen außer der Arbeit genießen, sollten derartige Schätzungen zumindest einen groben Eindruck von dem Wert vermitteln, den die Menschen diesen anderen Befriedigungen beimessen. Ein Beispiel für derartige Schätzungen ist in Tabelle 4 enthalten. Unglücklicherweise sind die Freizeitschätzungen nicht nur sehr grob, sondern auch vom Ansatz her zweifelhaft.[23] Aber sie können dennoch einen gewissen Eindruck von deren Größenordnung vermitteln. Sie zeigen, daß der Wert der Freizeit ein Vielfaches – meist das Zwei- bis Dreifache – des Volkseinkommens beträgt. Wenn wir berücksichtigen, daß die mit der Arbeit verbundene Befriedigung noch hinzukommt, dann sehen wir, daß der Beitrag des Sozialprodukts zur menschlichen Wohlfahrt tatsächlich sehr klein ist.

Tabelle 4

Volkseinkommen, Arbeit ohne Marktwert und Freizeit (Milliarden Dollar in Preisen von 1958)

	1929	1935	1945	1947	1954	1958	1965
Volkseinkommen	131.1	110.8	176.5	227.9	306.9	367.8	454.7
Wert der Arbeit ohne Marktwert	85.7	109.2	152.4	159.6	211.5	239.7	295.4
Wert der Arbeit mit und ohne Marktwert (Summe der ersten beiden Zeilen)	216.8	220.0	328.9	387.5	518.4	607.5	750.1
Geschätzter Wert der Freizeit	339.5	401.3	450.7	466.9	523.2	554.9	626.9

Quellen: Row 1, U. S. Department of Commerce, Office of Business Economics, *The National Income and Product Accounts of the United States, 1929–65, Statistical Tables*. Alle anderen Daten von Nordhaus/Tobin, S. 53.

Warum messen die meisten Menschen dennoch dem Geldeinkommen und den Dingen, die wir mit Geld kaufen können, so viel Wert bei? Natürlich ist es für die Gesellschaft wichtig, daß die Größe und die Verteilung des Volkseinkommens sich relativ leicht von der Regierungspolitik beeinflussen lassen. Aber warum spielt das Einkommen für den einzelnen eine so wichtige Rolle? Auf diese Frage gibt es viele Antworten. Die einfachste und naheliegendste ist natürlich die, daß das Überleben in unserer Wirtschaft von Dingen abhängt, die wir mit Geld kaufen müssen. Der Durchschnittsmensch gibt jedoch einen relativ kleinen Teil seines Einkommens für das bloße Überleben aus, so daß damit die Frage noch nicht hinreichend beantwortet ist. Ein anderer und wahrscheinlich wichtigerer Aspekt ist der, daß ökonomische Befriedigungen gewöhnlich mit vielen anderen nichtökonomischen Befriedigungen Hand in Hand gehen. So bringt mein Einkommen neben der Befriedigung rein ökonomischer Bedürfnisse gleichzeitig auch meine anderen Befriedigungen zum Ausdruck, und diese zweite Funktion des Einkommens ist mindestens ebenso wichtig wie die erste.

Wir wissen, daß die Bezieher höherer Einkommen in der Regel angenehmere Arbeiten verrichten und an dieser Arbeit mehr Spaß haben als die Bezieher niedrigerer Einkommen. Und manches läßt darauf schließen, daß die erste Gruppe sogar die letzte Arbeitsstunde des Tages noch genießt, während die zweite Gruppe sie eher als qualvoll empfindet. In einer Gesellschaft wie der unseren, in der die Arbeit und die damit verbundene Befriedigung einen hohen Stellenwert einnehmen, kann der Unterschied zwischen der Zufriedenheit und der Unzufriedenheit mit der eigenen Arbeit wichtiger sein als Unterschiede in den ökonomischen Befriedigungen, die durch Einkommensungleichheiten bedingt sind. Darüber hinaus werden diejenigen, die sich ihre Arbeit und Freizeit zumindest teilweise nach eigenem Gutdünken einteilen können, Unterschiede in der Befriedigung aus ihrer Arbeit auch auf ihre mit der Freizeit verbundene Befriedigung übertragen. Denn sie werden versuchen, ihre Zeit so einzuteilen, daß im Grenzfall die aus der Freizeit abgeleitete Befriedigung der (positiven oder negativen) Befriedigung entspricht, die eine Arbeitsstunde beziehungsweise ein Stundenlohn ihnen bietet. Dies bedeutet, daß der Wert der Freizeit für die Menschen höher ist, denen ihre Arbeit Spaß macht. Die Annahme einer derartigen Zeitaufteilung erscheint vielleicht auf den ersten Blick wie eine theoretische Ableitung von der Annahme des rationalen Verhaltens, aber sie ist keineswegs ganz unrealistisch. Diejenigen, die gern arbeiten, genießen meistens auch ihre Freizeit, während diejenigen, die bei ihrer Arbeit unzufrieden sind, häufig auch mit ihrer Freizeit nicht besonders viel anfangen können. Wenn derartig unterschiedliche Einstellungen mit der spezifischen Art der Arbeit zusammenhängen und positiv mit dem Einkommen korreliert sind, dann sind Einkommensungleichheiten sehr viel gravierender und weitreichender, als die bloßen Unterschiede in den Ausgaben der einzelnen Einkommensgruppen erkennen lassen. Dies gilt besonders für reiche Wirtschaften, wo fast niemand mehr Hunger oder Kälte ertragen muß und wo sich Ausgabenunterschiede zum großen Teil nur noch dadurch manifestieren, daß für qualitativ mehr oder weniger gleichwertige Güter unterschiedliche Preise bezahlt werden.

Externe Effekte sind ebenfalls nichtökonomische Befriedigungen, die in Verbindung mit ökonomischen Befriedigungen auftreten und deren Wert erhöhen. Die Befriedigung, die die Öffentlichkeit aus der Schönheit der europäischen gotischen Kirchen und romanischen Paläste sowie aus der Anregung über die New Yorker »Skyline« und die weltstädtische Atmosphäre ableitet, ist der externe Nutzen, der über den von deren Erbauern ursprünglich beabsichtigten Verwendungszweck hinausgeht. Aufgrund der kommerziellen Nutzung der durch sie angezogenen Touristen können wir uns sogar eine ungefähre Vorstellung davon verschaffen, welchen Geldwert diese externen Effekte haben, und können deren kapitalisierten Wert mit den ursprünglichen Kosten der betreffenden Gebäude vergleichen. Die externen Effekte spielen eine wichtige Rolle, und die meisten Leute scheinen sich dessen auch vage bewußt zu sein, so daß sie vielleicht deshalb den ökonomischen Befriedigungen mehr Gewicht beimessen als eigentlich gerechtfertigt erscheint.

Andererseits haben nicht alle ökonomischen Befriedigungen einen externen Nutzen. Wir haben gesehen, daß manche sogar externe Kosten verursachen. Deshalb kann man nicht ohne weiteres behaupten, daß ökonomische und nichtökonomische Befriedigungen immer gleichzeitig auftreten und daß Veränderungen bei den einen auch Veränderungen bei den anderen nach sich ziehen. Ob und in welchem Ausmaß dies der Fall ist, hängt von vielen Faktoren ab, und diese sind insofern wichtige Determinanten der ökonomischen Wohlfahrt. Deswegen kann man die Leistungskraft einer Wirtschaft nicht nur nach deren Größe, Wachstum und Verteilung des Volkseinkommens beurteilen. Genauso wichtig oder vielleicht sogar noch wichtiger ist die Fähigkeit einer Wirtschaft, das Sozialprodukt mit einem Maximum an positiven und einem Minimum an negativen Nebeneffekten zu erstellen.

Kapitel 6
Lebensnotwendige Güter und das menschliche Wohlbefinden

Unsere Betrachtung der menschlichen Befriedigungen aus dem Blickwinkel der Psychologen und unser Versuch zu entscheiden, wo, wann und wie die ökonomischen Denkkategorien in dieses Bild hineinpassen, war schon ein erster Schritt, um den Abstand zwischen der psychologischen und der ökonomischen Theorie zu verkleinern. Jetzt wollen wir den umgekehrten Weg gehen, indem wir bei der ökonomischen Klassifizierung der Güter und Dienstleistungen ansetzen und diese mit den psychologischen Kategorien verbinden.

Die Ökonomen sehen in der Befriedigung der Konsumenten das Hauptziel jeglicher wirtschaftlichen Aktivität. Sie messen die Leistungskraft einer Wirtschaft daran, inwieweit diese den Konsumenten zur Befriedigung ihrer Bedürfnisse verholfen hat, und beurteilen den Fortschritt einer Wirtschaft nach dem ständig steigenden Niveau der Konsumentenbefriedigung, das durch diesen Fortschritt eben ermöglicht wird. Sie gehen dabei von der stillschweigenden Annahme aus, daß die Wünsche der Konsumenten unveränderlich sind, so daß die wirtschaftliche Leistung an einer gleichbleibenden Skala von Anforderungen gemessen wird. Dies impliziert, daß das mögliche Hochschrauben seiner Ziele im Zusammenhang mit höheren Leistungen die Zufriedenheit der Konsumenten mit dem bereits Erreichten nicht tangiert. Zweifel an der Gültigkeit dieser Annahme sind erst in letzter Zeit laut geworden.

Lebensnotwendige Güter und Luxusgüter

Die enorme Vielfalt der Güter und Dienstleistungen in unserer Umgebung erfordert, daß wir sie in irgendeiner Form untergliedern. Die einfachste Art der Gliederung ist die in lebensnotwendige Güter und Luxusgüter, und sie scheint eine streng ökonomische Definition mit einer wichtigen psychologischen Unterscheidung zu verbinden. Die Ökonomen definieren die lebensnotwendigen Güter als solche Güter und Dienstleistungen, deren Nachfrage im Falle einer Einkommenssteigerung gar nicht oder zumindest weniger stark zunimmt als das Einkommen. Luxusgüter sind dagegen all jene Güter und Dienste, deren Nachfrage sich bei steigendem Einkommen proportional oder überproportional erhöht. In der Terminologie der Ökonomen ist die Einkommenselastizität der Nachfrage für lebensnotwendige Güter kleiner als Eins (unelastisch) und für Luxusgüter gleich oder größer als Eins (elastisch).

Diese begriffliche Trennung der Ökonomen scheint bei den Psychologen genau mit der Abgrenzung der biologischen Bedürfnisse von allen anderen nichtbiologischen übereinzustimmen. Die lebensnotwendigen Güter dienen den biologischen Funktionen des Menschen, und deswegen ist die Nachfrage nach ihnen am Anfang sehr dringlich, aber insgesamt begrenzt und schnell gesättigt. Die Luxusgüter sind die allumfassende Kategorie für alles andere. Außerdem gibt es zwischen beiden Kategorien auch einen rangmäßigen Unterschied. Die meisten Menschen finden, daß die lebensnotwendigen Güter vor Luxusgütern Vorrang haben oder haben sollten und daß dem Wunsch nach Luxusgütern erst dann nachgegeben werden sollte, wenn die Grundbedürfnisse befriedigt sind. So wurde früher die Trennungslinie zwischen Armen und weniger Armen danach bemessen, ob jemand sich etwas leisten konnte, was über den Grundbedarf hinausging. Dementsprechend hat die Armenfürsorge in der Regel immer nur lebensnotwendige Güter oder das dafür erforderliche Geld bereitgestellt.

Leider ist die Abgrenzung nicht so klar und eindeutig, wie sie zunächst erscheint. So ist zum Beispiel die Nachfrage eines Rauchers nach Zigaretten nicht weniger unelastisch als seine Nachfrage nach Nahrung. Sind aber Zigaretten deswegen ein lebensnotwendiges Gut? Außerdem gibt es keine biologischen Normen, die das notwendige Minimum für Kleidung, Wohnung, Heizung, Beleuchtung, Küchen- und Badeeinrichtung festlegen. In Amerika werden ein im Haus befindliches Bad und eine Toilette auch für Arme und für den mit deren Fürsorge Betrauten als Selbstverständlichkeit angesehen. Dennoch ist diese amerikanische Lebensnotwendigkeit für viele Millionen und sogar Milliarden Menschen in der Welt immer noch ein unerreichbares Luxusgut.

Insofern ist die Trennungslinie zwischen lebensnotwendigen und Luxusgütern nicht objektiv und unveränderlich, sondern sie ist jeweils gesellschaftlich determiniert und äußerst variabel. Das heißt, sie verläuft bei verschiedenen Gesellschaftsformen, bei verschiedenen Völkern und zu unterschiedlichen Zeiten bei denselben Völkern ganz anders. Deswegen kann man nicht einfach die Güter nach der Elastizität der Konsumentennachfrage einteilen. Denn die Nachfrage nach demselben Gut kann gleich Null sein; sie kann über- oder unterproportional mit dem Einkommen steigen; und sie kann sogar – je nach dem Lebensstandard eines Menschen oder nach dem wirtschaftlichen Entwicklungsstand einer Gesellschaft – einen stabilen Zustand der Sättigung erreichen. Dadurch verlieren unsere Kategorien natürlich erheblich an Bedeutung, und außerdem erhebt sich die Frage, ob und wie man vorhersagen kann, wann ein

Luxusgut zu einem lebensnotwendigen Gut wird. Diese Fragen führen uns zu einer anderen Klassifizierung der Güter, die scheinbar nichts mit den obigen Kategorien gemeinsam hat, die sich aber bei näherer Betrachtung als eine Art Oberbegriff der lebensnotwendigen Güter entpuppen wird.

Defensive und kreative Güter

»Man unterscheidet am besten zwei große Gruppen von Konsumgütern: Auf der einen Seite jene Produkte, die Schmerzen, Verletzungen oder Qualen vorbeugen oder lindern sollen, und auf der anderen Seite diejenigen, die irgendeine positive Belohnung oder Befriedigung mit sich bringen. Man könnte sie recht gut als defensive und kreative Produkte bezeichnen . . . Ein und dasselbe Gut erfüllt oft auch beide Zwecke. So bekämpfen Nahrungsmittel beispielsweise gleichzeitig Hunger, Schwäche und letztlich auch den Hungertod und vermitteln darüber hinaus den Konsumenten positive Befriedigung. Diese Doppelfunktion berührt jedoch nicht unsere Unterscheidung . . . (außerdem) ist es nicht leicht, die Trennungslinie zwischen den Gütern zu ziehen, die Schmerzen verhindern, und denen, die das körperliche Wohlbefinden erhöhen, da jedes physische Bedürfnis, das im unbefriedigten Zustand Qualen bereitet, das körperliche Wohlbefinden steigert, sobald man es befriedigt. Wir kennen alle die Geschichte von dem Mann, der seinen Durst nicht für zehn Dollar verkaufen wollte. Allerdings wird ein Gut, das allein durch die Beseitigung der Qual Wohlbefinden auslöst, deswegen noch nicht zum kreativen Produkt, sondern oft kann man durch eine entsprechende Anpassung oder Vervollkommnung des Produktes noch erheblich mehr Wohlbefinden erzielen, als aufgrund der reinen Befriedigung des Bedürfnisses möglich wäre. Erst dann wird ein Gut kreativ.« (Hawtrey 1925, 189, 192)

Die in diesem Zitat beschriebenen Kategorien wurden vor einem halben Jahrhundert von Sir Ralph Hawtrey vorgeschlagen, der damals zu den anerkanntesten Ökonomen gehörte. D. h., er hat schon vor mehreren Jahrzehnten Gedanken entwickelt, die den heutigen Begriffen der Psychologen sehr nahekommen und mit unseren vereinfachten Begriffen des Behagens und der Anregung fast völlig identisch sind.[24] Der einzige Unterschied besteht darin, daß Hawtrey von Gütern spricht und ich von Formen der Befriedigung. Und es erscheint mir besser, mich an letztere zu halten, weil das, was Hawtrey als Ausnahme erschien, höchstwahrscheinlich die Regel ist. Die meisten Güter sind nämlich nicht nur defensiv oder aber kreativ, sondern sie bringen in der Regel sowohl Behagen als auch Anregung mit sich. Demnach läßt sich diese Abgrenzung bei Befriedigungen einfacher und eindeutiger vollziehen als bei Gütern. Wir werden sehen, daß diese Unterscheidung ausgesprochen sinnvoll ist. Allerdings drängt sich uns die Frage auf, warum die Ökonomen sie so lange außer acht gelassen haben, obwohl sie ihnen schon seit fast zwei Generationen bekannt war.

Der wahrscheinlichste Grund ist wohl der, daß die Ökonomen diese Unterscheidung nicht gebrauchen zu können meinten und keine Notwendigkeit dafür sahen. Ihr zentrales Konzept der Konsumentenbefriedigung unterscheidet nicht zwischen der Vermeidung von Schmerz und der Suche nach Lust, sondern die

Präferenzen eines Konsumenten werden von seinem Marktverhalten abgeleitet. Aus diesem läßt sich aber nicht erkennen, ob der einzelne eine Sache wegen des geringeren Schmerzes oder wegen der größeren Lust gewählt hat. Wir sind diesem Problem schon bei der Besprechung der Arbeit begegnet, wo wir an Hand etlicher Beispiele die großen Unterschiede in der »Grenzbefriedigung« festgestellt haben, die Arbeit den einzelnen Menschen bietet. Wir erinnern uns aber auch an die Schwierigkeiten, die Existenz unterschiedlicher Vorzeichen nachzuweisen, weil bei manchen Menschen die Grenzbefriedigung der Arbeit positiv und bei anderen negativ ist. Intuitiv hat der Mensch diesen Unterschied schon seit alters her gemacht, und die Neurophysiologie hat seine tatsächliche Existenz durch die Entdeckung separater Schmerz- und Lustzentren im Gehirn bestätigt.

Demnach ist diese Unterscheidung sinnvoll, obwohl die Ökonomen so lange ohne sie ausgekommen sind. Aber heute befinden wir uns aufgrund des ökonomischen Fortschritts in einer anderen Situation. Solange das Vermeiden von Schmerz und die Suche nach Lust praktisch unbegrenzt möglich waren, erschien es nicht sonderlich wichtig zu wissen, welches von beiden die Hauptquelle unserer Befriedigung war, für die wir die meiste Energie aufwandten oder den größten Erfolg erzielten. Die Unterscheidung ist erst jetzt interessant und relevant geworden, wo sich zumindest in einigen Ländern die Sättigung der einen Kategorie abzeichnet.

Es erscheint einleuchtend, daß der Wunsch nach Schmerzvermeidung ein stillbares Verlangen ist, und dies steht auch mit den Erkenntnissen der Neurophysiologen in Einklang, nach denen Schmerz durch Reizung des Schmerzzentrums im Gehirn ausgelöst wird und erst dann wieder aufhört, wenn dieser Reiz verschwindet. Demgegenüber scheint der Wunsch nach Lust unersättlich zu sein, was unter anderem auch durch die Unermüdlichkeit bestätigt wird, mit der Labortiere die primären Lustzentren ihres Gehirns anzuregen versuchen. Dieser Unterschied zwischen begrenztem und unbegrenztem Verlangen wird heute insofern relevant, als der technische, chemische, medizinische und wirtschaftliche Fortschritt die vollständige Vermeidung von Schmerz und Qual nicht mehr unerreichbar erscheinen lassen.

In manchen Ländern geht es praktisch der ganzen Bevölkerung so gut, daß sie weder Hungerqualen noch die mit Kälte und anderen Deprivationen verbundenen Qualen erleiden müssen. Kann man nun hiervon auf alle anderen Formen der Qual oder des Schmerzes und kann man von unserer ausreichenden Versorgung mit Nahrung und Wohnraum auf alle anderen defensiven Güter schließen? Es steht außer Zweifel, daß der Wunsch nach Vermeidung von Hunger und Kälte sowie die Nachfrage nach defensiven Gütern, die diese Wünsche befriedigen, begrenzt und stillbar sind. Folgt daraus nicht auch, daß alle Wünsche der Schmerzvermeidung einen Sättigungspunkt haben und daß bei Annäherung an diesen Punkt die Konsumentennachfrage nach den Gütern, die diese Wünsche erfüllen, ebenfalls gesättigt wird – das heißt im Hinblick auf das Einkommen unelastisch wird und sich schließlich einer oberen Grenze annähert?

Oder anders gesagt: Können wir nicht folgern, daß alle defensiven Produkte oder Annehmlichkeiten genau wie die effektiv oder potentiell lebensnotwendigen Güter ebenfalls lebensnotwendig werden, sobald der Wohlstand sie in unsere Reichweite rückt?

Vielleicht ist Hawtrey damals auch zu derselben Schlußfolgerung gekommen? Er scheint die Einteilung in defens ve und kreative Güter eingeführt zu haben, weil er der Meinung war, daß die Gesellschaft, in der er lebte, zuviel für die erstere Gruppe und zuwenig für die zweite ausgab. Er begründete diese Auffassung einerseits mit externen Effekten: »Den Schutz der Kleidung genießen ausschließlich diejenigen, die sie tragen. Aber wenn die Menschen sich nicht damit begnügen, nur ihren Körper zu bedecken, sondern sich schöne, für das Auge gefällige Kleidung anziehen, wird der Genuß von allen geteilt, die sie sehen.« (Hawtrey 1946, 361). Er führt noch ein paar andere Beispiele an, um sein Argument zu belegen. Ich möchte betonen, daß dies keineswegs ein zufälliges, sondern ein den kreativen Produkten oder Anregungen immanentes Merkmal ist. Ich habe bereits einen ähnlichen Fall erwähnt, der ebenfalls Hawtreys Argument unterstützt, nämlich die Tatsache, daß viele defensive Produkte zur Umweltverschmutzung beitragen und damit der breiten Öffentlichkeit schaden. Dies bedeutet, daß die kreativen Produkte im Vergleich zu den defensiven für die Gesellschaft wertvoller sind, als sie dem einzelnen erscheinen mögen, der in der Regel eine selbstsüchtige Einstellung besitzt und die Auswirkungen der Selbstsucht anderer Menschen für sein Wohlbefinden ebenfalls vernachlässigt.

Der zweite Grund für Hawtreys Auffassung war der folgende:

»Ein reicher Mann kann es sich ohne weiteres leisten, sich in hohe Unkosten zu stürzen, die neben der Garantie eines Minimums an Unbehagen und eines Maximums an Freizeit keinem konkreten Zweck dienen . . . Aber der Aufwand bringt keinen *positiven* Nutzen, sondern bringt ihn auf eine Art Nullpunkt, an dem er alle vermeidbaren Unannehmlichkeiten ausgeschlossen hat. Er hat zwar seinen Garten gejätet, aber er muß immer noch entscheiden, was er pflanzen will, bevor er von sich behaupten kann, irgend etwas aus seinem Leben gemacht zu haben.« (Hawtrey 1925, 191)

Somit bewirkt der Konsum defensiver Güter offentlichtlich nicht mehr als das Vermeiden von Unannehmlichkeit, und dies scheint für Hawtrey ein Grund zu sein, daß die Menschen nicht so viel Geld dafür ausgeben sollten.

Hawtreys Ratschlag ist gut, wenn seine Prämisse stimmt. Aber können wir wirklich behaupten, daß unser Verlangen nach *sämtlichen* defensiven Gütern oder Annehmlichkeiten streng begrenzt und stillbar ist? Bevor wir eine so generelle Behauptung akzeptieren, müssen wir sie genau analysieren, indem wir einige der wichtigsten Formen von Annehmlichkeiten näher betrachten.

Einige Annehmlichkeiten

Ist das Bedürfnis nach Annehmlichkeiten begrenzt und die Nachfrage nach den damit verbundenen Gütern ersättlich? Diese beiden Fragen müssen wir etwas genauer untersuchen und wollen dabei gleich mit einer Schwierigkeit anfangen. Rein theoretisch ist es ziemlich leicht, die Nachfrage eines Konsumenten nach einem defensiven Produkt von seinem dafür ausschlaggebenden Wunsch nach Schmerzvermeidung zu trennen; aber praktisch lassen sich beide nur schwer beobachten oder messen. Natürlich kann man die Nachfrage eines Menschen und seine Nachfrageänderungen *beobachten*, aber das Gefühl von Schmerz und der Wunsch, diesen zu vermeiden, läßt sich nur aus dem Verhalten *ableiten*, das dadurch ausgelöst wird – und dies schlägt sich eben meistens *nur* in der Marktnachfrage nieder. Somit stehen wir vor der fast unüberwindlichen Schwierigkeit, die Stärke des Schmerzes anders als durch die Dringlichkeit der Nachfrage für das »schmerzstillende« Gut festzustellen. Manchmal ist es allerdings möglich, diese Kategorien entweder an Hand der widersprüchlichen oder verschiedenartigen Verhaltensweisen, die demselben Wunsch entspringen, oder aber an Hand der spezifischen Handlungen von mehreren Personen, die aus denselben Wünschen abgeleitet werden, getrennt festzustellen.

Fangen wir mit dem einfachsten Fall an: Es ist allgemein bekannt, daß die Konsumentennachfrage nach so ziemlich allen im engsten Sinne biologisch lebensnotwendigen Gütern begrenzt ist,[25] das heißt, daß sie eine geringe Einkommenselastizität der Nachfrage und wahrscheinlich auch eine Obergrenze hat. Hieraus können wir ableiten, daß die biologischen Bedürfnisse, die diese lebensnotwendigen Güter befriedigen, ebenfalls einen Sättigungspunkt besitzen. Der Wunsch, physischen Schmerz zu beenden, verschwindet, sobald der Schmerz aufhört, und dies ist erst dann möglich, wenn das biologische Bedürfnis befriedigt ist.

Ganz ähnlich verhält es sich mit den Annehmlichkeiten, die die Müdigkeit beseitigen und Mühe oder Zeit sparen. Um noch einmal mit Hawtreys Worten zu sprechen, »eine besondere Art defensives Gut sind die Ausgaben, die Muße bringen sollen . . . Muße ist genau wie Geld eine Form der Macht, die der Mensch begehrt, ohne eine klare Vorstellung zu haben, was er damit eigentlich machen will. Allein das Vermeiden irgendeiner Einflußnahme auf die eigene Zeit, erscheint bereits als eindeutiger Gewinn.«[26] (Hawtrey 1925, 191) Und die meisten Menschen würden im Zusammenhang mit dem Sparen von Mühe, Ärger und Arbeit genau dasselbe empfinden. Die Mehrheit unserer produzierten Güter und Dienstleistungen dient dazu, zumindest einen Teil der Zeit, Energie, Aufmerksamkeit und Fähigkeiten zu sparen, die wir für die Alltagsroutine aufwenden müssen. Und es ist wohl ohne weiteres einsichtig, daß die Nutzung dieser Güter uns Behagen und Bequemlichkeit verschafft. Die Frage ist nun, ob der Wunsch des Menschen nach einem derartigen Behagen ebenfalls begrenzt ist, das heißt, einen Sättigungspunkt besitzt.

Jeder Mensch ist pro Tag etwa sechzehn Stunden wach, in denen er eine gewisse Grundmenge an Energie und Aufmerksamkeit verbrauchen sowie eine Vielfalt von Fertigkeiten ausüben und unter Beweis stellen kann. Dabei gibt es drei »Einsatzbereiche« für den Menschen: die Arbeit, das tägliche Leben und den Lebensgenuß. Der Versuch, in sämtlichen Bereichen außer einem Zeit und

Energie zu sparen, ist dann und *nur* dann vernünftig und positiv für die eigene Befriedigung, wenn die so gesparte Zeit und Energie in dem ausgenommenen Bereich für einen besseren Zweck verwendet werden kann. Wenn jemand zu letzterem nur in begrenztem Maße fähig ist, dann sind die Zeit- und Energieersparnis in den anderen Bereichen ebenfalls nur begrenzt notwendig. Dies kann zu einem Konflikt führen, der in Amerika bereits eingetreten ist. Denn die hier zu beobachtende Tatsache, daß der Durchschnittsbürger nicht genügend körperliche Bewegung hat und nicht weiß, was er mit seiner Freizeit anfangen soll, wird allmählich als ein ernstzunehmendes gesellschaftliches Problem erkannt. Wir wollen an diesem Punkt zunächst einmal die Behauptung aufstellen, daß das Bedürfnis nach dieser Form des Behagens ebenfalls begrenzt ist.

Wie steht es nun mit der Angst und den seelischen Qualen? Letztere entstehen meistens durch die Erwartung und Angst vor zukünftigen physischen Leiden, und da man die Ungewißheiten der Zukunft nur selten völlig eliminieren oder sich dagegen absichern kann, würden wir annehmen, daß die Nachfrage nach dieser Kategorie von Annehmlichkeiten sich nie völlig befriedigen läßt. Immerhin gibt es ängstliche Menschen, die selbst bei absoluter Sicherheit und noch so großer Gewißheit dennoch Angst haben und deren Nachfrage nach dem beruhigenden Gefühl der Gewißheit unbegrenzt und unersättlich ist. Diese Leute gelten aber meistens als Ausnahmen und werden als krank betrachtet. Die Gesellschaft entwickelt gewöhnlich bestimmte Normen für das, was sie als normale Vorsichtsmaßnahmen gegen die Ungewißheit ansieht, und sie bezeichnet alle Menschen, die stärkere oder bessere Vorkehrungen wünschen, als irrational. Diese allgemein anerkannten gesellschaftlichen Normen können sich natürlich im Laufe der Zeit ändern, aber es gibt eigentlich immer irgendeine – wenn auch oft ziemlich vage – Norm, welche zumindest der »vernünftigen« Nachfrage nach Erleichterung von seelischen Qualen Grenzen setzt.

Ein einfaches Beispiel ist die finanzielle Sicherheit, die Gewißheit also, daß unsere zukünftigen biologischen und anderen Bedürfnisse auch weiterhin in genau der bisherigen Form befriedigt werden können. Diese Gewißheit und das damit verbundene Gefühl der Zuversicht bieten uns unsere Ersparnisse. Natürlich gibt es geizige, unvernünftige Leute, deren Nachfrage nach finanzieller Sicherheit unersättlich ist, aber andererseits gibt es genügend Beweise dafür, daß der Bedarf der meisten Menschen nach Absicherung gegen unvorhergesehene Ereignisse nicht nur begrenzt, sondern gleichzeitig relativ unwichtig ist. Wir werden später noch einige Beispiele hierfür bringen. Im Augenblick wollen wir uns mit der Annahme zufrieden geben, daß unser Bedarf nach dem angenehm beruhigenden Gefühl, das angesparte Reserven mit sich bringen, aller Wahrscheinlichkeit nach begrenzt ist.

Das Gefühl der Zugehörigkeit ist bis zu einem gewissen Punkt im wahrsten Sinne des Wortes auch ein biologisches Bedürfnis. Der Mensch kann als Individuum isoliert nicht überleben, sondern er muß sich mit Hilfe des gemeinsamen Handelns einer organisierten Gruppe verteidigen. Deshalb hängt das Überleben des einzelnen von der Zugehörigkeit zu einer Gruppe ab, und er muß sich so verhalten, daß er aufgenommen und als Mitglied akzeptiert wird. Bei Lebewesen, die in Gemeinschaften leben müssen, ist ein derartiges Verhalten für das physische Überleben nicht weniger wichtig als die Nahrung. Die Notwendigkeit der Gruppenmitgliedschaft kommt bei vielen Tiergemeinschaften klar zum Ausdruck, und ihr Charakter sowie ihre Dringlichkeit treten bei den jungen Tieren am deutlichsten hervor, da diese sich am wenigsten sicher fühlen, von der Gruppe akzeptiert zu werden.[26]

Die jungen Nachkömmlinge – auch die des Menschen – sind völlig verstört und verwirrt, wenn sie von der Gruppe alleingelassen oder von deren Aktivitäten ausgeschlossen werden. Sie verbringen einen großen Teil ihrer Zeit mit der Nachahmung der Verhaltensweisen von Gleichaltrigen und von Erwachsenen, und ihr Imitationsverhalten verfolgt eindeutig den Zweck, die Anerkennung und Mitgliedschaft der Gruppe zu gewinnen und zu erhalten. Die meisten Menschen sind sich der Stärke dieses Drangs bei ihren Kindern bewußt, obwohl sie ihn bei sich selbst viel weniger erkennen. Dennoch ist der Einfluß von Präzedenzfällen, von Sitte, Mode und Massenbewegungen ein Beweis dafür, wie stark der Mensch versucht, das Verhalten der Gruppe, zu der er gehört oder gern gehören möchte, nachzuahmen und sich ihm anzupassen.

Mich interessiert am Imitationsverhalten nur das Statusdenken, d. h. der Teil der Konsumenteneinkäufe, der dem Wunsch entspringt, sich die Mitgliedschaft in der jeweiligen Gemeinschaft zu erhalten und zu sichern. Der Wunsch, »mit den Meiers mitzuhalten«, wird oft kritisiert und als irrational bezeichnet. Dies ist absurd und ungeschickt; denn das Statusstreben, der Wunsch nach Zugehörigkeit, die Durchsetzung und Festigung der Mitgliedschaft in einer Gruppe sind alles Aspekte eines tief eingefleischten und sehr natürlichen Triebes, der keineswegs nur bei den Menschen anzutreffen ist und der durch den grundlegendsten aller Triebe – den der Selbsterhaltung – motiviert ist. Andererseits gibt es die verschiedensten Formen des Statusstrebens, von denen manche für die Gesellschaft insgesamt besser und manche schlechter sind. Dementsprechend werden manche Formen befürwortet und andere abgelehnt. Wir müssen uns jedoch davor hüten, Statusstreben und Statuserfüllung pauschal abzulehnen.

Welche Rolle der Wunsch nach Prestige beim Menschen effektiv spielt, zeigt sich am besten in seiner großen Angst vor der Armut, da er dann nicht mehr in der Lage wäre, die zum Leben notwendigen Güter zu kaufen. Dabei ist das Mindesteinkommen, unter dessen Grenze jemand als arm gilt oder sich selbst für arm hält, so daß er einen Anspruch auf öffentliche Unterstützung erwirkt, je nach dem Lebensstandard der einzelnen Länder zeitlich und örtlich völlig verschieden definiert. In Tabelle 5 zeigt der in der ersten Spalte aufgeführte Lebensstandard, daß zwischen den Ärmsten und Reichsten der betrachteten Länder ein mehr als dreißigfacher Unterschied besteht. Und die Armutsgrenzen der zweiten Spalte weisen sogar noch größere Unterschiede auf. Dabei müssen wir jedoch bedenken, daß das Pro-Kopf-Einkommen Ägyptens sicherlich ein echtes Existenzminimum ist, daß dies aber wohl nicht für die Werte der Schweiz oder der USA gelten kann, da diese so viel höher liegen. Natürlich stimmt es, daß die Lebenserwartung der Ägypter erheblich niedriger liegt als die der Schweizer oder Amerikaner, so daß ihr physiologisches Existenzminimum sich ebenfalls etwas knapper bemißt. Aber insgesamt kann dies eigentlich nur einen Bruchteil der mehr als dreißigfachen Differenz ihrer Armutsgrenzen ausmachen. Der größte Teil dieses Unterschiedes ist wohl der Tatsache zuzuschreiben, daß die Armutsgrenze in den entwickelten Ländern schon seit langem nicht mehr einem physiologischen Existenzminimum sondern eher einem »Mindestlebensstandard« entspricht, der den Lebensstil repräsentiert, den eine bestimmte Gesellschaft als Mindestanforderung für eine Mitgliedschaft erachtet. Diese Erklärung wird auch durch die Angewohnheit vieler Länder bestätigt, die Armutsgrenze regelmäßig dem gestiegenen Lebensstandard anzupassen (Moss 1968, 456–62). So eigenwillig oder sogar leichtfertig der Lebensstil einer Gesellschaft auch immer sein mag, er ändert nichts an der Tatsache, daß die Fähigkeit, genau diesen Stil pflegen zu können, für das einzelne oder potentielle Mitglied

Tabelle 5

Bruttoinlandsprodukt pro Kopf und Armutsgrenze (ohne Renten) in ausgewählten Ländern und Jahren

	BIP/Kopf US $	Individuelle Armutsgrenze als % des BIP/Kopf
USA (1965)	3,240	25,8[a]
Schweiz (1966)	2,265	30,3
Kanada (1965)	2,156	23,3[b]
Dänemark (1965)	2,070	24,4
Finnland (1967)	1,801	24,1
Frankreich (1965)	1,626	22,4
Verein. Königreich (1963)	1,395	32,8
Bundesrep. Deutschld. (1962)	1,321	25,4
Japan (1964)	717	30,3
Irland (1962)	639	24,3
Singapur (1958)	435	14,0
Hong Kong (1958)	257	6,1
Ceylon (1963)	136	18,5
Ägypten (1953)	92	21,0

a) Offizielle Grenze für Sozialhilfe des Santa Clara County, Kalifornien.
b) Die offizielle Sozialhilfegrenze der Provinz Ontario.
Quelle: Taira 1969, Tab. 1, 37.

dieser Gesellschaft eine notwendige Bedingung für deren Zugehörigkeit bleibt. Wenn diese darüber hinaus eine notwendige Voraussetzung für seine Selbsterhaltung bildet, dann können wir diese Komponente des Statusstrebens, durch die die Schande der Armut vermieden werden soll, mit gutem Recht als biologische Notwendigkeit bezeichnen. Der Wunsch nach Mitgliedschaft und die Nachfrage nach den entsprechenden Gütern sind zumindest kurzfristig eindeutig begrenzt, und die nationalen Armutsgrenzen sind der zahlenmäßige Ausdruck der Kosten, die diese Mitgliedschaft mit sich bringt.

In der langfristigen Betrachtung ist die Situation allerdings etwas komplizierter. So wird in einer wachsenden Wirtschaft, in der der durchschnittliche Lebensstandard ständig steigt, die Armutsgrenze ebenfalls mit ziemlicher Sicherheit steigen und damit die Kosten der Mitgliedschaft in der Gesellschaft für jede nachfolgende Generation erhöhen. Nicht ganz so eindeutig ist die Situation der alten Menschen, die in der Vergangenheit nicht arm waren und deren Lebensstandard nicht gesunken ist, die aber von der steigenden Armutsgrenze überholt werden und sozusagen ohne ihr Zutun in Armut geraten, obwohl sie ihren eigenen Lebensstil unverändert beibehalten haben. Viele von ihnen lassen sich dadurch wahrscheinlich nicht beeindrucken; sie sind sich ihrer Anerkennung durch die Gesellschaft sicher und begnügen sich mit der Fortsetzung ihres bisherigen Lebensstils, an den sie gewöhnt sind und den sie in jungen Jahren befriedigend fanden. Insofern werden sie sich nicht weiter um den neuen Stil und Standard der neuen Generation kümmern. Aber es gibt sicherlich auch etliche andere, die es stört, daß der Lebensstandard der anderen steigt, während sie selber davon ausgeschlossen bleiben. Deswegen wird sich ihr unveränderter Wunsch nach Anerkennung in ständig steigenden Ausgaben niederschlagen.

Wir kennen zwar nicht die relative Bedeutung dieser beiden Gruppen, aber fest steht, daß die Gesamtzahl der Betroffenen recht groß ist; denn fast zehn Prozent der amerikanischen Bevölkerung sind 65 Jahre alt und älter, und wenn wir in unserer Definition noch alle ebenfalls betroffenen Haushaltsmitglieder mit einbeziehen, in denen das Familienoberhaupt alt ist, dann erhöht sich diese Zahl noch um einiges. Und von diesen alten Menschen sind immerhin siebenundvierzig Prozent arm, während der Anteil der Armen an der übrigen Bevölkerung nur siebzehn Prozent beträgt (Economic Report of the President 1964, Tab. 5, 64). Diese extreme Konzentrierung der Armut unter der älteren Bevölkerung beruht wahrscheinlich größtenteils auf der Inflation, auf Unbedachtsamkeit und auf der Unterschätzung der Lebenserwartung. Aber ein nicht unwesentlicher Grund ist auf jeden Fall auch der fortwährende Anstieg der Armutsgrenze.

Denn wenn jeder im Alter von dreiunddreißig Jahren versuchen würde, sein ganzes Leben an einem bestimmten Lebensstandard auszurichten, indem er während seiner aktivsten Zeit einen Teil dafür zurücklegt und sich mit dem höchsten Standard zufrieden gibt, den er bis zu seinem Lebensende aufrechterhalten zu können glaubt, gäbe es dennoch eine der heutigen Situation entsprechende Diskrepanz in der Verteilung der Armut zwischen jungen und alten

Menschen. Denn die letzteren hätten sich ja bereits siebenunddreißig Jahre vor Erreichen des Lebensabends für ihren Lebensstandard entschieden (wenn man von einem Durchschnittsalter von siebzig ausgeht), und der Lebensstandard – und wahrscheinlich auch die Armutsgrenze – ist in diesem Zeitraum etwa um vierundneunzig Prozent gestiegen. Dieser Anstieg der Armutsgrenze reicht bei der gegebenen Einkommensverteilung in den USA aus, um den Prozentsatz derjenigen, die darunter liegen, von siebzehn auf siebenundvierzig Prozent zu erhöhen.[27]

Natürlich ist man mit dreiunddreißig Jahren noch zu jung und das Einkommen zu niedrig, um über das Anspruchsniveau eines ganzen restlichen Lebens zu entscheiden. Die Konsumgewohnheiten der meisten Menschen entwickeln und festigen sich erst im Alter von vierzig Jahren oder sogar noch später. Insofern ist diese Erklärung allein unzureichend, um die hohe Konzentration der Armut unter der alten Bevölkerung zu erklären, die in den Vereinigten Staaten immerhin fast dreimal so groß ist wie unter der jüngeren Bevölkerung. Dennoch trägt dieser Faktor wahrscheinlich zu gut fünfzig Prozent zu der konzentrierten Armut bei, während der Rest wohl der Inflation und der Verschwendungssucht der einzelnen zuzuschreiben ist, wobei letztere wiederum mit dem Zwang zusammenhängt, sich dem »Mindestlebensstandard« einer Gesellschaft anzupassen.

Bisher habe ich nur den Teil der Statuserfüllung behandelt, der die grundsätzliche Zugehörigkeit in einer Gesellschaft sichert. Bei vielen Leuten geht dieses Statusdenken jedoch noch viel weiter. Sie wollen in der Gesellschaft einen bestimmten Platz einnehmen, und sie suchen die Anerkennung oder Auszeichnung innerhalb einer bestimmten sozialen Schicht oder einer engeren Gruppe von Mitarbeitern, Berufskollegen oder Nachbarn. Das Verlangen nach dem damit verbundenen Behagen kann limitiert sein oder nicht, je nachdem, was der einzelne anstrebt. Es läßt sich auf jeden Fall dann befriedigen, wenn jemand die Anerkennung für eine hervorragende Leistung in seiner Arbeit oder seinem Beruf, bei Sport, Spiel oder Hobby sucht, oder aber durch seine Kenntnis auf dem Gebiet der Kochkunst, des Weines, der Musik oder Malerei glänzt oder sich bei irgendeinem anderen schöngeistigen Bereich des Lebens hervortut. Dank der überaus großen Vielfalt an möglichen Zielsetzungen und gültigen Normen bietet sich auf diese Weise vielen Menschen die Chance, volle Statuszufriedenheit zu erreichen. Wenn jemand demgegenüber seinen Status an einem allgemeingültigen Maßstab wie dem Einkommen mißt, indem er darin den wertmäßigen Ausdruck seiner für die Gesellschaft geleisteten Dienste sieht, dann wird der Status als Rangordnung auf einer eindimensionalen Skala abgetragen, und das Statusstreben wird zu einem Nullsummenspiel. Das bedeutet, daß dem Statusgewinn einer Person automatisch ein gleichwertiger Verlust anderer Personen gegenübersteht, die er durch sein Vorrücken überrundet hat. Ein Statusgewinn bewirkt demnach immer nur eine Veränderung in der Rangfolge und in der Verteilung der Statuszufriedenheit, läßt jedoch die Gesamtsumme aller Befriedigungen unverändert. Dies gilt allerdings nur unter der

Annahme, daß die Befriedigung, die die Individuen aus ihrem Rang in der Gesellschaft ableiten, bei allen gleich groß ist. Eine derartige Beschränkung der Möglichkeiten zur Statuszufriedenheit beeinträchtigt jedoch weder das Statusstreben selbst noch die Geldmenge, die der einzelne dafür auszugeben bereit ist. Wenn man das Geldeinkommen als Maßstab für den Erfolg im Leben wählt, dann hat dies allerdings oft den Nachteil, daß es in der Öffentlichkeit nicht hinreichend bekannt wird. Um also nicht nur sein eigenes hohes Einkommen, sondern auch die damit einhergehende Anerkennung zu genießen, muß man es durch ein entsprechendes Ausgabeverhalten manifestieren. Dazu gehört unter anderem, daß man das kauft, was die Reichen kaufen. So beruhte bisher die Tatsache, daß man persönliche Dienstleistungen und Haushaltsarbeiten nicht selbst erledigte, weniger auf einer Arbeitsteilung, die von den individuellen Fähigkeiten ausging, sondern in ihr kamen in erster Linie Einkommensunterschiede zum Ausdruck. Und heute gilt sie geradezu als Symbol für ein hohes Einkommen. Im Verlaufe unserer Geschichte stellte die Zahl der Bediensteten mit Recht einen Maßstab für den Rang und Wohlstand eines Mannes dar. Und obwohl die meisten Erleichterungen der Hausarbeit heute nicht so sehr von Hausangestellten als vielmehr von diversen Haushaltsgeräten herrühren, bleibt diese Befreiung von den Hausarbeiten immer noch ein Symbol für ein hohes Einkommen. Ein anderes und vielleicht noch wichtigeres Symbol dafür ist der Demonstrativkonsum. So kann ich ein hohes Einkommen am besten durch hohe Ausgaben, durch Großzügigkeit bei der Qualität und Quantität meiner Einkäufe sowie durch den Einkauf von auffälligen Gegenständen manifestieren, die ich vor allem wegen ihres hohen Preises kaufe.

Es ist klar, daß ein solches Ausgabeverhalten keine Grenzen kennt und daß andererseits der Wunsch nach einer derartigen Befriedigung unendlich groß ist, da die Möglichkeiten für diese Form der Statuszufriedenheit deutlich begrenzt sind. Wenn ich mehr Geld für Prestigegüter ausgebe, wächst zwar mein Ansehen, aber das von anderen nimmt gleichzeitig ab. Und wenn andere mehr ausgeben, um ihren Verlust wieder auszugleichen, entsteht mir wiederum ein entsprechender Verlust. Dieses konkurrierende Hochschrauben des Demonstrativkonsums kann endlos lange weitergehen, obwohl alle daran beteiligten »Spieler« insgesamt wahrscheinlich keinen Gewinn erzielen.

Das Gefühl der Nützlichkeit

Die obige Diskussion der Statuszufriedenheit ist insofern einseitig, als sie nur das Ansehen betrachtet, was wir aus der Nachahmung und dem »Mithalten mit den Meiers« ableiten. Sie vernachlässigt aber, daß das Übertreffen anderer und das bewußte Anderssein ebenfalls Prestige mit sich bringen kann. Diese Form des Statusdenkens ist genauso wichtig und gehört in die größere und noch umfassendere Kategorie der Befriedigung, die mit dem Gefühl des Nützlichseins einhergeht.

Es versteht sich fast von selbst, daß sich jemand leicht die Anerkennung und Mitgliedschaft in einer Gruppe verschaffen kann, indem er sich bei einem ihrer Mitglieder nützlich macht. Dies kann dadurch geschehen, daß er anderen entweder Behagen bereitet oder Anregung bietet. Der erste Aspekt spielt besonders in der Familie und unter Freunden eine große Rolle. So erweisen sich Ehepartner gegenseitig viele materielle und physische Annehmlichkeiten – und dasselbe gilt gewöhnlich auch für Eltern und Kinder sowie gute Freunde. Ich habe bereits die Reziprozität dieser familieninternen Annehmlichkeiten sowie die Tatsache betont, daß die gesellschaftlichen Sitten und die Familiendisziplin ausreichen, um diese Gegenseitigkeit zu gewährleisten. Jetzt möchte ich noch hinzufügen, daß Reziprozität und deren Garantie in diesem Falle zwar ebenfalls wünschenswert aber keineswegs ausschlaggebend sind.

Ich kaufe meiner Tochter ja das Geburtstagsgeschenk nicht in der Hoffnung, daß sie dasselbe tut, sondern weil mir das Schenken und das Miterleben ihrer Freude beziehungsweise die bloße Vorstellung davon Spaß machen. Man kann dies Liebe oder Altruismus nennen, aber dahinter verbirgt sich zugleich die Sicherung und Festigung der Bindung an meine Familie oder meines Ansehens als Vater und die damit verbundene Befriedigung. Möglicherweise sind dies alles nur verschiedene Arten, um dasselbe auszudrücken.

Außerhalb der Familie und des engen Freundeskreises ist diese Form des Altruismus oder des Suchens nach Anerkennung seltener, aber sie ist auf jeden Fall in unserer Gesellschaft vorhanden. Beispiele dafür sind Geld- und Blutspenden, das Verschenken von Süßigkeiten an Kinder am Abend vor Allerheiligen sowie viele Höflichkeitsgesten des täglichen Lebens und die Hilfe, die man einem Fremden entgegenbringt. Auch das Beschenken von Einzelpersonen oder Familien außerhalb der eigenen Familie spielt in anderen Gesellschaften (zum Beispiel in Japan) als Mittel des Statusstrebens eine große Rolle; allerdings ist es unter Amerikanern relativ unüblich.[28] Da die meisten Geschenke einen kommerziellen Wert haben, hätte ein derartiges Beschenken bei uns leicht den Beigeschmack, daß wir uns vielleicht »Anerkennung kaufen« wollten. Dies gilt umso mehr, als wir eine geradezu einzigartige Unfähigkeit besitzen, wertvolle Gegenstände zu günstigen Preisen zu erwerben.

Wir Amerikaner versuchen uns vor allem dadurch Anerkennung zu verschaffen, daß wir uns nützlich machen und anderen Anregung bieten – wahrscheinlich weil die meisten Formen der Stimulierung in unserer Wirtschaft kostenlos sind und außerhalb des Marktes angeboten werden.

Diese Form des Statusstrebens läßt sich wieder am besten bei Kindern beobachten, die ein äußerst ausgeprägtes Bedürfnis nach Anerkennung haben. Kinder sind gern albern, schneiden gern auf, verkleiden sich und versuchen mit allen Mitteln zu unterhalten, zu überraschen und ihresgleichen oder Erwachsenen irgendein Schauspiel zu bieten. Sie scheinen schon früh zu wissen, daß Anregung eine wichtige Form der Befriedigung ist und setzen sie bei ihrem Streben nach Anerkennung mehr oder weniger bewußt als Mittel ein.

Erwachsene verschaffen sich in ganz ähnlicher Form Anerkennung, wenn sie zur Anregung der anderen Witze erzählen, Gerüchte verbreiten, mit Neuigkeiten aufwarten, witzig oder klug unterhalten, sich geschmackvoll anziehen und ihre Wohnung elegant, schön oder modern einrichten und intensive gesellschaftliche Kontakte pflegen.

Natürlich muß ein Reiz nicht nur stimulierend wirken, sondern gleichzeitig angenehm sein, und wie wir bereits wissen, erfordert eine angenehme Stimulierung einen mittleren Neuigkeitsgrad; sie muß sozusagen eine richtige Mischung aus beruhigend Konservativem und aufregend Exzentrischem sein. Insofern besteht zwischen den beiden Formen der Suche nach Anerkennung – zum einen durch einfallslose Anpassung, zum anderen durch den Versuch, etwas aufregend Andersartiges zu bieten – effektiv kein Widerspruch. Im Gegenteil, die optimale Anregung und die maximale Gewißheit, von seinesgleichen akzeptiert zu werden, erfordern genau diese Kombination.

Aber warum verbinden eigentlich alle Leute Statuserfüllung mit eintöniger Nachahmung und langweiliger Konformität? Und warum habe ich in dem vorhergehenden Abschnitt genau dasselbe getan? Die Antwort hierauf hängt sehr stark davon ab, ob die Anregung wirklich stimulierend wirkt oder nicht.

Jeder Mensch hat eine andere Vorstellung davon, was er als angenehmste Form der Anregung, als schönsten Kleidungs- und Wohnstil und als beste Unterhaltung empfindet. Diese individuellen Vorstellungen, die je nach Temperament (beziehungsweise dem durchschnittlichen Erregungsniveau), Ausbildung, kultureller Tradition, vergangener Erfahrung etc. stark variieren, beeinflussen zusammen mit dem persönlichen Geschmack, den man als Empfänger von Anregungen entwickelt, andererseits wieder die Wahl der Reize, die man anderen bietet, um deren Gunst zu erringen.

Darüber hinaus besitzen die einzelnen Menschen unterschiedliche Fähigkeiten, um andere anzuregen. Das entscheidende Element der Stimulierung ist die Neuheit und die Kunst, überhaupt oder immer wieder etwas Neues in der richtigen Form und Menge zu vermitteln – sei es im Gespräch, durch das Verhalten oder durch das Äußere. Dies erfordert besondere Fähigkeiten und viel Fantasie sowie ein großes Repertoire an Neuigkeiten, Gerüchten, Informationen, Witzen, neuer Kleidung, Rezepten etc. Diese Fähigkeit und Fantasie sind bei den einzelnen Menschen je nach ihren Anlagen, ihrer Übung, Praxis und nicht zuletzt nach ihrer eigenen Fähigkeit, Anregungen zu genießen, ganz unterschiedlich ausgeprägt. Man kann kein guter Koch sein, wenn man nicht selbst gern gut ißt, und eine Frau, die keinen Sinn für das elegante Auftreten und Kleiden anderer Frauen hat, wird selbst kaum andere durch Eleganz bestechen können. Kurz gesagt, dies heißt, daß jeder, der in einer Gesellschaft anregend wirkt, eine besondere Fähigkeit besitzt, die nur wenige erreichen, aber auch nicht alle anstreben. Viele Menschen stecken sich realistischerweise bescheidene Ziele unterhalb des Optimums und finden es in der Regel am leichtesten, sich mit einem angenehm ruhigen, konventionellen Leben zu begnügen und das gefährlich Exzentrische zu meiden. Außerdem erscheint es oftmals sicherer, langweilig zu sein als zu Widersprüchen anzuregen, und dies ist ein weiterer Grund, warum die obige Darstellung des statusorientierten Verhaltens gar nicht so unrealistisch zu sein scheint.

Bisher habe ich stillschweigend unterstellt, daß zwischen der Fähigkeit des Menschen, andere anzuregen, und dem damit verbundenen angenehmen Gefühl der Anerkennung, ein Zusammenhang besteht. In Wirklichkeit ist ein solcher gar nicht notwendig und oft auch nicht vorhanden. Viele Menschen beurteilen sich selbst ganz falsch, indem sie sich für sehr beeindruckend oder anregend halten und aus diesem Glauben Befriedigung ziehen, obwohl sie in den Augen anderer konventionell und schlimmstenfalls unerträglich langweilig wirken.

Wir werden nunmehr drei unterschiedliche Begriffspaare abgrenzen und diesen die differierenden Formen des Statusstrebens zuordnen. Zunächst müssen wir zwischen der Selbstachtung und der gesellschaftlichen Achtung unterscheiden. Meine Mitgliedschaft und mein guter Ruf in der Gesellschaft hängen zum Teil von meiner persönlichen Auffassung von mir ab und zum Teil von meiner Vorstellung darüber, was die anderen von mir denken. Beide können – für sich genommen oder zusammen – eine wichtige Quelle der Befriedigung sein. Ein Geldspender kann wählen, ob sein Name bekannt werden oder aber anonym bleiben soll, ein Blutspender kann sich für oder gegen das Tragen seines Abzeichens entscheiden und ein Arbeiter kann deswegen Wert auf gute Arbeit legen, um von anderen Leuten Lob und Hochachtung zu ernten, oder aber um seinen eigenen Anforderungen zu genügen. Das Verhalten all dieser Leute bringt immer das Wohlgefühl der Anerkennung mit sich.

Zweitens müssen wir unterscheiden, ob das Streben nach Anerkennung der Gesellschaft nützt oder nicht. Wenn die Menschen versuchen, anderen nützlich zu sein, und wenn sie darin erfolgreich sind, nützen sie – unabhängig von ihrer eigenen Befriedigung – eindeutig auch der Gesellschaft. Es erscheint sinnvoll, diese Form des Statusstrebens von anderen Formen zu unterscheiden.

Bei der dritten Unterscheidung geht es um die persönliche Befriedigung der nach Ansehen strebenden Menschen, das heißt, sie trennt die Fälle, bei denen mein Statusgewinn per Saldo auch einen Gewinn für die Gesellschaft darstellt, von den anderen Fällen, bei denen mein Gewinn des Vorwärtskommens gleichzeitig einen entsprechenden Verlust bei denen verursacht, die ich überflügelt habe. Diese Unterscheidung überschneidet sich in gewisser Beziehung mit der vorhergehenden, aber beide sind keinesfalls identisch. Wie ich bereits sagte, ist zum Beispiel der Demonstrativkonsum als Ausdruck eines hohen Einkommens ein Nullsummenspiel, aber inwieweit er anderen Vorteile bringt, hängt ganz von dem konkreten Fall ab. Das Fahren eines Cadillacs erzeugt keinen derartigen externen Nutzen, aber bei den prächtigen Palästen und Kunstwerken, die in der Vergangenheit zur Glorifizierung der Reichen erschaffen wurden, ist dieser unbestritten.

Angenehme Gewohnheiten

Zu der letzten und vielleicht sogar größten Kategorie angenehmer Empfindungen gehören die vielen kleinen Annehmlichkeiten unseres täglichen Lebens, an die man sich in unserer Gesellschaft sehr schnell gewöhnt und die man bald als notwendige Bedingung für ein zivilisiertes Leben betrachtet. Die meisten Menschen nehmen sie als Selbstverständlichkeit hin und bemerken sie nur, wenn sie plötzlich ohne sie auskommen müssen und dies als Mangel empfinden. Vermutlich haben wir einige angenehme Gewohnheiten deswegen angenommen, weil sie unser Wohlbefinden erhöht haben oder weil wir die Konsumgewohnheiten anderer nachgeahmt oder aber sie einfach aus Neugier ausprobiert haben, bis wir schließlich daran gewöhnt waren. Und der Grund, warum wir sie beibehalten, ist weniger in der damit verbundenen Befriedigung, als vielmehr in unserem Unwillen zu sehen, eine Gewohnheit aufzugeben oder aber zu unterbrechen, um die damit verbundenen Unlustgefühle zu vermeiden.

Die meisten Menschen werden sich selten eingestehen oder klarmachen, wie sehr ihr Konsumverhalten von der Gewohnheit bestimmt wird. So werden sie bei der Begründung einer bestimmten Konsumausgabe wahrscheinlich Gesundheit, Hygiene, richtige Ernährung und ähnliche Motive anführen. Diese Gründe würde man sicherlich für so gewohnheitsmäßige Handlungen wie die jährliche ärztliche Untersuchung, das wöchentliche Auswechseln des Bettzeugs, das tägliche Bad, das tägliche Wechseln der Unterwäsche, den täglichen Verbrauch von Fleisch und von Vitaminen anführen, obwohl es keinen schlüssigen Beweis dafür gibt, daß sie wirklich die Gesundheit verbessern oder unser Leben verlängern.[29]

Amerika gilt als die Nation, in der man am meisten Aufheben um Gesundheit, Hygiene und richtige Ernährung macht (Paz 1972, 76 f.), ohne dabei aber besonders erfolgreich zu sein. Die Europäer haben diesbezüglich eine viel lässigere Einstellung; dennoch leben die meisten von ihnen länger als wir, und ihre Sterblichkeit und Kindersterblichkeit sind niedriger als die unseren (vgl. Tab. 7).

Deswegen läßt sich das Unbehagen, das wir empfinden, wenn wir aus dem gewohnten Trott geraten, in der Regel nicht durch die berechtigte Angst vor erhöhter Gefahr für unsere Gesundheit erklären, sondern hängt wahrscheinlich mit unserer Unfähigkeit zusammen, bestimmte Gewohnheiten aufzugeben.

Die Gewohnheitsbildung – in der Psychologie bekannt als Konditionierung oder als Lernen – gehört zu den am meisten untersuchten und erforschten Gebieten der Psychologie, so daß man inzwischen experimentell eindeutig nachweisen konnte, daß alle Organismen mit einem zentralen Nervensystem Gewohnheits-»Tiere« sind. Jede Handlung, der sofort eine Belohnung mit erregungssenkender Wirkung folgt, die entweder erwünscht (positive Belohnung) oder aber befürchtet (negative Belohnung) sein kann, wirkt verstärkend, das heißt, sie erhöht die Wahrscheinlichkeit, daß sie in Zukunft noch einmal wiederholt wird. Die weitere Wiederholung dieser Handlung in Verbindung mit der Belohnung verstärkt wiederum die erstere und festigt damit zugleich die Gewohnheit. Die Stärke einer Gewohnheit als Funktion der Zahl der Verstärkungen steigt mit abnehmenden Zuwächsen und konvergiert zu einer oberen Grenze (Einen Überblick geben Hilgard/Bower [3]1948).

Neben dieser primären Verstärkung kann eine Handlung auch dadurch zur Gewohnheit werden, daß sie mit einem Ereignis oder der Unterlassung eines Ereignisses verbunden ist, das zwar nicht direkt belohnend oder bestrafend wirkt, aber durch die Verbindung mit einem belohnenden oder bestrafenden

Ereignis die Hoffnung oder Furcht vor einem derartigen Ereignis bei dem Betreffenden erweckt. Diese sogenannte sekundäre Verstärkung ist für die Erklärung der Konsumgewohnheiten genauso wesentlich wie die primäre, und beide zusammen scheinen der Ursprung aller guten und schlechten, vernünftigen und unvernünftigen Gewohnheiten zu sein (Mowrer 1956, 114–27).

Ein Grund für das Beibehalten von Gewohnheiten ist, daß es ungeheuer schwerfällt, sie wieder aufzugeben. Experimente haben gezeigt, daß durch Belohnung verstärkte Handlungen häufig die Erwartung einer zukünftigen Verstärkung durch ähnliche Handlungen erzeugen, und daß die Enttäuschung dieser Erwartung frustrierend ist, egal ob diese Frustration durch das Ausbleiben der erwarteten Belohnung hervorgerufen wird oder aber durch die Unfähigkeit, die Handlung selbst auszuführen (Brown/Farber 1949, 211 f.). Die so verursachte Frustration wurde in Experimenten als erregungssteigernd erkannt, und sie besitzt auch alle anderen Merkmale von Schmerz und Bestrafung (Amsel 1958, 102–19; Hunt 1965, 208 f.).

Eine Gewohnheit wird durch die sogenannten Löschungsversuche beseitigt, das heißt durch die Nichtbelohnung einer Handlung, die vorher durch Belohnung verstärkt und somit zu einer Gewohnheit wurde. In der Regel bedarf es dazu jedoch einer größeren Anzahl von Löschungsversuchen als vorherigen Verstärkungen. So haben Experimente mit Ratten gezeigt, daß die Tiere, die für das Drücken eines Hebels nur einmal mit einer Nahrungskugel belohnt wurden, diesen Hebel noch weitere 50 oder mehr Male betätigen werden, selbst wenn sie nicht mehr dafür belohnt werden (Hilgard/Bower 1948, 112). Psychologen sehen hierin eine Erklärung für den Aberglauben. Wenn man von dem obigen Rattenexperiment auf den Menschen schließt, dann würde dies erklären, warum ein Mensch, der ein einziges Mal an einem Freitag, dem 13., Pech hat, den Rest seines Lebens im Hinblick auf den Freitag abergläubisch ist – denn es würde immerhin dreißig Jahre dauern, bis man an fünfzig Freitagen, die auf den Dreizehnten eines Monats fallen, die Gelegenheit hätte, fünfzig Löschungsversuche zur Beseitigung dieses Aberglaubens durchzuführen.

Der Widerstand der Gewohnheiten gegen ihre Beseitigung gehört mit zu den zahlreichen Meßziffern, die man zur Beurteilung der Gewohnheitsstärke entwickelt hat. Eine besonders einfache Form ist das Löschungsverhältnis, das heißt die Zahl der Löschungsversuche, die man braucht, um eine Gewohnheit zu beseitigen, wird durch die Zahl der Verstärkungen geteilt, die man benötigte, um sie zur Gewohnheit werden zu lassen. Das Rattenexperiment demonstriert mit seinem Löschungsverhältnis von 50:1 die große Beharrlichkeit einer Gewohnheit, die aufgrund einer einzigen Verstärkung entstand. Andererseits können derartig einfache Meßzahlen leicht irreführen und gelten eigentlich als überholt, da sich weder die Verstärkung noch die Löschung allein in Zahlen ausdrücken läßt. So tauchen Gewohnheiten, die aufgrund von wiederholter Nichtbelohnung kurzfristig voll gelöscht zu sein schienen, im Laufe der Zeit spontan wieder auf. Und einmal angenommene Gewohnheiten, die scheinbar wieder abgelegt wurden, können leicht und schnell wieder aufleben. Desgleichen hängt die Stärke einer Gewohnheit nicht nur von der Zahl der Verstärkungen ab, sondern sogar noch stärker von deren Muster. So läßt die diskontinuierliche Verstärkung, bei der sich verstärkte Handlungen mit nichtverstärkten in einem bestimmten Verhältnis oder einer bestimmten Zeitspanne abwechseln, stärkere Gewohnheiten entstehen als eine kontinuierliche Verstärkung. Außerdem lassen sich die aufgrund rein zufälliger (unvorhersehbarer) Verstärkung entstandenen Gewohnheiten zugleich am schwersten beseitigen. Dies ist insofern wichtig, als wahrscheinlich der größte Teil unserer Konsumgewohnheiten genau dieser unregelmäßigen Verstärkung entstammen. Genauso wichtig wie die Beharrlichkeit der Gewohnheiten ist ihre Neigung, die hedonistische Grundtendenz aller Gewohnheiten zu verändern. Die Dinge, die man immer wieder genießt, verlieren durch ihre Wiederholung zwar an Reiz, doch da ihr wiederholter Genuß sie zu einem Bedürfnis gemacht hat, möchte man nicht mehr darauf verzichten.

Ein typisches Beispiel hierfür ist die Drogensucht. Die wiederholte Einnahme von Drogen erhöht die Widerstandsfähigkeit eines Menschen und vermindert die berauschende Wirkung der Droge. In dem Moment, wo er süchtig ist, zieht er nur noch wenig oder gar keine positive Befriedigung mehr aus der Droge, und sein wichtigster und oft einziger Beweggrund für deren fortgesetzten Gebrauch ist der Wunsch nach der Erlösung von der Qual der Entzugserscheinungen, die unerträglich sein können.

Die meisten Menschen betrachten die Sucht als etwas Atypisches und Außergewöhnliches, die auf die einzigartige physiologische süchtigmachende Wirkung einiger chemischer Substanzen zurückzuführen ist. Die Psychologen sehen in der Sucht immer mehr ein ziemlich weit verbreitetes psychologisches Phänomen, das wahrscheinlich häufiger vorkommt, als gemeinhin angenommen wird. Bisher haben sie zu ihrer Erklärung nicht viel mehr als eine Theorie entwickelt, aber angesichts ihrer zunehmenden Anerkennung scheint es lohnend, deren letzte und überzeugendste Fassung kurz darzustellen (Solomon/Corbit 1974, 119–45).

Viele Schmerz- und Lustempfindungen scheinen von entgegengesetzten Gefühlen gefolgt zu sein: Schmerz von einem angenehmen Gefühl der Erleichterung, Lust von einem unangenehmen Gefühl der Niedergeschlagenheit oder Leere. Bei Wiederholung eines Reizes wird seine anfängliche Wirkung schwächer, die Nachwirkung dagegen stärker und länger anhaltend. Dies ist an Hand objektiver physiologischer Beobachtungen nachgewiesen worden. Der Herzschlag eines Hundes, der einem Elektroschock ausgesetzt wird, beschleunigt sich zunächst und sinkt beim Aussetzen des Schocks eine Zeitlang unter den Normalwert, bis er sich schließlich wieder normalisiert. Bei der Wiederholung des Experiments beschleunigt sich der Herzschlag deutlich weniger und zu guter Letzt gar nicht mehr, aber beim Aussetzen des Schocks verlangsamt er sich sehr viel stärker und bleibt viel länger unter dem Normalwert.

Die Theorie, die das Aufeinanderfolgen entgegengesetzter Gefühle zu erklären versucht, unterstellt, daß jeder Reiz sowohl eine primär angenehme oder unangenehme Reaktion als auch eine sekundäre Gegenreaktion mit umgekehrtem hedonistischen Vorzeichen auslöst, die mit spürbarer Verzögerung auftritt und wieder abklingt. Diese Gegenreaktion erklärt die Nachwirkungen der Erleichterung oder Niedergeschlagenheit und hat vermutlich die Funktion, das hedonistische Gleichgewicht des Organismus wiederherzustellen. »Jede signifikante Abweichung von der hedonistischen oder affektiven Neutralität wird von einer gesteigerten Aktivität des autonomen und zentralen Nervensystems begleitet, um diese Abweichung zu verringern.« (Solomon/Corbit 1974, 131)

Bei der Wiederholung des Reizes bleibt die primäre Reaktion unverändert, aber die Gegenreaktion ist schneller, stärker und länger, so daß die ursprüngliche Reaktion geschwächt oder aufgehoben und die Nachwirkung oft übersteigert wird. Wenn diese Nachwirkung so unangenehm und so langanhaltend ist, daß die Wiederholung des Reizes als beste (wenn auch vorübergehende) Möglichkeit erscheint, um diesen Effekt zu eliminieren, ist der Betreffende süchtig.

Dies ist im großen und ganzen die Theorie, mit der sich die Drogenabhängigkeit ziemlich gut erklären läßt, und die auch zur Erklärung vieler anderer Abhängigkeiten verwendet wurde, die von den meisten Menschen gar nicht als Sucht betrachtet werden – wie zum Beispiel das Sichverlieben.

Die anfängliche Reaktion, die hier Zustand A genannt werden soll, »ist durch angenehme Aufregung, häufige sexuelle Empfindungen, eine überwiegende Stimmung der Ekstase, Glückseligkeit und der Wonne gekennzeichnet. Wenn die Liebenden . . . voneinander getrennt sind, werden sie sich einsam, traurig und bedrückt fühlen.« Dies ist die Nachwirkung, die hier als Zustand B bezeichnet wird. »Trotz der Aussichten auf ein Wiedersehen (symbolische, konditionierte Erreger des Zustandes A) kann das Gefühl der Einsamkeit überwiegen. Die tatsächliche Wiedervereinigung der beiden wird gleichzeitig B auslöschen und A wiederherstellen . . . genau wie bei der Drogensucht. Nach mehreren Jahren wiederholter gegenseitiger Anregung sind die qualitativen und quantitativen Veränderungen von A und B eine Frage der Gewöhnung . . . (die veränderten Zustände A und B werden mit A' und B' bezeichnet). Der Zustand A' ist (wenn alles gutgegangen ist) der der Zufriedenheit, der als normal und angenehm empfunden wird. Der Zustand B' ist dagegen potentiell sehr intensiv und langanhaltend. Wenn er auftritt, wird er oft als Kummer . . . oder als »Trennungssyndrom« bezeichnet. Das Abklingen dieses Zustandes B' geht nur sehr langsam vor sich. Die Partner sind voneinander abhängig geworden, und im Falle der Trennung durchleben sie Entzugserscheinungen.« (Solomon/Corbit 1974, 124)

Ich habe dieses Beispiel deswegen gewählt, weil die Öffentlichkeit hierauf so völlig anders reagiert als auf die Drogensucht. Dennoch sind beide das Ergebnis von Entscheidungen, die Gewohnheiten entstehen lassen und auf die man sich leichtfertig einläßt, ohne sich dieser Tatsache voll bewußt zu sein. Man läßt sich einfach verführen – und genau deswegen bezeichnen viele Menschen das Einnehmen von Drogen als irrational und betrachten deren Verbot als gerechtfertigt. Aber genau dieselben Leute akzeptieren und bewundern sogar die Abhängigkeit eines Menschen von seinem Partner, und sie befürworten die Liebe umso mehr, weil sie zu lebenslänglicher Abhängigkeit führen kann.

Es gibt noch eine Reihe von anderen Gewohnheiten, deren Beharrlichkeit sich ähnlich erklären läßt, obwohl wir sie nie als Sucht betrachten. Die gerade behandelte Suchttheorie ist natürlich noch sehr unvollständig, da sie nicht erklärt, warum manche Gewohnheiten süchtig machen und andere nicht und warum überhaupt nur manche Leute süchtig werden. Auf jeden Fall ist sie aber insofern nützlich, als sie die generelle Gültigkeit der Gewohnheitsbildung betont und erklärt, daß sich nämlich im Laufe der Entstehung einer Gewohnheit die Motivation von der Suche nach Lust zur Vermeidung von Schmerz (Frustration) verlagert.

Wir neigen dazu, die Drogensucht mit dem Hinweis auf die geringe Zahl der süchtigmachenden Substanzen als einen außergewöhnlichen und atypischen Fall von Konsumentenirrationalität abzutun. Aber der Wunsch eines Drogenabhängigen nach seiner Droge unterscheidet sich qualitativ nicht von dem Wunsch eines Durchschnittsmenschen, immer wieder dieselben Dinge zu kaufen, die er normalerweise konsumiert. Die Entzugserscheinungen eines Drogensüchtigen lassen sich klinisch beobachten und sind manchmal sehr schlimm. Demgegenüber tun wir die Entzugserscheinungen eines Menschen, der zum Frühstück nicht seine morgendliche Zeitung oder seine Eier mit Schinken bekommt, als nichtig ab, obwohl seine Frustration und sein Ärger gelegentlich auch sehr lautstark geäußert und beobachtet werden können. Die Frustration des Drogensüchtigen kann so stark sein, daß er kriminell wird, um seine tägliche Dosis zu bekommen. Andererseits haben während der Prohibition alle Alkoholtrinker das Gesetz gebrochen, obwohl man nur etwa zehn Prozent davon für echte Alkoholiker hielt. Die anderen neunzig Prozent gingen einfach einer alten Gewohnheit nach.

Wir sollten uns auch vor Augen halten, daß wir uns selten über die Stärke einer Gewohnheit oder Sucht Gedanken machen, solange diese beibehalten bzw. befriedigt wird. So ist Koffein beispielsweise ein süchtigmachendes Aufputschmittel mit physiologischen Entzugserscheinungen,[30] aber die meisten Kaffeetrinker wissen weder davon noch interessiert es sie, ob sie süchtig sind, und sie wären kaum in der Lage vorherzusagen, was sie am meisten vermissen würden, ihre tägliche Tasse Kaffee oder ihr tägliches Bad. Die Trennungslinie zwischen der physiologischen und psychischen Süchtigkeit ist oft vage, manchmal unbekannt und wird wahrscheinlich nie ganz eindeutig sein. Deswegen ist die Drogensucht zwar ein Extrem, aber kein untypisches Beispiel dafür, wie Konsumgewohnheiten zustande kommen, wodurch sie motiviert sind und warum sie beibehalten werden.

Eine andere Form der »Sucht«, die wegen ihrer Bedeutung unbedingt erwähnt werden muß, ist die Abhängigkeit der Menschen von ihrem Status und von dem, was die anderen von ihnen halten. Und der Mensch wird den Verlust eines bereits erworbenen Status möglicherweise schlechter verkraften als dessen vollständiges Fehlen. Außerdem wissen wir, daß das Wohlgefühl einer bestimmten gesellschaftlichen Rangstellung – das heißt das Gefühl, etwas Besseres zu sein als andere, oder einer kleineren, spezialisierten und hervorragenden Gruppe innerhalb der Gesellschaft anzugehören – ebenfalls Befriedigung bringt, obwohl man hierbei kaum von einem Grundbedürfnis sprechen kann. Hat man diesen höheren Rang und herausragenden Platz in der Gesellschaft einmal erreicht, zeigen sich oft alle Symptome einer Abhängigkeit davon. Er wird bald als selbstverständlich hingenommen und bringt nach kurzer Zeit keine Befriedigung mehr – wohingegen sein Verlust erhebliche Frustrationen hervorrufen kann. Dabei scheint sich das Streben der Menschen nach Erhaltung ihres Status eher durch ihren Wunsch erklären zu lassen, die Qual der Entzugserscheinungen zu vermeiden, als durch ihren Wunsch nach irgendeiner positiven Belohnung.

Was es heißt, verwöhnt zu sein

Nachdem wir uns einige der Wohlgefühle genau angesehen haben, wollen wir kurz auf die Ausgangsfrage zurückkommen. Ist unser Bedürfnis nach Schmerzvermeidung sowie unser Wunsch nach Wohlbehagen begrenzt? Die Antwort lautet ja, aber mit einigen wesentlichen Einschränkungen. Eine hängt – wie wir gesehen haben – mit der menschlichen Neigung zur Gewohnheitsbildung zusammen. Dabei ist jedoch nicht entscheidend, daß der Genuß mancher Befriedigungen eine erlernte Eigenschaft ist, sondern daß gemeinsam mit dem Aufkommen irgendwelcher Gewohnheiten eine *Abneigung* gegen die Aufgabe dieser Gewohnheit in uns entsteht, das heißt, wir werden einfach »verwöhnt«. Alles, was wir zu tun (oder zu verbrauchen oder zu vermeiden) gewohnt sind, empfinden wir aufgrund der bloßen Handlung schon als unerläßlich und damit als Wohlgefühl, das heißt wir fühlen uns ohne sie unwohl. Dies bedeutet, daß wir nicht nur unsere Fähigkeit, das Leben zu genießen, vergrößern können, sondern auch die Fähigkeit, Unbehagen zu ertragen. Wir können unseren Lebensgenuß dadurch erhöhen, daß wir uns neue »Konsumfähigkeiten« aneignen. Wir müssen uns aber darüber im klaren sein, daß mit dem Erwerb angenehmer neuer Gewohnheiten gleichzeitig auch Kosten verbunden sind und daß unser Unbehagen steigt, wenn wir diese Gewohnheiten aus irgendwelchen Gründen aufgeben müssen. Ob derartige neue Gewohnheiten bei ihrer Aufrechterhaltung auch unsere Befriedigung erhöhen, ist eine ganz andere Frage, die je nach der Art der Gewohnheit bejaht oder verneint werden muß, das heißt es kann sich lohnen, »verwöhnt« zu werden oder aber auch nicht.

Die andere Ausnahme von der Regel der begrenzten Bedürfnisse und Wohlgefühle hängt mit der Statuserfüllung zusammen. Denn der einzelne kann nicht nur individuell seine Fähigkeit steigern, Unbehagen zu ertragen, sondern die Erhöhung dieser Fähigkeit kann ihm auch von der Gesellschaft aufgezwungen werden. Wenn das Durchschnittsniveau der Ausgaben steigt, wird die Gesellschaft »verwöhnt«, aber der einzelne muß letztlich dafür aufkommen – mit Geld, wenn er es sich leisten kann, mit Unbehagen, wenn er nicht das erforderliche Geld besitzt. Ob irgend jemand daraus Nutzen zieht, hängt davon ab, ob die höheren Gesamtausgaben für jeden effektiv mehr Befriedigung bringen. Die aus der gesellschaftlichen Rangstellung abgeleitete Befriedigung unterscheidet sich von dem Wunsch nach Zugehörigkeit zur Gesellschaft nur durch unsere erheblich geringeren Möglichkeiten, den Wunsch nach einer bestimmten Rangstellung zu realisieren. So kann für diejenigen, die ihre eigene Rangstellung an einem möglichst hohen Einkommen oder Vermögen orientieren, der Wunsch nach einem höheren Rang sehr wohl fast oder ganz unstillbar sein. Ähnlich sind sich beide Fälle insofern, als auch hier das Vorrücken der einen nachteilig für die anderen sein kann. Dies läßt sich recht gut an einem ausgesetzten Preis oder einer Belohnung veranschaulichen.

Obwohl der Preis dem Empfänger Befriedigung geben soll, kann er gleichzeitig bei einem anderen, der sich zu Recht oder Unrecht für den eigentlichen Gewinner hält, großen Kummer verursachen. Und wenn letzterer den Preis dann ein Jahr später doch noch erhält, wird seine Befriedigung mehr von der Erleichterung als von einem echten Gefühl der Freude herrühren.

Die dritte und vielleicht wichtigste Ausnahme ist die Kombination dieser beiden Fälle. Status und gesellschaftlicher Rang sind beide gewohnheitsbildend. Der Verlust von Status und der innegehabten Rangstellung können Kummer bereiten, und die Angst vor dem Verlust kann eine Quelle ständiger Besorgnis sein. Tatsächlich beruhen der Konkurrenzdruck und die Spannungen der heutigen Gesellschaft gewöhnlich auf der Angst, die durch die ständig drohende Gefahr eines derartigen Verlustes erzeugt wird.

Wir haben jetzt die ökonomische Klassifizierung der Güter und (eine vereinfachte Version) der psychologischen Klassifizierung der Befriedigungen miteinander verbunden. Dies war nicht sonderlich schwer, weil sich die defensiven Produkte zugleich als eine Quelle des Wohlbehagens und als »nahe Verwandte« der lebensnotwendigen Güter erwiesen haben. Da die Nachfrage nach letzteren nicht unendlich groß ist, erhob sich die Frage, ob dies auch für die Nachfrage nach den Quellen des Wohlbefindens gilt. Zur Beantwortung dieser Fragen haben wir uns mit dem Status und Suchtverhalten auseinandergesetzt, wobei ersterer eine Quelle des Wohlbehagens und letzteres ein psychologischer Prozeß ist, der fast alles in ein Wohlgefühl verwandeln kann. Beide zusammen sind Ausnahmen oder mögliche Ausnahmen für die Regel, daß die Nachfrage nach defensiven Gütern begrenzt ist. Derartige Ausnahmen zerstören den offensichtlichen Zusammenhang zwischen Geldausgaben und Befriedigung.

Kapitel 7
Einkommen und Zufriedenheit

Vielleicht ist es an dieser Stelle ganz sinnvoll, einen Augenblick innezuhalten, um Bestandsaufnahme zu machen, bevor wir uns der praxisbezogenen und interessanteren Aufgabe der Anwendung unserer dargestellten Konzepte zuwenden.

Der Ökonom stellt den Markt in den Mittelpunkt sämtlichen Geschehens und betrachtet das Tauschgeschäft zwischen zwei Parteien als zentrale Handlung, bei der jeder Partner die erhaltenen Produkte oder Leistungen den eigenen gelieferten vorzieht. Dieser Güteraustausch ist der Ursprung und Beweis jedes wirtschaftlichen Gewinns, wodurch sich zugleich das starke Interesse der Ökonomen an diesem Gewinn erklärt. Dennoch ist der Markttausch weder eine notwendige noch eine ausreichende Bedingung für gegenseitigen Gewinn. Er ist nicht notwendig, weil zahlreiche Tauschvorgänge ohne Markt geschehen, und weil es viele einseitige Handlungen gibt, die dennoch sowohl für den Gebenden als auch für den Empfänger befriedigend sind. Er ist nicht ausreichend, weil der Markttausch oftmals nicht nur Befriedigung bringt, sondern die damit zusammenhängenden Bedürfnisse häufig erst erzeugt. Und eine Sache, die sowohl ein Bedürfnis freisetzt als auch Befriedigung verschafft, bringt nur einen geringen oder keinen Nutzen.

Dies sind simple und einleuchtende Beobachtungen, aber sie kollidieren mit einem ebenso einfachen und scheinbar genauso einleuchtenden Prinzip, auf dem ein großer Teil des wirtschaftswissenschaftlichen Denkens aufbaut. Es besagt, daß man mit höherem Einkommen mehr ausgeben kann und daß der Mensch dadurch zufriedener wird. Wenn man überdies die Veränderung der Kaufkraft mitberücksichtigt, dann kann man wohl behaupten, daß dieses Prinzip ein sehr wichtiger Bestandteil der ökonomischen Theorie ist. Aber hält es dem Beweismaterial stand, das die Psychologen uns geliefert haben? Die Frage ist ausgesprochen interessant, und bei ihrer Beantwortung werden wir die Unterschiede

zwischen der Weltanschauung der Ökonomen und den in diesem Buch dargestellten Ideen erkennen.

Zuerst müssen wir uns jedoch fragen, was für Beweismaterial wir überhaupt
besitzen. Da sind zunächst die Daten über Einkommen und Ausgaben; sie sind
zahlreich und überall verfügbar. Demgegenüber lassen sich Befriedigung oder
Zufriedenheit natürlich nicht messen, aber es gibt dennoch Zahlenangaben darüber, wie die Menschen ihre eigene Zufriedenheit einschätzen. In sorgfältigen
Umfragen mit Zufallstichproben sollten die Befragten angeben, ob sie »sehr
zufrieden«, »relativ zufrieden« oder »nicht sehr zufrieden« waren – in einigen
Umfragen lauteten die Fragen »sehr zufrieden«, »recht zufrieden«, »nicht so
zufrieden« oder »nicht zufrieden«. Die Antworten wurden in Tabellen zusammengefaßt, um die Verteilung der individuellen Zufriedenheitsgrade für die
Gesamtbevölkerung sowie für die einzelnen Einkommensgruppen zu zeigen.
Zwischen 1946 und 1970 wurden in den USA zehn derartige Umfragen in relativ regelmäßigen Abständen durchgeführt. Ihre Ergebnisse sind in Tabelle 6a
zusammengefaßt. Tabelle 6a zeigt die Abhängigkeit der von den Befragten
selbst geschätzten Zufriedenheit von der jeweiligen Stellung in der Einkommensskala, die anhand einer Umfrage in der Mitte des betrachteten Zeitraumes
ermittelt wurde.

Tabelle 6a

Prozentuale Aufteilung der US-Bevölkerung nach Zufriedenheit (1946–1970)

A. AIPO-Umfrage

Zeitpunkt	sehr zufrieden	recht zufrieden	nicht sehr zufrieden	Sonstiges	Zahl der Befragten
Apr. 1946	39	50	10	1	3151
Dez. 1947	42	47	10	1	1434
Aug. 1948	43	43	11	2	1596
Nov. 1952	47	43	9	1	3003
Sept. 1956	53	41	5	1	1979
Sept. 1956	52	42	5	1	2207
März 1957	53	43	3	1	1627
Juli 1963	47	48	5*	1	3668
Okt. 1966	49	46	4*	2	3531
Dez. 1970	43	48	6*	3	1517

B. NORC-Umfrage

Zeitpunkt	sehr zufrieden	ziemlich zufrieden	nicht sehr zufrieden	Zahl der Befragten
Frjr. 1957	35	54	11	2460
Dez. 1963	32	51	16	1501
Juni 1965	30	53	17	1469

* Die Frage hieß »nicht zufrieden« und nicht »nicht sehr zufrieden«.
Quelle: Easterlin 1974, Tab. 8, 109. Die erste Erhebung wurde vom American Institute of Public
Opinion erstellt, die zweite vom National Opionion Research Center.

Erwartungsgemäß haben die Umfragen ergeben, daß der Grad der Zufriedenheit bei den Befragten mit geringerem Einkommen abnahm und mit höherem Einkommen zunahm.[31] Da die Verteilungen in den einzelnen Umfragen ziemlich ähnlich – eigentlich sogar zu ähnlich – sind, können wir ihnen mit gutem Gewissen Vertrauen schenken. Im Betrachtungszeitraum von fast fünfundzwanzig Jahren stiegen die Pro-Kopf-Einkommen um zweiundsechzig Prozent, während der Anteil der Menschen, die sich als sehr zufrieden, ziemlich zufrieden und nicht zufrieden bezeichnen, sich fast überhaupt nicht verändert hat. Demnach stehen wir uns wirtschaftlich zwar immer besser, aber wird sind deswegen offenbar nicht glücklicher. Das Sonderbare ist, daß ein Aufsteigen in der Einkommensskala zwar die Chancen der eigenen Zufriedenheit zu verbessern scheint, daß dies aber nicht gilt, wenn alle Einkommen gleichmäßig steigen. Eine mögliche Erklärung ist, daß die eigene Zufriedenheit nicht so sehr mit dem absoluten Niveau des Lebensstandards zu tun hat, als vielmehr von unserer Situation im Vergleich zu der »der Meiers« von nebenan abhängt. Dies erstaunt uns auch nicht weiter, da wir ja bereits die eminente Bedeutung des gesellschaftlichen Status und Ranges kennengelernt haben. Aber beide sind sicher nicht allein ausschlaggebend für unsere Zufriedenheit.

Tabelle 6b

Prozentuale Aufteilung der Bevölkerung nach Zufriedenheit und nach Einkommensklasse

Jährliches Einkommen in Dollar	sehr zufrieden	ziemlich zufrieden	nicht sehr zufrieden	Zahl der Befragten
$ 1.000	20	52	27	200
1.000–1.999	22	57	20	207
2.000–2.999	23	62	15	259
3.000–3.999	31	55	14	290
4.000–4.999	36	57	7	390
5.000–5.999	37	54	9	322
6.000–6.999	46	50	4	237
7.000–7.999	48	48	4	141
8.000–9.999	43	51	6	148
10.000–14.999	48	48	3	120
15.000 oder mehr	53	38	8	66

Quelle: Simon 1974, Tab. 2, 86.

Eine andere und wahrscheinlich noch wichtigere Quelle der Befriedigung ist die Arbeit, und zwar gilt dies sowohl aufgrund der angenehmen Anregung, die sie bietet, als auch aufgrund der Selbstachtung, die uns eine gut ausgeführte Arbeit vermittelt. Aus unserem Beweismaterial geht hervor, daß die Arbeitsbefriedigung mit der persönlichen Rangstellung in der Gesellschaft sowie in der Einkommenshierarchie positiv korreliert ist. Damit besitzen wir eine zweite Erklärung für die Tatsache, daß die selbstempfundene Zufriedenheit der Menschen in den höheren Einkommensgruppen größer ist.

Die Befriedigung der Arbeit und des Status haben zusammengenommen natürlich einen größeren Einfluß als die Statusbefriedigung allein, aber trotzdem ist ausgesprochen unwahrscheinlich, daß nur diese beiden Faktoren für die Zufriedenheit des Menschen ausschlaggebend sein sollten. Wir müssen hier noch einmal auf unsere Ausführungen über die Sucht zurückkommen. Wir wissen, daß viele Annehmlichkeiten des täglichen Lebens zuerst befriedigend sind, aber nur zu bald zur Gewohnheit und zur Selbstverständlichkeit werden. Die Nachfrage der Konsumenten nach ihnen bleibt zwar unverändert, aber der ursprüngliche Beweggrund – nämlich der Wunsch nach zusätzlicher Befriedigung – wird durch den neuen und ganz andersartigen Wunsch nach Vermeidung des Schmerzes und der Frustration ersetzt, die mit der Aufgabe einer liebgewordenen Gewohnheit verbunden sind. Aus der Beobachtung des Marktverhaltens kann man eine derartige Motivationsänderung natürlich nicht ablesen, aber die Tatsache, daß eine deutliche Steigerung der materiellen Wohlfahrt bei den meisten Menschen kaum eine Veränderung in der Selbsteinschätzung ihrer Zufriedenheit bewirkt, läßt dennoch darauf schließen.

Vermutlich beurteilen die Menschen ihre Zufriedenheit nach den Empfindungen, die sie in der Vergangenheit gehabt haben, und es ist gut möglich, daß sie sich nur noch an die lustvollen Augenblicke der Anregung und die qualvollen Momente des Unbehagens erinnern, und daß sie einen Zustand ohne derartige Lust- und Unlustgefühle, den ich als Wohlbehagen bezeichnet habe, als selbstverständlich und nicht mehr erinnerungswürdig betrachten. Dies würde nicht nur die überraschend schlechte Korrelation zwischen der Zufriedenheit und dem langfristigen Anstieg des Realeinkommens erklären, sondern zugleich auch die Abhängigkeit der menschlichen Zufriedenheit von der Stellung in der Einkommenshierarchie begründen. Denn in den höheren Einkommensklassen gibt es eine ziemlich große Gruppe von Leuten, deren Einkommen erst kürzlich gestiegen ist, und die deswegen immer noch das neuartige Gefühl eines hohen Einkommens genießen. Dementsprechend würde man in den höheren Einkommensgruppen auch einen höheren Anteil zufriedener Leute vermuten.

Damit sind wir wieder bei dem Reiz alles Neuen, der ja eine wichtige Quelle der Befriedigung ist, aber bisher von den Wirtschaftswissenschaftlern noch nicht berücksichtigt wurde. Wenn man bedenkt, daß die meiste Anregung von anderen Menschen kommt und überdies in Situationen und Formen auftritt, die wenig oder gar nichts mit der Ökonomie zu tun haben, dann läßt sich diese »Unterlassungssünde« noch entschuldigen. Andererseits haben wir den Reiz des Neuen und der Vielfalt zum Teil unserem gestiegenen Lebensstandard und den zusätzlichen Annehmlichkeiten zu verdanken, die eine Einkommenssteigerung ermöglicht. Das heißt, der *Übergang* von einem niedrigeren zu einem höheren Lebensstandard bringt neue Eindrücke und Erfahrungen mit sich, und die damit verbundenen Befriedigungen vermehren nicht nur die mit dem bisherigen Lebensstandard verbundene Befriedigung, sondern sie haben meistens ein größeres Gewicht und prägen sich viel stärker im Gedächtnis ein. Deswegen kann ein steigendes Einkommen sehr viel mehr wert sein, als ein hohes, aber konstantes Einkommen. Dies gilt umso mehr, wenn das Ausgangseinkommen bereits hoch ist.

Wenn nun das Ansteigen des Lebensstandards anregende und befriedigende neuartige Erfahrungen mit sich bringt, warum wirkt dann eine entsprechende Senkung unseres Lebensstandards, die ja ebenfalls Veränderungen und Neues mit sich bringt, nicht gleichermaßen stimulierend und befriedigend? Manchmal ist dies auch der Fall, da ja *jede* Veränderung zunächst einmal angenehm ist. So macht uns das Zelten und Urlaubmachen vor allen Dingen deswegen Spaß, weil es mit einer plötzlichen Veränderung und meistens sogar Verschlechterung unseres gewohnten Komforts einhergeht. Und aus ganz ähnlichen Gründen ziehen viele junge Leute den Annehmlichkeiten und dem Luxus des Elternhauses die viel einfacheren und armseligeren Verhältnisse ihrer eigenen Wohnung oder eines Studentenheimes vor. Abwechslung macht eben einfach Spaß, und genau deswegen liebt man zur Abwechslung einmal das spartanische Leben.

Allerdings scheint der Mensch diese Art Leben nur dann genießen zu können, wenn es freiwillig und vorübergehend ist. So kann unser Spaß beim Zelten und Urlaubmachen sehr wohl mit unserer sicheren Erwartung zusammenhängen, daß wir bald wieder in unser normales Dasein zurückkehren. Ist dagegen eine Einschränkung unseres Lebensstandards durch eine wirtschaftliche Zwangslage bedingt, dann trifft sie uns gewöhnlich viel härter. Dies gilt genauso oder sogar verstärkt für die drohende Gefahr einer solchen Zwangslage. Der Hauptgrund hierfür ist wahrscheinlich der damit verbundene Verlust an Status und gesellschaftlichem Ansehen. Die meisten Menschen können einen niedrigeren Status nur schwer verkraften. Und wenn sie glauben, daß ihr gesellschaftliches Ansehen von ihrem Einkommen oder ihren Ausgaben abhängt, dann wird eine Verschlechterung ihrer finanziellen Situation oder die Gefahr einer solchen auf jeden Fall schmerzhaft empfunden – dabei ist es gleichgültig, ob ihr Glaube begründet ist oder nicht. Das heißt also, daß wir in Bezug auf Status und gesellschaftliches Ansehen geradezu süchtig sind; denn ihr Erwerb bringt zwar zunächst Befriedigung, aber sie werden bald zur Selbstverständlichkeit, bis wir schließlich nur noch an ihnen hängen, um die Frustration zu vermeiden, die ihr Verlust mit sich bringt.

Ganz anders gelagert ist dagegen unsere Abhängigkeit von einem gewohnten Lebensstandard, welche so ausgeprägt sein kann, daß die angenehme Neuheit einer Situationsverschlechterung aufgehoben wird. Wenn wir uns einmal an das Zigarettenrauchen oder an ein tägliches Bad gewöhnt haben, fällt es uns schwer, darauf zu verzichten, und die Qual der Entzugserscheinungen wird mit ziemlicher Sicherheit alle mit einer Veränderung einhergehenden angenehmen Empfindungen überlagern. Allerdings können wir bisher noch nicht sagen, wovon wir abhängig werden, warum, wann und mit welcher Wahrscheinlichkeit. Aber dies ist im Zusammenhang mit unserer generellen Behauptung, daß eine Erhöhung des eigenen Lebensstandards wahrscheinlich eher Befriedigung mit sich bringt als eine Verschlechterung, nicht weiter wichtig. Dementsprechend erwarten wir unter den Personen mit steigendem Lebensstandard mehr »äußerst zufriedene« Menschen und unter denen, deren Einkommen sie zwingt, auf bestimmte gewohnte Annehmlichkeiten zu verzichten und die damit einhergehenden Frustrationen und Entzugserscheinungen zu ertragen, mehr »unzufriedene« Menschen. Es gibt keine Zahlen, die Schätzungen der Zufriedenheit mit Einkommensveränderungen korrelieren, aber in den hohen Einkommensgruppen ist mit Sicherheit ein überdurchschnittlich hoher Anteil von Leuten enthalten, deren Einkommen erst vor kurzem gestiegen ist, während in den unteren Einkommensgruppen höchstwahrscheinlich ein überproportional hoher Prozentsatz von Leuten zu finden ist, deren Einkommen erst kürzlich gesunken ist. Dies impliziert, daß man eine positive Korrelation zwischen der Zufriedenheit der Menschen und ihrer gesellschaftlichen Rangstellung in der Einkommenshierarchie feststellen würde, selbst wenn die Statusund Arbeitsbefriedigung unerheblich und wenn nur der Reiz des Neuen ausschlaggebend wäre.

Um den langfristig zu beobachtenden Anstieg unseres materiellen Lebensstandards mit den merkwürdigen Ergebnissen der Umfragen über die selbstgeschätzte Zufriedenheit in Einklang zu bringen, habe ich vier Faktoren zur Erklärung herangezogen: die durch Status und Arbeit vermittelte Befriedigung, den Reiz des Neuen sowie die Gewöhnung an bestimmte Dinge und Zustände mit allen Konsequenzen. Alle zusammen erklären recht gut, warum die Zufriedenheit eines Menschen so eng mit dessen gesellschaftlicher Rangstellung zusammenhängt, während das absolute Einkommensniveau eine relativ untergeordnete Rolle spielt. Natürlich sind neben diesen vier Gründen noch andere Faktoren denkbar, und außerdem kann ich ihre relative Bedeutung nicht abschätzen. Sie haben aber dennoch den Vorteil, daß sie die meisten charakteristischen Unterschiede zwischen der in diesem Buch vertretenen Theorie und der Auffassung der Ökonomen recht gut veranschaulichen.

Woher kommt unser Glaube, daß Geld glücklich macht?

Bisher bin ich davon ausgegangen, daß Einkommen grundsätzlich gut und ein höheres Einkommen besser als ein niedriges ist. Unter dieser Prämisse habe ich zu erklären versucht, daß eine Einkommenssteigerung keineswegs immer auch unsere Zufriedenheit erhöht. Da wir aber so viele Erklärungen für dieses zunächst paradox erscheinende Phänomen gefunden haben, sollten wir vielleicht die Prämisse selbst auch einmal in Frage stellen. Woher kommt eigentlich unser Glaube, daß Einkommen gut und mehr Einkommen besser ist?

Schließlich ist das Einkommen oftmals die Gegenleistung für das Verrichten einer unangenehmen Aufgabe, und manchmal ist ein höheres Einkommen gleichbedeutend damit, daß die Aufgabe ganz besonders unangenehm war. Wieso können wir dann annehmen, daß ein höheres Einkommen ein Zeichen größerer Zufriedenheit oder zumindest verbesserter Möglichkeiten der Bedürfnisbefriedigung ist?

Der Grund hierfür ist, daß Einkommen zwar oft eine Entlohnung für Arbeitsleid ist, daß Arbeit aber andererseits Güter und Dienstleistungen erzeugt, die den Konsumenten befriedigen; und der Vorteil, diese Güter überhaupt bekommen zu können, wird immer stärker bewertet als das Leid, das mit deren Erzeugung verbunden ist. Jeder, der freiwillig für Geld arbeitet, bringt damit zum Ausdruck, daß sein Nutzen, den ihm das Einkommen bietet, größer ist als das Leid, das ihn das Verdienen des Geldes kostet. Desgleichen bringt die Person, die die Arbeitsleistungen kauft, durch ihr Verhalten zum Ausdruck, daß die erhaltenen Leistungen ihr mehr wert sind als das Geld, das sie dafür bezahlt. Derartige Überlegungen berechtigen zu der Annahme, daß der Nutzen des Einkommens größer ist als das Arbeitsleid, und daß der »Nettogewinn« an Nutzen zwischen dem Arbeitenden und dem Nutznießer der Früchte dieser Arbeit geteilt wird. Demnach können wir aus der Existenz der gesellschaftlichen Güterproduktion und des Einkommens, das dabei verdient wird, auf das Vorhandensein eines gegenseitigen Nutzens schließen.

Unglücklicherweise läßt sich der Wert dieses Nutzens nicht genau ermitteln. So bedeutet ein Einkommen von tausend Dollar im volkswirtschaftlichen Rechnungswesen nur, daß jemand eine Leistung vollbracht hat, deren mögliche Nachteile er geringer einschätzt, und daß die von ihm erbrachte Leistung jemand anderem mehr als tausend Dollar wert war. Aber die Summe aus dem Nettogewinn des Arbeiters und dem des Konsumenten kann sowohl ein winziger Bruchteil oder ein großes Vielfaches der tausend Dollar sein, die den Besitzer wechselten – doch gibt es für uns keine Möglichkeit, dessen tatsächliche Höhe festzustellen. Die Größe des Volkseinkommens oder Sozialprodukts gibt keinen Aufschluß über die Größe dieses Nettogewinns, selbst wenn man in seiner Existenz den Beweis dafür sieht, daß es einen solchen Gewinn gibt.

Was geschieht nun aber bei einer Erhöhung des Einkommens und Sozialprodukts? Bewirkt sie gleichzeitig eine Erhöhung des Nettogewinns? Dies ist dann der Fall, wenn der Einkommensanstieg aus neuen Transaktionen herrührt, die zu den bisherigen hinzukommen, wobei diese wiederum unverändert bleiben müssen. Denn wir müssen ja im Auge behalten, daß jede wirtschaftliche Transaktion ein Zeichen für einen Nettogewinn bei beiden transferierenden Parteien ist. Oftmals wird der Einkommensanstieg allerdings auch durch den Ersatz einer kleineren durch eine größere Transaktion verursacht. Wenn der Arbeiter zwischen mehr Arbeit und mehr Lohn bzw. weniger Arbeit und weniger Lohn wählen kann, und sein Arbeitgeber die Wahl hat zwischen dem Bezahlen einer größeren Summe für mehr Leistung bzw. der geringeren Entlohnung für weniger Arbeit, dann ist ihre endgültige Übereinkunft über mehr Arbeit, mehr Lohn und höhere Leistung auch ein Beweis für einen größeren gegenseitigen Nutzen.

Es wäre zwar logisch, aus diesem Zwei-Personen-Fall die generelle Schlußfolgerung abzuleiten, daß ein höheres Volkseinkommen oder Sozialprodukt für jede Wirtschaft mit ihren Hunderten von Märkten und Millionen von Wirtschaftssubjekten einen größeren gegenseitigen Nutzen mit sich bringt, aber diese Folgerung ist nur zulässig, wenn Wettbewerb herrscht, wenn es keine Diskriminierung gibt und wenn innerhalb und zwischen sämtlichen Märkten ein freier Informationsfluß gewährleistet ist. Diese Bedingungen werden gewöhnlich von den Ökonomen unterstellt, aber sie sind in der Realität keineswegs immer gegeben.

Eine andere grundlegende, aber zweifelhafte Annahme der Wirtschaftswissenschaftler ist, daß alles andere unverändert bleibt (ceteris paribus). Diese Annahme wird zwar von niemandem wörtlich genommen, aber auch selten in Frage gestellt. Warum? Der Grund ist wohl weniger, daß die Ökonomen alles andere als grundsätzlich unveränderlich betrachten, sondern daß sie alle anderen Faktoren einfach für relativ unbedeutend und unbeeinflußt von ökonomischen Veränderungen halten. Wenn alle anderen Faktoren tatsächlich unbedeutend wären, dann würden sich Veränderungen kaum niederschlagen, und wenn sie wirklich von ökonomischen Veränderungen unbeeinflußt blieben, dann könnte die ökonomische Theorie und Politik sie mit Recht weitgehend oder ganz ignorieren.

Unglücklicherweise lassen viele von mir angeführten Argumente beide Annahmen zweifelhaft erscheinen. Unsere wirtschaftlichen Mittel der Bedürfnisbefriedigung sind ja nur ein Teil von zahlreichen anderen Möglichkeiten der Befriedigung, wobei die Grenze zwischen ökonomischen und nichtökonomischen Befriedigungen fließend ist und sowohl von ökonomischen als auch anderen Faktoren abhängt. Manche ökonomischen Befriedigungen verursachen gleichzeitig bei anderen Menschen nichtökonomische Kosten und Erträge, und die wichtigste ökonomische Aktivität, die Arbeit, verschafft einerseits ökonomische Befriedigung bei den Konsumenten und andererseits nichtökonomisches Arbeitsleid oder Freude an der Arbeit beim Arbeitnehmer. Kurzum, die ökonomischen und nichtökonomischen Aspekte sind eng miteinander verwoben; deshalb kann man nicht den einen ausklammern, während man den anderen betrachtet. Dies soll an zwei Beispielen veranschaulicht werden.

Zunächst möchte ich die nichtökonomische Befriedigung der ökonomischen Aktivität Arbeit behandeln. Wenn man bedenkt, daß manche Arbeiten unangenehm sind und nur wegen des damit verdienten Geldes getan werden, und daß manche Arbeiten wiederum Spaß machen, kann ein Einkommen – je nachdem, mit welcher Art von Arbeit das Geld verdient wurde – sehr viel mehr wert sein, als im Nominalwert von tausend Dollar zum Ausdruck kommt. Dies schlägt sich allerdings in den statistischen Zahlen nicht nieder. Deshalb kann eine Erhöhung des Volkseinkommens, mit der ein steigender Anteil unangenehmer Arbeit einhergeht, für die Gesellschaft sehr wohl einen erheblich geringeren Anstieg der Gesamtbefriedigung mit sich bringen – und in einem extremen Fall kann sich sogar eine *Abnahme* der Befriedigung dahinter verbergen. Dies ist insofern wichtig, als heutzutage eine Steigerung des Volkseinkommens meistens durch Produktivitätssteigerungen bedingt ist, die durch verstärkte Spezialisierung möglich ist und gewöhnlich die Monotonie der Arbeit erhöht.

Dieser Normalfall erscheint einleuchtend, aber die Frage bleibt: Wie kommt es zu dem Extremfall? Das oben genannte Argument: Mehr Arbeit = mehr Lohn = mehr Güter scheint dieses Extrem auszuklammern, aber wir müssen uns vor Augen halten, daß es auf einem zu stark vereinfachten Modell aufbaute. In diesem wurde ja unterstellt, daß eine Veränderung der Produktionsmethoden das Ergebnis der Absprache zwischen *demselben* Arbeitgeber und denselben Arbeitnehmern ist, das heißt, daß sich beide über die neuen Methoden, neuen Arbeitsbedingungen und die entsprechenden neuen Lohnsätze einigen.

Dies ist natürlich nicht der normale Gang der Dinge. In der Regel werden ja die neuen Produktionsmethoden von *neuen* Geschäftsleuten mit einer *neuen* Arbeitergeneration eingeführt, und durch das Überrunden der alteingesessenen Hersteller mit ihren alten Methoden und alten Arbeitern werden diese durch neue Methoden ersetzt. Ein ziemlich weit zurückliegendes, aber recht typisches Beispiel ist die industrielle Revolution in England, bei der ein neuer Unternehmertyp durch die Einstellung von ungelernten Frauen und Kindern gelernte männliche Arbeitskräfte ersetzte. Damit eine derartige Veränderung sich in der Statistik nicht nur als eine Verbesserung niederschlägt, sondern wirklich zu einer echten Verbesserung der ökonomischen und nichtökonomischen Befriedigung führt, müßte der Arbeitsmarkt die oben genannten Bedingungen erfüllen, d. h. er müßte transparent sein, und es müßte nahezu »vollkommener« Wettbewerb herrschen – und beides ist in der Realität praktisch nicht gegeben.[32] Im 19. Jahrhundert war die Frauen- und Kinderarbeit der englischen Ausbeutungsbetriebe nicht Bestandteil des wettbewerbsmäßig organisierten Arbeitsmarktes männlicher Facharbeiter. Deswegen kann man nicht einfach behaupten, daß die Verlagerung der Produktion von Fachkräften auf die Ausbeutungsbetriebe sowohl für die Gesellschaft als auch für die Arbeitnehmer ein Gewinn war. Außerdem sind die unangenehmsten und am meisten entfremdeten Arbeiten bisher fast immer von Emigranten, Minderheiten oder Ausländern verrichtet worden – d. h. von einer Gruppe von Arbeitnehmern, die nicht mit den übrigen Arbeitskräften in Wettbewerb steht. Vielleicht kommt es relativ selten vor, daß eine Steigerung des nominalen Einkommens und Produktionswertes gleichzeitig eine Abnahme der gesellschaftlichen Befriedigung verursacht, aber wir können diesen Fall nicht ausschließen.

Die Wirtschaftswissenschaftler geben zwar mehr oder weniger widerwillig die Existenz externer Erträge und Kosten zu, aber sie argumentieren nach wie vor so, als ob es diese nicht gäbe. Ich möchte jetzt mit dieser Tradition brechen. Wir haben gesehen, daß ein wesentlicher Unterschied zwischen Wohlbehagen und Stimulierung darin besteht, daß viele Reize externe Erträge mit sich bringen. Um angenehm zu wirken, müssen alle Reize entweder die Sinne oder den Geist anregen, und diejenigen Reize, die meine Sinne ansprechen, tun dies gewöhnlich auch bei anderen Menschen. Oft bringen sie sogar ohne besondere zusätzliche Kosten einen zusätzlichen Genuß mit sich, da mein persönlicher Genuß häufig noch durch das gemeinsame Genießen mit anderen gesteigert wird. (Bei den Reizen, die den Geist anregen, liegt der Fall ein klein wenig anders, aber der Unterschied ist minimal).

Im Gegensatz hierzu liefern die Annehmlichkeiten gewöhnlich keine externen Erträge, sondern viele bringen eher externe Kosten mit sich. Auf jeden Fall gilt dies für sämtliche Formen der Annehmlichkeit, bei denen menschliche Arbeitskraft durch mechanische Geräte ersetzt wird, da dies meistens mit Lärm, Luftverschmutzung oder beidem verbunden ist. Dasselbe gilt auch für viele Annehmlichkeiten, die den Zweck haben, uns von Insekten, Garten- und Hausungeziefer zu befreien, da diese ebenfalls unsere Umwelt verseuchen, sowie für alle Erleichterungen, die uns in Form von diversen Geräten, verpackten Produkten und dauerhaften Wegwerf-Gegenständen (die sich nicht biologisch zersetzen) geboten werden und mit denen unsere Strände und Natur immer stärker übersät sind.

Insofern hat die individuelle Entscheidung der Konsumenten zwischen Wohlbehagen und Stimulierung eine gesellschaftliche Bedeutung, die sein persönliches Wohlergehen übersteigt. Bei der Wahl zwischen zwei Waren zum gleichen Preis unterstellt der Ökonom, daß der Konsument seine Ausgaben so aufteilt, daß sie ihm denselben Grenznutzen bringen. Deshalb erscheint es auch gerechtfertigt, bei der Schätzung des Sozialprodukts gleich teuren Gütern denselben Wert zu geben. Wenn aber eines dieser Güter Behagen und das andere genauso teure Gut Anregung bietet, dann können beide dem Konsumenten zwar denselben Nutzen bringen, aber die Befriedigung, die sie der Gesellschaft als Ganzes vermitteln, ist wahrscheinlich anders zu beurteilen. Wenn die Anregung von anderen Menschen geteilt wird, dann erhöht deren Befriedigung die des ersten Nutznießers. Wenn jedoch das Wohlbehagen des einen Konsumenten bei anderen gleichzeitig Ärger oder Verschmutzung verursacht, dann muß das damit verbundene Leid von seinem Nutzen abgezogen werden. Und wenn entweder das eine oder beides zusammen eintritt, dann ist – selbst bei gleichem Marktpreis eines Gutes – die Anregung für die Gesellschaft sicher mehr wert als das Wohlbehagen. Hierin liegt ein wesentlicher Grund für mein Interesse an der individuellen Wahl der Menschen zwischen Behagen und Anregung. Außerdem zeigt es uns, daß wir uns davor hüten müssen, jede Einkommenssteigerung a priori mit einer Verbesserung der menschlichen Wohlfahrt gleichzusetzen.

Ich habe oben zwei Beispiele angeführt, um den Leser bei der Interpretation der wirtschaftswissenschaftlichen Daten zur Vorsicht zu ermahnen. An Hand der Größen des Volkseinkommens und des Sozialprodukts kann man zwar viele sinnvolle Aussagen treffen, aber sie können kein Maßstab für die menschliche Wohlfahrt sein. Je besser wir die Komplexität der menschlichen Befriedigungen und des menschlichen Verhaltens verstehen und die Tatsache begreifen, daß wirtschaftliche Güter und Dienstleistungen nur zwei von vielen Formen der Bedürfnisbefriedigung sind, umso eher werden oder sollten wir die Unzulänglichkeit der ökonomischen Größen einsehen.

Zahlen können uns helfen, klarer zu denken, aber sie verfehlen ihren Zweck, wenn wir mehr in sie hineininterpretieren als sie tatsächlich enthalten. Unsere Beschäftigung mit ökonomischen Problemen und ökonomischen Indikatoren der Wohlfahrt läßt sich teilweise durch ihre quantitative und quantifizierbare Natur erklären. Die wirtschaftliche Quantifizierung ist interessant und nützlich, aber wir dürfen ihr und dem, was quantifiziert wird, nicht mehr Bedeutung beimessen als sie verdienen. Das Volkseinkommen ist bestenfalls ein Indikator für die wirtschaftliche Wohlfahrt eines Landes, und diese ist wiederum nur ein sehr kleiner Ausschnitt und oft ein äußerst armseliger Maßstab für das Wohlbefinden seiner Einwohner.

Teil II
Der amerikanische Lebensstil

Kapitel 8
Geht es uns zu gut?

Wir besitzen jetzt zwar den Rahmen und die Einzelelemente einer Theorie des Konsumentenverhaltens, aber es ist nicht die Absicht dieses Buches, hieraus ein theoretisch formales Modell abzuleiten. Stattdessen möchte ich versuchen, meine theoretischen Überlegungen praktisch anzuwenden. Welche bessere Anwendung könnte es für sie geben, als den Versuch zu erklären, warum unser Wohlstand so viele Menschen dennoch unbefriedigt läßt?

Das herkömmliche, vom Ökonomen gezeichnete Bild einer Wirtschaft läßt sich aufgrund seines vielfältigen Angebots sehr gut mit der extrem langen Speisekarte eines chinesischen Restaurants vergleichen. Die Kunden wählen das aus, was ihnen am meisten gefällt. Diese Annahme ist sowohl für die Ökonomie, als auch für das chinesische Restaurant äußerst unrealistisch; denn die meisten von uns kennen sich mit neun Zehntel der aufgeführten Vorspeisen nicht aus, so daß wir immer wieder entweder die falschen oder die gleichen Gerichte wählen, die wir schon einmal gehabt haben. Nur manchmal, wenn wir einen Experten dabei haben, der die Bestellung für uns übernimmt, wird uns klar, wie schlecht wir dies immer allein gemacht haben, und was wir alles verpaßt haben.

Die Probleme, die wir mit der »Speisekarte« der Wirtschaft haben, beruhen jedoch nicht nur auf unserer mangelnden Fähigkeit, das Richtige zu bestellen, sondern sie beruhen zugleich auf unserer Unfähigkeit, richtig zu konsumieren und zu substituieren. Außerdem hängt der Genuß dessen, was wir für uns selbst gewählt haben, auch davon ab, was sich andere an anderen »Tischen« ausgesucht haben. Die herkömmliche Konsumtheorie hat bisher weder das Bedürfnis des einzelnen nach Neuem und nach Abwechslung, noch sein Bedürfnis nach bestimmten »Konsumfähigkeiten« berücksichtigt, um bestimmte Formen des Konsums genießen zu können. Außerdem hat sie außer acht gelassen, daß der Einfluß unserer Gewohnheiten stark genug ist, um die Befriedigung eines Bedürfnisses oder eine rationale Entscheidung zu verhindern. Sie erkennt zwar die Interdependenz oder externen Effekte an, tut sie jedoch als relativ unwichtig ab.

Ich werde zunächst einmal alle diese Faktoren – und insbesondere den ersten – an Hand von Beispielen zu illustrieren versuchen. Die Entdeckung, daß der Mensch sowohl Anregung als auch Wohlbehagen braucht, ist keineswegs neu. Immerhin verlangten die Römer der Antike nach Brot *und* Spielen. Dennoch läßt der Ökonom diesen Aspekt der Konsumentenbedürfnisse bei seinem Modell des Konsumverhaltens außer acht. Noch wichtiger ist aber, daß auch der Konsument selbst – zumindest in Amerika – nur zögernd sein Bedürfnis nach Anregung zu erkennen scheint. Dies kommt deutlich in der Einseitigkeit unseres Konsumverhaltens zum Ausdruck. Unser amerikanischer Lebensstil bietet zwar viel Behagen und Bequemlichkeit, aber wenig Stimulierung. Diese Feststellung ist so einfach und so umwerfend, daß sie vielleicht verdächtig erscheint, aber sie läßt sich mühelos belegen und erklären. Als erstes müssen wir uns vor Augen halten, daß Wohlbehagen und Anregung nicht in reiner und eindeutiger Form auftreten. Der Konsum der meisten Güter bringt zwar oft beides mit sich, aber die Zahlen der Produktions- oder der Umsatzstatistik sind meistens ungeeignet, um beide voneinander zu trennen und um zu zeigen, wieviel Behagen und wieviel Anregung wir »konsumieren«.

Zweitens wird das in den Käufen reflektierte Verhalten der Menschen durch das Zusammenspiel von Angebot und Nachfrage, durch die individuellen Präferenzen und die jeweiligen Marktmöglichkeiten determiniert. Wenn ihre Kaufentscheidungen mehr Behagen und weniger Anregung mit sich bringen, dann entspricht dies entweder genau ihrem Wunsch nach mehr Bequemlichkeit, oder aber sie sind das Opfer eines einseitigen Marktes geworden, in dem diese Güter- und Dienstleistungskategorie überrepräsentiert ist. In diesem Falle wäre das scheinbar behaglichkeitsorientierte Verhalten nur eine Reaktion auf das vorhandene Angebot. Dabei kann natürlich ein Wunsch nach Behagen und der Hang zu den entsprechenden Gütern schon von vornherein vorhanden sein, aber inwieweit dieser durch Angebot und Nachfrage bestimmt wird, läßt sich paraktisch nicht feststellen. Die wirtschaftlichen Daten zeigen zwar, was die breite Masse der Konsumenten kauft, sie zeigen aber nicht, ob sie kauft, was sie möchte, oder ob sie nur kauft, was effektiv angeboten wird.

Hinzu kommt, daß Angebot und Nachfrage selbst auch wieder dem Einfluß der kulturellen Tradition und der ökonomischen Faktoren unterliegen. Eine unserer wichtigsten Traditionen ist die sogenannte puritanische Ethik, die unsere Wünsche und deren Befriedigungsmöglichkeiten sehr stark bestimmt. Die ökonomischen Faktoren üben sowohl auf die Nachfrage als auch auf das Angebot einen ganz entscheidenden Einfluß aus. Die meisten Menschen sind in der einen oder anderen Form zugleich Produzenten und Konsumenten, doch ihre beiden Rollen schließen sich keineswegs gegenseitig aus. Um als Produzenten erfolgreich zu sein, müssen sie versuchen, ihren Aufwand an Arbeitszeit und Arbeitskraft möglichst zu minimieren. Wenn sie die gleichen Zielsetzungen auf den Konsumbereich übertragen, wird sich dies in einer verstärkten Nachfrage nach Behagen und den entsprechenden Gütern niederschlagen. Auf der Angebotsseite determinieren ökonomische Faktoren die Kosten und das Produktionsergebnis, und diese bewirken ebenfalls, daß das Behagen ein zu starkes Gewicht erhält.

Um im Konsumverhalten eines Menschen eine Einseitigkeit feststellen zu können, vergleicht man dieses am besten mit einem anderen Verhaltensmuster, das als Norm betrachtet werden kann. Ich werde deshalb gelegentlich das amerikanische Verhalten mit dem europäischen und spezifisch westeuropäischen Verhalten vergleichen, weil mir hierüber die entsprechenden und vergleichbaren Daten zur Verfügung stehen. Aber wir müssen uns davor hüten, das europäische Konsumverhalten als Norm anzusehen. Denn wer kann überhaupt entscheiden, was die Norm ist und was Abweichungen davon sind? Außerdem verändern sich die Konsumgewohnheiten der Menschen ständig, und die der Europäer bewegen sich offensichtlich in unsere Richtung, während die unseren sich eher den europäischen Vorstellungen annähern. Dies könnte heißen, daß die echte Norm vielleicht genau dazwischenliegt, aber es könnte auch heißen, daß der zunehmende Wohlstand der Europäer sie unserem Ausgabeverhalten annähert, während unsere ausgesprochen dürftigen Wohlstandszuwächse uns wieder in die europäische Richtung zwingen. Tatsächlich ist das, was ich vereinfachend »das Verhalten der Amerikaner« nenne, im Grunde genommen das Verhalten unseres Establishments und entspricht in anderen Ländern vielleicht dem der Neureichen. Demgegenüber ist das Verhalten unserer Gegenkultur dem der Durchschnittseuropäer sehr viel ähnlicher. Das fängt beim Weglassen der Büstenhalter und beim Tragen von Großmutterkleidern sowie von individuellen Flicken auf dem Hosenboden an und geht bis zu ihrem Interesse für das Kochen und ihrer Fähigkeit, aus dem Nichts ein köstliches Essen hervorzuzaubern. Bisher haben sich ihre Neigungen allerdings noch nicht in der Statistik niedergeschlagen, und deshalb habe ich sie weitgehend ignoriert. Ich muß hier zwangsläufig stark vereinfachen, um das, was ich aussagen will, verständlich zu machen. Auf jeden Fall kenne ich keine Norm, die ich zugrundelegen könnte.

Deswegen werde ich ein sehr viel einfacheres und zugleich ausgefalleneres Verfahren anwenden. Das Realeinkommen pro Kopf ist in den Vereinigten Staaten etwas höher als das der meisten westeuropäischen Länder; deshalb kann man davon ausgehen, daß wir für alles mehr ausgeben als die Westeuropäer. Für die meisten Dinge trifft dies auch zu, und für manche geben wir sogar unvernünftig viel aus, wie wir gleich noch sehen werden. Andererseits geben wir jedoch wieder für manche Dinge erheblich weniger aus als die Bewohner anderer Länder, die ärmer sind als wir. Dies ist überraschend und zugleich bedeutsam, und der Beweis und vor allem die Erklärung dieser Tatsache wird einen großen Teil dieses Buches einnehmen.

Daß der amerikanische Lebensstandard höher ist als der sämtlicher anderer Länder, galt viele Jahre lang als anerkannte Tatsache. Merkwürdigerweise lassen sich Unterschiede im Lebensstandard aber nur sehr schwer nachweisen. Und internationale Vergleiche der Realeinkommen, die allein zeigen könnten, um wieviel das Durchschnittseinkommen eines Landes über dem eines anderen liegt, sind ausgesprochen selten. Außerdem können wir die Zahlen nicht zu ernst nehmen, da es sich meistens nur um grobe und dementsprechend unzuverlässige Werte handelt. Wir können zwar leicht ausrechnen, wie viele Francs ein Dollar wert ist, aber alle weiteren Aussagen werden durch die internationalen Unterschiede in den Preisen, Ausgaben und Konsumgewohnheiten ungeheuer erschwert.

Viele internationale Vergleiche umgehen diese Schwierigkeit dadurch, daß sie nicht die Einkommen, sondern die Niveaus der Lebensstandards miteinander vergleichen, indem sie aus verschiedenen Indikatoren des Lebensstandards eines Landes einen Mittelwert bilden. Solche Indikatoren sind beispielsweise die Zahl der Telefone, der Radios, Straßenfahrzeuge, Bäder pro Einwohner und der Pro-Kopf-Verbrauch von Fleisch, Zeitungen, Stahl, Zement, Strom etc. (Beckerman 1966, Kap. 4, V). Das Bemerkenswerte an der Auswahl dieser Indikatoren ist, daß die meisten von ihnen mit unserem Behagen und unserer Bequemlichkeit und nur wenige mit unserem Vergnügen zu tun haben. Ohne es zu bemerken, haben wir uns daran gewöhnt, einen hohen Lebensstandard mit einem hohen Maß an Komfort gleichzusetzen, während wir Anregung und Lust als Quelle der Befriedigung eindeutig vernachlässigen und einfach unterstellen, daß wir uns mit zunehmendem Komfort auch immer wohler fühlen. Das mag ja tatsächlich der Fall sein, aber wir sollten diese Frage nicht vorschnell beantworten. Es wäre weniger irreführend, Indikatoren zu wählen, die den Komfort gesondert vom Lebensstandard zu messen versuchen, wie zum Beispiel die Menge von Versicherungen, die ein Haushalt abschließt,[33] oder die Abfallmenge, die ein Haushalt verursacht.[34] Hinsichtlich der Versicherungsabschlüsse und der Müllproduktion sind wir vielen anderen Ländern weit voraus, aber diese Fakten wirken nicht so einladend, als daß man daraus gern den Wohlstand einer Nation ableiten wollte. Wahrscheinlich ist unser Komfort tatsächlich höher als der vieler anderer Länder, aber wie sollen wir feststellen, ob wir davon zu viel oder andere zu wenig haben? Die Frage ist völlig offen und verlangt geradezu nach einer Antwort.

Viele Annehmlichkeiten sind rein subjektiv, und diese Subjektivität führt dazu, daß nur die betroffene Person sie beurteilen kann. So ist zum Beispiel die Innentemperatur eines Raumes, die wir als angenehm bezeichnen, eine höchst subjektive Empfindung. Manche mögen es lieber kalt, andere bevorzugen es warm. Jeder einzelne muß letztlich für sich selbst entscheiden, was für ihn am besten ist, egal wie absurd oder übertrieben sein Geschmack uns im Vergleich mit unseren eigenen andersartigen Normen vorkommt. Insofern muß ich die Temperatur, die jemand anders in seiner Wohnung erzeugt, als für *ihn* und nach *seinen* Maßstäben optimal akzeptieren. Optimal ist sie für ihn in dem Sinne, daß sie entweder seinem Geschmack am besten entspricht oder daß es für ihn der beste Kompromiß zwischen seinem Geschmack und den Grenzen ist, die ihm sein Einkommen und die ihm vorgegebenen Marktbedingungen setzen.

Manche Annehmlichkeiten lassen sich auch an Hand objektiver Tests messen, und wenn die Person, die diese Annehmlichkeiten an sich erfährt, diese

Tests anerkennt, erhalten ihre Ergebnisse zugleich objektive und subjektive Gültigkeit. Es erscheint naheliegend, daß wir uns auf diese testfähigen Annehmlichkeiten konzentrieren sollten, wenn wir die Irrationalität des Konsumentenverhaltens nachweisen wollen.

Ein rationales Ausgabeverhalten erfordert, daß kein Bedürfnis bis zum Sättigungspunkt befriedigt wird, solange der Konsument noch andere unbefriedigte Bedürfnisse und Wünsche hat. An Hand dieser Regel läßt sich leicht testen und feststellen, welche Ausgaben oder welcher Konsum überflüssig sind. Allerdings ist auch diese Regel wieder nicht ganz so einfach, wie sie ursprünglich den Ökonomen erschien. Ich habe ja in Kapitel 4 einen Fall besprochen, in dem die Lust des Fortfahrens mit einer befriedigenden Tätigkeit den Konsumenten von dem einstmals »geraden Pfad der Konsumentenrationalität« abbringen und ihn zur Sättigung oder zur Erfüllung eines spezifischen Bedürfnisses zwingen kann. In diesem Fall bedürfte es jedoch nur einer geringfügigen Umstellung unserer Auffassung von rationalem Verhalten. Es gibt aber auch andere Fälle, in denen das Bedürfnis oder der Wunsch nach Behagen aus völlig anderen Gründen bis zum Exzeß betrieben wird, und in diesen Fällen scheint das Prinzip der Rationalität echt verletzt zu werden.

Das Haushalten mit unseren Kräften[35]

Unsere übertriebene Bequemlichkeit läßt sich recht gut im Umgang mit unseren Kräften illustrieren, und die Art und Weise, in der wir unsere Kräfte sparen, ist ein verblüffender Fall von irrationalem Verhalten. Das höchste Ziel und die größte Errungenschaft unserer modernen Zivilisation ist das Einsparen manueller Arbeitskraft bei allen Arbeitsvorgängen in der Wirtschaft und im täglichen Leben. Und wir sind mit Recht stolz auf unsere vielen technischen und ökonomischen Errungenschaften, von denen die meisten auf eine Substitution menschlicher Arbeitskraft durch mechanische Kraft und mechanische Perfektion hinauslaufen. In der Geschichte des Menschen ist jeder Schritt in diese Richtung als eindeutiger und unmißverständlicher Vorteil für das menschliche Wohl betrachtet worden – und dies mit vollem Recht. Insofern ist es auch kein Wunder, wenn wir diesem Denken, nach dem jede Arbeitskraftersparnis a priori positiv zu beurteilen ist, noch immer verhaftet sind. Dabei spielt es oft keine Rolle, ob wir die dadurch gewonnene zusätzliche menschliche Energie überhaupt sinnvoll verwenden können oder nicht. Man kann den Körper eines Menschen oder eines Tieres als eine Maschine betrachten, die Nahrung in Energie umsetzt. Innerhalb eines weiten Bereichs mit klar definierten Ober- und Untergrenzen steigen der Hunger und die Nahrungsaufnahme im Ausmaß der körperlichen Aktivität an, während das Körpergewicht konstant bleibt oder leicht sinkt. Die konstante monotone Beziehung[36] zwischen körperlicher Aktivität und Hunger gilt allerdings an den beiden extremen Grenzen nicht mehr. Oberhalb der Obergrenze wird der Organismus durch zusätzliche körperliche

Aktivitäten überfordert, und sein Appetit wird *vermindert*, was zu stetigem Gewichtsverlust, Erschöpfung und schließlich zum Tode führt. Unterhalb der unteren Grenze *erhöht* eine weitere Verringerung der körperlichen Aktivität den Appetit und die Nahrungsaufnahme und führt zu einer ständigen Gewichtszunahme, die für unseren Körper und unsere Gesundheit fast genauso schädlich ist. Die Folgen werden nicht immer erkannt, aber jeder Bauer weiß, daß die beschränkte Bewegungsfreiheit und körperliche Aktivität eines Tieres dessen Nahrungsaufnahme und Gewicht schnell erhöhen. Und nach genau demselben Prinzip werden Küken, Mastochsen und alle anderen Arten von Schlachtvieh gemästet. Das Rezept zum Dickwerden ist beim Menschen keineswegs anders. In der Geschichte von Hänsel und Gretel schließt die alte Hexe Hänsel in einen Käfig ein, damit er sich nicht bewegen kann und dick wird. Die moderne Zivilisation tut heute so ziemlich genau dasselbe mit allen Männern, obwohl die Frauenbewegung diese Diskriminierung höchstwahrscheinlich noch abschaffen wird.

Natürlich ist der Mensch keine Maschine. Sein Ziel ist ja nicht der möglichst effiziente Einsatz seines Körpers, da er ja nicht versucht, mit möglichst geringen Kosten (in Form von Nahrungsaufnahme) eine bestimmte physische Leistung aus sich herauszuholen. Auf der einen Seite gibt es Menschen, die zusätzlich zu den Anforderungen ihres Berufs noch körperlich aktiv sind und Spaß daran haben, und zum anderen bringt den meisten Menschen das Essen gleichzeitig Genuß. Das heißt sie essen nicht nur, um verbrauchte Energien wiederzubekommen, sondern weil es ihnen Spaß macht. Innerhalb des lebensfähigen Bereichs, wo die Nahrungsaufnahme mit der körperlichen Aktivität steigt, paßt sich der Körper derartigen Präferenzen an und verarbeitet mühelos individuelle Unterschiede in diesen Präferenzen. So richtet sich zum Beispiel der persönliche Drang nach Aktivität nach der jeweiligen Art der Arbeit, nach dem individuellen Lebensstil und nach der Neigung oder Abneigung für oder gegen einen aktiven Sport. Das individuelle Aktivitätsniveau determiniert wiederum zusammen mit dem Körpergewicht den Grad des Kalorienverbrauchs. Wenn unsere Freude am Essen uns mehr Kalorien aufnehmen läßt, als wir benötigen, um die verbrauchte Energie zu erneuern, dann nehmen wir zu, bis der erhöhte Kalorienbedarf für dasselbe Aktivitätsniveau mit einem jetzt schwereren Körper wieder mit der Kalorienaufnahme überstimmt. Der Energieverbrauch des Menschen ist eine multiplikative Funktion des Körpergewichts und des Aktivitätsniveaus, das heißt, daß eine bestimmte Anpassung seines Körpergewichts den Energieverbrauch eines Menschen an seinen bevorzugten Kalorienverbrauch angleicht, der mit seinem jeweils bevorzugten Aktivitätsniveau einhergeht. Dieser einfache, sich selbst regulierende Prozeß bringt uns teilweise in den Genuß der von uns so gepriesenen freien Konsumwahl, aber unglücklicherweise scheint er nicht für Leute mit sitzender Lebensweise zu gelten, deren Aktivitätsniveau unter dem Normalwert liegt. Jemand, der viel sitzt und zu viel ißt, wird zunehmen, weil die zusätzliche Energie, die er für diese minimale Aktivität mit einem schweren Körper benötigt, nicht ausreicht, um seine überzähligen Kalorien aufzubrauchen und sein Gewicht auf einem vernünftigen Wert zu stabilisieren. Stattdessen wird sein Gewicht weiter ansteigen – oftmals sogar zu schnell – und damit gesundheitliche Schäden hervorrufen (Mayer 1968, 71 ff.). Wenn die Erhöhung seines Körpergewichts dann womöglich bei ihm bewirkt, daß er sich noch weniger bewegt, dann wird es noch schwieriger für ihn, seine Kalorien aufzubrauchen, so daß er noch weiter zunimmt.

Wir alle wissen, daß Inaktivität und Übergewicht gesundheitsschädlich sind. Übergewicht erhöht signifikant das Auftreten vieler Krankheiten (und vermindert das weniger anderer) (ebd., 102 ff.). Zuwenig körperliche Bewegung fördert Übergewicht und begünstigt damit Herzerkrankungen; und zwar teils, weil die Herzmuskulatur und die Arterien zu früh ihre Elastizität verlieren, und teils, weil sich bei jeder Art der Ernährung der Cholesterinspiegel und das Triglycerideserum im Blut erhöht. Dies fördert die Verhärtung und Verengung der Blutgefäße und begünstigt das Auftreten von Herzerkrankungen und Herzinfarkten (Fox/Skinner 1965). Aus einer 1965 durchgeführten vergleichenden Studie, in der 55 000 männliche Erwachsene, die im Health Insurance Plan von New York und Umgebung registriert waren (Frank u. a. 1966, 1022–39), hinsichtlich ihrer Aktivität bzw. Passivität untersucht wurden, ging hervor, daß bei den Herzkranzgefäßerkrankungen im allgemeinen und bei den Herzinfarkten im besonderen die Inaktiven typischerweise eine um fünfzig Prozent höhere Anfälligkeit und eine um zweihundert Prozent höhere Sterblichkeit zeigten. Ganz ähnliche Ergebnisse lieferte der Vergleich von Bauern und Nichtbauern in North Dakota, sowie der in England durchgeführte Vergleich von Postsortierern mit Postboten und von Busschaffnern (von Doppeldeckerbussen) mit Busfahrern. Auch die in einer israelischen Studie angestellten Vergleiche zwischen Leuten mit sitzender Lebensweise und solchen mit hoher körperlicher Aktivität erbrachten ganz ähnliche Resultate (Morris u. a. 1953, 1053, 1053; Zubel u. a. 1959, Brunner/Manelis 1960).

Ein weiterer Beweis ist die viel größere Häufigkeit von Herzkranzgefäßerkrankungen bei Männern als bei Frauen, die sich zugleich in der kürzeren Lebenserwartung der Männer niederschlägt. Die Mediziner schreiben diesen Unterschied hauptsächlich der Wirkung des Östrogens zu, des weiblichen Geschlechtshormons, das dem hohen Cholesterinspiegel entgegenwirkt, welcher durch schlechte Durchblutung bedingte (ischämische) Herzerkrankungen begünstigt. Aber die Richtigkeit dieser Theorie ist bisher noch nicht statistisch getestet worden und als Erklärung sicherlich nicht ausreichend. Triglyceride sind wie das Cholesterin fetthaltige Blutkörperchen, die bei den ischämischen Herzkrankheiten eindeutig eine wichtige Rolle spielen, und aus jeder statistischen Untersuchung geht deutlich hervor, daß sie im Blutplasma der Männer in signifikant höherer Konzentration vorhanden sind als in dem der Frauen sämtlicher Altersgruppen.[37] In Experimenten konnte auch immer wieder gezeigt werden, daß selbst eine geringe und kurzfristige körperliche Aktivität dramatische Auswirkungen auf den Triglyceridspiegel des Blutes hat, da sie ihn sofort senkt und mehrere Tage lang niedrig hält (Holloszy u. a. 1964, 753–60;

Vgl. a. Oscal u. a. 1972, 775–80). Gleichzeitig haben 1966 in den USA durchgeführte Freizeituntersuchungen gezeigt, daß berufstätige Männer an Werktagen im Durchschnitt 51 Minuten für Haushalt, Garten, Einkäufe, Autofahren und aktiven Sport aufwenden, während berufstätige Frauen bereits 164 Minuten und Hausfrauen sogar 387 Minuten damit verbringen. Der Unterschied ist also beträchtlich (Szalai 1972, Tab. 2–2.2, 2–2.4, 2–2.6, 583, 587, 591). Andere Fragebogenuntersuchungen, die sich nur mit Haushaltsarbeit befassen, bestätigen dieses Ergebnis und zeigen sogar noch größere Abweichungen.[38] Neben der hormonalen Argumentation besitzen wir hiermit noch eine weitere wichtige Erklärung für die größere Häufigkeit von Herzerkrankungen bei Männern als bei Frauen.

Nach Auffassung der Ernährungswissenschaftler befindet sich ein großer Teil der amerikanischen Bevölkerung unterhalb des minimalen Aktivitätsniveaus, bei dem das Gleichgewicht zwischen bevorzugter Kalorienaufnahme und bevorzugtem Aktivitätsniveau nicht mehr durch die minimalen Anpassungen des Körpergewichts wiederhergestellt wird. Das, was wir heute aus Freizeituntersuchungen über die Trägheit in punkto Laufen und körperliche Bewegung wissen, bestätigt diese Auffassung voll und ganz. Nach der 1966 durchgeführten UNESCO-Freizeituntersuchung, die zwölf Länder miteinander verglich, widmen die erwachsenen Amerikaner pro Tag durchschnittlich weniger als 8 Minuten der körperlichen Bewegung (sei es in Form von aktivem Sport oder von Spaziergängen), während die Einwohner von elf west- und osteuropäischen Ländern immerhin fast 20 Minuten damit verbringen (Szalai 1972, Tab. 2–1.1, 576f.).

Genau so wichtig wie das beobachtbare und testbare Verhalten ist die subjektive Vorstellung jedes Menschen von sich selbst. Wenn jemand den ganzen Tag lang von motorgetriebenen Maschinen und Geräten umgeben ist, die ihm bei jeder Bewegung, die er bei seiner Arbeit, zu Hause und beim Spiel macht, Energie sparen helfen, und wenn er dann den Rat seines Arztes befolgt, seine vorher so mühsam eingesparte Energie zu verschwenden, indem er um den Block herumläuft oder auf seinem Heimrad im Badezimmer strampelt, bringt er damit deutlich zum Ausdruck, daß er sich über das Irrationale seines eigenen Verhaltens sehr wohl im klaren ist. Andererseits ist der von der Gesellschaft auferlegte Druck, der ihn und andere zu diesem Verhaltensmuster zwingt, so stark, daß er sich ihm nicht entziehen kann. Dasselbe gilt auch für diejenigen, die Schlankheitskuren machen anstelle von Sport (vermutlich weil sie es weniger mühsam finden).[39] Und ihre Zahl wird immerhin auf fast siebzig Millionen Amerikaner geschätzt.

Aber ist es eigentlich wirklich so irrational, wenn wir unsere Kräfte so stark sparen, bis dies entweder unserer Gesundheit schadet oder uns zu ungewollter Bewegung zwingt oder aber uns bei unserer Ernährung Einschränkungen auferlegt? Wir müssen uns davor hüten, den Menschen allzu leichtfertig der Unvernunft zu bezichtigen; besonders wenn es auch eine andere Erklärung für sein Verhalten gibt.

Eine solche alternative Erklärung könnte zum Beispiel die folgende sein. Das Einsparen von Kraft geht gewöhnlich Hand in Hand mit dem Einsparen von Zeit. Wenn wir nun ersteres übertreiben, könnte dies nicht die unvermeidliche Konsequenz eines völlig rationalen Wunsches nach größerer Zeitersparnis sein? Die hohe Arbeitsproduktivität des heutigen Menschen und seine hohen Stundenverdienste machen seine Zeit überaus kostbar, und so ist es ohne weiteres denkbar, daß er mit allen Mitteln und zu jeder Gelegenheit versucht, Zeit zu sparen. Wenn er dabei unbeabsichtigt auch Energie spart, dann ist das doch nur vernünftig, den mit der Zeitersparnis verbundenen Gewinn mit dem Verlust aufzuwiegen, den die Erhaltung überschüssiger Energie mit sich bringt, und letzteren durch eine Schlankheitsdiät oder mehr körperliche Bewegung zu beseitigen – je nachdem, was der einzelne als weniger mühsam empfindet.

Das Argument erscheint plausibel, aber es wird durch das beobachtete Verhalten der Menschen widerlegt. Der heutige Städter verbringt fast täglich eine gewisse Zeit auf Rolltreppen – in Flughäfen, U-Bahn-Stationen, Warenhäusern, Büros etc. – und bei jeder Gelegenheit kann er entscheiden, ob er die Rolltreppe benutzt und damit etwas Zeit für das Einsparen von Kraft aufwendet oder ob er zu Fuß geht und zugunsten gesparter Zeit etwas mehr Energie opfert. Wir würden erwarten, daß manche Menschen sich für die erste Alternative und andere für die zweite entscheiden und daß es wieder andere gibt, die zwischen beiden abwechseln, je nach dem Zeitpunkt, dem Ort und der verfügbaren Zeit. Wenn die Rolltreppen so breit sind, daß zwei Personen nebeneinander stehen können, gibt es in vielen Ländern Hinweisschilder oder Lautsprecher, die die Menschen auffordern, sich auf der Rolltreppe rechts zu halten und diejenigen, die in Eile sind, links vorbeizulassen. Denn die Menge der Passanten besteht meistens aus Müßiggängern, die stehen, und Eiligen, die auf der Rolltreppe gehen oder laufen. In den USA sind die Rolltreppen genauso groß und beliebt wie überall, aber man sieht fast nie jemanden darauf laufen – weder nach unten noch nach oben. Wir haben niemals Rolltreppenregeln entwickelt – offenbar weil dazu keine Notwendigkeit bestand.[40] Hieraus ergibt sich die unausweichliche Folgerung, daß die meisten Amerikaner zwar Energie, aber keine Zeit sparen wollen. Insofern haben wir es hier offensichtlich mit dem Problem irrationalen Konsumverhaltens zu tun.

Wir sind durch Generationen hindurch darauf gedrillt worden, alle Einsparungen von Kraft als positiv zu betrachten. So erhöht die Einsparung von Arbeitskraft bei der Produktion die Arbeitsproduktivität und senkt die Kosten, wodurch wiederum die Gewinne der Arbeitgeber und meistens auch die Löhne der Arbeitnehmer steigen. Und im Haushalt bieten sich ebenfalls viele Möglichkeiten zu arbeitssparenden Neuerungen. Im Verlauf unserer ganzen Geschichte galt es immer als Statussymbol, keine Haushaltsarbeiten verrichten zu müssen. Und dies gilt auch heute noch, obwohl uns die Arbeit heute weniger von Hausangestellten, sondern vielmehr von Haushaltsgeräten abgenommen wird. Die heutige Gesellschaft versucht somit, in den beiden wichtigsten Gebieten der menschlichen Aktivität mit allen Mitteln Arbeitskraft zu sparen, und insofern ist es für den einzelnen nicht leicht, sich eingefleischten und generell akzeptierten Konventionen zu widersetzen, nur weil es in seinem Fall zufällig falsch ist. Die öffentliche Meinung läßt sich in solchen Dingen nur schwer eines Besseren belehren, und wir können von ihr nicht in kurzer Zeit eine Kehrtwendung um hundertachtzig Grad erwarten. Denn erst vor knapp fünfundzwanzig Jahren erschien in einer medizinischen Zeitschrift erstmals ein Brief, in dem die Frage aufgeworfen wurde, ob nicht statt der bisher vermuteten Anspannung vielmehr die Trägheit die Hauptursache für Herzerkrankungen in der heutigen Welt sei. Und die entsprechenden statistischen Erhebungen, die diese Annahme untersuchten und bestätigten, sind sogar noch jüngeren Datums.[41] Es wird also einige Zeit dauern, bis diese neu gewonnene Weisheit die alten Vorstellungen ersetzt.

Das Haushalten mit der Zeit

Da es uns nicht gelungen ist, das übertriebene Einsparen von Kraft durch dessen komplementäre Beziehung zur Zeitersparnis zu erklären, wollen wir uns nunmehr fragen, ob nicht in diesem Fall unsere übermäßige Kraftersparnis, die offenbar irgendwelchen anderen Faktoren zuzuschreiben ist, nicht andererseits wieder eine übermäßige Zeitersparnis mit sich bringt. Denn in der Regel lassen sich Zeit und Kraft nicht ohne weiteres trennen, das heißt sie werden gleichzeitig eingesetzt oder eingespart. Und obwohl ich nachgewiesen habe, daß die meisten Leute lieber Anstrengung als Zeit sparen, ist es dennoch möglich, daß sie die Zeitersparnis übertreiben. Wir würden erwarten, daß vor allem Lohn- und Gehaltsempfänger zu viel Zeit sparen, da ihre Arbeitswoche die bei weitem kürzeste ist und immer noch kürzer wird.

Allerdings erscheint die Gefahr der schlechten Zeiteinteilung sehr viel geringer als die des schlechten Haushaltens mit unserer Energie. Ein Mensch kann zum Beispiel sehr lange zu wenig Energie verbrauchen, ohne sich der Gefahren für seine Gesundheit bewußt zu werden, und bis er sie erkennt, kann seine übermäßige Bequemlichkeit zu einer eingefleischten Gewohnheit geworden sein, die sich schlecht wieder abstellen läßt. Meistens ist es dann einfacher, dieser Gewohnheit durch eine Schlankheitsdiät zu begegnen. Demgegenüber haben wir täglich eine vorgegebene Menge an Zeit zur Verfügung, die sich durch Veränderung unserer Schlafzeiten nur sehr geringfügig erweitern läßt. Die Langeweile ist das Zeichen dafür, daß wir an einem Tag zuviel Zeit eingespart haben.

Konzentrieren wir uns jetzt auf die Anreize, die eine über die Kraftersparnis hinausgehende Zeitersparnis begünstigen. Wir befinden uns hier in einer paradoxen Situation: Der Anstieg der Arbeitsproduktivität erhöht ständig den Wert der Zeit, der in den Lohn- und Stundensätzen der persönlichen Dienstleistungen zum Ausdruck kommt, und wir gehen ja instinktiv mit allem, was wertvoll ist, sorgfältig und sparsam um. Deswegen bemühen wir uns, durch den Einsatz zeitsparender Neuerungen immer mehr Zeit zu gewinnen – und dies um so mehr, je höher der Markt eine Arbeitsstunde bewertet. Andererseits ist jedoch der steigende Marktpreis der Zeit nicht Ausdruck ihrer zunehmenden Knappheit. Die Länge des Tages bleibt unverändert, und die Mehrheit der Leute, deren Arbeitswoche kürzer wird (und die sich auch immer mehr zeitsparende Gegenstände leisten können), haben ständig mehr Zeit zu ihrer freien Verfügung. Mit anderen Worten heißt dies, daß die Menge der Freizeit gleichzeitig mit deren Wert steigt, wobei letzterer an den Erzeugnissen gemessen wird, die man mit einem Stundenlohn kaufen kann. Wir würden erwarten, daß logisch denkende Menschen auf diese beiden Veränderungen entgegengesetzt reagieren. Aber wie verhalten wir uns tatsächlich, wenn beide zusammenwirken?

Diese Frage ist nicht leicht zu beantworten, da wir uns hier nur mit der breiten Masse beschäftigen – den unteren und mittleren Lohn- und Gehaltsempfängern – die als einzige von der kurzen und immer kürzer werdenden Arbeitswoche profitieren, deren Verhalten sich aber oft an dem der härter und länger arbeitenden Elite, den Akademikern, Selbständigen und leitenden Angestellten orientiert.

In letzter Zeit ist viel über das in unserer Gesellschaft zu beobachtende Paradoxon der »ausgebeuteten Mußeklasse« (The Harried Leisure Class, Linder 1970) geschrieben worden, deren hohe Stundenverdienste ihre Zeit so kostbar machen, daß sie es sich zeitlich nicht leisten können, ihr Leben zu genießen. Somit sind sie gezwungen, ihre Mahlzeiten im Laufschritt einzunehmen, das Vorspiel beim Liebesakt kurz zu halten, verkürzte Kirchengottesdienste zu besuchen, Bücher nur zu überfliegen und auf die Besichtigung der schönen Erdflecken zu verzichten, an denen sie ihre Konferenzen abhalten. Dies ist der Lebensstil unserer heutigen Elite. Dabei ist nicht etwa ihr Verhalten paradox, sondern vielmehr die Verwendung des Begriffes »Mußeklasse« für Leute, die kein Interesse an Muße haben und deren einzige Leidenschaft die Arbeit ist.

Der Durchschnittsbürger, der Lohn- und Gehaltsempfänger, ist diesem Beispiel gefolgt. So geht aus Untersuchungen über die Art und Weise, mit der er seine Zeit verbringt, hervor, daß er zwischen 1934 und 1966 einen großen Teil seiner »Muße-Aktivitäten« drastisch reduzierte: so zum Beispiel die Essenszeiten (von 107 auf 70 Minuten täglich), das Spazierengehen (von 22 auf 1 Minute) Kinobesuche (von 22 auf 3 Minuten), Radiohören (von 26 auf 4 Minuten), Kartenspielen (von 9 auf 4 Minuten), Zuschauen bei Sportveranstaltungen (von 7 auf 2 Minuten), Bücherlesen (von 22 auf 9 Minuten) und planmäßiges Reisen (von 129 auf 76 Minuten). Die knapp drei Stunden, die er dadurch einsparte, widmete er zur Hälfte dem Fernsehen und zur Hälfte verschiedenen anderen Beschäftigungen wie Einkaufen (34 gegenüber früher 16 Minuten), Besuchen (46 gegenüber 26 Minuten), Hausarbeit (140 gegenüber 95 Minuten) und Korrespondenz (6 gegenüber 3 Minuten) (Robinson 1967).

Der Übergang vom Radio zum Fernsehen läßt sich ziemlich eindeutig durch den technischen Fortschritt erklären, aber die meisten anderen Veränderungen zeigen eine Verlagerung von geplanten und vorbereiteten Aktivitäten hin zu ungeplanten und unvorbereiteten Zufallsbeschäftigungen. Und dies ist genau die Art Veränderung, die man erwarten würde, wenn die hohen Kosten der Zeit die Menschen zwingen, um jeden Preis Zeit zu sparen, so daß sie plötzlich mehr

Zeit haben als ihnen lieb ist. Es ist völlig logisch, daß man bei Aktivitäten, die im voraus entschieden, vorbereitet und geplant werden müssen, Zeit zu sparen versucht, und es ist genauso natürlich, daß man bei solchen Aktivitäten, die man jederzeit anfangen oder beliebig lange machen kann oder in die man ungewollt verwickelt wird, leicht Zeit vergeudet.

Das Fernsehen ist ein gutes Beispiel für eine derartige Zufallsbeschäftigung, und alles weist darauf hin, daß es oft genau diese Funktion hat. An Hand von Experimenten mit Zahlgeräten zeigte sich, daß die Öffentlichkeit nicht bereit ist, selbst die ausgesprochen geringe Stundengebühr von einem Zehntel eines Stundenlohnes für eine bessere Unterhaltung (wie neuere Filme und wichtigere Sportveranstaltungen) und für weniger oder gar keine Unterbrechungen durch Werbeeinblendungen zu zahlen.[42] Daraus geht eindeutig hervor, welchen geringen Wert die Menschen der Zeit beimessen, die sie vor dem Fernsehschirm verbringen. Gleichzeitig haben Fragebogenuntersuchungen gezeigt, daß die Fernsehzuschauer das gebotene Programm außerordentlich langweilig finden. Einer der Autoren einer solchen Untersuchung ist der Ansicht, daß man etwa zwei Fünftel aller Fernsehzuschauer als »unfreiwillige Zuschauer« bezeichnen könnte. Sie wurden unter anderem gefragt: »Haben Sie beim Fernsehen jemals das Gefühl, daß sie lieber etwas anderes machen würden, daß Sie sich aber nicht losreißen können?« und »Wie oft verspüren Sie dieses Gefühl in etwa?« 24% gaben »gelegentlich« an, 12% behaupteten »fast immer«. Dennoch sehen sie weiter fern. Tun sie dies nun aus Macht der Gewohnheit (Sucht), oder weil sie mit ihrer Zeit nichts besseres anfangen können?

Die starke Zunahme der für Hausarbeit aufgewendeten Zeit ist angesichts der vielen arbeitssparenden Haushaltsgeräte, die in dem betrachteten Zeitraum erfunden und verkauft wurden, äußerst überraschend. Dennoch läßt sich dieser Trend zuverlässig durch den Vergleich aller verfügbaren Freizeituntersuchungen belegen. Außerdem bestätigt er erstaunlich gut unsere These. Wir kaufen nämlich arbeitssparende Geräte, um Zeit zu sparen, aber da wir keine bessere Verwendung für die eingesparte Zeit haben, vergeuden wir sie ungewollt bei derselben Aktivität.

Eine weitere Zufallsaktivität, die sich näher zu betrachten lohnt, ist das Einkaufen. Ein wichtiger Grund, warum wir heute so viel mehr Zeit beim Einkaufen verbringen, sind wahrscheinlich die Supermärkte und anderen Selbstbedienungsgeschäfte, die dadurch Kosten sparen, daß ein großer Teil der Arbeit, den früher ein Angesteller erledigte, heute vom Kunden übernommen wird, und daß man diesen lieber an der Kasse Schlange stehen läßt, anstatt mehr Angestellte zu beschäftigen. Ein Teil der entstehenden Kostensenkung wird an den Kunden weitergegeben, der – wenn man nach der Beliebtheit solcher Läden urteilt – andererseits nur zu gern bereit ist, dort mehr Zeit zu verbringen, wenn er dadurch Geld spart. Die Selbstbedienung ist tatsächlich so beliebt, daß selbst Hersteller von Gebrauchsgütern Kosten einsparen können, indem sie das Aussuchen bestimmter Spielsachen, Möbel, Stereoanlagen und so fort dem Kunden selbst überlassen. Das Interesse der Anbieter an diesem System ist ganz offensichtlich durch den Anstieg der Arbeitskosten begründet. Andererseits erhöht aber derselbe Anstieg der Löhne und Gehälter den Wert der Zeit des Käufers, so daß dieser eigentlich immer weniger bereit sein müßte, viel Zeit beim Einkaufen zu verbringen. Dies ist aber eindeutig nicht der Fall. Die Frage ist nur, warum nicht. Eine Erklärung hierfür ist die ständige Erhöhung unserer Einkommenssteuern, die bewirkt, daß ein nicht ausgegebener Dollar im Vergleich zu einem verdienten Dollar immer wertvoller wird, da vom letzteren ja ein großer Teil weggesteuert wird. Die andere Erklärung ist die, daß die Zeit nicht nur immer wertvoller wird, sondern daß wir zugleich auch immer mehr davon haben, so daß das Einkaufen, zu dem man sich ganz kurzfristig entschließen kann, eine immer beliebtere Form des Zeitvertreibs wird.

Die Erhaltung unserer Gesundheit

Eine weitere Annehmlichkeit, deren Konsum wir entschieden zu weit getrieben zu haben scheinen, so daß wir möglicherweise sogar den Sättigungspunkt erreicht oder überschritten haben, ist die medizinische Versorgung. Unsere Pro-Kopf-Ausgaben für die Gesundheit sind absolut gesehen die höchsten und als prozentuale Anteile an unserem Einkommen gemessen die zweithöchsten in der ganzen Welt. Aber ihr Nutzen steht leider in keinem Verhältnis zu den Ausga-

Tabelle 7

Lebenserwartung und Kindersterblichkeit in entwickelten Ländern (1971 oder nach den letzten verfügbaren Schätzungen)

| Land | Lebenserwartung bei der Geburt | | | Kindersterblichkeit |
	insges.	männl.	weibl.	pro 1000 Geburten
Schweden	74,1	71,7	76,5	11,1
Niederlande	73,9	71,0	76,7	12,1
Norwegen	73,5	71,0	76,0	12,8
Island	73,5	70,8	76,2	13,2
Dänemark	73,3	70,8	75,7	14,2
Frankreich	72,4	68,6	76,1	17,1
Schweiz	72,1	69,2	75 (	14,4
Kanada	72,0	68,8	75,2	17,6
Ver. Kgrch.	72,0	68,8	75,1	17,5
USA (nur Weiße)	71,9	68,3	75,7	16,8
DDR	71,8	69,2	75,0	18,0
Israel	71,8	70,1	73,4	19,7
USA (insgesamt)	71,1	67,4	74,9	19,2
Bulgarien	70,8	68,8	72,7	24,9
Irland (Rep.)	70,8	68,6	72,9	19,6
Italien	70,7	67,9	73,4	28,3
Japan	70,6	69,1	74,3	12,4
Belgien	70,6	67,7	73,6	19,9
BRD	70,6	67,6	73,6	23,3

Quelle: U. N., *Demographic Yearbook 1972*, Tab. 22 und 27, 510–25 und 600–625.

ben. Weder sind unsere Durchschnittsraten der Sterblichkeit und Kindersterblichkeit die niedrigsten, noch ist unsere Lebenserwartung am höchsten; denn die meisten West- und Osteuropäer sowie die Japaner stehen in dieser Beziehung erheblich besser da als wir (vgl. Tabelle 7). Unsere Raten haben sich im Laufe der Zeit nicht mehr verbessert, und unsere Lebenserwartung hat sich sogar zwischen 1960 und 1970 sowohl absolut als auch im Vergleich mit anderen Ländern verschlechtert. Darüber hinaus haben Querschnittsanalysen gezeigt, daß Ausgabeunterschiede in der medizinischen Versorgung einen kaum merkbaren Einfluß auf Sterblichkeit und Lebenserwartung haben, woraus sich ergibt, daß ihr Grenzbeitrag für die Gesundheit gleich Null ist (Fuchs 1974, 174–93). Wenn wir eine hohe Lebenserwartung des Menschen als Hauptziel der medizinischen Versorgung betrachten, dann müssen wir uns damit abfinden, daß unsere hierfür getätigten Ausgaben bereits den Sättigungspunkt erreicht oder überschritten haben. Unser Wunsch nach einem längeren Leben ist vielleicht unbegrenzt groß, aber er geht nicht dadurch in Erfüllung, daß wir ständig mehr Geld für unsere Gesundheit ausgeben.

Wir haben hier zwar nur zusammengefaßte Schlußfolgerungen präsentiert, die aus aggregierten Daten abgeleitet sind, aber sie scheinen von detaillierteren und spezielleren Untersuchungen voll unterstützt zu werden. Für uns sind bei letzteren wohl vor allen Dingen diejenigen aufschlußreich, die sich mit der Nachfrage nach chirurgischen Leistungen befassen, da Operationskosten den Löwenanteil beanspruchen. Insofern hätten wir mit dem Nachweis und der Begründung unserer übertriebenen Nachfrage nach chirurgischen Leistungen bereits einen großen Teil unserer übermäßigen Gesundheitsausgaben erfaßt.

Im Idealfall sollte eine Operation von der Meinung eines Arztes und von dem Vorhandensein einer Krankheit abhängen. Wenn man allerdings die begrenzte Zahl von Chirurgen und Krankenhausbetten mit berücksichtigt, dann müßte der tatsächliche Wert noch unter dem Idealwert liegen. Deshalb überrascht es uns umso mehr, daß ein großer Anteil der chirurgischen Leistungen sich offensichtlich nicht so erklären läßt. Extreme Beispiele hierfür sind die Beschneidung sowie die Entfernung der Mandeln und der Polypen. Für die Beschneidung gibt es – außer religiösen – keine wirklich triftigen Gründe. Sie »scheint aus Gründen der Hygiene und Reinlichkeit und manchmal aus bloßem Nachahmungsdrang der Juden und Araber vorgenommen zu werden«, aber zum Glück ist ihr Schaden genauso minimal wie ihr Nutzen. Leider trifft dies nicht für die beiden anderen Fälle zu, die immerhin eine Sterblichkeitsrate von 1:1000 aufweisen, und bei denen in 15,6 Fällen von 1000 ernsthafte gesundheitliche Komplikationen und in noch höherem Maße emotionale Störungen auftreten.

»Bei nur zwei bis drei Prozent der gesamten Bevölkerung im Kindesalter ist die Entfernung der Mandeln oder Polypen wirklich notwendig . . . Doch trotz ihrer (der Mandeloperation) ausgesprochen dürftigen wissenschaftlichen Rechtfertigungsgründe müssen annähernd zwanzig bis dreißig Prozent der Kinder in den meisten Staaten diese Prozedur über sich ergehen lassen. Dabei kann zwar der Druck der Eltern ein wichtiger Bestimmungsgrund für die Operationsentscheidung des Arztes sein, obwohl die zahlreichen aus der Vergangenheit überlieferten Fehlinformationen seine Einstellung vermutlich beeinflussen oder zu seiner ... Bereitschaft, dem Wunsch der Eltern nachzugeben, beitragen könnten ... Die Mandeloperation wird sehr viel häufiger an den Kindern reicher Eltern mit akademischen Berufen und Managerberufen vorgenommen. Diese Tatsache reflektiert möglicherweise einfach deren rein materielle Fähigkeit, die Operation bezahlen zu können. Aber sie kann auch ein Ausdruck dafür sein, daß die Entfernung der Mandeln und Polypen mit gesellschaftlichem Status gleichgesetzt wird. Darüber hinaus werden beschnittenen Jungen in ihrer Kindheit (in den USA) mit siebenmal höherer Wahrscheinlichkeit die Mandeln herausgenommen als nicht beschnittenen Jungen (Bolande 1969, 591–96).

Leider sind dies nicht die einzigen Operationen, die häufiger durchgeführt werden, als vom medizinischen Standpunkt her angebracht erscheint. In den einzelnen Ländern und sogar in den einzelnen Regionen desselben Landes wichen die Häufigkeiten der verschiedenen Operationsarten sehr stark voneinander ab. Inwieweit dies als Beweis für eine übertriebene bzw. zu geringe Operationsfreudigkeit in dem einen oder in dem anderen Gebiet zu interpretieren ist, läßt sich nur schwer sagen, aber das vorhandene Beweismaterial legt trotz seiner unterschiedlichen Überzeugungskraft nahe, daß die Mandeln, Polypen und die Vorhaut nicht die einzigen Körperteile sind, deren sich viele Leute ohne triftigen Grund entledigen.

Aus internationalen Vergleichen der Häufigkeit von Operationen in den Vereinigten Staaten, Kanada, England und Wales und Schweden geht hervor, daß in Nordamerika doppelt so viele Operationen durchgeführt werden wie in europäischen Ländern. Und diese Differenz wird noch größer, wenn man die absoluten Werte in den einzelnen Ländern nach Alter und Geschlecht aufgliedert. Außerdem zeigt ein Vergleich dieser Werte mit der Häufigkeit des Auftretens und des tödlichen Ausgangs dieser Krankheiten, die durch chirurgische Eingriffe geheilt werden sollen, daß die anderen nicht etwa zu wenig Operationen, sondern wir einfach zu viele haben (Vayda 1973, 1224–29; Bunker 1970, 135–44; Pearson u. a. 1968, 559–66).

So hat eine ökonometrische Untersuchung der Häufigkeit chirurgischer Eingriffe bei den Blue Cross-Versicherten von Kansas gezeigt, daß die in den zehn verschiedenen Regionen des Staates (außer Kansas City und Umgebung) festgestellten Werte um mehr als das Dreifache voneinander abweichen, und daß diese Abweichungen mit regionalen Unterschieden in den Krankenhauskapazitäten und in der Anzahl von Chirurgen und Ärzten stark korreliert sind. Nach Auffassung der Autoren dieser Studie waren die regionalen Unterschiede im Bedürfnis- und Einkommensniveau so geringfügig, daß man sie als mögliche Ursachen für derart große Abweichungen ausschließen kann.

»Die Gründe für diese starken Abweichungen in den normalen chirurgischen Eingriffen dürfen wir weniger bei Unterschieden in den vorherrschenden oder häufigsten Krankheiten unter der Bevölkerung oder aber bei deren Krankheitsverhalten suchen, (obwohl) wir natürlich am liebsten unterstellen würden, daß Krankenhausbetten und Ärzte sich genau auf die Gebiete konzentrieren, in denen die meisten Leute mit Blinddarm- oder Gallenblasenerkrankungen wohnen ... Die geschilderten Ergebnisse können auch als Beweis für eine medizinische Variante des Parkinsonschen Gesetzes interpretiert werden, das heißt, die Zahl der Operationspatienten steigt, damit die Betten,

Operationssäle und die Zeit der Chirurgen besser ausgelastet sind.« (Lewis 1969, 882 ff.).

Diese Untersuchungen dokumentieren zwar überzeugend, daß wir effektiv zu viele chirurgische Eingriffe vornehmen, aber sie liefern keine Erklärung dafür. Die hohe Korrelation zwischen der Zahl der Operationen und der Chirurgen, die sowohl in der Kansas-Studie als auch in einem englisch-amerikanischen Vergleich erzielt wurde, legt nahe, die Chirurgen hierfür verantwortlich zu machen, aber die meisten Autoren sehen die Schuld eher bei den Patienten.

»Der Chirurg läßt sich möglicherweise von dem Wunsch leiten, unbedingt seine Dienstleistungen »verkaufen« zu wollen, aber ein noch wichtiger Faktor kann der Wunsch des Patienten sein, eine Behandlung zu »kaufen«. Der amerikanische Patient stellt hohe Ansprüche an die Leistungen der Medizin und besonders der Chirurgie – dies gilt umso mehr, wenn er eine höhere Schulbildung hat. Dabei steigt seine Ungeduld, mit der er für sein Magengeschwür einen schnellen operativen Eingriff oder für das Fieber seines Kindes ein Antibiotikum verlangt, proportional mit seinem Wohlstand . . . Die Mediziner haben für ihr Produkt zu stark geworben, indem sie ihren Erfolg übertrieben und gleichzeitig ihre Grenzen heruntergespielt haben – mit dem Ergebnis, daß die Nachfrage der Patienten ihren eigentlichen Bedarf bei weitem übersteigt. Und ein Arzt kann den Forderungen der Patienten nur schwer widerstehen. Wenn der Patient . . . – in der Hoffnung auf sofortige Heilung – eine Magenresektion der Mühe und Unannehmlichkeit einer medizinischen Behandlung vorzieht, wird er von dem zögernden Chirurgen zu einem anderen überwechseln, der sofort zu diesem Eingriff bereit ist. Dasselbe Prinzip gilt natürlich für die gesamte Medizin. Häufig ist auch der Fall des Kinderarztes, der nur zu bereitwillig den Wünschen der Mütter nach der Behandlung mit Antibiotika nachgibt und dadurch zwangsläufig mehr Patienten hat als der therapeutisch vorsichtigere Kollege nebenan.« (Bunker 1971, 20 ff.)

In diesen Zusammenhang paßt noch ein anderes Phänomen, das unsere übersteigerten Gesundheitsausgaben äußerst gut illustriert, nämlich die übertriebene Einnahme und Rezeptur von Medikamenten.

1972 gaben die Amerikaner sechs Milliarden Dollar für verschreibungspflichtige Medikamente aus. Natürlich können wir den Anteil der überflüssigen und schädlichen Arzneien an dieser Summe nicht genau bestimmen. Aber es gibt Schätzungen, nach denen von den 1,3 Milliarden Dollar, die für die gefährlichsten verschriebenen Arzneimittel, die Antibiotika, ausgegeben wurden, mehr als die Hälfte für unnötig gehalten wird. Nach Ansicht des Bureau of Drugs der Food and Drug Administration ist die Hälfte der in den Krankenhäusern verschriebenen Antibiotika überflüssig. (*Examination of the Pharmaceutical Industry*, 1973–74. Hearings, 93. Cong., 1. u. 2. Sitz. 1974, Teil 2, 568). Und die Health Research Group (Washington D.C.) vermutet, daß die amerikanischen Erwachsenen in- und außerhalb der Krankenhäuser etwa »das Fünffache an Antibiotika (ohne Exporte) in diesem Lande verbrauchen, als sie tatsächlich benötigen« (ebd., 636. Die jährlichen »Kosten«, die uns durch Abwehrreaktionen auf diese Arzneimittel entstehen, werden auf 30000 Tote und 2,25 Milliarden Dollar an Behandlungskosten geschätzt, wobei mindestens die Hälfte oder sogar mehr der Todesfälle (und vermutlich auch der Behandlungskosten) vermeidbar wäre (ebd., 565, 642). »Diese Beispiele (und viele andere) machen deutlich, daß zu viele und häufig falsche Medikamente verschrieben und damit Millionen Dollar vergeudet sowie Tausende von Menschenleben verschlissen werden«, um mit den Worten des Direktors der Health Research Group vor einem Untersuchungsausschuß des Kongresses zu reden (ebd., 643). Dabei ist völlig ungeklärt, wem man die Schuld anlasten soll: den Pharmaherstellern, den Ärzten oder den Patienten? Fest steht jedoch, daß alle in gewissem Maße mitschuldig sind, also auch der Patient, der die »Zeche« letztlich zahlen muß.

Das Haushalten mit Sorge und Mühe

Bisher haben wir drei Fälle besprochen, in denen die Konsumentenpräferenzen für eine Annehmlichkeit nicht nur nach objektiven Maßstäben übertrieben erschienen, sondern den Konsumenten selbst auch nach ihren subjektiven Normen irrational vorkamen, nachdem sie die Gültigkeit dieser Maßstäbe anerkannt hatten. Im folgenden wollen wir uns mit einem Fall beschäftigen, bei dem eine Annehmlichkeit wiederum bis zum Exzeß betrieben wird, die aber dennoch andersartig ist, weil hier keine Irrationalität – im engsten individualistischen Sinne des Wortes – im Spiele ist.

Zeit und Kraft sind nicht die einzigen Faktoren, mit denen wir täglich haushalten müssen und mit denen wir manchmal sogar etwas zu sparsam umgehen. Ein anderer Faktor ist die Sorge oder Mühe, die sich manchmal nur schwer von der Zeit und der physischen Anstrengung trennen läßt, da alle komplementär sind. Unter der Sorge verstehen wir den geistigen Aufwand des Denkens, Planens, Erinnerns, Beurteilens, Entscheidens und der Verantwortlichkeit. Im Gegensatz zur Zeit ist ihre Menge unbegrenzt, und unser Körper ist nicht – wie bei der physischen Anstrengung – auf ein bestimmtes Minimum an Sorge angewiesen, um gesund zu bleiben. Aber sie gleicht diesen beiden Faktoren insofern, als unsere Kapazität des Sorgens beschränkt ist. Da wir mit einem »schönen Leben« viel Muße und wenig Sorgen verbinden, versuchen wir natürlich, uns so wenig Sorgen wie möglich zu machen.

Ich habe behauptet, daß der einzelne oft zu sparsam mit seiner Zeit und seiner Energie umgeht, wodurch ein Überangebot entsteht, welches anschließend häufig vergeudet wird. Und ich habe dieses Verhalten als irrational bezeichnet, selbst wenn es angesichts des Konflikts zwischen den gegenwärtigen Tendenzen und den überlieferten Traditionen, die auf den Konsumenten einwirken, ganz natürlich erscheint. Bei der Sorge liegt das Problem dagegen etwas anders. Der Konflikt besteht hier nicht zwischen den überholten Anschauungen und den diesen nicht mehr angemessenen Umständen, sondern zwischen dem, was dem Individuum als vernünftig erscheint, und dem, was für die Gesellschaft gut ist. Meine Absicht ist jedoch nicht, die Rationalität des individuellen Planens in Frage zu stellen, sondern ich möchte einfach behaupten, daß in diesem Fall selbst eine rationale Planung falsch sein und zuviel Sorglosigkeit mit sich bringen kann. Eine derartige Freiheit ist nicht etwa deswegen schlecht, weil wir immer ein bestimmtes Minimum an Sorge benötigen, sondern weil wir unsere übermäßige Sorglosigkeit teuer »bezahlen«.

Die meisten Menschen machen sich nicht die Mühe, beim Verlassen eines Raumes das Licht auszuschalten und das Radio oder den Fernseher abzustellen.

Der Grund hierfür kann sein, daß wir uns einfach die Mühe sparen wollen, daran denken zu müssen, oder aber daß wir den kurzen Augenblick des unangenehmen Suchens im Dunkeln bei unserer Rückkehr vermeiden wollen. Viele Vorstädter halten es auch nicht für nötig, beim Weggehen ihr Haus abzuschließen. Außerdem gehen wir ausgesprochen großzügig mit unserer Nahrung um, indem wir die Reste wegwerfen, statt sie bei einer anderen Mahlzeit oder als Tierfutter zu verwerten. Die Tiere lassen sich ja auch viel bequemer aus einer Schachtel oder Dose füttern. Wir finden es leichter, Gebrauchsgüter zu ersetzen als sie zu reparieren, da wir die mit einer Reparatur verbundene Mühe scheuen. Ich habe bereits einen guten Indikator für unseren Genuß dieser und ähnlicher Annehmlichkeiten genannt – nämlich die Müllmenge, die wir ständig produzieren. Weitere Beispiele sind die zahlreichen Dienstleistungen, die der Konsument heute kauft, um sich selbst die Mühe des Planens seiner Ferien, der Vorbereitung von Partys, des Einrichtens und Gestaltens der Wohnung, der Kombination von Kleidungsstücken und so fort zu ersparen.

Ein etwas anderer Fall ist unser gedankenloses Einkaufen. Wir machen uns nur selten die Mühe, ganz in unserem eigenen Interesse zu kaufen und den größten Nutzen für unser Geld zu erzielen, indem wir uns nach der besten Qualität oder dem niedrigsten Preis umsehen. Wir beschweren uns nur höchst selten über ein schlecht zubereitetes Gericht in einem Restaurant, sondern wir schlukken unseren Ärger lieber stillschweigend mit dem schlechten Essen hinunter. Schließlich scheinen wir gelegentlich – und sogar ziemlich häufig – auch nicht zu bemerken, wenn jemand in Not ist, weil er einen Herzanfall auf der Straße hat, verletzt auf der Straße liegt oder an einer belebten Kreuzung angefahren wird. (Eine detaillierte Untersuchung des letzten Beispiels befindet sich bei Latane/Darley 1970). In der Zeitung werden immer mehr derartige Fälle berichtet. Ein kürzlich in San Francisco durchgeführtes Experiment hat gezeigt, daß sich tatsächlich niemand um einen jungen Mann kümmerte oder nach seinem Befinden erkundigte, der am hellichten Tage geknebelt, gefesselt und mit »Blut« beschmiert auf einem öffentlichen Platz lag. Auch hier scheint die Erklärung darin zu liegen, daß man nicht belästigt oder in eine Sache verwickelt werden will, obwohl zweifellos auch die Angst mitspielt.

Natürlich bringt das Unbehelligt-Bleiben Vorteile mit sich, aber es hat auch seinen Preis. Die Frage ist, wieweit wir bereit sind, diesen zu zahlen. Der Preis kann sowohl monetär als auch nichtmonetär sein oder aber beides; er kann von dem betreffenden Konsumenten, von anderen oder von beiden Seiten getragen werden müssen. In der Regel kann man sich ziemlich gut darauf verlassen, daß der Konsument sorgfältig die Kosten gegen den Nutzen abwägen wird, wenn nur er allein betroffen ist und wenn es sich ausschließlich um monetäre Kosten handelt. In den meisten anderen Fällen bewirkt das rationale Verhalten der Menschen jedoch, daß sie ihre Sorglosigkeit übertreiben, weil sie deren tatsächliche und volle Kosten unterschätzen.

Dieses Dilemma, das in der theoretischen wirtschaftswissenschaftlichen Literatur als das »prisoner's dilemma« bekannt ist, gilt für nahezu alle von uns betrachteten Fälle. So bringen individuelle Entscheidungen über ein vernünftiges Maß an Sorge, die auf dem rationalen Abwägen des Für und Wider basieren, fast unvermeidlich einen Verlust für die Gesellschaft und ihre Mitglieder mit sich, sobald diese Sorge mit Vorteilen verbunden ist, die der einzelne nicht mit berücksichtigt, weil sie entweder zu indirekt sind, um wahrgenommen zu werden, oder weil sie teilweise oder ganz anderen Menschen zugute kommen. Das Einkaufsverhalten illustriert ein Prinzip, das in vielen Situationen unseres Lebens zu beobachten ist. Um hier Abhilfe zu schaffen, darf man sich nicht auf die individuelle Rationalität verlassen, sondern muß als motivierende oder zumindest modifizierende und unser Verhalten bestimmende Kraft auf eine Zwangsregelung oder einen moralischen Imperativ zurückgreifen.

Die Einführung, Befolgung und Durchsetzung genereller Verhaltensregeln, deren Beachtung allen Vorteile bringt, ist ein ausgesprochen rationales Verhalten. Im Unterschied zu der bisher besprochenen individuellen Rationalität kann man es als gesellschaftliche oder höhere Rationalität bezeichnen. Höher insofern, als es einer höheren Intelligenz und Einsicht bedarf, um zu erkennen, daß wir durch eine Vereinbarung, die unser Verhalten bestimmten Regeln unterwirft, einen größeren Vorteil erhalten als durch eine Abmachung, die uns (aber auch anderen!) völligen Freiheitsspielraum gewährt.

Diese Art höherer Vernunft ist manchmal gesetzlich abgesichert. Denken wir nur an die Verkehrsregeln. Es ist eindeutig vorteilhafter für uns, wenn wir uns an sie halten, als wenn sich jeder beim Autofahren allein von seiner persönlichen Vernunft leiten ließe. Andererseits ist aber der Erlaß von Regeln und ihre amtliche Durchsetzung nur dann sinnvoll, wenn sich das erwünschte Verhalten auch tatsächlich durch Verbote erzielen läßt. So sind Gesetze, Satzungen und Regelungen dann sinnlos, wenn das gesellschaftlich optimale Verhalten Initiative und Handlungsfreiheit verlangt.

Daraus ergibt sich die Notwendigkeit moralischer Imperative und ungeschriebener Gesetze: Zum Beispiel Richtlinien des Handelns, die sich aus religiösen und ethischen Maximen ableiten lassen, gesellschaftliche Konventionen, den Pfadfinder-Codex, Regeln für adäquates »bürgerliches« und kavaliersmäßiges Verhalten und ähnliches. Solche Regeln gibt es in jeder Gesellschaft in Hülle und Fülle, und sie hängen eng mit den Prinzipien der individuellen und gesellschaftlichen Vernunft zusammen. Theoretisch ist die Abgrenzung von individueller und gesellschaftlicher Rationalität relativ einfach und eindeutig, aber in der Praxis liegt das Verhalten der meisten Menschen irgendwo zwischen diesen logischen Extremen. In der Regel sind sich die Menschen weder über die Existenz dieser Einflüsse noch über deren relative Bedeutung für ihr Handeln im klaren.

Außerdem ist das Behagen, das wir empfinden, wenn wir anderen helfen können, schon so etwas wie ein moralischer Imperativ, weil es ein Verhalten bewirkt, das unsere selbstsüchtige persönliche Rationalität ideal ergänzt. Denn wenn jemand Befriedigung daraus zieht, seinen Mitmenschen etwas Gutes tun zu können, wird er dabei sorgfältiger vorgehen, als wenn er dasselbe für sich selbst täte. In der Sprache der Ökonomen *internalisiert* diese Form des Statusstrebens die externen Vorteile der Sorge und nähert damit das durch die persönliche Vernunft bedingte individuelle Verhalten an das gesellschaftliche Optimum an.

Die These, daß wir das Haushalten mit der Sorge übertreiben, läuft demnach auf folgendes hinaus. Unsere egoistische individuelle Rationalität wird gar nicht oder nur wenig durch ethische und religiöse Maximen oder durch das eben erwähnte Statusstreben verändert. Ich möchte dazu zwei Beispiele bringen, bei denen genau dies passiert und bei denen der dabei entstehende gesellschaftliche Verlust ganz offen zutage tritt.

Ein Beispiel für mühesparendes Verhalten ist die bei den Amerikanern zu beobachtende Tatsache, daß sie sich nicht besonders schön anziehen, wenn sie an irgendeinen öffentlichen Treffpunkt gehen. Der Gewinn, den wir dadurch erhalten, daß wir uns *nichts* Besonderes anziehen, ist ziemlich groß, während der damit verbundene Verlust in den Augen mancher Leute nur einem bürgerlichen Vorurteil entspringt. Die Europäer sind in dieser Beziehung sehr viel formeller und traditionsbewußter als wir, was möglicherweise auf ihr größeres Klassenbewußtsein zurückzuführen ist. Ich frage mich nur, ob dies der wirkliche Grund ist. In England tragen viele Frauen und Männer der Arbeiterklasse Abendgarderobe aus Verleihhäusern, im sozialistischen Stockholm oder im kommunistischen Budapest ist die elegante Aufmachung für die Oper oder für Theaterpremieren genauso verbreitet und üblich wie im kapitalistischen München oder Paris. Diese Sitte verleiht dem Anlaß einen sehr festlichen Anstrich und verschönert zugleich die breite Masse des Publikums. Für die Sänger und Schauspieler bietet dies oft einen Anreiz, sich mehr anzustrengen, damit die Zuschauer einen größeren Genuß haben, als es sonst vielleicht der Fall wäre. Daß dies tatsächlich so ist, wird fast durch alle diesbezüglichen Daten bestätigt.

So ist zum Beispiel eindeutig erwiesen, daß sich eine ästhetische Umgebung sowohl auf die menschliche Leistungskraft als auch auf das Urteil über ihre Wahrnehmungen positiv auswirkt. Experimente haben gezeigt, daß die Versuchspersonen dieselben Gegenstände in einem schönen Raum erheblich besser beurteilten als in einem häßlichen Raum und daß sie ihre Arbeit in einem schönen Raum weniger monoton, ermüdend und angenehmer empfanden, als in einem häßlichen Raum (Mintz 1956, 459–66). Diese und ähnliche Ergebnisse haben die Industrie veranlaßt, ihre Arbeitsplatzgestaltung neu zu durchdenken, aber unser Konsum blieb bisher noch unberührt von diesen Erkenntnissen.

Bei dem zweiten Beispiel geht es wieder um das bereits besprochene Einkaufen.

Die meisten Amerikaner verstehen unter rationalem Verhalten, daß sie sich bei ihren täglichen Einkäufen möglichst die Mühe des sorgfältigen und kritischen Auswählens sparen. Demgegenüber scheinen die Europäer keinen noch so großen Aufwand an Zeit, Aufmerksamkeit, Nerven und Schuhsohlen zu scheuen, wenn es um das Handeln, Feilschen, Vergleichen, das Ausfindigmachen der besten Marke, des niedrigsten Preises und der besten Sorte geht. Sie scheinen dies fast als eine Art Sport zu betreiben. Es kann aber auch sein, daß sie damit das Sachverständnis des Verbrauchers sowie seine »Überlebensfähigkeit« oder Emanzipation unter Beweis stellen wollen, indem sie ständig darauf achten, daß kein Geschäftsmann sie über's Ohr haut oder ausbeutet.

Unabhängig von den Gründen zwingt ein solches Verhalten natürlich die Produzenten, sich dem Konsumentengeschmack anzupassen und ein abwechslungsreiches Angebot sowie gute Qualität zu bieten. Gleichzeitig verbessert es die Korrelation zwischen Preis und Qualität, wodurch sich wiederum die für ein sorgfältiges Einkaufen erforderliche Mühe und Zeit verringern.

Inwieweit läßt sich nun unsere Gedankenlosigkeit beim Einkaufen nachweisen? Wenn das kritische Verhalten der Käufer wirklich dazu führt, daß sich in den Marktpreisen Qualitätsunterschiede widerspiegeln, dann müssen die Preisunterschiede, die sich nicht durch die Qualität erklären lassen, ein Beweis für gedankenloses Einkaufen sein. In der amerikanischen Wirtschaft können wir zahllose Beispiele hierfür finden. Bei vielen Haushaltsgeräten und anderen Gebrauchsgegenständen werden völlig identische Modelle und Marken in unterschiedlichen Geschäften zu unterschiedlichen Preisen angeboten. Dasselbe gilt für die meisten Nahrungsmittel und Kleidungsstücke. Ausländische Amerikatouristen sind immer wieder über die enormen Preisunterschiede erstaunt, die zum Beispiel ein so standardisiertes homogenes Gut wie das Benzin bei uns hat. Nach einer im August 1974 von der San Francisco Consumer Action durchgeführten Untersuchung kostete in San Francisco das teuerste Normalbenzin einer bestimmten Oktan-Zahl dreißig Prozent mehr als das billigste. Noch größere Preisunterschiede lassen sich im Flugverkehr beobachten. Abgesehen von den besonders billigen Ausflugs-, Nacht-, Jugend-, Familien- und Charterflügen berechnen auch die einzelnen Luftfahrtgesellschaften und Reisebüros für einen einfachen Linienflug sehr stark divergierende Preise. So kann das Flugticket den vom Civil Aeronautics Board vorgeschriebenen Preis um bis zu 31,5% übersteigen. Eine 1972 durchgeführte Stichprobenuntersuchung hat erbracht, daß von 31 gekauften Flugkarten für einen einfachen Linienflug 20 zu teuer waren und daß der durchschnittliche Aufpreis 20,7% betrug (*How Airlines Overcharge on Connecting Flights*: Consumer Reports, Mai 1972, 321–24).

Alle verfügbaren Daten bestätigen, daß es in Europa keine entsprechenden Preisunterschiede gibt, aber leider ist das diesbezügliche Datenmaterial äußerst spärlich. Nur die Franzosen besitzen aussagefähige offizielle Statistiken, aber diese erfassen leider nur Güter, für die es in anderen Ländern keine vergleichbaren Zahlen gibt. In Amerika veröffentlichen nur die »Consumer Reports« Preisvergleiche, während in Europa die deutschen Zeitungen »DM« und »test« ähnliche Informationen liefern. Allerdings erscheinen mir nur die Angaben für Waschmaschinen sowie für Kühlschränke und Gefrierkombinationen voll vergleichbar mit den unseren zu sein. In Amerika wich der höchste Preis einer bestimmten Marke eines Waschmaschinenmodells bei 14 Modellen im Durchschnitt um 32,8% von dem niedrigsten dafür verlangten Preis ab, während in Deutschland die Abweichung nur 15,1% betrug. Bei den Durchschnittswerten für Kühl- und Gefrierkombinationen ergab sich für 13 amerikanische Modelle eine Abweichung von 33,9% gegenüber 12,5% für die 16 auf dem westdeutschen Markt angebotenen Modelle. Offensichtlich besteht zwischen den beiden

Märkten ein nicht unerheblicher Unterschied, der sich nur durch die viel höhere Wettbewerbsintensität des deutschen Marktes erklären läßt, welche wiederum durch die größere Sorgfalt des deutschen Käufers garantiert und erzwungen wird.[43]

Als weiteres Glied in unserer Beweiskette wollen wir nun die Eigenschaften und die Qualität amerikanischer und europäischer Produkte vergleichen, oder noch besser, uns deren Vergleich durch die Käufer selbst ansehen. Sämtliche amerikanischen Importe von Konsumgütern aus Europa werden auch in den Vereinigten Staaten hergestellt – und zwar in erheblich größeren Mengen. Die Importe machen nur selten mehr, meistens weniger als 20% unseres Gesamtverbrauchs von einem spezifischen Gut aus. Normalerweise ist das importierte Gut eine teurere Version (zumindest vom Endverkaufspreis her), das von den Reichen und Wählerischen gekauft wird – vermutlich weil es sowohl von der Qualität als auch vom Design und der Form her besser ist oder aber im Detail anziehender wirkt als das amerikanische Gegenstück dazu.

Und die Zeiten, in denen diese Unterschiede typisch waren für die billige Massenproduktionsweise der Amerikaner und für die teurere arbeitsintensive Herstellungsweise der Europäer, deren Schwerpunkt auf handgearbeiteten, handwerklichen und kundenorientierten Waren lag, sind längst vorbei. Heute sind Produkte wie Schweizer Uhren, italienische Schuhe, deutsches Bier, schwedische Bestecke und britische Autos genauso massenproduziert wie unsere eigenen Fertigwaren und werden oftmals sogar mit denselben Maschinen hergestellt. Aber warum sind sie dennoch besser als die amerikanischen Uhren, Schuhe, Biere, Bestecke und Autos? Unsere eigenen Industrien sind immerhin mindestens genauso groß, wenn nicht größer, genauso gut ausgerüstet, haben denselben Zugang zu den Rohstoffen, und unsere Qualitätskontrolle, Ingenieure, Designer und Stilisten sind sicher nicht schlechter als andere. Detroit besitzt bestimmt das entsprechende technische Wissen und entsprechend qualifizierte Designer, um ein ebenso gutes Auto wie den Mercedes-Benz oder ein so unkompliziertes Auto wie den Volkswagen zu produzieren. Wisconsins Brauereien sind sicher in jeder Beziehung mindestens gleichrangig mit denen von Mexiko und Kanada, und unsere Nahrungsmittelhersteller, Schuhfabrikanten etc. sollten in der Lage sein, verglichen mit den Importen qualitativ gleichwertige Produkte herzustellen. Dennoch kommen die qualitativ besseren Waren immer aus Übersee. Wie läßt sich dies erklären? Wir werden umsonst nach einer Erklärung suchen, solange wir diese nur auf der Produktionsseite vermuten.

Der Grund muß vielmehr bei dem kritischeren Verhalten der europäischen Käufer gesucht werden; denn dadurch sind die europäischen Produzenten, die sich in erster Linie an ihren anspruchsvolleren, qualitätsbewußten Märkten orientieren, gezwungen, eine größere Vielfalt, subtilere Formen, bessere Qualität und ein größeres Sortiment anzubieten als die amerikanischen Hersteller. Da letztere einen sorglosen und weniger kritischen Konsumenten befriedigen, können sie ihre Gewinne am besten dadurch maximieren, daß sie es mit ihrem

Angebot etwas weniger genau nehmen und ihren Absatz durch niedrigere Preise erhöhen – und genau dies tun sie natürlich auch.

Der amerikanische Käufer europäischer Importe profitiert von den hohen Qualitätsmaßstäben, die die pedantische Nachfrage des europäischen Käufers den Herstellern abverlangt, und er braucht deswegen selbst kein besonders sorgfältiger Kunde zu sein. Er ist also eine Art »Parasit«, der von dem sorgfältigen Einkaufsgebaren anderer profitiert, ohne selbst für die Mehrkosten an Zeit und Energie aufkommen zu müssen, die ein sorgfältiges und aggressives Einkaufen erfordert. Dies erklärt, warum es sich für die amerikanischen Hersteller nicht lohnt, sich auf diese Nachfrage einzustellen, indem sie die qualitativ hochwertigen Importe auszustechen versuchen. Dies ist angesichts der oft exorbitant hohen Preise der importierten Güter umso erstaunlicher. Die amerikanischen Konsumenten scheinen bereit zu sein, für den »Ruf« der europäischen Importe einen monetär hohen Preis zu zahlen, das heißt sie bezahlen eine gute Qualität lieber mit Bargeld als mit kritischem Verbraucherverhalten.[44]

Tabelle 8

US-Importe von Fertigprodukten nach Bedeutung, ausgedrückt als Anteil am gesamten US-Verbrauch (Durchschnittswerte von 1965–1969)

	Prozent
Personenkraftwagen und Fahrgestelle	8
Radio- und Fernsegeräte	15
Alkoholische Getränke außer Branntwein	27
Schuhe (außer Gummi)	7
Uhren	17
Wein und Branntwein	19
Käse	3
Damenhandtaschen und Geldbörsen	14
Porzellan, Eß- und Küchengeschirr	38
Musikinstrumente und Ersatzteile	11
Silberwaren und silberbeschichtete Waren	10
Regenmäntel und andere imprägnierte Oberbekleidung	10
Bestecke	9
Töpferwaren	22
Feine Steingutwaren	32
Lederhandschuhe und Fäustlinge	29
Teppiche, Läufer, Matten (außer gewebter Ware)	20
Regenschirme, Sonnenschirme und Spazierstöcke	24
Andere Handschuhe	14
Parfums, Rasierwasser und Kölnisch Wasser	2

Quelle: *U. S. Commodity Exports and Imports as Related to Output, 1970 und 1969*, U.S. Department of Commerce, 1973, Tab. 1B, 14–17.

Tabelle 8 zeigt die Importe und heimische Produktion aller Konsumgüterkategorien, in denen Importe eine wichtige Rolle spielen. Dabei fällt auf, wie gering der Anteil dieser Importe am Gesamtkonsum ist. Interessanterweise wird unsere These auch durch die Exportstatistiken bestätigt. Wir exportieren in erster Linie solche Fertigwaren, die von professionellen Einkäufern gekauft werden, deren Erfahrung und sorgfältige Auswahl an die Hersteller hohe Anforderungen stellen. Flugzeuge, Maschinen und medizinische Ausrüstungsgegenstände (im Gegensatz zu normalen Möbeln) sind nur einige Posten. Eine volle Liste unserer wichtigsten Fertigwarenexporte zeigt Tabelle 9.

Tabelle 9

Die wichtigsten Industrieexporte der USA nach vierstelligen SIC-Gütergruppen in der Reihenfolge ihrer Bedeutung (Durchschnittswerte 1965–1969) (in Millionen Dollar)

Automobilteile und Zubehör	$ 1427,4
Flugzeuge	1261,7
Baumaschinen und -ausrüstung	1130,6
Elektronische Datenverarbeitungsgeräte, Rechen- und Buchungsmaschinen	608,7
Organische Industriechemikalien	550,0
Flugzeugteile und Zubehör	547,9
Kunststoffe und Harze	481,4
Landwirtschaftliche Maschinen	441,0
Unorganische Industriechemikalien	407,6
Branchenspezifische Maschinen	364,6
Flugzeugmotoren und -motorteile	318,9
Fotografische Ausrüstung und Zubehörteile	318,9
Pumpen und Kompressoren	312,1
Sojabohnenöl und -produkte	302,7
Reis und Reisabfälle	296,4
Mechanische Meß- und Kontrollinstrumente	282,9
Papier- und Pappeerzeugnisse	249,1
Halbleitergeräte	234,0
Kupfer	230,3
Chemische Präparate	227,9

Quelle: *U. S. Commodity Exports and Imports as Related to Output, 1970 und 1969*, U.S. Department of Commerce, Bureau of the Census, 1973, Tab. 1A, 10–13.

Sämtliche oben angeführten Fälle veranschaulichen wichtige Aspekte eines angenehmen und bequemen Lebens und unterstützen meine These, daß unser Streben nach diesen Annehmlichkeiten und unser Wunsch, sie aufrechtzuerhalten, übermäßig stark ist – »übermäßig« orientiert sich hier nicht an einer Norm, sondern heißt nur, daß wir sie entweder in größeren Mengen erhalten, als wir sie gebrauchen können, oder bis zu einem Punkt in Anspruch nehmen, an dem sie uns mehr schaden als nutzen. Und ihretwegen verpassen wir viele andere Aspekte eines wirklich schönen Lebens, denen wir uns nunmehr zuwenden wollen.

Kapitel 9
Ist unser Leben zu langweilig?

In Anekdoten wird der Europäer immer als lebensfreudiger, frivoler und schlauer Mensch hingestellt, während der Amerikaner als nüchtern, hart arbeitend und genügsam gilt. Läßt sich aber diese Vorstellung angesichts der eindeutigen Fakten und Statistiken aufrechterhalten? Wir besitzen heute genügend Datenmaterial, um die Konsumgewohnheiten der Amerikaner und Europäer genau zu erfassen und zu vergleichen. Hierfür bietet sich zunächst das Essen bzw. die Eßgewohnheiten an, da die meisten Menschen einen großen Teil ihres verfügbaren Einkommens dafür ausgeben.

Das Essen

Grundsätzlich empfindet der Mensch beim Essen sowohl Behagen als auch Lust. Aber hinsichtlich der Intensität und Stärke der mit dem Essen verbundenen Lust sowie der Mühe, die einzelne Menschen für die Gaumenfreuden aufzuwenden bereit sind, lassen sich in den verschiedenen Gesellschaften äußerst große Unterschiede beobachten.

So scheinen die Franzosen das Essen sehr viel mehr zu genießen als zum Beispiel die Briten, und dieser Unterschied schlägt sich deutlich in ihren Ausgaben nieder. Mitte der sechziger Jahre waren der durchschnittliche Lebensstandard und das Realeinkommen in beiden Ländern etwa gleich hoch, aber die Franzosen gaben 28% ihres Einkommens für Nahrung aus, während die Engländer nur 22% dafür anlegten (Durchschnittswerte für 1965–67, basierend auf U. K. *Annual Abstract of Statistics 1972*, 209; Niaudet 1970, 79).

Der Vergleich der »Essenslust« der Amerikaner mit der anderer Nationalitäten ist allerdings nicht ganz so einfach. Obwohl sie einen noch geringeren Prozentsatz ihrer Ausgaben für Nahrung verwenden als die Briten – oder die Einwohner irgendeines anderen Landes – muß dies noch nichts heißen, da sie gleichzeitig mit den höchsten Lebensstandard haben. Und wir müssen bei unserem Urteil das sogenannte »Engelsche Gesetz« mit berücksichtigen, das eine der eindeutigsten Gesetzmäßigkeiten ökonomischen Verhaltens beschreibt. Es besagt nämlich, daß mit zunehmendem Einkommen der Anteil der Nahrungsmittelausgaben sinkt. Deshalb müssen wir uns zwangsläufig nach anderen Beweisen umsehen.

Die Amerikaner sind einerseits für ihr großes Interesse an einer richtigen Ernährung und andererseits für ihr Desinteresse an den Freuden des Essens bekannt. Unsere Nahrung gilt im allgemeinen als einfach und wenig genußreich, da ihr Hauptziel ist, gesund und nahrhaft zu sein. Ich möchte in diesem Zusammenhang die Einleitung eines wissenschaftlichen Textes über die Auswahl und Zubereitung der Nahrung zitieren: »In diesem Lande eines verschwenderischen und fast beschämenden Überflusses hat die Mehrheit der Amerikaner noch niemals die Erfahrung eines versiert aufeinander abgestimmten, guten, aufwendigen Essens gemacht.« (Dietz 1961–65, Bd. 1, V) Diese Aussage übt zwar Kritik an der Angebotsseite, aber letztlich hängt es natürlich auch von der Nachfrage ab, inwieweit das Angebot wirklich stimulierend und genußvoll ist.

Der Nährwert der Lebensmittel wird von der Natur bestimmt, aber die Lust und das Interesse daran werden erst durch den Koch geweckt, der durch die Auswahl und Zubereitung der Zutaten, durch die Mischung der Aromas, durch die Zusammenstellung der Gerichte sowie durch die Kontrolle der Beschaffenheit, ihrer Temperatur und Farbenkombination und dergleichen mehr Vielfalt, Abwechslung, Neuheit und Raffinesse bietet. Dabei erfordert die Kochkunst außer einem echten Interesse an den Gaumenfreuden eigentlich keine besonderen Fähigkeiten. Deshalb gibt es auch in den Ländern, in denen fast jeder ein Feinschmecker ist, immer sehr viele gute Köche, da die Freude am Kochen sehr oft mit der Freude am Essen einhergeht. Nach offiziellen französischen Untersuchungen über Freizeitbetätigungen kochen 22,1 Prozent der Franzosen und 75,6 Prozent der Französinnen ausgesprochen gern, und 4,2 Prozent der Männer sowie 6,6 Prozent der Frauen betrachten das Kochen als ihre Lieblingsbeschäftigung. Das Backen scheint dagegen eher eine Spezialität der Frauen zu sein; denn nur 8,5 Prozent der Männer, aber immerhin 77,0 Prozent der Frauen backen gern. Und nur 1,8 Prozent der Männer und 5,4 Prozent der Frauen geben es als ihre Lieblingsbeschäftigung an (Le Roux 1970, Bild 61, 48).

Diese Zahlen stimmen haargenau mit der fast sprichwörtlichen Tatsache überein, daß das Essen für die Franzosen eine große und wichtige Quelle der Lust ist.

In Amerika gibt es keine entsprechenden Untersuchungen, so daß sich der Leser seine eigenen Gedanken über die jeweiligen Prozentzahlen machen muß. Es ist äußerst schade, daß wir hierzu keine Daten besitzen, da sie wahrscheinlich der beste Beweis für die Koch- und Eßlust der Amerikaner wären. Es gibt sicherlich nur wenig Menschen, die sich selbst eingestehen oder sich dessen bewußt sind, daß sie nicht fähig sind, das Essen zu genießen. Bei der Beurteilung unserer Kochkünste und Kochleidenschaft fällt es uns dagegen erheblich leichter, ehrliche und zuverlässige Angaben über uns zu machen.

Außerdem verstehen es die meisten Menschen besser, die Nachteile anderer zu beobachten als ihre eigenen Fehler zu sehen. Aus dieser Tatsache läßt sich eine grundlegende Gemeinsamkeit zwischen Amerikanern und Engländern erklären, nämlich die Tatsache, daß beide die Küche der anderen Nation schlecht finden. Ich möchte ausdrücklich wiederholen: Was uns am meisten fehlt, ist die Fähigkeit, uns unserer Geschmackssinne richtig zu bedienen. Die Fähigkeit des Kochens ist demgegenüber eine abgeleitete Fähigkeit, die jeder mühelos lernen kann, der gern gut ißt. Wir wissen bisher noch sehr wenig darüber, welche Rolle die angeborenen Fähigkeiten zur Ausübung unserer Geschmackssinne spielen, aber es erscheint naheliegend, daß genau wie beim musikalischen Gehör fast alle Menschen eine potentielle musikalische Veranlagung besitzen, daß diese jedoch nur bei wenigen weiterentwickelt wird.

Amerikaner, die China, Polen und Ungarn bereist haben, waren oft von dem hervorragenden Essen überrascht, obwohl die Zutaten keineswegs außergewöhnlich waren. Entscheidend hierfür scheint einfach die richtige Zusammenstellung der Zutaten und das große Interesse zu sein, das die Bevölkerung generell dem Essen entgegenbringt. Andererseits gibt es kaum ausländische Besucher, die sich positiv über die amerikanische Küche geäußert haben. Der Grund für diesen Mangel an Lob hat sicherlich nichts mit der Qualität der von uns angebauten Nahrungsmittel zu tun, sondern hängt nur mit unserem extremen Desinteresse am Essen zusammen.

Es ist erwiesen, daß die gute Küche und der Spaß am Essen keineswegs vom Einkommen oder von der Zugehörigkeit zu den oberen Schichten abhängt. Ganz im Gegenteil, die enorme Vielfalt der Zutaten in der europäischen, chinesischen und mexikanischen Küche beruht vor allem auf der Tatsache, daß die armen Leute alles überhaupt Eßbare verwenden müssen und daß sie diese Zutaten mit möglichst viel Fantasie genießbar zu machen versuchen. Bei vielen italienischen und ungarischen Gerichten dienen Spaghetti als Grundnahrung und gelten häufig als »Arme-Leute-Essen«. Bei manchen der exquisitesten Rezepte der französischen Küche bestehen die Hauptzutaten aus Gehirn, Kalbsbries oder Kutteln. Wahrscheinlich sind sie von den armen Feinschmeckern erfunden worden, die sich die besseren Teile der Tiere nicht leisten konnten. Und die Bouillabaisse hat ihren Ruhm bestimmt ebenfalls der Armut der Fischer zu verdanken, die einfach gezwungen waren, sämtliche Innereien mitzuverarbeiten. Und die Reichen waren clever genug, um von den kulinarischen Fähigkeiten der Armen zu profitieren. Unsere amerikanische Küche ist durch unseren Hochmut gegenüber den Innereien, die bei anderen Völkern als Delikatesse gelten, sowie durch unseren ausschließlichen Konsum einer einzigen Pilzsorte und durch unsere zahlreichen diätetischen Selbstbeschränkungen regelrecht verarmt. Die daraus resultierende Monotonie unserer Nahrung kann man nur als die selbstgewählte Armut der Reichen bezeichnen.

Man könnte dem natürlich entgegenhalten, daß man von einer Nation, die ständig diät lebt, kaum ein Interesse an den Freuden des Essens erwarten kann, aber dies reicht als Erklärung noch nicht ganz aus. Denn unsere Diätvorschriften stammen erst aus der jüngsten Vergangenheit, während unser Desinteresse am Essen und die Schlichtheit unserer Küche bereits auf die puritanische Ethik der Gründungsväter zurückgehen.[45]

Ein bekannter mexikanischer Dichter und Diplomat drückte diesen Tatbestand kürzlich so aus:

»Der Genuß ist eine Vorstellung (Empfindung), die der herkömmlichen Yankee-Küche fremd ist . . . (Es) ist eine Küche ohne Geheimnisse: einfach, ungewürzt, nahrhaft. Es gibt keine Raffinessen. Die Mohrrübe bleibt eine Mohrrübe, die Kartoffel schämt sich nicht ihres Kartoffelcharakters, und das Steak ist ein blutiger Gigant. Sie entspricht einer Überlieferung der demokratischen Tugenden unserer Gründungsväter: aufrichtiges Kochen, ein Gang folgt dem anderen, wie die sensiblen und freimütigen Worte einer tugendhaften Rede. Genau wie die Tischmanieren der geladenen Gäste sind auch die Beziehungen zwischen den verschiedenen Zutaten und Gewürzen, direkt und geradeheraus . . . Verboten sind verbergende Soßen und Verzierungen, die das Auge anregen und den Geschmack verändern. Die strenge Trennung der einzelnen Zutaten entspricht der Zurückhaltung, die bei Sexual-, Alters- und Klassenverhalten vorgeschrieben ist. In anderen Ländern ist die Mahlzeit eine »Kommunion«, und dies nicht nur für die am Tisch Sitzenden, sondern auch für die Zutaten. Demgegenüber ist eine amerikanische Mahlzeit eine Mischung aus Puritanismus und Verboten.« (Paz 1972, 74)

Es ist ziemlich schwierig, eine derart beredte Behauptung statistisch zu belegen. Wir wissen ja nur zu gut, daß sich Qualität häufig nicht quantitativ erfassen läßt, und derselben Schwierigkeit sehen wir uns gegenüber, wenn wir die Anregungs- oder Genußkomponente von dem reinen Nährwert des Essens trennen wollen. Soßen sind das einzige Nahrungsmittel, das ausschließlich dazu dient, dem bloßen Nährwert des Essens noch Interesse, Vielfalt und Genuß hinzuzufügen. Insofern ist die Tatsache, daß die Amerikaner fast keine Soßen verwenden, höchst bedeutsam – und zwar umso mehr, als die Soßen gleichzeitig auch die Funktion haben können, mindere Qualität oder mangelnde Frische zu verbergen. Insofern sind die Angaben über die Frische und Qualität der »Rohstoffe« unser bester verfügbarer statistischer Indikator für den Wert, den die Konsumenten dem Essensgenuß beimessen.

So schmeckt zum Beispiel Gemüse frisch oder tiefgefroren sehr viel besser, als wenn es aus Dosen kommt oder vorher getrocknet wurde. Deshalb ist der Anteil frischer und tiefgefrorener Gemüsesorten an der Gesamtheit aller verbrauchten Gemüsearten ein guter Maßstab für das Interesse der Köchin oder des Kochs – und dementsprechend des Konsumenten – am Essensgenuß und für ihre oder seine Bereitschaft, mehr Geld dafür zu bezahlen oder mehr Zeit und Mühe bei der Zubereitung aufzuwenden. Die Daten zeigen, daß der amerikanische Konsument nur zwei Drittel seines Gemüses – ausgehend vom Nettogewicht – frisch oder tiefgefroren kauft, während der entsprechende Anteil bei den Europäern immerhin drei Viertel beträgt.

Beim Obst, das man am besten roh essen sollte, ist die Grenze zwischen frischem Obst auf der einen Seite und verarbeitetem Obst (tiefgefroren, in Dosen, getrocknet und als Saft) auf der anderen Seite ganz eindeutig. Auch hier liegen wir mit 62 Prozent frischem Obst hinter dem westeuropäischen Anteil von 87 Prozent zurück.

Beim Fleisch gibt es praktisch keinen Unterschied zwischen frisch und tiefgefroren, und geräucherte Würste und Räucherfleisch werden vor allem wegen ihres besonderen

Tabelle 10

Nahrungsqualität (Mitte 1960), Anteil der qualitativ hochwertigen Güter am Gesamtkonsum

	Anteil von Frischobst am gesamten Obstverbrauch	Anteil des frischen und gefrorenen Gemüses am gesamten Gemüseverbrauch	Anteil der Butter am gesamten Butter- und Margarineverbrauch	Anteil des frischen, gefrorenen und geräucherten Fleisches am gesamten Fleischverbrauch[a]
Italien	97.9	76.7	99.9	93.9
Frankreich	93.3	79.4	84.7	94.7
Belgien	89.6	80.8	51.9	86.6
Schweden[b]	87.3	82.5	46.2	76.3
BRD	87.2	81.6	46.0	92.7
Niederlande	80.9	72.2	10.8	84.6
U.K.	72.8	72.5	67.8	(90.4)[c]
Gewichteter Durchschnitt für die obigen Länder	87.2	77.6	68.6	90.5
USA	62.0	67.4	34.0	66.0

[a] Ohne Hackfleisch, Frischwurst und Wurstfleisch.
[b] Den schwedischen Prozentzahlen liegen Wertangaben zugrunde.
[c] Dieser Wert ist vermutlich zu hoch, da er Hackfleisch enthält, für das keine gesonderten Angaben verfügbar waren.

Quellen: Italien, Frankreich, Belgien, Deutschland, Niederland: *Budgets Familiaux 1963/64*, Office Statistique des Communautés Européennes, Brüssel 1966, Série Spéciale 2, 3, 4, 5, 6.
U.K.: *Household Food Consumption and Expenditure: 1969*, Tab. 9, 49–51, Ministry of Agriculture, Fisheries and Food, London: HMSO, 1971.
Schweden: *The Family Expenditure Survey 1969, Preliminary Results*. Meddelande No. P 1971:9, Stockholm: National Central Bureau of Statistics, 1971.
USA: *Food Consumption of Households in the United States, Spring 1965*. Household Food Consumption Survey 1965–66, Report No. 7, U.S.D.A. Research Service, 1968. Data on meat from private communication of Dr. T. Kreiing.

Geschmacks geschätzt. Dementsprechend unterscheiden wir hier am besten zwischen frischem, tiefgefrorenem und geräuchertem Fleisch einerseits und Hackfleisch, Wurstfleisch und Wurst andererseits. Es ergibt sich, daß bei den Amerikanern zwei Drittel ihres gesamten Fleischverbrauchs aus frischem, gefrorenem und geräuchertem Fleisch bestehen, während dieser Anteil bei den Europäern immerhin neun Zehntel beträgt. Dieser enorme Unterschied erklärt sich teilweise durch unseren Wunsch, alle minderwertigen Fleischteile in unverbesserter Form – wie zum Beispiel als »Hamburger« – zu konsumieren, während andere Länder dieses Fleisch mit Soßen und Beilagen anreichern, um seine mindere Qualität zu kompensieren oder zu verbergen.

Bei Butter und Margarine gibt es einen ähnlich großen Qualitätsunterschied. Auch hier macht unser Butterkonsum 34 Prozent des Gesamtverbrauchs an Brotaufstrichen aus gegenüber 68 Prozent in Westeuropa.[46] Die genauen Einzelheiten und ihre Quellen sind in Tabelle 10 zusammengefaßt.

Für Kaffee gibt es keine entsprechenden Angaben (Verkauf von Kaffeebohnen als Anteil am Gesamtumsatz), aber da der vorgemahlene Kaffee sehr stark an Aroma verliert, so daß man nicht mehr die Qualität der Bohne erkennen kann, verwenden die Hersteller von vakuumverpacktem gemahlenem Kaffee meistens minderwertige Qualität – und nach unserer Statistik scheinen wir Amerikaner gerade diesen besonders viel zu trinken. Gemessen am Gesamtumsatz zu Weltmarktpreisen ist die Mischung, die wir trinken, um 6 Prozent billiger als der Durchschnittskaffee in West- und Osteuropa und sogar 20 Prozent billiger als der Kaffee, den die Schweden und Westdeutschen trinken. Nur der italienische Espresso ist ein »Arme-Leute-Kaffee«, der zwar besser geröstet und frischer ist, aber aus einer billigeren Mischung hergestellt wird (F. A. O. *Trade Yearbook 1971,* Tab. 64, 245).

So überraschend diese Zahlen auch zunächst erscheinen mögen, sie bestätigen letztlich doch nur das, was eigentlich überall bekannt ist: daß wir Amerikaner das Essen weniger genießen als die Westeuropäer. Wir geben (in absoluten Beträgen) wahrscheinlich nicht weniger Geld für das Essen aus als sie, und unsere Ernährung muß auch – abgesehen vom Geschmack – keineswegs minderwertiger sein als ihre. Dafür achten wir viel zu sehr auf den Nährwert und auf eine ausgewogene Ernährung. Außerdem ist unser Fleischverbrauch deutlich höher als der europäische. Gleichzeitig wäre es sicherlich falsch, die geringere Frische unserer Nahrungsmittel der Verstädterung und den größeren Schwierigkeiten bei der Verteilung zuzuschreiben. Denn die USA sind auf keinen Fall stärker verstädtert als die industrialisierten europäischen Länder. Daß dies nicht der Grund sein kann, legen auch informelle Befragungen von Hausfrauen nahe, nach denen in großen europäischen (und kanadischen) Städten frisches Gemüse und Obst geschmackvoller und Lebensmittel qualitativ besser sind als in vergleichbaren amerikanischen Städten. Der Geschmack von Obst hängt weitgehend von dessen Reifegrad beim Pflücken ab, und dieser ist wiederum negativ korreliert mit der Verderblichkeit beim Transport und den Verteilungskosten. Unsere weniger gut schmeckenden Früchte sind deswegen oft auch billiger, und wenn unsere Produzenten und Verteiler zugunsten eines billigen Preises auf bessere Qualität verzichten, dann tun sie dies wahrscheinlich als Reaktion auf die Präferenzen der Konsumenten und auf deren Bereitschaft, für einen niedrigeren Preis eine minderwertige Qualität in Kauf zu nehmen.

Natürlich kann der Konsument durch Gleichgültigkeit gegenüber dem Essen häufig Geld und oftmals sogar auch Zeit und Energie sparen. Und wenn er bereit ist, Obst und Gemüse in Dosen oder als Saft zu akzeptieren – obwohl auch frische Waren verfügbar sind – dann spart er sogar bei allen drei Faktoren. Genau dasselbe Motiv gilt sicher auch für seinen Wunsch nach vorgeschnittenem Brot, gemahlenem Kaffee und Gewürzen, Vanillearoma, Knoblauchsalz, getrockneten Zwiebeln und Kartoffeln, vorgekochtem Reis, Soßenpulver und abgepacktem Fertigmehl.

Somit verdankt die Nahrungsmittelindustrie ihre Existenz dem Wunsch des Konsumenten, Arbeit zu sparen. Darüber hinaus profitiert sie von diesem Wunsch, weil die Verwendung künstlicher Aromas, minderwertiger Zutaten und billiger Füllstoffe kostensparend wirkt. Das Vermeiden dieser Nachteile ist nur eine Kostenfrage. Die Tatsache, daß sich die billigen und minderwertigen Sorten in diesem äußerst wettbewerbsintensiven Markt halten können, ist wieder ein Beweis für die Bereitschaft des Konsumenten, zugunsten von Einsparungen auf guten Geschmack zu verzichten. Denn unsere wohlschmeckenderen Fertignahrungsmittel wie Käse, Marmelade, Dosenfleisch, Bier beziehen wir vornehmlich aus dem Ausland – vermutlich weil unsere Nachfrage nach diesen »Mode-Lebensmitteln« nicht ausreichend groß oder nicht kritisch genug ist, um eine heimische Produktion lohnend zu machen. Angesichts der hervorragenden Qualität unserer Rohstoffe sowie der hohen Effizienz und des technischen Wissens unserer nahrungsmittelverarbeitenden Industrie läßt sich kaum ein anderer Grund vorstellen.

Die Mehrzahl unserer arbeitssparenden Speisen und vorgefertigten Lebensmittel bewirkt, daß ein ziemlich großer Teil des Interesses, der Vielfalt, der Feinheit und des Essensgenusses verlorengeht, wobei diese nachteiligen Effekte kumulativ wirken. Man würde vielleicht erwarten, daß sie auch im Hinblick auf die Arbeitsersparnis ähnlich kumulative Effekte aufweisen, aber die verfügbaren Zahlen lassen diesen Schluß nicht zu.

So geht aus international vergleichbaren Freizeituntersuchungen von 1966 hervor, daß der Durchschnittsamerikaner täglich 69,8 Minuten beim Essen verbringt und damit fast eine halbe Stunde weniger Zeit für die Mahlzeiten aufwendet als die Europäer mit 96,1 Minuten. Dieser Unterschied ist vielleicht sogar der eindeutigste und stärkste Beweis für unser geringes Interesse am Essen und für unsere geringe Genußfähigkeit. Ein Historiker für Technologie erklärte dies damit, daß in unserer Ernährung die Lebensmittel überwiegen, die speziell zubereitet sind, um die Anstrengung des Kauens möglichst zu vermeiden, wie zum Beispiel »Hamburger« (30 Prozent des gesamten Fleischverbrauchs), Früchte in zerkleinerter Form oder Saftform (31 Prozent des Obstverbrauchs), Milch-Shakes, Kohlsalat, zerkleinerter Brotaufstrich und Brot »von der Beschaffenheit eines Schwammes, (das) schon vor Erreichen des Mundes halb vorgekaut gekaut ist« (55 Prozent des gesamten Brotverbrauchs) (Giedion 1948, 204). Auf jeden Fall widerlegt diese Theorie nicht meine Auffassung.

Vorgefertigte Nahrungsmittel sind aber eigentlich dazu gedacht, die Zubereitungszeit zu verkürzen, und nicht, um Zeit beim Essen zu sparen. Derartige Einsparungen bei der Zubereitung kommen jedoch nicht in den Zahlen der Freizeituntersuchungen zum Ausdruck. Die Amerikaner verbringen im Durchschnitt täglich 44,1 Minuten mit der Zubereitung ihrer Mahlzeiten – das sind nur 1,4 Minuten weniger als die Feinschmeckerfranzosen, die eine Salatsoße in der Flasche noch nicht einmal in die Hand nehmen würden. Und auch der Unterschied zwischen dem westeuropäischen Durchschnittswert von 49,9 Minuten ist nur um 5,8 Minuten höher als der unsere. Wenn man noch berücksichtigt, daß die Amerikaner sehr viel häufiger auswärts essen, dann ist die Differenz praktisch gleich Null (Szalai 1972, Tab. 2–1.1., 576 f.). Angesichts unseres großen Verbrauchs an Fertig- oder Halbfertignahrung ist dies immerhin ziemlich überraschend. Aber könnte nicht auch hier die Erklärung darin liegen, daß der Verbraucher zwar mehr Zeit einspart, die er für irgend etwas anderes zur Verfügung hätte, daß er aber die in der Küche eingesparte Zeit weitgehend auch dort wieder vergeudet?

Freizeit und Urlaub

Nach der Nahrung ist die Freizeit der Hauptausgabeposten und der Bereich menschlicher Aktivität, den man auf der Suche nach Daten, die die Konsumentenpräferenzen zwischen Anregung und Wohlbehagen reflektieren, unbedingt analysieren muß. Ein großer Teil der Freizeitausgaben wird eher für Behagen als für Anregung aufgewendet. Außerdem werden fast zwei Drittel dieser Ausgaben nicht für die Freizeit selbst, sondern für die in der Freizeit verwendeten dauerhaften Güter ausgegeben. Insofern sind die statistischen Daten über die gesamten Freizeitausgaben, wie sie vom Statistischen Amt der Vereinten Nationen (United Nations Statistical Office) erfaßt werden, für unsere Zwecke nicht sehr nützlich, obwohl sie zeigen, daß der Anteil dieser Ausgaben an den gesamten Konsumausgaben kleiner ist als der der Westeuropäer (vgl. Tabelle 11). Um aussagefähige Angaben zu machen, müssen wir noch mehr ins Detail gehen.

Tabelle 11
Ausgaben für Freizeit und Unterhaltung (1968)

Land	Gesamte Konsumausgaben[a] (in Milliarden der nationalen Währung)	Ausgaben für Freizeit und Unterhaltung	(als % der Gesamtausgaben)
Schweden	73.100	6.600	9.0
Frankreich	380.400	32.700	8.6
Belgien	657.700	54.700	8.3
Italien	29,740.000	2,404.000	8.1
Norwegen	34.727	2.758	8.0
BRD	297.300	23.400	7.9
Großbritannien	27.020	2.088	7.7
Niederlande	51.240	3.110	6.1
USA	538.900	30.000	5.6
Kanada	40.987	1.879	4.6
Luxemburg	23.446	.971	4.1

[a] Verbrauch der Haushalte und privaten gemeinnützigen Institutionen.

Quelle: *Yearbook of National Accounts Statistics, 1969,* United Nations, S. 220, 231.

Beim Urlaubmachen ist der eigentliche Zweck der Freizeitgestaltung – die Suche nach Anregung – noch am offensichtlichsten. Egal ob wir ihn als eine Gelegenheit zum Kennenlernen anderer Länder und deren Sehenswürdigkeiten, zur sportlichen Betätigung, zum Kennenlernen der Natur, zum Lesen oder zu einer für uns ungewohnten Form der Unterhaltung betrachten, oder ob es nur eine Möglichkeit ist, aus unserem täglichen Trott auszubrechen und einfach etwas anderes zu tun – Urlaub ist und bleibt immer eine Quelle der Stimulierung im ursprünglichsten und besten Sinne des Wortes. Glücklicherweise besitzen wir hierzu viele gute und ziemlich vergleichbare Statistiken.

So gibt es in Frankreich für das Jahr 1969 und in den USA für das Jahr 1972 groß angelegte staatliche Stichprobenuntersuchungen über Ziel und Häufigkeit der Urlaubsreisen. Aus ihnen geht hervor, daß 67,8 Prozent der französischen Bevölkerung gegenüber 54,0 Prozent der amerikanischen Bevölkerung Urlaubsreisen mit einer Dauer von mindestens drei Nächten oder vier Tagen unternahmen. Die entsprechenden Anteile für einen Aufenthalt von mindestens sechs Nächten oder sieben Tagen betrugen in Frankreich 60,8 Prozent und in den USA dagegen 30,25 Prozent. Die durchschnittliche Urlaubslänge belief sich in Frankreich auf 20,24 Nächte und in Amerika auf 8,95 Nächte (*National Travel Survey – Travel During 1972,* Tab. 12, 28; Le Roux 1970, Bild 11, 15, 112, 128).

Der Unterschied zwischen beiden Ländern ist beträchtlich und keineswegs außergewöhnlich, denn beim Vergleich mit allen anderen westeuropäischen Ländern lassen sich ganz ähnliche Abweichungen feststellen. 1967 wurden in allen westeuropäischen Ländern kleine private Stichprobenumfragen durchgeführt, die den Anteil der erwachsenen Bevölkerung zeigen, die sechs oder mehr Tage Urlaub an einem anderen Ort macht. Die Zahlen weichen insofern von den amerikanischen Daten desselben Jahres ab, weil sie sich auf die erwachsene Bevölkerung und nicht auf die Gesamtbevölkerung beziehen, weil sie anstelle der Personenreisen die Zahl der reisenden Personen erfassen und weil sie im Gegensatz zu der längeren Sechs-Nächte-Periode einen Aufenthalt von sechs Tagen zugrunde legen. Insofern sind sie nicht völlig vergleichbar. Allerdings kann man durch Interpolation und durch die Verwendung der sehr detaillierten französischen Daten von 1969 die Korrekturfaktoren ungefähr abschätzen und die amerikanischen Zensusdaten entsprechend verändern. Der so erhaltene Schätzwert des Anteils der amerikanischen erwachsenen Bevölkerung, die einen mindestens sechstägigen Urlaub macht, läßt sich nunmehr gut mit den westeuropäischen Zahlen vergleichen. Das Ergebnis zeigt Tabelle 12.

Aus dem bundesweiten Reisebericht der USA (National Travel Survey) geht deutlich hervor, daß die Urlaubsreise vom Einkommen abhängt. In den höheren Einkommensgruppen ist der Anteil von Leuten, die Urlaub machen, eindeutig größer. Die europäischen Daten zeigen dasselbe Bild; denn auch dort weisen die reichen Länder einen höheren Anteil von Urlaubern auf als die armen Länder. Deshalb ist es umso erstaunlicher, daß die USA, die vermutlich das reichste Land der Welt überhaupt sind, einen sehr viel niedrigeren Prozentsatz

Tabelle 12

Urlaub, 1967

Land	Anteil der erwachsenen Bevölkerung, die sechs oder mehr Tage Urlaub machten in Prozent
Schweden	66
Großbritannien	64
Schweiz	62
Niederlande	59
Dänemark	54
Norwegen	51
Frankreich	49
Luxemburg	47
Österreich	41
BRD	38
Belgien	37
Irland (Rep.)	36
Finnland	35
Spanien	32
Italien	28
Portugal	27
Gewichtete Durchschnittswerte dieser Länder	44
USA	27.7[a]

a) Eigene Schätzung aufgrund von Zensusdaten.
Quellen: European data from *Survey of Europe Today*, Tab. 42, 139.
U. S. Daten aus *1967 Census of Transportation*, Vol. 1, *National Travel Survey*, Tab. 8, 25.

von Urlaubern haben als ganz Westeuropa, und daß wir Amerikaner prozentual sogar mit den ärmsten europäischen Ländern auf einer Stufe stehen.

Als erste mögliche Begründung hierfür könnte man vielleicht anführen, daß die Amerikaner ja sehr viel kürzeren bezahlten Urlaub haben. Dieses Argument ist jedoch nicht stichhaltig. Bezahlter Urlaub gehört zu den zahlreichen »fringe benefits«, die in den Tarifverhandlungen zwischen Arbeitgebern und Gewerkschaften ausgehandelt werden. Die Tatsache, daß wir Amerikaner weniger Urlaub haben als andere Länder, liegt nicht so sehr an der geringeren Großzügigkeit der amerikanischen Arbeitgeber, sondern vielmehr an dem geringeren Interesse der amerikanischen Arbeitnehmer an dieser spezifischen Leistung. Außerdem beträgt die durchschnittliche Dauer des Erwachsenenurlaubs außerhalb des Wohnorts weniger als vier Nächte – ist also sehr viel kürzer als der kürzeste bezahlte Urlaub.

Man hört oft, daß der Amerikaner anstelle eines längeren richtigen Urlaubs lieber mehrere längere Wochenenden verbringt. Aber selbst wenn wir unterstellen, daß zwei verlängerte Wochenenden von drei bis fünf Nächten einem Urlaub von mindestens sechs Tagen entsprechen, können wir der amerikanischen Zahl nur etwa 11 Prozentpunkte hinzufügen, womit wir immer noch weit entfernt sind von dem europäischen Durchschnittswert. Andererseits sind in diesem ja die europäischen verlängerten Wochenenden ebenfalls nicht enthalten, und wir besitzen keinerlei Angaben über deren Häufigkeit. Deswegen müssen wir wohl oder übel den Unterschied zwischen unseren Urlaubsgewohnheiten und denen anderer Länder als Spiegelbild für echte Präferenzunterschiede hinnehmen.

Urlaubmachen bringt Kosten in Form von Unannehmlichkeiten mit sich, die bei uns vielleicht schwerer wiegen als in anderen Ländern. Der mangelnde Komfort eines Sommerquartiers, der Lärm von Hotelzimmern, die ungewohnten Betten und Badezimmer, die Risiken des Essens im Restaurant, die Überfüllung der Erholungsstätten und Strände, die größere Abhängigkeit vom Wetter sowie die Gefahr verlorengegangener Post oder die einer möglichen Fehlreservierung sind alles Unannehmlichkeiten, die manche Leute weniger gern auf sich nehmen als andere. Die in Amerika bevorzugte Form des Urlaubs ist das Leben im Freien, aber die Tatsache, daß wir im klimatisierten Wohnwagen leben und alle Annehmlichkeiten des heutigen modernen Wohnkomforts genießen – angefangen von elektrischen Toiletten bis zum tragbaren Kühlschrank – zeigt nur zu deutlich unsere mangelnde Bereitschaft, außer Geld noch irgendeinen anderen Preis für das »Leben auf dem Lande« zu bezahlen.

Die Ergebnisse der Urlaubsstatistik werden noch durch Erhebungen über eine andere Form der Freizeitgestaltung bestätigt und erhärtet. Die 7,9 Minuten, die wir täglich mit Laufen, Wandern, aktivem Sport und Spiel im Freien verbringen, entsprechen nur knapp einem Drittel der Zeit (28,5 Minuten), die die Westeuropäer täglich für diese Aktivitäten aufwenden. Und die Diskrepanz wird sogar noch offensichtlicher, wenn wir die Zeiten vergleichen, die wir (3,3 Minuten) und die sie (16,8 Minuten) mit Gartenarbeit und mit der Versorgung von Haustieren verbringen. Wir halten uns täglich 2,7 Minuten in Cafes und Gaststätten auf, die Westeuropäer dagegen 7 Minuten; wir sind im Durchschnitt 0,6 Minuten im Theater und in Museen und liegen damit um mehr als die Hälfte unter deren Durchschnittswert von 1,4 Minuten (Szalai 1972, Tab. 2–1.1, 576f). Alle diese Daten sind ein Beweis dafür, inwieweit der einzelne bereit ist, sich physischer oder geistiger Anregung auszusetzen – und in sämtlichen betrachteten Fällen sind wir dazu sehr viel weniger oder nur für sehr viel kürzere Zeit bereit als die Westeuropäer.

Die Geselligkeit

Der Mensch bezieht einen großen Teil seiner geistigen Anregung aus dem Kontakt mit anderen – und gerade in diesem Bereich weisen die Freizeituntersuchungen die erstaunlichsten Unterschiede auf.

So ist der Amerikaner im wachen Zustand durchschnittlich 2,5 Stunden oder mehr als 50 Prozent länger allein (insgesamt 6,6 Stunden) als der Westeuropäer (insgesamt

4,1 Stunden täglich),[47] und unsere Neigung, allein zu bleiben, scheint sich fast durch sämtliche Aktivitäten zu ziehen. In den USA ist ein berufstätiges verheiratetes Ehepaar mit Kindern 44 Prozent seiner mit den Massenmedien verbrachten Zeit allein, gegenüber einem Wert von 21 Prozent in Westeuropa (seh-Szombathy 1972, Tab. 8, 313). Und wenn man die gesamte Freizeit zu der allein verbrachten Freizeit in Beziehung setzt und mit der im Kreise der Familie verbrachten Zeit vergleicht, verbringt der Amerikaner immerhin 34 Prozent seiner Zeit allein, der Westeuropäer dagegen nur 18 Prozent (ebd., Tab. 6, 312).

Von den 2,5 Extrastunden, die wir täglich allein sind, kann man gut die Hälfte der sehr viel längeren *Arbeitszeit* zuschreiben, die wir allein verbringen (2,4 Stunden täglich), gegenüber 1,1 Stunden der Westeuropäer (ebd., Tab. 2, 309). Dieses Ergebnis scheint die Autoren internationaler Freizeitvergleiche geärgert zu haben; denn sie versuchten mit allen Mitteln sicherzustellen, daß jede von ihnen ausgearbeitete Frage auch in den verschiedenen Ländern und Sprachen richtig verstanden und interpretiert wurde. Denn hinter dieser Beobachtung, daß die Amerikaner an ihrem Arbeitsplatz sehr viel mehr allein sind als die Westeuropäer, verbirgt sich mit ziemlicher Sicherheit eine andersartige Einstellung der Amerikaner und Europäer gegenüber einer grundsätzlich ähnlichen Arbeitssituation. Der amerikanische Büroangestellte, der in einem Raum mit ein oder zwei Schreibtischen arbeitet, wird sich zum Beispiel in den ausgedehnten Zeitabschnitten, in denen seine Raumkollegen alle mit ihren eigenen Arbeiten beschäftigt sind, als »allein« bezeichnen . . . wohingegen die Arbeitnehmer (in anderen Ländern) die physische Anwesenheit von Mitarbeitern sehr viel häufiger wahrnehmen.« (Robinson u. a. 1972, 139)[16]

Dies ist wahrscheinlich als Erklärung völlig zutreffend, aber das unterschiedliche Empfinden einer objektiv gleichartigen Situation zwischen Amerikanern und Europäern ist für sich genommen äußerst bedeutsam. So haben viele Büro- und Fabrikangestellte, die in Europa und Amerika ähnliche Stellen innehatten oder beobachten konnten, eine deutlich größere Konzentration bei den Amerikanern festgestellt, während bei den Europäern eher eine lässige und kontaktfreudige Einstellung zu beobachten war. So geht beispielsweise der französische Büroangestellte morgens und abends zu seinen Kollegen und begrüßt und verabschiedet sich mit Handschlag und einigen netten Worten und plaudert darüberhinaus noch zwischendurch mit ihnen. Demgegenüber sagen die Amerikaner morgens ihrem Kollegen, der bereits in seine Arbeit vertieft ist, häufig nicht einmal guten Morgen, da sie Angst haben, ihn zu stören. Der Grund liegt wahrscheinlich mehr in der Einstellung des Arbeitnehmers selbst als in einer von oben angeordneten Disziplin. Dieser Unterschied ist geradezu sprichwörtlich und so groß, daß er ausreicht, um die Autoren von vergleichenden Freizeituntersuchungen von dem Vorwurf zu entlasten, bei der Formulierung und Übersetzung ihrer Fragen möglicherweise etwas zu nachlässig vorangegangen zu sein.

Ein weiterer überraschender Beweis, der unsere starke Neigung zur Isolierung bestätigt, ist der häufige Wohnortwechsel alter Menschen. In den meisten Ländern ziehen die alten Menschen im Ruhestand nicht mehr um, da sie in der Nähe ihrer Freunde, Verwandten, Bekanntschaften und früheren Kollegen bleiben wollen, deren Gesellschaft ihnen jetzt besonders wichtig ist, da ihnen die täglichen routinemäßigen Kontakte im Beruf und am Arbeitsplatz fehlen.

Im Gegensatz dazu ziehen viele im Ruhestand lebende Amerikaner in ein milderes Klima nach Kalifornien, Florida oder Mexiko, andere kaufen sich einen Wohnwagen und verbringen Monate, ja sogar Jahre damit, von einem Campingplatz zum anderen zu fahren. Andere lassen sich wiederum in einem Altersheim nieder und sind offensichtlich bereit, auf die Gesellschaft all jener zu verzichten, mit denen sie ihr Arbeitsleben in Form einer täglichen Plauderei oder einer »Nick-Bekanntschaft« verbrachten. Ein möglicher Grund hierfür kann sein, daß ihre menschlichen Kontakte entweder nicht sehr zahlreich oder nicht sehr intensiv oder aber nicht sehr wertvoll waren. Natürlich sind wir gesellschaftlich und geographisch sehr viel mobiler als die meisten Länder, aber diese hohe Mobilität während unseres aktiven Berufslebens hindert uns zugleich, die intensiven Freundschaften zu knüpfen, die andere an ihre Heimatstädte binden. Was auch immer die Gründe sein mögen, fest steht, daß die Wurzellosigkeit der älteren Amerikaner die Aussagen der Statistik über unseren Mangel an Geselligkeit nur zu gut bestätigen.

Eine ganz andersartige Quelle der Anregung ist die (physische) Umgebung der eigenen Wohnung und Einrichtung. Deren Bedeutung für das Wohlergehen des Menschen steht außer Zweifel (Maslow/Mintz 1956, 247–54; Mintz 1956, 459–66), aber die grundsätzlich vorhandene große Abhängigkeit des Menschen von dauerhaften Gebrauchsgütern macht jede Beurteilung der Aufmerksamkeit und der Ausgaben, die wir hierfür aufwenden, ausgesprochen schwierig. Die einzigen nicht dauerhaften Gegenstände, mit denen wir unser Heim verschönern, sind Blumen. Sie sind insofern ganz besonders wichtig, da sie sozusagen reine Dekoration sind, ständiger Wartung bedürfen und fortwährend Abwechslung und Neuheit bieten. Es gibt zwar in vielen Ländern Erhebungen über die Verbraucherausgaben für frische Blumen, aber sie sind nicht völlig vergleichbar. Einerseits besitzen wir keine adäquaten Preisangaben, andererseits ist ein Viertel aller amerikanischen Umsätze in Blumengeschäften für den Garten bestimmt. In Europa ist die Überschneidung zwischen Baumschulen und Blumenhändlern nicht ganz so ausgeprägt, und außerdem gibt es weniger Einfamiliengärten (und natürlich Einfamilienhäuser). Darüberhinaus werden etwa 10 Prozent der gekauften Blumen bei Krankenhausbesuchen mitgenommen. Wenn wir in diesem Zusammenhang noch die größere Häufigkeit unserer Krankenhausaufenthalte berücksichtigen, die durch unsere hohe Nachfrage nach chirurgischen Eingriffen bedingt ist, dann sehen wir, daß sich diese Faktoren nur schwer erfassen lassen. Grundsätzlich dürfen wir aber eher eine Korrektur der amerikanischen Zahlen nach unten erwarten. Beim Lesen der unkorrigierten Zahlen in Tabelle 13 sollte sich der Leser dieser Einschränkungen bewußt sein. Die Tabelle zeigt, daß wir sowohl prozentual (gemessen an unserem Einkommen) als auch absolut viel weniger für Blumen ausgeben als alle oder fast alle anderen Länder. Und die angedeutete Korrektur würde diese Diskrepanz vermutlich noch verstärken.

Tabelle 13

Verbrauch von Schnittblumen und Topfpflanzen (1970) [in Fleurin (Schweizer Franken)][a]

	Däne-mark	Nor-wegen	West-Deutsch-land	Belgien Luxem-burg	Nieder-lande	Italien	U.K.	Gewichteter Durch-schnittswert der genann-ten euro-päischen Länder	USA
Gesamtausgaben für Blumen im Einzelhandel (in Millionen)	318.9	193.4	3,139.1	393.6	491.3	1,205.5	597.0		6,922
Ausgaben für Blumen als Anteil des Volksein-kommens	0.63%	0.54%	0.50%	0.44%	0.44%	0.37%		0.39%	0.20%
Pro-Kopf-Ausgaben für Blumen	64.8	49.9	51.6	39.4	37.7	22.7	10.0	31.2	33.8

[a] Der Schweizer Franken wird bei Blumensendungen innerhalb von Europa unter der Bezeichnung Fleurin als Recheneinheit verwendet.

Quellen: Die Daten für Europa stammen vom Verband des Deutschen Blumen Groß- und Importhandels, „Der Verbrauch an Schnittblumen und Topfpflanzen in einigen Westeuropäischen Ländern«; die für die USA vom U.S.D.A. Marketing Economics Division, Economic Research Service, *Report No. 855* (1971) and *U.S.D.A. Agri-cultural Statistics*, 1971, 268.

Die eben betrachteten Zahlen waren von ihrem numerischen Wert her zwar unbedeutend, aber ihre Abweichungen waren groß und repräsentativ genug, um die gegenüber den Westeuropäern deutlich geringere Neigung des Durchschnittsamerikaners zum Reizgenuß erkennen zu lassen. Was bedeutet nun dieser Unterschied? Und wie wirkt er sich aus?

Es ist klar, daß es individuelle Geschmacksunterschiede gibt und daß diese ganz erheblich sein können, und es ist nur zu natürlich, daß sich unter den einzelnen Ländern derartige Geschmacksunterschiede beobachten lassen. Vielleicht sind sie auch letztlich für die eben behandelten Unterschiede ausschlaggebend? Und wie komme ich überhaupt zu der Annahme, daß der Lebensstil und das Konsumverhalten der Amerikaner einseitig sind und einer besonderen Erläuterung bedürfen? In Kapitel 2 haben wir uns mit Verhaltensunterschieden befaßt, die sich durch Unterschiede in der Persönlichkeit erklären ließen, und ich habe dabei festgestellt, daß die individuellen Persönlichkeiten zwar noch nicht gemessen, aber immerhin doch nach den durchschnittlichen Erregungspegeln geordnet werden können. Grundsätzlich hat jedes Land unter seinen Einwohnern viele unterschiedliche Persönlichkeitstypen, nur die Häufigkeit, mit der die verschiedenen Typen vorkommen, variiert von Land zu Land. Dementsprechend läßt sich auch jedem Land ein spezifischer Durchschnittstyp zuordnen. Solche nationalen Unterschiede in der Durchschnittspersönlichkeit und in deren durchschnittlichem Erregungspegel sind der Ausgangspunkt eines von Lynn durchgeführten Experiments, in dem er versucht, die nationalen Unterschiede im Verhalten durch nationale Unterschiede in der Persönlichkeit zu erklären.

Lynn stellte an Hand der verschiedenen Persönlichkeitsindikatoren für 18 Länder eine Rangskala auf und korrelierte diese mit einer anderen Skala, die sich aus verschiedenartigen Indikatoren menschlichen Verhaltens sowie dessen Folgen in denselben 18 Ländern zusammensetzte. Der eindeutigste Indikator ist der Pro-Kopf-Verbrauch von Aufputsch- und Beruhigungsmitteln, und es erscheint logisch, daß wenig erregte Menschen viele Aufputschmittel nehmen, während die stark erregten Menschen eher zu Sedativa neigen. Diese Erwartung hat sich voll und ganz bestätigt. Der Rangkorrelationskoeffizient Rho mißt die Ähnlichkeit der beiden Rangskalen und reicht von $+1$ (bei völliger Übereinstimmung der Rangskala) bis zu -1 (bei völlig entgegengesetzter Rangordnung). Der Korrelationskoeffizient, der die nationale Persönlichkeit zum Tabakverbrauch in Beziehung setzt, betrug $+0,83$, die Korrelation für den Koffeinverbrauch (Kaffee und Tee) betrug $+0,81$ und für alkoholische Getränke $-0,59$. Der letzte Wert ist zwar etwas niedriger, aber dennoch statistisch gesichert.[48] Lynn korrelierte außerdem mit den Länderskalen noch ganz andersartige Verhaltensindikatoren und -folgen wie beispielsweise die in Anstalten lebenden Geisteskranken ($= -0,80$), Unfalltote ($= +0,62$), Todesfälle aufgrund von Herzerkrankungen ($= -0,63$), ökonomische Wachstumsraten ($= +0,67$), Selbstmordraten ($= +0,41$), Kalorienverbrauch ($= -0,30$) und andere mehr. Außerdem stellte er eine Liste von Faktoren zusammen, die seines Erachtens mit für diese Korrelationsergebnisse ausschlaggebend waren (Lynn 1971, 59, 65, 74, 93).

Seine Ergebnisse bestärken uns in unserem Glauben, daß es bedeutsame nationale Persönlichkeitsunterschiede gibt, die groß genug sind, um anhand ihrer Merkmale bestimmte Verhaltensweisen vorherzusagen. Lynns Versuch, den Ursprung derartiger Persönlichkeitsunterschiede auf das Klima und die Rassenzusammensetzung zurückzuführen, brachte zwar keine plausiblen Ergebnisse, aber das Konzept selbst ist dennoch sinnvoll, obwohl es im Augenblick noch unvollständig ist. Angesichts der Existenz und der Quantifizierbarkeit dieser nationalen Persönlichkeitsunterschiede erhebt sich die Frage, warum wir die unterschiedlichen Neigungen der Amerikaner und Westeuropäer hinsichtlich ihrer Ernährung und ihres Urlaubs sowie ihrer Suche nach physischer und geistiger Anregung überhaupt noch erklären müssen. Die Antwort ist einfach. Unser nationaler Charakter und unser Verhalten weichen wahrscheinlich von dem anderer Länder ab, aber entscheidend ist, daß bis auf eine bestimmte Ausnahme sämtliche nationalen Eigenheiten, die in dem vorhergehenden Abschnitt dieses Kapitels besprochen wurden, zufällig kein spezifisches Merkmal unseres Nationalcharakters sind.

Natürlich sind Persönlichkeitsmessungen nie ganz korrekt, und Lynns nach den Erregungs- oder Angstniveaus gegliederte Länderskala ist keinesfalls einzigartig. Aber es gibt doch gewisse Unterschiede zwischen seinen Messungen und Skalen und denen anderer Autoren. Beispielsweise befinden sich Großbritannien, Amerika, Norwegen und Neuseeland immer am unteren Ende der Skala – also im Bereich niedriger Erregung – während Japan, Westdeutschland, Österreich, Frankreich und Italien immer am oberen Ende rangieren. Mit unserer Sorglosigkeit, unserer geringen Erregung und unserer Extrovertiertheit entsprechen wir Amerikaner voll den Erwartungen der Psychologen, da wir viele Aufputschmittel und wenig Beruhigungsmittel konsumieren, da wir wenig Selbstmorde begehen – die ja meist nur von den Überängstlichen begangen werden – und da bei uns unterdurchschnittlich wenig Autounfälle passieren. Letztere werden überdies meistens von ängstlichen Menschen verursacht, die aggressiver sind und ihre Muskeln häufig schlechter unter Kontrolle haben. Meine Aussagen beziehen sich natürlich auf den Vergleich der USA mit den entsprechenden Daten anderer Länder.

Da die depressive Psychose und die chronische Schizophrenie spezielle Formen einer pathologisch niedrigen Erregung sind, müssen diese Krankheitsbilder vor allem bei Völkern mit geringem durchschnittlichen Erregungspegel besonders häufig auftreten. Diese Erwartung wird durch die hohe Zahl der in Anstalten lebenden Geisteskranken bekräftigt. Wir wissen außerdem, daß eine starke Erregung den Appetit mindert, während eine niedrige Erregung ihn fördert – und tatsächlich ist unser Kalorienverbrauch verglichen mit dem anderer Länder ziemlich hoch.

Die sexuelle Aktivität gehört ebenfalls zu den Verhaltensformen, die durch hohe Erregung verringert und durch niedrige Erregung gesteigert werden. Dies läßt sich jedoch statistisch kaum beweisen, da die einzige verfügbare Quelle aller von Lynn betrachteten Länder – nämlich der Anteil der alleinstehenden Männer und Frauen an der Bevölkerung – ein absolut unzureichender Indikator für sexuelle Aktivität ist. Insofern verwundert es nicht, daß der von ihm ermittelte Korrelationskoeffizient zwar von Null abwich und auch das richtige Vorzeichen aufwies, aber statistisch unbedeutend ist (+0,30 für Männer und +0,28 für Frauen, Lynn 1971, 89).

Detaillierte Stichprobenuntersuchungen über sexuelles Verhalten scheint es nur für die Vereinigten Staaten zu geben. Dagegen hat man in Großbritannien und Westdeutschland diesbezügliche Erhebungen unter unverheirateten Universitätsstudenten durchgeführt. Im Rahmen dieser Untersuchung hat man unter anderem die Versuchspersonen entlang einer Extroversions-Introversions-Skala angeordnet, so daß wir nunmehr die Unterschiede im Verhalten statistisch verifizieren können, die durch Persönlichkeitsunterschiede bedingt sind. Wenn wir das Durchschnittsverhalten aller deutschen Männer mit dem aller amerikanischen Männer mit gleicher Ausbildung, gleichem Familienstand und gleichem Alter an Hand des Kinsey-Reports vergleichen, dann ergeben sich zwischen den Amerikanern und den Deutschen ganz ähnliche Unterschiede wie zwischen extrovertierten und introvertierten Deutschen. Beispielsweise machen wir unsere ersten sexuellen Erfahrungen früher als die Deutschen, die Häufigkeit unseres Geschlechtsverkehrs ist größer und die der Masturbation geringer als in Deutschland (Giese/Schmidt 1968; Kinsey u. a. 1948). Demnach scheinen nationale Unterschiede in der Persönlichkeit eine gute Ausgangsbasis zu sein, um das Verhalten zu prognostizieren, das von starken physiologischen und psychologischen Trieben motiviert wird. Aber wie steht es dann mit all den anderen Aspekten des Verhaltens, die weniger organisch bedingt sind? Wahrscheinlich übt die Persönlichkeit auf alles irgendeinen Einfluß aus, und zu diesem Thema haben sich schon eine ganze Reihe von Autoren geäußert. Ich möchte hier nur einen von ihnen zitieren:

»Extrovertierte ziehen häufiger um und wechseln öfter ihren Arbeitsplatz . . . Wir können nun den sehr offenkundigen Drang der Extrovertierten nach Neuem, nach Veränderung und Abwechslung verstehen . . . Das Regelmäßige, Alltägliche, Gewöhnliche wird verhaßt und die Suche nach neuen sowie nach starken Reizen nimmt nie ein Ende.« (Eysenck 1972, 46f.) Auch läßt sich an Hand der Statistiken eindeutig belegen, daß »die Fluktuation in der nordamerikanischen Industrie bedeutend höher ist als in den untersuchten europäischen Ländern« (Frankreich, Deutschland und England) (*Wages and Labour Mobility*, Organisation for Economic Cooperation and Development, Paris 1965, 50). Und aus einem 1960 durchgeführten internationalen Vergleich geht hervor, daß in jenem Jahr immerhin 20,5 Prozent aller Amerikaner ihren Wohnort wechselten, während nur 11,6 Prozent aller Engländer, 7,8 Prozent der Japaner und 6,1 Prozent der Westdeutschen umzogen (Long 1970, 1197; für die Bundesrepublik: *Statistisches Bundesamt*, Fachserie A, Reihe 3, 1961, 9).

So weit, so gut. Aber »der ganz offenkundige Drang Extrovertierter nach Neuem, nach Veränderung und Abwechslung« kommt in unserer langweiligen Nahrung und faden Umgebung sowie in unserer Neigung zur Isolation kaum zum Ausdruck. Natürlich unterliegt unser Verhalten verschiedenartigen Einflüssen, und wahrscheinlich werden die psychologischen Faktoren von den kulturellen, gesellschaftlichen und wirtschaftlichen Einflüssen dominiert und überlagert. Genau an diesem Punkt fangen meine Ergebnisse an, interessant zu werden, so daß wir die Notwendigkeit einer weiteren Diskussion viel leichter einsehen. Denn der Konflikt zwischen unserer Neigung zu einer bestimmten Handlung und dem äußeren Druck, der uns genau das Gegenteil tun läßt, kann sehr wohl ein Gefühl der Frustration und Unzufriedenheit mit unserem eigenen Verhalten entstehen lassen.

Ich möchte nur noch kurz hinzufügen, daß ich keineswegs der Erste bin, der unser inkongruentes Verhalten entdeckt hat und darüber erstaunt ist. Mit dem Erscheinen der ersten international vergleichbaren Freizeituntersuchungen wurde das Feld für internationale Vergleiche erschlossen, und die ersten wurden bereits mit den Studien selbst veröffentlicht. Die Autoren von zwei derartigen Vergleichen waren offensichtlich verwirrt, weil die amerikanischen Daten nicht mit dem nach ihrer Meinung »normalen« Verhaltensmuster übereinstimmten. Der Autor einer Vergleichsstudie, die sich mit der Einsamkeit befaßt, war so überrascht über unsere so viel größere Einsamkeit, daß er sogar die Zuverlässigkeit der Daten in Frage stellte.

Eine andere ökonometrische Untersuchung behandelt den Wunsch des Menschen nach Abwechslung bei seinen Freizeitaktivitäten und deren Abhängigkeit von dem gesellschaftlichen und wirtschaftlichen Status. Aufgrund einer Pilot-Studie erwartete ihre Autorin einerseits, daß die höheren Schichten der White-Collar-Arbeiter (auch Akademiker zum Beispiel) mehr Abwechslung suchen als die unteren Angestellten und manuellen Arbeiter, sowie andererseits, daß die Amerikaner aufgrund ihrer höheren wirtschaftlichen Entwicklung mehr Abwechslung suchen würden als Europäer. Tabelle 14 enthält einen Ausschnitt der Ergebnisse und zeigt die durchschnittliche Zahl der Freizeitaktivitäten bei den verschiedenen Berufsgruppen an Wochentagen. In Europa scheint der soziale Status genau den erwarteten Effekt zu haben, und die wohlhabenderen Westeuropäer wissen mit ihrem höheren Lebensstandard offensichtlich mehr anzufangen als die ärmeren Osteuropäer, aber die amerikanischen Daten fallen in jeder Beziehung »aus dem Rahmen«. Wir scheinen uns weniger Abwechslung zu gönnen als die Westeuropäer, und unsere Akademiker und leitenden Angestellten sind in ihrer Freizeit nicht unternehmungslustiger als unsere ungelernten Arbeiter. Die Autorin ist echt verblüfft und versucht gar nicht erst, ihre Verblüffung zu verbergen. Ich bin ebenfalls erstaunt – sowohl von ihren Daten als auch von meinen, die die ihren bestätigen. Die folgenden Kapitel sind ein Versuch von mir, das Rätsel zu lösen.

Tabelle 14

Die durchschnittliche Zahl von Freizeitaktivitäten von Männern an Arbeitstagen nach Ländern und gesellschaftlicher Schicht

Sozioökonomische Gruppen	Belgien	Frankr.	BRD	Ungarn	U.S.A.
White-Collar-Workers mit hohem Status	5.25	4.07	3.61	3.12	3.04
White-Collar-Workers mit niedrigem Status	4.42	3.17	3.04	2.57	2.98
Facharbeiter	4.09	2.58	2.97	2.27	2.80
Ungelernte Arbeiter	4.38[a]	1.15[a]	2.87	2.09	3.04[a]

[a]) Die Zahl der befragten Personen ist geringer als 20.
Quelle: Ferge 1972, 213–27.

Kapitel 10
Unser puritanisches Erbe

Wir haben uns mit einigen recht überraschenden Charakteristika unserer Lebensgewohnheiten und unseres Ausgabeverhaltens befaßt. Und wir mußten dabei voller Erstaunen feststellen, daß sie nicht nur allem zuwiderlaufen, was sonst den Reichen als rational oder angemessen erscheint, sondern daß sie auch dem widersprechen, was manche Psychologen mit gewisser Berechtigung als unser »nationales Temperament« betrachten. Wenn dies stimmt, dann müssen wir ausgesprochen starken Einflüssen ausgesetzt sein, die uns sowohl gegen unsere Vernunft als auch gegen unser Temperament handeln lassen. Ich denke hier an kulturelle, bildungsbedingte und ökonomische Kräfte, deren kumulative Wirkung in uns einen Konflikt zwischen dem, was wir wollen, und dem, was wir effektiv bekommen, verursacht und zugleich einen Teil unserer Frustrationen erklärt. Zuvor möchte ich aber noch kurz auf einen anderen Einflußfaktor eingehen, der für die meisten Menschen am naheliegendsten ist, die Werbung.

Da die Werbung ein ganz offensichtliches Mittel zur Beeinflussung ist und da wir überdies enorme Summen dafür ausgeben, erwartet man verständlicherweise, daß sie das Konsumentenverhalten auch entsprechend stark beeinflußt. Ihre tatsächlichen Auswirkungen lassen sich jedoch nur äußerst schlecht testen; deshalb haben sich bisher nur wenige Forscher an derartige Untersuchungen herangewagt. Die bislang sorgfältigste ökonometrische Untersuchung kommt zu dem Ergebnis, daß die Werbung das öffentliche Ausgabeverhalten und die Konsumgewohnheiten nicht sonderlich stark beeinflußt (Schmalensee 1972). Sie scheint sich vor allen Dingen auf die Präferenzen für Markenartikel auszuwirken, aber weniger auf die Präferenzen für bestimmte Güterkategorien wie zum Beispiel für Bier oder Wein oder für Tabak oder Kaugummi. Das soll natürlich nicht heißen, daß die Produzenten den Geschmack der Konsumenten nicht beeinflussen könnten; ich will damit nur sagen, daß speziell die Werbung kein besonders gutes Mittel zur Beeinflussung ist.

Ich werde später noch auf die Beeinflussung der Konsumentenneigungen durch die Produzenten zurückkommen, aber angesichts des nicht sehr aufschlußreichen Beweismaterials will ich mich hier nicht mit der Werbung aufhalten. Stattdessen will ich mich lieber dem wichtigsten Einflußfaktor – unserem wohlbekannten puritanischen Erbe – zuwenden und seine Auswirkungen auf die amerikanischen Verbraucher untersuchen.

Der amerikanische Puritanismus ist uns von den Kolonisten in Neu-England überliefert worden, die die sogenannte puritanische Ethik als Lebensphilosophie mit sich brachten.

»Da (der Puritaner) weiß, daß er immer ein Fremder und Pilger bleibt, der das irdische Leben nur im Hinblick auf das kommende Leben durcheilt, wendet er sich fast mit Abscheu von dem eitlen irdischen Treiben ab . . . Vergnügen, Bücher, selbst der Verkehr mit Freunden müssen gegebenenfalls zurückstehen; denn es ist besser, lahm und verkrüppelt in das ewige Leben einzutreten, als zwei Augen zu haben, die in das ewige Feuer geworfen werden.« Die Puritaner waren »eine ernste, fleißige, fromme Generation, die alle Genüsse verachtete, gründlich bei der Arbeit war, ständig betete, sparsam und erfolgreich war, von einem bescheidenen Stolz über sich und ihre Nachkommen erfüllt war und in der festen Überzeugung lebte, daß harte Arbeit vom Himmel mit Wohlgefallen betrachtet wird.« (Tawney 1926, 166f., 175)

Die Strenge dieser Glaubenssätze und Lehren ist im Laufe der Jahrhunderte natürlich stark geschwächt worden, aber das puritanische Erbe läßt sich auch heute nicht leugnen und beeinflußt unser Leben auf zweifache Weise. Einerseits setzt es Werte und beeinflußt unsere Wünsche. Andererseits vermittelt es uns einen starken Glauben an die Richtigkeit unserer Wertvorstellungen, und diese Überzeugung veranlaßt uns, diese Werte anderen weiterzugeben, indem wir Gesetze schaffen, die die Produktion mancher Güter beschneiden und die Befriedigung mancher Wünsche illegal machen. Ich werde auf diese Einflüsse der Reihe nach eingehen.

Die puritanische Ethik ist hervorragend geeignet, um bei den Menschen Präferenzen für das Wohlbehagen und gegen die Anregung zu entwickeln. Die Puritaner sind grundsätzlich gegen jede Art von Lust, aber sie werden – wenn auch widerwillig – die Notwendigkeit eines Konsums einsehen, der für ein gesundes und produktives Leben erforderlich ist. Natürlich ist jede Befriedigung eines Bedürfnisses mit gewissen Lustempfindungen verbunden, selbst wenn es sich um ein ganz einfaches und rein biologisches Bedürfnis handelt. Und die Puritaner sind ohne weiteres bereit, die »einfachen Freuden« zu akzeptieren oder sogar zu befürworten, die die Erfüllung einfacher Bedürfnisse mit sich bringen, solange beispielsweise die Freude des Kochens, des Geschlechtsverkehrs und der Innendekoration nicht bewußt und künstlich durch die Anwendung verfeinerter Techniken übertrieben werden. Mit anderen Worten heißt dies, daß die Puritaner nicht jegliche Form von Lust ablehnen und verachten, sondern daß sie sich nur gegen die Aktivitäten und Ausgaben wenden, die ausschließlich zur Vermittlung oder Förderung von Lust dienen. Diese Unterscheidung ähnelt ziemlich stark unserer vorhergehenden Abgrenzung zwischen Wohlbehagen und Anregung. Außerdem läßt sich auf ihrem Hintergrund unsere ursprünglich so ablehnende Haltung gegenüber dem Sport und dem Theater verstehen. Darüberhinaus ist sie für viele Eigenheiten und Aspekte unseres gegenwärtigen Verhaltens verantwortlich.

Die Moralische Überlegenheit der Produktion und des Geldes

Wenn wir die menschlichen Aktivitäten und Probleme in zwei Gruppen unterteilen, nämlich in die der Produktion und die des Konsums, dann stellen wir fest, daß erstere in Amerika unbestritten als die wichtigere Gruppe gilt, die ernster zu nehmen ist als die andere. Das hohe Ansehen, das wir allen Dinge zuschreiben, die mit der Produktion und dem Geldverdienen zu tun haben, läßt sich anhand der puritanischen Ethik – und nur dieser – sehr leicht erklären. Die Genügsamkeit und die irdische Askese des Puritaners, seine Ablehnung aller überflüssigen Ausgaben und kulturellen Güter und all dessen, was über die Notwendigkeiten eines einfachen und gemäßigten Lebensstils hinausgeht, sind geradezu die idealen Voraussetzungen, um die Aufgaben der Haushaltsführung und das Geldausgeben sowie alle kulturellen Interessen, ästhetischen Werte und alle schönen Dinge des Lebens abzuqualifizieren. Dementsprechend gelten all diese Dinge bei uns häufig als unwichtig oder zumindest als leicht unseriös. Die ernste und ernstzunehmende Seite des Lebens ist die Produktion, die Schaffung von Marktwerten, der eigene Beitrag zur Produktion und das damit verbundene Einkommen.

Ursprünglich betonte die puritanische Ethik in erster Linie die Tugenden harter Arbeit und die Ambition, Meister seines Berufes zu werden. Und das Pflegen dieser Tugenden wurde durch den Stolz auf das handwerkliche Können sowie durch die Anerkennung, die einem Menschen mit guter Nachkommenschaft gezollt wurde, belohnt. Diese Werte waren in der Handwerkergesellschaft des 18. Jahrhunderts durchaus sinnvoll, da die Arbeit damals eine wichtige Quelle der Befriedigung war. Die puritanische Lebensregel – hole dir Befriedigung bei der Arbeit und betrachte den Konsum als bloßes Mittel zur Beschaffung der lebensnotwendigen Güter und Annehmlichkeiten des Lebens – ließ sich unter den damaligen Umständen sicherlich gut realisieren.[49]

Inzwischen hat jedoch die kapitalistische Entwicklung die meisten puritanischen Tugenden wertlos gemacht – und selbst das Konzept der beruflichen Meisterschaft hat heute seine Bedeutung verloren. Nur Künstler, Schriftsteller, freiberuflich Tätige und diejenigen, die bestimmte Handwerksberufe ausüben, ziehen immer noch Befriedigung aus ihrer Arbeit oder fühlen sich für das, was sie produzieren, verantwortlich und sind stolz darauf. Die Mehrheit der Menschen ist von ihrem erzeugten Arbeitsprodukt entfremdet worden. Dies muß für puritanische Länder ganz besonders hart sein, da deren Einwohner ja ständig eingehämmert wurde, die Hauptbefriedigung ihres Lebens bei der Arbeit zu suchen – und dies sogar in einer Zeit, als die Industrielle

Revolution jeden Spaß an der Arbeit verdarb. Denn fast jede Neuerung, die die Produktivität erhöhte und zur wirtschaftlichen Weiterentwicklung beitrug, geschah durch Substitution irgendeiner menschlichen Fertigkeit, und beraubte die Erwerbstätigen damit einer weiteren Gelegenheit, aus deren Ausübung Befriedigung zu ziehen.

Trotzdem haben wir noch einige Werte der Handwerkergesellschaft beibehalten – allerdings in einer abgeschwächten und mehr symbolischen Form. Wenn ein Mensch als Ausdruck für den Wert seiner Arbeit nichts anderes als seinen Gewinn oder seinen Verdienst vorweisen kann, dann überträgt er seinen ganzen Stolz hierauf und betrachtet sie als Symbol und Maßstab für die Wertschätzung seiner Leistung durch die Gesellschaft. Die puritanische Ethik macht sich genau diese Auffassung über das Geldeinkommen zu eigen, und ihre Interpretation wurde noch durch die ökonomische Theorie des vollkommenen Wettbewerbs verstärkt, wonach der für die Arbeitsleistung eines Mannes gültige Marktwert dem Wert seines Grenzbeitrages zum Sozialprodukt entspricht. Wir verwenden Geld ja nicht nur als Tauschmittel sondern zugleich als Maßstab für den Wert eines Menschen, und wir bewerten das Einkommen nicht nur nach den Gütern, die man damit kaufen kann, sondern auch als Beweis für unsere Nützlichkeit für die Gesellschaft. Verdienst an der Gesellschaft ist eine eigenständige Quelle der Befriedigung und des Behagens, und das Geldeinkommen ist ein Symbol für diese Nützlichkeit und wird dadurch gleichfalls zu einer Quelle der Befriedigung und des Wohlgefühls.

Demnach liegt hierin die moralische Grundlage für den hohen Stellenwert, der dem Geldverdienen und der Produktion im Vergleich zum Konsum eingeräumt wird. Die Herstellung von Gütern oder der Beitrag zu ihrer Produktion ist äquivalent mit der Befriedigung der Marktnachfrage und insofern mit dem Erbringen von Dienstleistungen für die Gesellschaft.

Deswegen ist es natürlich, daß man ihnen einen höheren ethischen Wert beimißt als dem selbstsüchtigen Interesse für das Wohlergehen der eigenen Familie, worauf ja letztlich der Konsum hinausläuft. Und daher kommt es auch, daß die Menschen stärker an der Maximierung ihres Geldeinkommens interessiert sind als an der Befriedigung durch Güter und Dienstleistungen, die sie mit diesem Einkommen kaufen können.

Diese Prioritäten haben im kollektiven Bereich der durch die offizielle Politik bestimmten öffentlichen Ausgaben ihr Gegenstück. Wir sind und waren verglichen mit den europäischen Ländern mit unserer Wohlfahrtsgesetzgebung, die die benachteiligten Gruppen mit dem Grundbedarf versorgt und ihnen die Freuden des Lebens zumindest in Reichweite bringt, immer noch weit im Rückstand. Andererseits waren wir ihnen bis vor kurzem noch hinsichtlich unserer kostenlosen Ausbildung, bei der jeder lernen konnte, wie man einen maximalen Beitrag zur Produktion leistet, um viele Längen voraus. (Diese Information verdanke ich Martin Lipset.)

Die produzierten Güter und Dienste, die zum Nutzen anderer erstellt werden, erhalten auf ihrem Weg über den Markt bis hin zu der Person, der sie zu guter Letzt Nutzen bringen, einen monetären Wert. Demgegenüber lassen sich die für einen selbst oder für die Familie erstellten Dienste nur selten in Geldeinheiten ausdrücken. Der Unterschied zwischen beidem ähnelt dem zwischen Produktion und Konsum, und er schlägt sich in dem höheren Wert nieder, der gewöhnlich den in Geld ausgedrückten Werten beigemessen wird. Kurzum, die Vorrangstellung der Produktion gegenüber dem Konsum sowie der monetären Werte gegenüber den nichtmonetären Werten sind beide Ausdruck für das moralische Urteil, nach dem Dienste für andere dem Eigeninteresse vorzugehen haben.

Diese hohe Ethik, aus der unser Interesse am Geld herrührt, darf uns allerdings nicht dazu verleiten, die Nachteile und Absurditäten zu übersehen, zu denen dieses Interesse oft führt. Wir begrüßen und befürworten jede technische Neuerung sowie jede Veränderung bei den Gütern und Herstellungsverfahren als fortschrittlich, sobald sie Geld, Zeit oder Kraft sparen, und berücksichtigen dabei nicht den möglichen Verlust von Qualität oder anderen nichtmonetären und nicht meßbaren Kosten, die nur von unseren Augen, Ohren sowie von unserem Geschmacks- und Geruchssinn wahrgenommen werden. Viele Generationen hindurch haben wir den Schaden von Schmutz, Ruß, Rauch und die Häßlichkeit ignoriert oder verniedlicht, die bei der Herstellung marktfähiger Güter und monetären Reichtums entstanden – wahrscheinlich weil wir der Auffassung waren, daß derartige nichtmonetäre Nebeneffekte der Produktion zu geringfügig und unbedeutend seien, um sich darüber Gedanken zu machen, geschweige denn, sie mit dem Barwert ihres Produktionswertes zu vergleichen. Inzwischen sind die Nachteile eines derartigen Denkens evident geworden, aber dazu bedurfte es immerhin der Anhäufung eines jahrzehntelangen Schmutzes. Und selbst heute, wo die Regierung aktiv versucht, uns umweltbewußt zu machen, schafft es unsere puritanische Geldorientierung, daß wir immer noch unsere Augen, Ohren und Nasen vor den verschiedenen Formen der Umweltverschmutzung verschließen, solange sie nicht mehr als einfach unangenehm sind und nur indirekt unser Wohlergehen mindern, ohne ersichtlich Krankheiten zu verursachen, Leben zu verkürzen und die Produktivität zu verringern.

Wir könnten natürlich unser Geldinteresse dadurch rechtfertigen, daß sich seine unerwünschten Nebeneffekte im Gegensatz zu dem individuellen und direkten Nutzen auf viele Menschen verteilen, so daß sie ohne weiteres vernachlässigt werden können. Aber dieses Argument klingt etwas fadenscheinig. Einerseits sind wir nämlich gar nicht so selbstsüchtig und haben unsere Großzügigkeit und unser Interesse am Wohlergehen anderer Länder schon unzählige Male bewiesen. Andererseits zeigen wir dasselbe Desinteresse auch für nichtmonetäre Kosten und für eindeutig schädliche Dinge, selbst wenn wir die Hauptlast zu tragen haben.

Ein gutes Beispiel ist die Lärmbelästigung. Die Lautstärke und damit vermutlich auch das Unerträgliche des Lärms nimmt mit einem bestimmten Faktor zwischen dem Quadrat und dem Kubik der Entfernung von der Lärmquelle ab. Dabei ist der Benutzer der Lärmquelle – beispielsweise einer motorgetriebenen Säge, eines Rasenmähers und der vielen anderen Werkzeuge – dem Krach schließlich am stärksten ausgesetzt. Merkwürdigerweise scheint ihm der Lärm, den er selbst verursacht, nur wenig auszumachen. Für ihn scheint die Zeit- und Kraftersparnis wichtiger zu sein als die Lärmbelästigung – auch wenn er für die gesparte Zeit keine bessere Verwendung hat oder wenn seine vielen Geräte schon kraftsparender sind als notwendig oder wenn die gesparte Zeit nicht ihm selbst sondern seinem Arbeitgeber zugute kommt. Manchmal scheint ihm der Lärm sogar Spaß zu machen; vielleicht sieht er darin ein Symbol für den Fortschritt und die Nutzbarmachung der mechanischen Kraft durch den Menschen. Und er ist bereit, hierfür ein wenig Unbehagen oder eine Belästigung seiner Sinne hinzunehmen. Eine kürzlich durchgeführte Untersuchung hat gezeigt, daß Versuche, die Preßluftgeräte lärmfeier zu konstruieren, von Bauarbeitern so begeistert und zum Teil sogar ablehnend aufgenommen wurden. Die Lärmbekämpfung in den Städten, die in vielen Teilen Europas schon seit vielen Jahrzehnten zur Standardpolitik gehört, hat in den USA gerade erst angefangen – und entsprechend der puritanischen Ethik wurde sie überhaupt erst durch die Erkenntnis ausgelöst, daß Lärm nicht nur unangenehm und nervenaufreibend ist, sondern effektiv das Gehör schädigen kann. Normalerweise leben wir nach dem Grundsatz, daß wir nichts gegen Umweltbelästigungen unternehmen, solange sie nur unsere Sinne stören, und daß wir erst dann Maßnahmen ergreifen, wenn sie unsere Gesundheit gefährden.

Unsere Tendenz, bei der Produktion monetärer Werte die nichtmonetären Kosten zu ignorieren, findet ihr Äquivalent bei unserer Vernachlässigung aller nichtmonetären Nutzen. Aus diesem Grunde verspotten wir manchmal die Wertsysteme anderer Zivilisationen, indem wir deren sogenannte »höheren Werte des Lebens« verniedlichen.

Amerikas Arbeitsethik stellt das Geldverdienen eindeutig vor den Lebensgenuß. Jeder Vergleich der europäischen und amerikanischen Arbeitsgewohnheiten – sei es unter Geschäftsleuten, Freiberuflichen, Verwaltungsangestellten und Fabrikarbeitern – zeigt, daß die Amerikaner mit oder ohne Druck durch Vorgesetzte oder durch interne Einflüsse immer härter, ausdauernder, zielstrebiger und schonungsloser arbeiten als die Europäer. Ein Resultat dieser Arbeitsweise ist unsere sehr viel höhere Arbeitsproduktivität, die in allen internationalen Vergleichen ins Auge springt (Hutton 1953 faßt die Ergebnisse der vielen Anglo-American Productivity Teams der Nachkriegszeit zusammen). Eine weitere Konsequenz hiervon kann sehr wohl unser größeres Ruhebedürfnis nach der Arbeit sein; denn jeder, der erschöpft ist, empfindet Bequemlichkeit wichtiger als Anregung.

Die Art und Weise unseres Statusstrebens wird ebenfalls vom Puritanismus mitbestimmt. Manche Formen nützen der Gesellschaft, andere wieder nicht, manche erscheinen edel, andere verwerflich. Paradoxerweise läßt unser puritanischer Geist uns oft die weniger nützlichen und edlen Formen wählen. Hier verleitet uns die große Wichtigkeit des Geldeinkommens häufig dazu, Status mit Demonstrativkonsum gleichzusetzen und nicht mit der Fähigkeit, anderen zu gefallen. Unser Konsum soll in erster Linie unser hohes Einkommen zum Ausdruck bringen, während der Nutzen, den wir mit unserem Einkommen erhalten und erzielen können, zweitrangig erscheint.

Demgegenüber versucht der Durchschnitteuropäer sich dadurch Prestige zu verschaffen, daß er sich als erfahrener Konsument erweist, indem er mit seinen Kenntnissen von guten und billigen Restaurants prahlt oder seine Fähigkeit demonstriert, mit unerwarteten und einfachen Mitteln angenehme Unterhaltung zu bieten. Wir Amerikaner neigen wiederum zu einer nüchternen Form der Prahlerei, indem wir unsere Fähigkeit unter Beweis stellen, viel Geld für solche Güter auszugeben, die sich gegenüber ihren billigen Gegenstücken vor allem durch ihren auffällig hohen Preis auszeichnen. Auf diese Weise bleiben wir unserer puritanischen Verachtung einer so oberflächlichen Sache wie dem Konsum treu – als läge es unter unserer Würde, auf möglichst niedrige Preise auszusein, geschweige denn, darin eine besondere Fertigkeit zu entwickeln.

Dieselbe puritanische Mentalität zeigt sich auch in der Art des Statusstrebens, die die Mitglieder unserer Gegenkultur an den Tag legen. Sie wollen sowohl ihre Ablehnung der vorherrschenden Kultur als auch ihre Mitgliedschaft in der Gegenkultur manifestieren, und sie erreichen dies durch eine einheitliche Kleidung und Aufmachung, die ihre Solidarität demonstriert und das Establishment abstößt. Die jungen Westeuroäer machen so ziemlich dasselbe – allerdings mit einem wichtigen Unterschied. Sie haben zwar bei ihrer Kleidung und ihrer Haartracht denselben Stil und offenbaren dieselbe, auf Verärgerung der anderen abzielende Exzentrizität wie unsere Jugendlichen, aber sie sind in der Regel eine Spur eleganter und stilvoller, um ihrer eigenen Generation noch zu gefallen.

Ein weiterer Beweis für unsere puritanische Einstellung ist unsere Nachlässigkeit gegenüber der äußeren Aufmachung. Wir machen uns nur selten die Mühe, uns besonders anzuziehen oder die Lockenwickler herauszunehmen, bevor wir an einen öffentlichen Ort gehen. Im Gegensatz dazu legen andere Nationen extrem großen Wert auf ihre äußere Erscheinung, weil sie in dem Versuch, ihren Mitmenschen zu gefallen, möglicherweise ein Mittel des Statusstrebens sehen. Demgegenüber haben wir ein geradezu puritanisches Mißtrauen gegenüber allen künstlichen Hilfsmitteln, die ausschließlich dazu dienen, den Genuß irgendeiner Sache zu erhöhen.

Unsere Abneigung gegenüber formeller Kleidung im Konzert oder im Theater ähnelt ziemlich stark unserer Abneigung, unsere Nahrung mit Soßen zu verschönern. Beides erscheint uns »unrein« und unaufrichtig. Fleisch muß nach Fleisch und nicht nur »gut« schmecken, Musik muß um ihrer selbst willen genossen werden und nicht nur wegen des Rahmens, und wir wollen um unserer selbst willen gemocht werden und nicht wegen des guten Eindrucks, den wir mit Hilfe unserer Kleidung machen. Hieraus geht hervor, daß wir die Bedürfnisbefriedigung als oberstes Ziel des Menschen ablehnen – was im Puritanismus durchaus noch verständlich ist, da dessen ethisches Wertsystem ja religiösen Ursprungs ist. Aber wenn unser Hauptinteresse dem Genuß des Essens, der Musik und unserer Fähigkeit gälte, anderen zu gefallen, dann wäre alles – also auch eine Veränderung unserer äußeren Erscheinung – was diesen Genuß erhöht, wünschenswert und legitim.

Es ist doch sehr merkwürdig, daß wir einerseits für unser Einkommen so hart arbeiten, obwohl uns die Arbeit nicht sonderlich Spaß macht, und daß wir andererseits so nachlässig mit diesem so sauer verdienten Geld umgehen. Nach Auffassung der Ökonomen zielt jede wirtschaftliche Aktivität früher oder später auf die Befriedigung unserer Bedürfnisse sowie auf deren Sicherstellung oder Erleichterung ab. So sind sowohl das Geldverdienen als auch das Geldausgeben zwei Vorgänge mit ein- und demselben Ziel. Beide bezwecken die Bedürfnisbefriedigung des Konsumenten und sind in dieser Hinsicht komplementär, das heißt, sie können dieses Ziel nur gemeinsam erreichen. Demnach ist der Konsument genauso abhängig von der Güterproduktion und dem dabei entstehenden Einkommen wie die gewinnorientierte Wirtschaft, die wiederum ohne die Konsumnachfrage und die Konsumausgaben nicht produzieren kann. Deswegen kann eine grundsätzliche puritanische Verachtung des Geldausgebens und Konsums die Produktivität ziemlich stark beeinträchtigen. Der Güterausstoß wird letztlich immer der Kaufbereitschaft der Konsumenten entsprechen, während sich die Qualität der produzierten Güter genau den Vorstellungen und Wünschen der Konsumenten anpaßt, die diese durch ihre individuelle Nachfrage und ihr persönliches Urteil oder aber gegebenenfalls mit fachmännischer Unterstützung zum Ausdruck bringen. Es bedurfte erst der Keynesianischen Revolution, um die Wirtschaftswissenschaftler und die Öffentlichkeit von der Richtigkeit des ersten Teils der obigen Aussage zu überzeugen. Dank Keynes sind wir uns heute der immensen Bedeutung einer angemessenen effektiven Nachfrage bewußt und haben erkannt, daß sie zur Förderung der Güterproduktion, zur Erhöhung der Kapazitätsleistung sowie zur Erhaltung der Arbeitsplätze notwendig ist. Der zweite Teil dieser Behauptung – daß nämlich das Wesen und die Qualität der Güterproduktion von dem Urteilsvermögen und der Beharrlichkeit des Konsumenten abhängen, um genau das zu bekommen, was er möchte – ist genauso richtig, nur ist dies bisher noch nicht erkannt und generell akzeptiert worden. Angedeutet wurde diese Tatsache schon vor sechzig Jahren von dem großen Altvater der amerikanischen Volkswirtschaftslehre, Wesley Mitchell, als er sich über die Rückständigkeit der »Kunst des Geldausgebens« beschwerte und die damit einhergehende »armselige Kochkunst und das schlampige Einkaufsgebaren« beklagte (1912, 269–81). Er wies auf die Tradition hin, die diese Aufgabe ausschließlich den Frauen überließ, und fragte sich, ob diese Aufgabe möglicherweise deswegen so schlecht ausgeführt würde. Dies war natürlich eine absurde Frage – selbst wenn sie scherzhaft gemeint gewesen wäre und wenn man nach den chauvinistischen männlichen Maßstäben der damaligen Zeit urteilte. Dennoch hatte Mitchell gar nicht so unrecht mit seinem Gefühl, daß hier irgendein Zusammenhang bestand. Nur verdrehte er Ursache und Wirkung. So wird eine puritanische Gesellschaft, die das Geldverdienen hoch und das Geldausgeben niedrig bewertet, dieselbe Wertordnung auch auf die Personen übertragen, die nach herkömmlicher Auffassung diese beiden Funktionen ausüben, das heißt, sie wird den Mann hoch- und die Frau geringschätzen. Dies würde auch erklären, warum die Frauenbewegung gerade in den USA begann und hier sowie in protestantischen Ländern immer besonders starken Anklang fand (Melder 1969). Da die Frauen genau wie die Männer eine puritanische Wertordnung besitzen, ist ihr Emanzipationsstreben nicht nur ein Kampf für die Rechte einer Frau in der Domäne des Mannes, sondern auch für das Aufgeben ausgesprochen »weiblicher« Domänen. Beide Geschlechter wollen sich auf das Geldverdienen konzentrieren und sind bereit, die Hausarbeit mit ihren Tätigkeiten sowie den Konsum zu einem »Niemandsland« zu machen.

Mitchell betonte bereits, daß es für die Hausfrau sehr viel schwieriger war, die Befriedigung durch den Konsum zu maximieren, als für den Mann, das Einkommen zu maximieren. Dies ist wichtig und wird uns später noch ausführlich beschäftigen, aber es erklärt nicht, warum wir Amerikaner dieses Problem schlechter lösen als andere Länder, die ja schließlich mit genau denselben Schwierigkeiten zu kämpfen haben wie wir. Dennoch gibt es genügend Beweise, daß wir effektiv schlechter abschneiden. Manche habe ich bereits angeführt, als ich unsere lässige Einstellung gegenüber dem Einkaufen und deren Konsequenzen diskutiert habe.

Der Markt ist der Ort und das Einkaufen die Gelegenheit, bei der sich Produzent und Konsument, Anbieter und Nachfrager auf gleicher Ebene unter gleichen Bedingungen messen können. Dabei sind sie sich völlig bewußt, daß sie entgegengesetzte Interessen besitzen und daß der Gewinn der einen Seite gleichbedeutend ist mit dem Verlust der anderen Seite. Obwohl die unterschiedliche Anzahl und die andere Größenordnung seiner Aktivitäten dem Anbieter formell den Vorteil gibt, den Preis zu bestimmen und diesen nach dem Motto »entweder – oder« durchsetzen zu können, kann der Käufer durch den Wettbewerb einen großen Teil dieses Nachteils wieder gutmachen, wenn er Urteilskraft, Intelligenz und Entschlossenheit bei seinen Einkäufen mitbringt. In den meisten Gesellschaften sind sich die Konsumenten dieser Tatsache bewußt. Sie bestehen auf ihrem Recht, sind sorgfältig, wählerisch, kritisch, mißtrauisch, aggressiv und befinden sich dem Anbieter gegenüber ständig auf der Hut. Dadurch sorgen sie für die Art Wettbewerb, die das Anbieterverhalten äußerst positiv (für sie) beeinflußt.

Ich habe dieses Verhalten der Europäer darauf zurückgeführt, daß sie nach dem angeblich »moralischen« Prinzip der Verteidigung ihrer »Konsumentenrechte« handeln, während die ganz andersartige Einstellung der Amerikaner auf unserer spezifischen Rationalität beruht, zumindest in dem engen Sinne einer individuellen Rationalität. Aber stimmt dies auch und ist es objektiv richtig? Könnte diese Auffassung nicht durch meine Voreingenommenheit beeinflußt sein, die natürlich unser eigenes Verhalten rationaler erscheinen lassen will als das Verhalten anderer?

Die amerikanischen Konsumenten sind gutmütig und bequem. Sie hassen es, feilschen zu müssen oder offene Preisvergleiche anzustellen, und sie akzeptieren bereitwillig den fachmännischen Ratschlag des Verkäufers. Dabei vergessen sie nur zu leicht den natürlichen Interessenkonflikt zwischen Verkäufer und Käufer. Sie machen nur ungern Aufhebens über kleine Mängel und nehmen bereitwillig und höflich ein schlechtes Essen in einem Restaurant hin und loben es manchmal sogar noch. Ein derartiges Verhalten spart natürlich Zeit und Ärger, die beide sicher wertvoll sind, und da sie von den Reichen höher bewertet werden als von den Armen, ist es aus der Sicht des Amerikaners tatsächlich vernünftiger, sich so zu verhalten.

Andererseits handeln wir in unserer Funktion als Produzenten und Anbieter völlig anders. Amerikanische Verkäufer können sehr aggressiv sein, und Autohändler und Handelsreisende sind ausgesprochen bekannt dafür. Wenn wir auf der Anbieterseite stehen, dann sehen wir sehr wohl den Interessenkonflikt zwischen Produzenten und Konsumenten. Und wenn es um das Geldverdienen geht, gehen wir erheblich großzügiger mit unserer aufgewendeten Zeit und Kraft um als beim Geldausgeben. Falls uns die leidenschaftliche Sorgfalt der Europäer beim Geldausgeben übertrieben erscheint, dann muß ihnen unsere passionierte Jagd nach dem Dollar mindestens genauso exaltiert vorkommen, und in ihren Augen erscheint der Gegensatz zwischen unserer Geldorientierung und unserer lässigen und äußerst großzügigen Einstellung beim Ausgeben dieser so begehrten Dollars ausgesprochen widersinnig.

Wer hat nun aber recht oder zumindest, wer hat mehr recht? Da die Bedürfnisbefriedigung sich nicht messen läßt, gibt es keinen eindeutigen Weg, um zu entscheiden, wie man die Zeit, Kraft und Sorgfalt am besten zwischen dem Verdienen und dem Ausgeben des Geldes aufteilt. Aber es hat zumindest den Anschein, daß die Europäer diese Aufgabe besser bewältigen. Denn selbst ein Verhalten, das von einem rein individualistischen Standpunkt aus als richtig erscheint, läßt sich durch sorgfältigeres Einkaufen immer noch verbessern, wenn man den erheblichen externen Nutzen berücksichtigt, den dies für andere mit sich bringt. Mit anderen Worten: Die würdelose und unpuritanische Besessenheit der Europäer, einen möglichst großen Nutzen mit ihrem Geld zu erzielen, bringt sie wahrscheinlich näher an das Gesellschaftsoptimum heran – selbst wenn unser Verhalten aus dem Blickwinkel der individuellen Rationalität besser erscheint.

Puritanische Intoleranz

Bisher habe ich die subtilen und nur schwer erfaßbaren Formen der Neigungen und Abneigungen, Wertvorstellungen und des Marktverhaltens besprochen, in denen sich unsere puritanische Einstellung äußert. Ich komme nunmehr zu den aufgezwungenen Formen der Gesetze und Regelungen, die unsere Entscheidungsfreiheit einschränken und einen engen »Pfad der Tugend« des akzeptierten Wohlverhaltens vorschreiben, indem sie abweichendes in gesetzwidriges Verhalten – die sogenannte Kriminalität ohne Opfer oder ohne Verbrechen – verwandeln.[50]

»Mit Ausnahme der Stadt Genf im 16. Jahrhundert unter Jean Calvin hat Amerika die am stärksten moralistische Gesetzgebung in der ganzen Welt. Und der Bereich, in der sich dieser Moralismus am deutlichsten niederschlägt, ist der des Sexualverhaltens . . . Es sieht so aus, als ob die Strafgesetze gegen Sexualvergehen einen immensen Keuschheitsgürtel für die gesamte Bevölkerung bilden sollen, indem sie alles bestrafen außer der freudlosen Selbstbefriedigung und dem »normalen Koitus« hinter verschlossenen Türen.« (Morris/Hawkins 1970, 15)

Aber die Engstirnigkeit und Intoleranz unserer Gesetze, die sicherlich im Sexualbereich am auffälligsten sind, erstrecken sich auf Drogen, Trunkenheit, Gammlertum, Spielleidenschaft und vieles andere. Die bloße Zahl der Vergehen ohne Opfer in unseren Gesetzestexten ist derart groß, daß ein großer Teil dieser Gesetzgebung nur auf dem Papier steht, da er entweder nicht durchsetzbar ist oder je nach Gutdünken angewandt wird.

Und selbst von dem Teil der effektiv durchgesetzten Strafgesetzgebung ohne Opfer wird noch mehr als die Hälfte unserer Strafvollzugsmittel gebunden. Es wäre viel sinnvoller, diese Mittel stattdessen zur Aufdeckung, Bestrafung und Vorbeugung von Verbrechen gegen Menschen und Eigentum einzusetzen. In den Vereinigten Staaten bezieht sich fast die Hälfte aller Arreste auf Trunkenheit, Erregung öffentlichen Ärgernisses, Landstreicherei und Glücksspiel sowie auf geringfügige sexuelle Vergehen (Exhibitionismus, Voyeurismus) (Vgl. *Statistical Abstract of the United States)*. Allein die Festnahmen wegen Trunkenheit sind doppelt so hoch wie alle Festnahmen aufgrund der sieben schlimmsten Verbrechen (Mord, Totschlag, Vergewaltigung, Raubüberfall, schwere Körperverletzung, Einbruch und Diebstahl), die in den Kriminalstatistiken des FBI verzeichnet sind (ebd.). Diese Zahlen lassen sich noch nicht einmal mit denen anderer Länder vergleichen, weil in den meisten Staaten Glücksspiel, Gammeln, Landstreicherei, Prostitution und Trunkenheit an einem öffentlichen Platz nicht gegen das Gesetz verstoßen – es sei denn, daß dadurch andere Personen gefährdet oder belästigt werden. Der Anteil der für den Strafvollzug ausgegebenen Mittel, der für die Verfolgung von opferlosen Verbrechen aufgewendet wird, gibt uns Aufschluß über die Verletzung des Prinzips der persönlichen Freiheit in einer Gesellschaft. Nach John Stuart Mills Worten ist »der einzige Zweck, der die Ausübung von Macht über irgendein Mitglied einer zivilisierten Gemeinschaft gegen seinen Willen gerechtfertigt erscheinen läßt, das Verhüten von Schaden an anderen Menschen. Sein eigenes – körperliches oder moralisches – Wohl ist allein kein ausreichender Beweggrund.« (Mill 1926, 6) Vielleicht läßt sich dieses Prinzip nicht völlig konsequent durchhalten, aber wenn man es wie wir in fast 50 Prozent aller Fälle verletzt, kann man dies in einem demokratischen Land nicht mehr als normal bezeichnen.

Die illegale Anwendung von bewußtseinsverändernden Drogen ist das wichtigste und widersprüchlichste Beispiel der Kriminalität ohne Opfer. Die Prohibition liegt für die meisten Amerikaner zu weit zurück, um sich ein objektives Urteil von deren Sinn oder Unsinn zu machen, aber die meisten von uns haben eingesehen, wie sehr dieses Gesetz mißachtet wurde, zu wieviel Korruption es bei der Polizei geführt hat und wie sehr es das organisierte Verbrechen gefördert hat – um nur einige seiner Kosten und Nebenwirkungen zu nennen. Die Prohibition war der Ausdruck dafür, daß eine bestimmte Gruppe – nämlich die ländliche, angelsächsische, protestantische Bevölkerung – ihre Neigungen auf Kosten der übrigen Gesellschaft durchgesetzt hat. Glücklicherweise ist der Versuch, dieses Präferenzsystem auf unsere Alliierten des Ersten Weltkriegs zu übertragen, fehlgeschlagen (Sinclair 1962).

Die Zeit der Prohibition ist längst vorbei, aber geblieben ist uns dennoch ein moralischer Makel, der nach wie vor dem Alkoholkonsum anhaftet und der die Trunkenheit an einem öffentlichen Platz zu einem kriminellen Delikt macht. Geblieben ist außerdem unsere Neigung, die freie Konsumwahl im Namen der Moral oder unter dem Vorwand, den einzelnen vor seiner eigenen Dummheit zu schützen, durch Gesetze einzuschränken.

Ähnlich wie die Prohibition wirken auch unsere Rauschgift-Gesetze, allerdings mit dem Unterschied, daß wir es in diesem Fall geschafft haben, die anderen Länder ebenfalls davon zu überzeugen, so daß sie in der ganzen Welt durchgesetzt wurden. Vielleicht beurteilen unsere Nachkommen diese Gesetze eines Tages genauso, wie wir heute das damals verhängte Alkoholverbot beurteilen. Denn die uns bekannten Wirkungen der gebräuchlichsten Rauschgifte, wie Opium, Morphium, Heroin und Marihuana, auf unser körperliches und geistiges Wohlergehen sind relativ geringfügig und sehr viel weniger gefährlich als die des Alkohols. Außerdem macht beispielsweise Marihuana sehr viel weniger süchtig als Alkohol, so daß sich ein Verbot dieses Rauschgifts und insbesondere die Härte der gegenwärtigen Gesetzgebung nicht so recht einsehen läßt. So wird in Kalifornien der bloße Besitz von Marihuana mit bis zu zehn Jahren Gefängnis bestraft, in Arizona kann sogar der Verkauf einer einzigen Zigarette mit fünf Jahren bis zu lebenslänglicher Haft geahndet werden, und in den meisten Bundesstaaten ist ein Mord ersten Grades das einzige Verbrechen, das stärker bestraft wird als der Verkauf von Marihuana. Dies ist umso erstaunlicher, als die Medizin nach wie vor auf dem Standpunkt steht, daß dieses Rauchgift relativ ungefährlich ist. Insofern ist die Strenge unserer gegenwärtigen Gesetzgebung als Indikator für die Gefährlichkeit von Marihuana eine große Lüge, die wegen ihrer Ungeheuerlichkeit umso eher geglaubt wird, aber deswegen dennoch eine Lüge bleibt (Kaplan 1970).

Bei den Opiaten ist die Situation allerdings etwas komplizierter. Ihre Wirkung auf die körperliche und geistige Gesundheit ist aber dennoch überraschend gering; die Haupteffekte sind Verstopfung und leicht verminderte männliche Potenz sowie eine erhöhte Wahrscheinlichkeit der Schwangerschaft (Brecher u. a. Hg. 1972, Kap. 3). Im 19. Jahrhundert war ihr Gebrauch noch völlig legal, und sie fanden in der Medizin sowie im Kampf gegen den Alkoholismus häufige und erfolgreiche Anwendung. Da sich Süchtigkeit praktisch nicht kurieren aber relativ leicht auf andere chemische Substanzen transferieren läßt, war es in den Vereinigten Staaten allgemein üblich, die Alkoholiker auf Opium umzustellen.

Dies war zugleich billiger und gesünder und gestattete den Süchtigen ein normales und produktives Leben (ebd., 9f.).

Andererseits stimmt es natürlich, daß die Opiate sehr viel süchtiger machen als Alkohol und daß ein Mensch, der vom Rauschgift abhängig geworden ist, alles daran setzen wird, um seine tägliche Dosis zu bekommen – genau wie ein Hungernder für ein bißchen Nahrung zu allem bereit ist. Und da die Drogensüchtigen durch ihre Sucht niemals oder fast nie volle Befriedigung zu erreichen scheinen – wenn man einmal von den Empfindungen absieht, die die Erlösung von Entzugserscheinungen mit sich bringt –, erscheint es ziemlich irrational, jemand wegen einer kurzfristigen Anfangsperiode mit positiver Befriedigung eine fast unheilbare lebenslängliche Abhängigkeit von einem Rauschgift aufzuerlegen (ebd., Kap. 10).

Doch solange Opiate billig und legal sind und solange die Süchtigen sie bezahlen können, scheint der persönliche und gesellschaftliche Schaden minimal zu sein. Und genau dies war wohl im 19. Jahrhundert der Fall, als die gesellschaftliche Verachtung der Sucht und das Wissen der Öffentlichkeit von deren Unheilbarkeit auszureichen schienen, um die Zahl der Drogenabhängigen klein zu halten (ebd., 6). Wenn diese Bedingungen nicht erfüllt sind oder wenn man nicht mehr auf die Rationalität der Menschen vertrauen kann, scheint mir das beste Mittel der Vorbeugung, das zugleich unsere Freiheit am wenigsten einschränkt, in der Restriktion des Verkaufs derartiger Opiate zu bestehen. Andererseits wäre es nur recht und billig, die bereits Süchtigen kostenlos mit den Rauschgiften zu versorgen. Genau dies tun die Briten, und es scheint gut zu funktionieren (May 1972, 345–93; Judson 1973, 76–113). Indien praktiziert dasselbe Prinzip mit dem Alkohol. Demgegenüber schaffen die strengen und kompromißlosen Gesetze der Amerikaner in Verbindung mit unserem schlechten Strafvollzug die schlimmste aller möglichen Welten.

Wenn die Süchtigkeit der größte Schaden ist, der durch den Gebrauch von Opiaten entstehen kann, dann ist es eine ausgesprochen grausame Lösung des Problems, diesen Schaden körperlich, moralisch und gesellschaftlich schmerzhaft zu machen. Dabei haben wir noch nicht einmal berücksichtigt, daß wir mit unserer Gesetzgebung gleichzeitig die Kriminalität fördern.

Die Tatsache, daß in den meisten amerikanischen Bundesstaaten Glücksspiele aller Art verboten sind, ist ein weiteres Beispiel für unsere Intoleranz gegenüber Lebensweisen, die den weißen, angelsächsischen, protestantischen Amerikanern nicht gefallen. Gerechtfertigt wird es genau wie das Verbot der Opiate. Es ist schädlich, da es abhängig macht. Hier gesteht unser Gesetzgeber allerdings zu, daß diese Abhängigkeit dann harmlos ist, wenn der Betreffende sie sich leisten kann. Die Reichen können unbehelligt an der Börse spekulieren, nur das Glücksspiel der Armen ist illegal.

Interessanterweise scheinen wir kein Volk der Spieler zu sein. Wir wissen zwar nicht, wie hoch der Anteil der gesamten privaten Ersparnissse ist, der bei uns und in anderen Ländern in Form von Aktien und anderen marktfähigen Wertpapieren gehalten wird, aber wir besitzen zumindest Zahlen über den Anteil der laufenden Ersparnisse, der in Effekten angelegt wird. In der ersten Hälfte der sechziger Jahre, als die Börse für reiche Erwachsene ein ziemlich risikoloses »Spielkasino« war, machte dieser Anteil bei den Amerikanern etwa ein Neuntel bis ein Zehntel des Betrages aus, den die Kontinental-Europäer und Japaner dafür aufwendeten, obwohl wir einen kleineren Anteil unseres Einkommens sparten als sie (Tabelle 15 enthält die genauen Daten).

Tabelle 15

Prozentuale Verteilung der Haushaltsersparnisse

		Sparkonten und Bargeld	Fest- gelder	Wert- papiere	Sonstiges	Gesamt- summe
Belgien	(1959–64)	46	20	34	0	100
Frankreich	(1960–65)	74	4	19	3	100
Deutschland	(1960–65)	54	26	20	0	100
Griechenland	(1959–64)	84	1	14	–	100
Italien	(1964–65)	62	11	14	13	100
Japan	(1958–64)	67	10	18	5	100
Niederlande	(1960–64)	–	42	–	58	100
Norwegen	(1960–65)	52	26	12	10	100
Schweden	(1960–65)	48	36	9	7	100
U.K.	(1963–65)	57	57	−21	7	100
U.S.A.	(1960–65)	70	38	2[a]	−10	100

[a]) Der Hauptgrund für diesen sehr niedrigen Anteil ist vermutlich unsere angelsächsische Angewohnheit, einen großen Teil unserer Ersparnisse in den Kauf eines Hauses und die Abzahlung der Hypotheken zu stecken.
Quelle: O.E.C.D., Committee for Invisible Transactions, *Capital Markets Study. General Report,* Paris: O.E.C.D., 1967, Tab. 18, 108.

Viele verbotene Aktivitäten und Befriedigungen bringen uns Anregung, und in diesem Zusammenhang müssen wir uns noch einmal vor Augen halten, daß diese Anregung eine Bedrohung oder zumindest eine potentielle Bedrohung für unser Leben darstellt. Deshalb bilden Sicherheit und Reizgenuß oftmals Gegensätze, die sich nicht miteinander vereinbaren lassen. Dies zwingt uns, zwischen beiden den bestmöglichen Kompromiß anzustreben, und da es über die beste Form dieses Kompromisses erhebliche Meinungsunterschiede gibt, wird die Aufstellung von Regelungen und Gesetzen notwendig, die den einzelnen vor der Gefährdung seiner eigenen Sicherheit schützen sollen.

Bei unserer Neigung, die Anregung im Interesse der Sicherheit möglichst weitgehend zu limitieren, gibt es allerdings eine wichtige Ausnahme. Jagen und Schießen ist der Sport, für dessen uneingeschränkte Ausübung die Amerikaner bereit zu sein scheinen, nicht nur das Leben vieler Jäger, sondern auch das aller anderen zu gefährden. Der uneingeschränkte Waffenbesitz ist in dem Dickicht der amerikanischen Städte ein wichtiger Grund für die starke Gefährdung unserer Leben und unseres Eigentums. Andererseits ist es denkbar, daß diese Gefahr ausschlaggebend für unsere übertriebene Angst vor anderen Gefahren ist. Denn wie wir wissen, wirken die verschiedenen Stimuli kumulativ auf unsere Erregung. Und wenn es uns schon schwerfällt, die Anspannung zu ertragen, die wir täglich auf unseren unsicheren Straßen empfinden, dann kann in uns sehr wohl der Wunsch entstehen, alle weiteren Gefahr- und Angstquellen wie Feuerwerkskörper, schnelles Autofahren, Schwimmen an unbewachten Stellen etc. möglichst weitgehend durch Gesetze auszuschalten. Vielleicht klingt es absurd, daß das Fehlen eines Waffenverbots als Kompensation das Verbot von Feuerwerkskörpern nach sich gezogen haben könnte. Aber wir haben es hier tatsächlich mit den instinktiven Handlungen einer Gesellschaft zu tun, die angesichts einer hohen (und steigenden) Kriminalität völlig gelähmt ist und nicht mit der rationalen Entscheidung von Politikern zwischen gleichermaßen machbaren Alternativen. Im täglichen Leben wäre ein äquivalentes Verhalten, daß man einem Verwundeten wenigstens seine Kleidung öffnet, wenn man schon nicht seine Schmerzen lindern kann. Man tut das Beste, was man unter diesen Umständen machen kann.

Wenn der Wunsch des Menschen nach Anregung und Aufregung, die mit einer begrenzten Gefahr verbunden sind, durch Regelungen und Sicherheitsvorkehrungen einer übertrieben schutzbietenden Gesellschaft zu stark blockiert ist, wird sich der Mensch seine Befriedigung in weniger stark oder weniger effizient reglementierten Bereichen suchen – und das kann sehr wohl heißen, daß er sich ein Ventil in der Gewalt sucht. Deshalb kann sich ein möglichst großer Spielraum der persönlichen Handlungsfreiheit – in dem Sinne, daß jeder zwischen der Aufregung einer Gefahr und dem Behagen der Sicherheit frei entscheiden kann – als gleichermaßen nützlich für den einzelnen und für die ganze Gesellschaft erweisen.

Nach unserem kurzen Exkurs über unsere ausnahmsweise große Toleranz gegenüber dem Waffenbesitz wollen wir wieder zur Regel zurückkehren, das heißt, zu den Gesetzen, die unsere Freiheit bei der Wahl unserer Anregungsmöglichkeiten ziemlich stark beschneiden. Ein ausgesprochen interessanter Fall ist in diesem Zusammenhang die Geschwindigkeitsbegrenzung auf unseren Straßen.

Die Zahl und die Schwere der Autounfälle nimmt mit der Geschwindigkeit zu – genau wie der Geschwindigkeitsrausch und die Freude am Autofahren. Jeder Autofahrer kann sich für das Maß an Sicherheit und Genuß entscheiden, das seinem Geschmack am meisten entspricht. Die Geschwindigkeitsbegrenzung schützt einerseits andere Menschen vor eigenem zu schnellen Fahren und ihn selbst vor dem anderer, aber sie engt gleichzeitig den Spielraum ein, in dessen Bereich er sich seine optimale Befriedigung verschaffen kann. Unsere gegenwärtigen Geschwindigkeitsbegrenzungen reflektieren den Kompromiß unseres Gesetzgebers zwischen dem Genuß des Autofahrers und der Sicherheit aller anderen Menschen. Und es ist interessant, daß die Höchstgeschwindigkeit in den USA sehr viel niedriger ist als in den meisten anderen Ländern, obwohl unsere Straßen und Autobahnen am breitesten sind und sich am besten für ein sicheres und schnelles Fahren eignen.[51] Wir haben hier offensichtlich einen weiteren Beweis für unsere starke Neigung zu übertriebener Sicherheit.

Es gibt noch eine Reihe von Beispielen, bei denen der anderen Menschen zugefügte Schaden nicht so offensichtlich ist. Nehmen wir nur die Gesetze, die den Gebrauch von Sicherheitsgurten für Autofahrer, von Helmen für Motorradfahrer, sowie von Schwimmwesten für Segler vorschreiben, oder aber die Gesetze und Verordnungen, die den Gebrauch von Feuerwerkskörpern untersagen und das Schwimmen ohne Aufsicht verbieten, und denken wir an die zahlreichen Verbotsschilder in Nationalparks und öffentlichen Anlagen. Ihr einziges Ziel ist oder scheint zu sein, den einzelnen vor Schaden zu schützen. Man muß sich dabei jedoch vor Augen halten, daß auch die Menschen, die nur sich selbst schaden, oft gerettet, »zusammengeflickt« und gepflegt werden oder mit Hilfe der öffentlichen Einrichtungen und teilweise oder ganz auf Kosten des Steuerzahlers begraben werden müssen. Deshalb scheint das von Mill vertretene Freiheitsprinzip, das die Einschränkung der persönlichen Freiheit nur dann erlaubt, wenn andere vor Schaden bewahrt werden müssen, keineswegs so eindeutig zu sein, wie es sich anhört. Denn die Trennungslinie zwischen Verbrechen mit und Verbrechen ohne Opfer ist nicht annähernd so klar und eindeutig, wie Mill uns glauben machen wollte. Jede gefährliche Aktivität ist nicht nur für den Handelnden selbst gefährlich, sondern auch für das unsichtbare Opfer – den Steuerzahler. Ist es deshalb gerechtfertigt, den Steuerzahler oder stellvertretend den Gesetzgeber zu dem zu ermächtigen, wovor Mill ausdrücklich warnt – nämlich den einzelnen vor seinen eigenen Handlungen zu schützen?

Es sieht so aus, als ob es aus diesem Dilemma keinen Ausweg gäbe. Wir müssen den Nutzen der größeren persönlichen Freiheit mit den Kosten für die Steuerzahler abwägen und jeden Fall gesondert beurteilen. Dies ist nicht leicht, wenn man bedenkt, daß der Nutzen sich nur selten quantifizieren läßt.

Aber ist dieses Problem überhaupt so wichtig? Zwei Überlegungen lassen mich daran zweifeln. Erstens ist die Kontroverse, die die Kosten der persönlichen Freiheit denen der Steuerzahler gegenüberstellt, eine rein wissenschaftliche Debatte, die in der öffentlichen Diskussion über eine derartige Gesetzgebung fast nie erwähnt wird. Hier liegt die Betonung vielmehr und fast ausschließlich auf der Sicherheit. Zweitens sind fast sämtliche derartigen Fälle, die ich mir jetzt vorstellen kann, auf die Vereinigten Staaten begrenzt; denn in anderen Ländern wird die persönliche Freiheit sehr viel mehr geachtet. Dort weist man durch offizielle Anzeigen immer wieder auf die Gefahren für das Leben, die Gliedmaßen und die Gesundheit hin und versucht auf diese Weise, den einzelnen zu überzeugen und zu informieren. Aber die letztliche Entscheidung bleibt ihm selbst überlassen. Nur unsere Intoleranz oktroyiert uns die Sicherheit durch Zwangsmaßnahmen auf.

Ein harmloses Beispiel ist der Zwang, Sicherheitsgurte anzulegen und Motorradhelme zu tragen, deren Kosten und Unbequemlichkeit im Vergleich mit deren Nutzen gering erscheinen. In England sind Helme genau wie bei uns Pflicht – aber bei den letzten Wahlen (1974) gab es dennoch mehrere Parlamentsanwärter, die sich gegen die Pflicht des Helmtragens aussprachen. Hier offenbart sich die starke Abneigung der Engländer gegen alles, was die persönliche Freiheit einschränkt.

Etwas ernster zu nehmen ist die Beschneidung der persönlichen Freiheit durch den Schwimmwestenzwang beim Segeln, der in manchen Bundesstaaten existiert und einen großen Teil des Spaßes am Segeln verdirbt. In dieselbe Kategorie gehört auch das häufige Schwimmverbot an Stellen, die nicht von Lebensrettungsschwimmern beaufsichtigt sind.

In diesem Zusammenhang erscheinen noch zwei weitere Badeverbote erwähnenswert: Das eine soll die Badenden selbst, das andere das Wasser schützen. Beide sind jedoch ungerechtfertigt und müssen als weitere Beispiele für unsere puritanische Einschränkung des menschlichen Anspruchs gelten, sein Leben genießen zu wollen. Um den Badenden zu schützen,

»sind sich die meisten Forscher darin einig, daß die bakterielle Reinheit des Badewassers zwar nicht genauso hoch sein muß wie die des Trinkwassers, daß aber natürliche Badegewässer zumindest weitgehend von Bakterien aus bekannten Abwässern freigehalten werden sollten.«[52] Die meisten entwickelten Länder betrachten es deswegen als notwendig, die bakterielle Reinheit zu untersuchen und das Schwimmen zu verbieten, sobald die Minimalanforderungen nicht erfüllt sind. Da die bakterielle Reinheit sich nicht mit bloßem Auge erkennen läßt, erscheint dies ausgesprochen sinnvoll – solange die Mindestgrenzen vernünftig sind. Die Norm, nach der das Wasser als zum Baden und Schwimmen geeignet gilt, wird in der Regel als monatlicher Durchschnitt der maximal erlaubten Zahl von Koliformorganismen pro 100 ml ausgedrückt. Sie beträgt in Utah und Washinton 50, in Maine 100, in Montana und New Hampshire 240 und in den anderen Bundesstaaten 1000. Der letzte Wert ist zugleich die Norm, die der amerikanische Public Health Service für die pasteurisierte Milch zugrunde legt. Daraus ergibt sich, daß in den zuerst genannten fünf Staaten die Milch, die wir trinken, zu schmutzig wäre, um darin zu baden.

Demnach dürfen wir weder in Flüssigkeiten schwimmen, die man nicht trinken kann, noch in Gewässern, die als Trinkwasser bestimmt sind. Amerika hat zahlreiche wunderschöne Seen, aber da viele von ihnen zur Trinkwasserversorgung dienen, werden sie zu Wasserreservoirs erklärt, eingezäunt und mit Bade-, Boots- und Zutrittsverbotsschildern umrandet. Und dies obwohl auf Tagungen amerikanischer Wasserversorgungsingenieure immer wieder die Absurdität und mangelnde Berechtigung derartiger Praktiken diskutiert werden – die übrigens einzig und allein in den USA üblich zu sein scheinen. Auf diesen Tagungen wird immer wieder betont, daß das gesamte Trinkwasser durch Filter und Kläranlagen geht, die ohne zusätzliche Kosten alle Unreinheiten beseitigen könnten, welche durch eine freizeitliche Nutzung dieser Seen entstünden. Aber derartige Diskussionen enden gewöhnlich entweder mit einem Appell, daß es sinnvoller sei, eine bereits eingespielte Praxis doch besser unverändert zu lassen, oder aber mit der Erinnerung an eine vermeintliche althergebrachte neuenglische Tradition, den Ekel, den man schon bei dem geringsten Verdacht von Urin empfindet (McKee/Wolf 1963, vgl. a. Baumann 1969, 543–54).

Kapitel 11
Unsere Verachtung der Kultur

Es gibt noch eine weitere kulturelle Einflußgröße, die unseren Lebensstil deutlich prägt: Dies ist die einseitige Ausrichtung unseres Bildungswesens, die wahrscheinlich unser Konsumverhalten zugunsten der Bequemlichkeit und des Behagens und gegen den Reizgenuß und die Anregung tendieren läßt. Gemessen an der Zahl der Schuljahre pro Kopf der Bevölkerung sind wir das am meisten gebildete Volk der Welt. Aber ist unsere Bildung zugleich auch die beste? Bei der von mir aufgeworfenen Frage geht es jedoch nicht um die Qualität unserer Schulen und Colleges, sondern es geht darum, wie sie uns auf die Zukunft vorbereiten. Lernen kann viele Ziele haben. Aber was ist das Ziel unserer langen Schulzeit? Uns wird gelegentlich vorgeworfen, daß wir kulturell »rückständig« sind. Wenn dies so ist, dann müssen wir uns fragen, was dies für unsere Erziehungsphilosophie und für den Inhalt unserer Lehrpläne bedeutet. Um diese und verwandte Fragen zu behandeln, müssen wir uns zunächst einmal über den Begriff der Kultur Klarheit verschaffen. In Kapitel 3 habe ich mich ausführlich mit der Neuheit als einer Quelle der Anregung befaßt und festgestellt, daß ein Mittelmaß an Neuheit die Voraussetzung für einen angenehmen Stimulus ist. Und wir haben gesehen, daß der Reiz eine bestimmte Redundanz vermitteln muß, damit er als angenehm empfunden wird. Andererseits kann man Redundanz aber auch als etwas betrachten, was der Empfänger bereits besitzen muß, um den Reiz genießen zu können. Wir werden sehen, daß diese Vorstellung von der Redundanz eine Definition des Kulturbegriffs möglich macht.

Um einen Kunstgegenstand oder ein Musikstück genießen zu können, muß es in etwa einem Stil oder einer Tradition entsprechen, mit der wir bereits vertraut sind. Ebenso sind ja Neuigkeiten und Klatsch auch nur dann interessant, wenn sie Leute oder Orte betreffen, die wir kennen oder von denen wir zumindest gehört haben. Und wenn wir einen Roman mit Genuß lesen wollen, dann muß er Personen und Situationen schildern, die glaubwürdig sind und denen ähneln, mit denen wir bereits zu tun gehabt haben. Dasselbe gilt für Witze. Sie wirken nur komisch, wenn dem Überraschungseffekt und dem unerwarteten

Abschluß ein vertrauter Anfang vorausgeht. Der Vermittler des Reizes muß darauf achten, daß er Neues und Altes gut miteinander kombiniert. Andererseits darf aber auch der Empfänger des Reizes nicht völlig passiv sein; denn letztlich sind sein Bildungsstand und sein vorhandenes Wissen entscheidend dafür, was ihm vertraut ist.

Je nach ihrem bereits vorhandenen Wissen empfinden die einzelnen Konsumenten unterschiedliche Dinge als angenehm anregend. Außerdem hängt die Schwierigkeit, die mir das Erlernen von Konsumfähigkeiten bereitet, stark von dem spezifischen Reiz ab. Die Fähigkeit, ein Tennismatch, ein Schachspiel oder eine Partie Bridge zu genießen, läßt sich am besten durch Übung erreichen, und dasselbe gilt wahrscheinlich auch für die Wertschätzung von Literatur und Kunst. Hinzu kommt, daß diese Dinge sehr viel praktische Kenntnisse und ein schrittweises logisches Vorgehen vom Einfachen zum Schwierigeren erfordern. Demgegenüber setzt der Genuß einer Fahrt »ins Grüne« nur die Vertrautheit mit anderen Landschaften voraus, also ein Wissen, das jeder erwerben kann, der nicht gerade blind ist. Desgleichen kann sich jeder mühelos den angenehmen Reiz des Schaufensterbummels verschaffen, sobald er mit dem Gebrauch der ausgestellten Waren einigermaßen vertraut ist.

Somit ist jeder Reizgenuß gleichbedeutend mit einer Konsumfähigkeit, aber die für das Erlernen dieser Fähigkeiten notwendige Zeit und Energie sind bei den einzelnen Reizen gänzlich verschieden. Manche Konsumfähigkeiten sind so universell, daß sie überhaupt keine besondere Fähigkeit darzustellen scheinen, weil jeder sie im Verlauf seiner Entwicklung und seines täglichen Lebens erwirbt. Mit »jeder« meinen wir natürlich nicht wirklich »jeden einzelnen«. Die Fähigkeit, die ich zum Beispiel brauche, um Musik zu genießen, scheint bei allen oder fast allen Zigeunern, bei allen walisischen Bergleuten sowie bei den meisten Katholiken in Zentraleuropa einfach vorhanden zu sein, während sie in der Mehrzahl der anderen Länder eher ein Privileg der Elite ist.

Die Bedeutung der Kultur

Ich möchte Kultur als Wissen definieren: Es ist der Teil des Wissens, der die erforderliche Redundanz vermittelt, um Anregung angenehm zu machen. Die Kultur ist die Vorinformation, die wir brauchen, um die Verarbeitung von weiteren Informationen zu genießen. Demnach sind die Konsumfähigkeiten – im Gegensatz zu den Produktionsfähigkeiten – ein Bestandteil der Kultur. (Manche Produktionsfähigkeiten hängen allerdings eng mit bestimmten Konsumfähigkeiten zusammen und werden durch letztere oft erst möglich.) Da überdies nur der Genuß von Anregung als Konsumfähigkeit gilt, während der Genuß von Behagen keinerlei Fertigkeiten erfordert, ist nur der erstere eine kulturelle Aktivität.

Jegliche Form des Reizgenusses – außer der einfachen körperlichen Betätigung – erfordert ein gewisses »Können«, aber manche dieser Konsumfähigkeiten lassen sich von allen Menschen so leicht erwerben, daß man es gar nicht als Lernen empfindet. Insofern ist es ganz sinnvoll, die Kultur etwas enger als die Übung und die Fähigkeit zu definieren, die notwendig ist, um jene durch bestimmte Reize bedingte Befriedigungen zu genießen, die Geschick und Übung erfordern. Dadurch werden Konsumfähigkeiten ausgeklammert, die jeder im Verlauf des Alltagslebens unbewußt aufnimmt.

Da sich zwischen erlerntem Wissen und zufällig »aufgeschnapptem« Wissen keine eindeutige Trennungslinie ziehen läßt, ist unsere Definition von Kultur vielleicht nicht sehr genau, aber gerade das hat den Vorteil, daß sie sich umso eher mit der üblichen Vorstellung von Kultur in Einklang bringen läßt. Um beispielsweise erlernte Musik zu genießen, muß man sich etwas darin auskennen, während wir eine populäre Melodie automatisch dadurch kennenlernen, daß wir ähnliche Melodien und Rhythmen im Fernsehen, Radio und bei anderen Gelegenheiten hören. Jemand der Unterhaltungsmusik liebt, würde von uns kaum als musikalisch gebildet bezeichnet werden, obwohl seine Neigung auch schon eine gewisse Fähigkeit voraussetzt, die ein Bewohner eines völlig anderen Erdteils sicherlich nicht besäße. In der Regel wird nur die Fähigkeit, ernste Musik oder echten Jazz zu genießen, als ein Zeichen von Kultur betrachtet; vermutlich weil das Erlernen dieser Fähigkeit einer gewissen Anstrengung bedarf. Tatsächlich ist eine Fähigkeit umso angesehener, je schwieriger sie zu erlernen ist. Aus diesem Grunde genießen wahrscheinlich manche Kulturformen höheres Ansehen als andere. Das Wort »Kultur« assoziieren wir gewöhnlich mit Literatur, Musik, Malerei und anderen schönen Künsten, deren Genuß wir erst lernen müssen, obwohl andererseits das Interesse und der Genuß von Nahrung, Sport, Denk- und Kartenspielen, sowie von politischen, wirtschaftlichen und wissenschaftlichen Nachrichten ebenfalls erlernt sind und sie deshalb eigentlich in die Definition von Kultur mit einbezogen werden müßten. Die Tatsache, daß eine günstige Familiensituation es manchen Menschen ermöglicht, gewisse Konsumfähigkeiten völlig mühelos zu erlernen, macht diese Leute deswegen keineswegs weniger kultiviert. Die Kinder belesener Eltern erwerben oftmals ohne sichtbare Anstrengung einen Sinn für Literatur, und die Kinder von Berufsmusikern und vielen amerikanischen Schwarzen bekommen bei ihren Eltern ganz unbewußt eine musikalische Vorbildung. Dennoch sollten wir diese Leute ebenfalls als kultiviert bezeichnen, was von den meisten Menschen auch getan wird.

Das höhere Ansehen mancher Kulturgüter hängt häufig auch einfach mit der Größe des Genusses zusammen, den sie bieten. Bisher haben wir die objektive Informationsmenge als vorgegeben und die Konsumfähigkeiten als etwas betrachtet, was diese Menge zu einer Quelle des Reizgenusses macht. Mir drängt sich in diesem Zusammenhang als Vergleich ein Fenster auf, durch das man eine farbenfrohe Prozession beobachtet und genießt, ohne daß diese davon in irgendeiner Weise betroffen wird.

Glücklicherweise kann ein großer Teil der heutigen neuen Eindrücke und Ereignisse für spätere Generationen und für andere, die sie aus irgendeinem

Grunde versäumt haben, erhalten und gespeichert werden. Und eine gespeicherte Neuheit kann genauso interessant sein wie eine ganz aktuelle Neuigkeit, obwohl der Genuß der ersteren meistens etwas mehr Fähigkeiten erfordert. Augenfällige Beispiele hierfür sind die Literatur, die Musik und die schönen Künste, da sie dauerhafte Kunstwerke schaffen. In ihnen werden uns ungeheure Mengen von vergangenen Neuheiten vermittelt, die im Verlauf der Jahrhunderte angesammelt wurden. Und die Freude, die uns ihr Inhalt bereitet, wird durch die Tatsache, daß sie schon vergangenen Generationen Freude bereitet haben, keineswegs beeinträchtigt. Da die gespeicherte Neuheit zum großen Teil aus der fernen Vergangenheit stammt und keine Aktualität mehr besitzt, benötigen wir ein gewisses Maß an Extrawissen und zusätzlichen Fähigkeiten, um sie begreifen und genießen zu können, aber der Gewinn aus diesem Extraaufwand und dieser Extrakultur kann äußerst groß sein.

Demnach unterscheiden sich die Konsumfähigkeiten nicht nur in ihrem Schwierigkeitsgrad des Erlernens, sondern auch in der Größe des Genusses, den ihr Erwerb vermittelt, und beides macht manche Formen der Kultiviertheit für uns wertvoller als andere. Außerdem gibt es noch den Fall, daß ein Mensch in dem Sinne kultivierter sein kann als ein anderer, daß er gleichzeitig mehrere Konsumfähigkeiten besitzt. Und zu guter Letzt ist es nicht ausgeschlossen, daß jemand sogar *zu* kultiviert ist. Schließlich ist Kultur ja das Vorwissen, das für den Genuß neuen Wissens das richtige Maß an Redundanz bietet, und es ist natürlich auch zu viel an Redundanz denkbar, so daß zu wenig Spielraum für neues Wissen bleibt. Beispielsweise kann ein Bild oder ein Musikstück zu vertraut werden, um es noch weiter genießen zu können, oder ein Mensch kann sich in einem bestimmten Bereich *zu gut* auskennen, um noch viel zusätzlichen Genuß dabei zu empfinden. Seine Sinne sind auf diesem Gebiet einfach übersättigt.

Die puritanische Einstellung zur Kultur

Meine Definition der Kultur hilft uns, die ambivalente Einstellung der Amerikaner zu ihr zu erklären. Zunächst einmal ist Kultur ein spezifisches Wissen der »Muße-Klasse«, das diese sich angeeignet hat, um ihre Freizeit effizienter gestalten zu können. Kein Wunder, das Kultur daraufhin der arbeitenden Bevölkerung verdächtig erscheint! Außerdem galt bei unseren puritanischen Vorfahren jegliches erlernte Können und Wissen, das ausschließlich auf eine gesteigerte Genußfähigkeit abzielte, als »Teufelswerk«. Glücklicherweise erfüllten einige Konsumentenfähigkeiten gleichzeitig mehrere Zwecke und entgingen dadurch der Zensur. Aber bei den meisten war dies nicht der Fall, und sie wurden mit Mißbilligung betrachtet. Heute ist der Puritanismus zwar tot, aber sein Geist weilt immer noch unter uns. Wir sind inzwischen so weit, daß wir Kultur nicht nur akzeptieren, sondern sogar ihre ernsten, edlen und erhebenden Eigenschaften bewundern. Sie ähnelt ein wenig der Religion. Sie ist gut für die Seele und vielleicht noch für unser Prestige. Die Vorstellung, daß Kultur einfach zur Unterhaltung da sein könnte oder daß ihr einziges Ziel sein sollte, Vergnügen zu bereiten, erscheint vielen Leuten oberflächlich oder schockierend. So bezeichnet der Oxforder Musikführer »Oxford Companion to Music« in seinem guten, wenn auch etwas snobistischen Artikel über Jazz diese Form der Musik als Unterhaltungsmusik (music of pleasure). Hieraus geht unmißverständlich hervor, daß ernste Musik *nicht* der Unterhaltung dient. Doch welchen anderen Zweck könnte sie sonst haben? Und wie könnte sie uns wohl so stark ansprechen, wenn sie in uns nicht Gefühle der Lust und der Freude wachrufen würde?

Produktionsfähigkeiten contra Konsumfähigkeiten

Bis zum Ende des 18. Jahrhunderts war Bildung ein Privileg der oberen Schichten, und ihr Schwerpunkt lag verständlicherweise auf der Aneignung von Konsumfähigkeiten. In jenen Tagen waren Bildung und Kultiviertheit ein- und dasselbe. Daneben erschienen die Produktionsfähigkeiten weniger wichtig und weniger schwierig; sie ließen sich meistens durch eine Lehre erlernen und bedurften weniger einer formalen Ausbildung. Außerdem sah man damals in der Ausbildung keine grundlegende Voraussetzung für ein Einkommen. Molières »bourgeois gentilhomme« wurde erst reich und nahm danach Unterricht in Musik, Tanzen, in gutem Benehmen und Philosophie, um mit diesen Fähigkeiten seine Reichtümer genießen zu können.

Da viele Formen der Anregung sich am besten durch gegenseitige Interaktion genießen lassen, entwickelten viele Mitglieder der kultivierten oberen Schicht im Laufe der Zeit ein bestimmtes Geschick darin, andere zu stimulieren. Man braucht sich nur die männlichen und weiblichen Literaten der französischen Aristokratie vor Augen zu halten sowie die adligen Architekten im England des 18. Jahrhunderts. Ein weiteres Beispiel sind die vielen Würdenträger und wohlhabenden Komponisten und Musikinterpreten aller Nationen, von Heinrich VIII. bis zu Albinoni, von Friedrich dem Großen bis Mendelssohn.

Im 19. und zu Beginn des 20. Jahrhunderts wurde in den USA die Schulpflicht eingeführt und damit wurde die Bildung immer mehr zu einer spezifischen Ausbildung der Produktionsfähigkeiten, während der Aspekt einer Vorbereitung auf den Genuß des Lebens in zunehmendem Maße vernachlässigt wurde. Hierfür sind sowohl unsere puritanische Einstellung als auch die Anforderungen unserer kapitalistischen Wirtschaft verantwortlich. Schließlich erhöhen die Produktionsfähigkeiten des Arbeiters die Produktivität und die Gewinne, und es gibt genügend Beweise dafür, daß die tiefgehenden Veränderungen in den Lehrplänen unserer Schulen und Universitäten zwischen 1910 und 1920 stark von den Bedürfnissen der Industrie und der Wirtschaft beeinflußt waren (Grubb/Lazerson 1974).

Und seither haben die ökonomischen Kräfte ständig dahingehend gewirkt, daß die allgemeinbildende humanistische Erziehung durch die Anforderungen der Naturwissenschaften und der Technik verdrängt wurde. Der wirtschaftliche und technische Fortschritt stellen immer höhere Anforderungen an das Produktionssystem. Gleichzeitig steigt die Nachfrage nach diesen Produktionsfähigkeiten noch schneller, weil immer mehr Leute bereit sind, sich diese Fähigkeiten anzueignen. Der Wettbewerb um die Führungspositionen und um die anspruchsvolleren und hochangesehenen Stellen schafft ein Überangebot an hochqualifizierten Kräften, das nicht nur den Wert dieser besonderen Fähigkeiten drückt, sondern insgesamt die Anforderungen an die Qualifikation unnötig hochschraubt. Das Ergebnis ist, daß sich viele Leute in ihrer Stellung und für ihre Arbeit als überqualifiziert empfinden.

Es wäre ja gar nicht schlecht, wenn Verkäuferinnen und Tankwarte Abitur hätten oder haben müßten, wenn sie durch diese Ausbildung befähigt würden, die von ihnen gelesenen Bücher oder die gehörte Musik mehr zu genießen, während sie auf Kunden warten. Meistens haben sie jedoch im Rahmen ihrer Ausbildung Produktionsfähigkeiten gelernt, die jetzt brachliegen und deren Erwerb die Bildungsaspekte verdrängt hat, welche ihnen jetzt dazu verhelfen könnten, ihre längere Muße besser zu genießen und auszunutzen.

Vernunft contra Kultur

Während einerseits die akademische Hochschul- und Berufsausbildung die Konsumfähigkeiten immer mehr aus den Lehrplänen verdrängt, nimmt andererseits mit unserem steigenden Lebensstandard der Bedarf an solchen Fähigkeiten ununterbrochen zu. Denn ein höherer Wohlstand ist gleichbedeutend mit einer größeren Vielfalt an Konsumformen, und um diese genießen zu können, bedarf es entsprechender Konsumfähigkeiten. Uns stehen heute mehr Sportarten, Spiele und diverse Möglichkeiten zur Freizeitgestaltung und zum Reisen offen als anderen Ländern, aber wir besitzen nicht die Fähigkeiten und das Wissen, um sie voll und ganz zu genießen. Und es scheint so, als ob uns an dem Erwerb dieser Fähigkeiten gar nicht sonderlich gelegen ist. Uns reicht offensichtlich die einfache Form des Konsums. Wir probieren alles ein- oder zweimal oder maximal dreimal aus, bleiben aber oft Dilettanten und streben selten nach den genußvolleren »höheren Regionen« der Kunst des Konsums. Dies äußert sich sogar in einem so läppischen Detail wie der Tatsache, daß im Gegensatz zu den englischen, französischen und deutschen »Who's Who«, in denen die Lieblingssportarten und Hobbys der aufgeführten Personen ausführlich beschrieben werden, der amerikanische »Who's Who« keinerlei Konsumfähigkeiten oder -neigungen nennt. Sind wir zu puritanisch, um derart weltliche Dinge besonders zu erwähnen? Oder gibt es zu wenige, die sich einer echten Kunst des Genießens rühmen können?

Warum interessieren wir uns so überaus wenig für die Konsumfähigkeiten? Die Mehrzahl unserer Bevölkerung hat ständig mehr Freizeit, und unsere Schulen und Hochschulen bieten immer mehr Erwachsenenbildungskurse, in denen wir das nachholen können, was wir in unserer Jugend versäumt haben. Aber fast drei Viertel der von uns effektiv belegten Kurse vermitteln eine zusätzliche Ausbildung in Produktionsfähigkeiten.[53] Ein Grund hierfür könnte unsere puritanische Wertordnung sein. Wenn es uns schwerfällt, Zeit mit Aktivitäten zu vergeuden, die speziell auf einen erhöhten Lebensgenuß abzielen, wieviel schwerer muß es uns dann erst fallen, Zeit und Energie für das Erlernen der zu diesem Genuß erforderlichen Fähigkeiten aufzubringen?

Ein anderer und vielleicht noch stärkerer Grund ist unsere Vernunft. Die Tatsache, daß wir in die Schule gehen, um dort bestimmte Fähigkeiten zu erlernen, ist – unabhängig davon, ob dies angenehm oder unangenehm für uns ist – eine Investition, die einen Ertrag bringt: im Falle der Produktionsfähigkeiten ein zusätzliches Einkommen, im Falle der Konsumfähigkeiten einen erhöhten Lebensgenuß.

Die »Ertragskraft« der Investition in eine akademische und berufliche Ausbildung läßt sich schätzen und ist bereits geschätzt worden, aber bei den Konsumfähigkeiten gibt es keinen Anhaltspunkt, der uns auch nur annähernd eine Vorstellung von ihrem Wert vermitteln könnte. Denn die Fähigkeit, ein Konzert oder ein Ballett zu genießen, läßt sich eben nicht in Dollars ausdrücken. Fast noch schwieriger ist es, die erforderliche Zeit oder die Erfolgschance abzuschätzen, die man benötigt, um einen Laien durch Übung und Praxis in einen begeisterten Musik- oder Ballettanhänger zu verwandeln. Bei so vielen Unbekannten, die sich so schwer abschätzen lassen, scheint es – zumindest im engen Sinne des Wortes – vernünftig, den Nutzen dieser Fähigkeiten eher niedrig zu veranschlagen und sich stattdessen für eine Verbesserung der Produktionsfähigkeiten zu entscheiden, deren Ertrag sich leichter messen läßt. Dies scheint insbesondere für unsere heutige scharf kalkulierende und quantifizierende Gesellschaft zu gelten.

Hierin liegt demnach ein weiterer Grund für das oft beklagte Desinteresse der Amerikaner an der Kultur. Vielleicht haben wir unser überliefertes puritanisches Vorurteil gegenüber dem Vergnügen und der Unterhaltung noch nicht ganz abgeschüttelt. Außerdem haben wir einen scheinbar vernünftigen Grund, der uns hindert, noch kulturbeflissener zu sein, und uns stärker für den Erwerb der Fähigkeiten zu interessieren, die den Genuß der anspruchsvolleren Befriedigungen des Lebens ermöglichen.

Ziellose und gezielte Suche nach Stimulierung

Wodurch auch immer unser mangelndes Interesse an der Kultur bedingt sein mag, fest steht, daß sich darin ebenfalls unser übermäßiger Hang zur Bequemlichkeit und zum Behagen widerspiegelt. Natürlich äußert sich diese Vorliebe weder direkt noch eindeutig. Der Wunsch des Menschen nach Anregung ist viel zu eingefleischt, als daß er ihn sofort aufgäbe, nur weil er nicht fähig ist, das Beste daraus zu machen. Wir haben bereits gesehen, daß manche Formen der Anregung ohne besondere Fähigkeiten oder Voraussetzungen genossen werden können. Es erscheint natürlich, daß die mangelnde Übung der Amerikaner in den Konsumfähigkeiten dazu führt, daß wir unser Interesse vorwiegend auf die Formen der Stimulierung richten, die wenig oder gar keine Fähigkeiten erfordern. Die Folge ist, daß aufgrund der unzureichenden Neuheit die Anregung unbefriedigend oder nur wenig befriedigend wirkt, so daß wir schließlich gegen jegliche Stimulierung voreingenommen werden.

Ich habe bereits einige Formen der Anregung genannt, deren Genuß von seiten des Empfängers praktisch keine Fähigkeiten und keine Anstrengung erfordert. Dies waren jedoch längst nicht alle. Zahlreiche Formen liefert zum Beispiel die Unterhaltungsindustrie. Ansonsten kann sich jeder, der mit offenen Augen durch die Welt geht, sehr gut durch Beobachtung der Menschen und durch das Verfolgen der politischen und wirtschaftlichen Strömungen und Veränderungen stimulieren lassen. Aus Freizeituntersuchungen und verschiedenen soziologischen Erhebungen können wir entnehmen, daß die Hauptquellen der Anregung in den USA das Fernsehen, Autofahren und Einkaufen sind – alles Anregungen, die keinerlei Fähigkeiten erfordern.

Warum empfinden wir diese als weniger anregend und befriedigend als das Hören guter Musik oder das Lesen guter Bücher? Grundsätzlich sind sie genauso stimulierend, solange sie uns Informationen vermitteln, die unseren Anforderungen an eine angenehme Anregung entsprechen. Fernsehen, Autofahren und Einkaufen können bis zu einem gewissen Punkt sehr stimulierend sein. Viele Fernsehprogramme sind unterhaltsam und interessant; und es kann großen Spaß machen, in dem bunten Durcheinander eines Marktes oder eines Einkaufszentrums herumzuschlendern, in einem guten Bücherladen herumzustöbern, einen Versandhauskatalog zu studieren, die neueste Mode in einem eleganten Kaufhaus anzusehen oder die Autotypen des kommenden Jahres zu inspizieren. Dasselbe gilt auch für das Autofahren, das durch die ständig wechselnde Szenerie vor unseren Augen viel Abwechslung bietet. Und wenn dies nicht ausreicht, wird der Reiz noch durch den Geschwindigkeitsrausch und die Herausforderung unserer Fahrtüchtigkeit und unseres Glückes gesteigert, mit deren Hilfe wir uns auf der angeblich schnellsten Spur durch den Verkehr hindurchwinden, indem wir andere Fahrer austricksen und trotz geringfügiger Verkehrsübertretungen noch einmal davonkommen. Wie stark man diese Situation auskostet, hängt von den persönlichen Präferenzen und der jeweiligen Stimmung ab.

Dennoch hält sich die Menge an neuen und anregenden Informationen, die uns diese drei Quellen bieten können, in Grenzen. Einerseits kann deren angenehme Stimulierung absolut ausreichend und manchmal sogar zuviel sein, wenn die für ihren Genuß verfügbare Zeit genau begrenzt wird und räumlich und zeitlich verteilt erfolgt. Andererseits wird sie aber sehr schnell redundant, langweilig und monoton, wenn wir immer mehr Zeit damit verbringen, weil wir – allerdings vergeblich – hoffen, daß die neuen Eindrücke und Erfahrungen proportional mit der längeren Zeit zunehmen.

Recht aufschlußreich ist eine Untersuchung über das Fernsehen, aus der hervorgeht, daß ein Achtel der Fernsehzuschauer das Programm meistens langweilig fand. Demnach muß der subjektive Neuheitsgehalt dieser Sendungen weit unter der Informationsverarbeitungskapazität der Zuschauer liegen. Und wenn sich die Mehrheit nicht durch die vielen Werbeeinblendungen gestört fühlt und dies auch zugibt, ist vermutlich der Informationsgehalt des Programms nicht oder kaum größer als der der Einblendungen. Grundsätzlich können wir sagen, daß alle von uns erwähnten Untersuchungen, die zeigen sollten, welchen geringen Wert wir der Freizeit beimessen, ein deutlicher Beweis dafür sind, daß unsere einfachen und spontanen Freizeitbeschäftigungen uns zu wenig Neuartiges bieten, um unseren Geist aktiv und interessiert zu halten.

Da der technische Fortschritt uns immer mehr arbeitsfreie Zeit beschert, erhöht sich natürlich auch der Bedarf an geistiger Anregung. Die Wirtschaft hat uns zwar den Zugang zu den diversen Quellen der Anregung erleichtert, aber sie war nicht in der Lage, deren Reizgehalt zu verbessern. So ermöglicht der Besitz eines Autos zwar die Erschließung und den Genuß meiner Umgebung, aber dieselbe Nachbarschaft oder Umgebung verliert mit der Häufigkeit des Durchfahrens immer mehr an Reiz. Desgleichen hat die Zahl der Einzelhandelsgeschäfte ebenfalls nur wenig mit der Vielfalt und dem Reiz der Waren zu tun, denn deren Anziehungskraft nimmt bei wiederholter Betrachtung unweigerlich ab. Auch die starke Zunahme der Fernsehkanäle, Fernsehstationen und Fernsehgeräte erhöht für sich genommen noch nicht die Menge der übertragenen Informationen. Deren Neuheitsgehalt hängt vorwiegend vom Umfang und der Qualität der bei ihrer Produktion aufgewendeten Phantasie ab, und beide haben mit der starken Zunahme unserer rein technischen Mittel der Informationsverbreitung keinesfalls mithalten können. Die Ursachen für diesen Rückstand werden uns später noch beschäftigen. Inzwischen möchte ich den Leser bitten, zunächst einmal zu akzeptieren, daß unsere Wirtschaft nicht fähig ist, dem unerfahrenen Konsumenten durch Fernsehen, Radio, Schaufensterbummel und ähnliche Freizeitbeschäftigungen täglich ein Maximum an angenehmer Anregung zu bieten, die er so lange und so häufig genießen kann, wie er es sich wünscht.

Der Einwand gegenüber diesen einfachen und mühelosen Formen des Zeitvertreibs lautet demnach nicht, daß der von ihnen gebotene Anreiz von vornherein minderwertig ist – dies ist einfach falsch –, sondern der entscheidende Punkt ist, daß die gebotene Anregung mengenmäßig begrenzt ist und nur einen beschränkten Genuß bietet. Falls wir ohnehin einen begrenzten Bedarf an Anregung haben, wird ihre Reizwirkung zwar ausreichend und befriedigend sein, aber dies gilt dann nicht mehr, wenn ein Mehr an Muße und Freizeit unseren Bedarf an Stimulierung erhöht, so daß wir mehr Zeit vor dem Fernseher und beim Einkaufen verbringen und erfolglos versuchen, hierbei mehr Anregung zu erhalten, als diese überhaupt bieten können. Denn die eigentliche Quelle der Anregung und Befriedigung ist nicht der Fernsehapparat, das Auto oder das Kaufhaus, sondern die Neuheiten, die sie bieten. Man kann sich die eben genannten Formen des Zeitvertreibs als eine Art Kanalsystem vorstellen, über das die Produzenten Neuheiten an die Konsumenten weitergeben. Die Kanäle und ihre jeweilige Kapazität sind unbedingt notwendig zur Übertragung der Neuheiten, aber sie können auch nicht mehr Neues übermitteln als vorhanden ist. Von einem gewissen Punkt an steigt die durch einen derartigen Zeitvertreib vermittelte Reizmenge nicht mehr proportional mit der vom Konsumenten dafür aufgewendeten Zeit an, sondern erhöht sich nur noch entsprechend der Neuigkeitsmenge, die die Produzenten für angemessen halten. Somit führt der Mehraufwand an Zeit ohne eine entsprechende Erhöhung des Neuheitsgehalts nur dazu, daß die Neuheit »verlängert« wird, wodurch sich die Redundanz erhöht, während sich die Intensität des Genusses vermindert. Denn eine bei mäßigem Genuß angenehme Anregung wird durch längere Einwirkung zunächst einmal als reine Ablenkung von der Langeweile und zu guter Letzt selbst als langweilig empfunden. In dieser Beziehung haben der technische und wirtschaftliche Fortschritt und die damit einhergehende größere Freizeit oft und gründlich versagt.

Ein anderes wichtiges – und tragisches – Beispiel für das Unvermögen unserer Wirtschaft, dem unerfahrenen Konsumenten die notwendige Anregung zu bieten, ist die problematische Situation der alten Menschen. Wenn jemand in den Ruhestand tritt, sieht er sich plötzlich seiner Befriedigung durch die Arbeit beraubt und greift logischerweise auf andere Quellen der Anregung zurück, die ihm zugänglich sind. Wenn der Betreffende ein unerfahrener Konsument ist, wird er diese nur zu bald als unzureichend empfinden. Das Ergebnis ist dann der verzweifelte Versuch alter Leute, sich selbst zu beschäftigen und zu unterhalten, ohne eigentlich zu wissen, wie sie dies bewerkstelligen können. Die Langeweile scheint unausweichlich zu sein, und gerade sie kann vieles abtöten. Dies ist möglicherweise sogar ein Grund für die relativ niedrige Lebenserwartung der männlichen Amerikaner. Amerikanische Frauen sind in dieser Beziehung besser dran; denn sie haben zu ihrer Beschäftigung und Erfüllung immer noch die Hausarbeit und das Kochen.

Der Ausweg aus diesem Dilemma ist die Kultur. Wir müssen die Konsumfähigkeiten erlernen, die uns Zugang zu den angesammelten Neuheiten der Vergangenheit verschaffen und uns dadurch befähigen, die gegenwärtigen Neuigkeiten beliebig und fast unbegrenzt zu ergänzen. Die einzelnen Konsumfähigkeiten eröffnen uns verschiedene Kategorien von Reizquellen, und jede einzelne bietet uns genügend Spielraum, um uns für das zu entscheiden, was wir persönlich als am angenehmsten und anregendsten empfinden und was uns die Aussicht auf ein großes Reservoir an Neuem sowie auf einen langanhaltenden Genuß bietet. Musik, Malerei, Literatur und Geschichte sind ganz typische Beispiele hierfür.

Vor gut fünfzig Jahren haben diejenigen, die unseren phänomenalen technischen Fortschritt sowie die erstaunliche Verlängerung unserer Freizeit richtig vorhergesagt haben, auch geradezu utopisch anmutende Zustände hinsichtlich der Verbreitung und Ausdehnung der Kultur prognostiziert. Warum hat sich dieser Teil ihrer Vorhersage nicht bewahrheitet, und warum erhöht unser größeres Bedürfnis nach Kultur nicht auch unsere Nachfrage nach Kulturgütern? Vermutlich ist der wichtigste Grund hierfür das Vorurteil unserer puritanischen Tradition gegenüber der Kultur. Der zweite Grund – unsere rationale aber engstirnige Ablehnung jeglicher Investition in Konsumfähigkeiten – wirkt in diesem Zusammenhang jetzt noch weniger überzeugend als vorhin. Es ist ja noch relativ einfach, unser starkes Bedürfnis nach Anregung sowie den Grad der Stimulierung und die Neuigkeitsmenge zu erfassen, die wir zu einem Höchstgenuß benötigen. Dasselbe gilt für die Freizeit, die neben unserer Arbeit insgesamt noch zum Reizgenuß übrig bleibt. Darüber hinaus erscheint die Rationalität des Abwägens der Kosten in Form von Zeit und Energie, die wir für unsere Kultiviertheit aufbringen müssen, äußert zweifelhaft, wenn unser Wunsch nach mehr Kultur in erster Linie dadurch motiviert wird, daß wir mit unserer zusätzlich verfügbaren Zeit und Energie nichts Besseres anzufangen wissen.

Dennoch scheint der Wunsch nach Zeit- und Kraftersparnis derart tief in uns verwurzelt zu sein, daß wir Amerikaner es einfach nicht lassen können, diesen Aufwand als Kosten zu betrachten, die wir mit dem Nutzen einer Allgemeinbildung aufrechnen müssen. Dies ist ein Beispiel für die mögliche Irrationalität eines Verhaltens, das von reinen Vernunftüberlegungen geleitet wird. Ich komme nun zu einem dritten, wenn auch weniger wichtigen Grund für unsere Geringschätzung der Kultur, die ebenfalls die starke Irrationalität einer rein vernunftbestimmten Denkweise aufzeigt.

Die Kunst der Konversation

Konversation ist der Austausch von Informationen und Gedanken, die in der Regel für beide Seiten anregend wirken. Wir genießen eine angenehme Unterhaltung nicht nur wegen der damit verbundenen Anregung, sondern auch wegen des befriedigenden Gefühls zu wissen, daß wir durch unseren eigenen Beitrag andere ebenfalls stimulieren. Deshalb ist es nicht weiter verwunderlich, daß dies eine wesentliche Quelle menschlicher Befriedigung ist.

Da der Verlauf einer Unterhaltung von deren Neuheitsgehalt und Redundanz abhängt, liegt die Frage nahe, wie sich beide erreichen lassen. Die Neuigkeiten bezieht man zum Teil aus den Informationen des Gesprächspartners, die man selbst noch nicht kennt, und zum Teil aus dessen andersartiger Denkweise sowie aus dessen unterschiedlichen Reaktionen auf mitgeteilte Informationen und Erfahrungen. Dabei müssen sich die Aussagen des anderen – um neuartig zu sein – nicht nur von den eigenen Erfahrungen unterscheiden, sondern zugleich unvorhergesehen und überraschend sein. Damit ein Gespräch für beide Seiten interessant ist, muß es allen Beteiligten Neues vermitteln, das heißt, die individuellen Gedanken und Reaktionen müssen für die anderen ein Element der Unvorhersehbarkeit enthalten. Somit ist das Gespräch dann interessant, wenn die Teilnehmer zwar gut zusammenpassen, sich aber wiederum noch nicht so gut kennen, um jegliche Überraschung auszuschließen. Der erste Teil dieser Aussage erscheint selbstverständlich, wohingegen sich die Richtigkeit des zweiten Teils erst dann einsehen läßt, wenn man den entgegengesetzten Fall betrachtet. Die meisten Ehepaare fangen im Laufe der Jahre an, sich miteinander zu langweilen, da ihre lange und enge Intimität völlig gleichartige Erinnerungen mit sich bringt und es ihnen sogar ermöglicht, die Reaktionen des anderen Partners auf jede Situation und jeden Reiz vorherzusagen.

Aber wenn bereits für eine angenehme Stimulierung ein gewisses Maß an Neuheit unerläßlich ist, dann gilt dies für die Vertrautheit oder Redundanz nur umso mehr. Entscheidend hierfür ist das bei den Gesprächspartnern vorhandene Wissen. So ist die gemeinsame Kenntnis einer einheitlichen Sprache eine notwendige Bedingung dafür, daß ein Gespräch überhaupt stattfinden kann. Und um es interessant zu machen, bedarf es noch eines erheblich größeren gemeinsamen Wissens. Je mehr gemeinsame Informationen eine Personengruppe besitzt, desto leichter können alle Beteiligten miteinander reden und desto größer ist ihr Spielraum für eine genußreiche Unterhaltung.

So fühlen sich in der Regel Gleichaltrige und Bewohner desselben Landes oder derselben Stadt sowie Schüler derselben Schule mit ihresgleichen am wohlsten. Da sie ähnliche Erfahrungen durchgemacht und ähnliche Ereignisse erlebt haben, besitzen sie viele gemeinsame Erinnerungen, mit denen sie ihre Unterhaltung bestreiten können. Dies erspart ihnen die Mühe, erst nach passenden Gesprächsthemen suchen zu müssen, da jeder zufällig in den Sinn kommende Gedanke schon passend ist; denn er ruft bei dem anderen genügend ähnliche Erinnerungen wach und erzeugt damit das notwendige Maß an Redundanz. Dies ist auch mit ein Grund, warum wir uns in Gegenwart von uns Nahestehenden oder in ähnlichen Verhältnissen lebenden Menschen so wohl fühlen. Somit versteht es sich von selbst, daß die optimale Kombination von Neuheit und Redundanz, die als angenehmste Unterhaltung empfunden wird, bei den einzelnen Menschen individuell verschieden ist. Vermutlich streben Extrovertierte nach mehr Neuheit, Introvertierte dagegen nach mehr Redundanz, und mit fortschreitendem Alter verschieben sich die Präferenzen der Menschen wahrscheinlich zugunsten der letzteren. Deswegen suchen Extrovertierte eher nach vielen Kontakten, während Introvertierte enge Freundschaften vorziehen, und deswegen leben und schwelgen alte Menschen gern in ihren Erinnerungen.

Eine wichtige Informationsquelle, die zudem die für eine angenehme Unterhaltung notwendige Redundanz liefert, ist die Bildung. Abgesehen von ihren anderen Vorteilen erhöht sie sowohl unsere Fähigkeit, ein gutes Gespräch zu führen, als auch die Chance, daß das Gespräch tatsächlich interessant wird. Um dies zu gewährleisten, bedarf es unbedingt der Ausbildung unserer Konsumfähigkeiten. Das gesamte Wissen, das wir im Rahmen unserer Ausbildung erhalten, teilen wir mit anderen. Da aber die Konsumfähigkeiten viel weniger spezialisiert sind als die Produktionsfähigkeiten, haben wir erstere mit sehr viel mehr Menschen gemeinsam. Ich kann eben nur mit solchen Leuten fachsimpeln, die vom »Fach« sind, und die zunehmende Spezialisierung läßt deren Zahl immer mehr schrumpfen. Im Gegensatz hierzu vermittelt mir eine geisteswissenschaftliche Ausbildung die notwendigen Konsumfähigkeiten, um den angesammelten Vorrat an Literatur, Kunst, Kunstwerken und Ideen, sowie das Wissen vom Menschen, von der Gesellschaft und der Natur zu genießen. Dies umfassende Wissen teile ich mit all den anderen Menschen, die genau dieselben Konsumfähigkeiten erlernt haben, und je umfassender diese Ausbildung ist, desto größer wird die Zahl der »gleichgesinnten« Menschen sein. Somit eröffnen mir die Konsumfähigkeiten viel mehr und viel bessere Möglichkeiten für eine angenehme Unterhaltung als die Produktionsfähigkeiten.

Worin liegt nun die Bedeutung dieser ziemlich einleuchtenden Tatsache? Da die Unterhaltung eine grundlegende Quelle menschlicher Befriedigung ist, liefern uns die Konsumfähigkeiten, indem sie uns den Genuß dieser Befriedigung erleichtern, einen wichtigen zusätzlichen Nutzen. Diesen Nutzen wissen alle, die die Kunst der Unterhaltung pflegen, sehr zu schätzen. Und selbst diejenigen, deren Wunsch nach Kultur snobistisch ist, da sie mit ihren Gesprächsbeiträgen gewöhnlich nur anderen imponieren wollen, sind sich dieses Nutzens bewußt. Warum sind dann aber Kurse in Literatur, Kunst, Musik, Geschichte und anderen Konsumfähigkeiten nicht so gefragt? Der Grund hierfür ist wahrscheinlich, daß die Kunst der Konversation selbst auch eine Konsumfähigkeit ist und daß man sie erst einmal gelernt haben muß, um deren Vorteile schätzen zu können. Ein anderer Grund ist vermutlich der, daß die Menschen bei ihrer Entscheidung für oder gegen eine Investition in den Erwerb derartiger Fähigkeiten für sich oder ihre Kinder von ihrer individuellen Rationalität ausgehen und daß sie deswegen mit ziemlicher Sicherheit weniger Ansprüche an sich selber stellen, als für die Gesellschaft gut wäre.

Dieses Argument beruht auf der Tatsache, daß für ein Gespräch, in dem ich mein persönliches Wissen mitteilen und mich gut unterhalten will, mindestens zwei Personen erforderlich sind und daß dementsprechend jede Unterhaltung mindestens zwei Menschen nützt: dem Mitteilenden selbst und seinem oder seinen Partnern. Wenn ich Informationen in mich aufnehme und dadurch meine Chance für ein angenehmes Gespräch verbessere, erhöhe ich gleichzeitig auch die Chance aller anderen, die die von mir gehörten Informationen mitbekommen. Bei meiner Entscheidung für oder gegen das Aufnehmen von Informationen berücksichtige ich jedoch nur meinen persönlichen Nutzen, und dies führt mit Sicherheit dazu, daß ich weniger lerne, als zur Maximierung der möglichen gesellschaftlichen Befriedigung durch Konversation notwendig wäre.

Wir haben es hier mit einem weiteren Beispiel für externe Effekte zu tun, deren Vernachlässigung aufgrund rein individueller Überlegungen einen gesellschaftlichen Verlust mit sich bringt. Wenn jeder Mensch bei seiner Wahl zwischen dem Erlernen von Konsum- und Produktionsfähigkeiten nach rein persönlichen Gesichtspunkten entscheidet, wird die Summe aller individuellen Handlungen nicht mit dem gesellschaftlichen Optimum übereinstimmen, da wir vom gesellschaftlichen Standpunkt her zu wenig Konsumfähigkeiten erworben haben. Die Höhe des gesellschaftlichen Verlustes hängt wiederum von dem Stellenwert ab, den die Unterhaltung in der menschlichen Bedürfnisskala einnimmt.

Hiermit haben wir einen weiteren und gänzlich anderen Grund für unser relativ großes Desinteresse an der Kultur, der mit dazu beiträgt, daß uns ein maximaler Lebensgenuß versagt bleibt.

»Was gibt's Neues?«

Das mehr oder weniger abstrakte Theoretisieren des letzten Abschnitts hing mit einer äußerst überraschenden Tatsache zusammen, die wir (in Kapitel 9) bereits behandelt haben. Ich spreche von dem statistischen Nachweis unserer Einsamkeit. Nach Ansicht der Psychologen sind wir ein extrovertiertes, aufgeschlossenes, unternehmungslustiges Volk, das nach Stimulierung »lechzt«, gern Freundschaften schließt und keine Schwierigkeiten hat, mit Fremden Kontakt aufzunehmen. Dennoch verbringen wir 6,6 Stunden unseres Wachseins allein, das sind 2,5 Stunden mehr als der durchschnittliche Westeuropäer. Etwa 10 bis 12 Prozent dieses Unterschiedes sind wahrscheinlich durch das tägliche Hin- und Herpendeln zwischen Arbeitsplatz und Wohnung begründet, bei dem wir uns meistens in unseren Autos isolieren. Die Europäer, die letztlich genausoviel pendeln müssen, benutzen dagegen die überfüllten Züge und Busse. Trotzdem bleibt noch ein großer unerklärlicher Unterschied, den man vielleicht auf statistische Fehler zurückführen würde, wenn er nicht durch mehrere verschiedenartige Beobachtungen bestätigt würde.

Für die Europäer ist das Gespräch höchstwahrscheinlich die wichtigste Quelle der Anregung überhaupt. Dies zeigt sich unter anderem in der Tatsache, daß sie die Kunst der Konversation sehr hoch schätzen und sie täglich praktizieren. Die Hälfte der oben erwähnten 2,5 Stunden, die der Westeuropäer im Vergleich zum Amerikaner mehr in Gesellschaft anderer verbringt, ist auf Kontakte am Arbeitsplatz zurückzuführen. Vielen europäischen Auswanderern, die in ihrer neuen Heimat ähnliche Stellen bekleideten wie zuvor in Europa, fiel auf, daß die amerikanischen Arbeitnehmer im Gegensatz zu ihren europäischen Kollegen bei ihrer Arbeit schweigen.

Noch auffälliger oder vielleicht einfach offensichtlicher ist der ähnlich gelagerte Unterschied zwischen der Freizeitgestaltung der Amerikaner und der Europäer. Die amerikanischen Touristen sind in Europa immer wieder erstaunt und oft moralisch entrüstet über die sehr viel lässigere und leichtfertigere Einstellung zum Leben, die sie bei fast allen Ausländern festgestellt haben und die sich in der überall zu beobachtenden Neigung zum Unterhalten und Plaudern offenbart – sei dies auf Promenaden- und Parkbänken, in Cafés und Imbißstuben, in Vorzimmern und Türeingängen sowie an den verschiedensten anderen Treffpunkten. Ein kleiner Bereich dieses Hangs zur Geselligkeit läßt sich sogar statistisch belegen.

Die Engländer, die uns temperamentmäßig am meisten ähneln, verbringen einen großen Teil ihrer Freizeit beim Gespräch mit Freunden und Fremden in der lebendigen und geselligen Atmosphäre ihrer Pubs. Der Besuch von Pubs nimmt in England bei den außerhäuslichen Freizeitaktivitäten hinter dem Autofahren zu privaten Zwecken den zweiten Platz ein. Die Statistik ist nicht sehr aufschlußreich, aber sie zeigt, daß gut die Hälfte der männlichen Erwerbstätigen mindestens einmal im Monat in einen Pub geht. Leider gibt sie nicht die genaue Zahl der Pub-Besucher an (vgl. Tabelle 16). Man kann sich jedoch durch eine zufällig ausgewählte Stichprobe der zahlreichen Pubs, die dicht über London und ganz England verstreut sind, eine gute Vorstellung von der Bedeutung dieser Pub-Besuche verschaffen. Jeden Mittag und Abend sind sie zum Bersten voll, und die Unterhaltung ist so angeregt, daß man kaum sein eigenes Wort versteht. Dabei ist den meisten Menschen die Gesellschaft anderer eindeutig wichtiger als das Trinken, obwohl natürlich ein Glas Bier für das Gespräch dieselbe Funktion hat wie das Bett für die Liebe: Es geht auch ohne, aber es ist besser mit.

Tabelle 16

Anteil der englischen Arbeitnehmer, die sich mindestens einmal monatlich einer bestimmten Aktivität widmen

	Freie Berufe u. leitende Posten	Büroan-gestellte	Facharbeiter	Angelernte und ungelernte Arbeiter	Insgesamt
Fernsehen	95	99	98	95	97
Gartenarbeit	70	62	66	50	64
Musikhören	65	70	52	44	57
Spazierfahrten	62	51	62	49	58
Gaststätten-besuche	51	42	54	58	52
Spaziergänge von mehr als zwei Kilometer Länge	56	63	41	36	47

Quelle: Young Willmott, 1973, Tab. 35 und 38, 212, 216.

In den anderen europäischen Ländern läßt sich ein ganz ähnliches Verhalten beobachten, obwohl Frankreich als einziges Land Statistiken hierüber besitzt. Die Franzosen führen ihre Gespräche weitgehend in Cafés, und der Anteil der französischen Männer, die mindestens einmal im Monat ins Café gehen, ist zufällig genauso hoch wie der Anteil der englischen Pub-Gäste (vgl. Tabelle 17). Diese Übereinstimmung zwischen Briten und Franzosen ist umso erstaunlicher, als beide Nationen bezüglich ihres Alkoholverbrauchs äußerst stark voneinander abweichen. Immerhin beträgt der französische Pro-Kopf-Verbrauch das Vier-

Tabelle 17

Anteil der Franzosen, die ins Café gehen, nach Alter, Einkommen, Wohnort, sozialer Schicht und Ausbildung

	mehr als einmal täglich	einmal täglich	mindestens jeden Tag	mindestens einmal wöchentl.	einmal monatl.	selten oder niemals	keine Antwort	Insgesamt
Männer, 14 Jahre und älter	5.6	16.5	20.7	42.1	52.4	47.3	0.3	100.0
14 bis 24 Jahre	3.9	16.1	21.4	45.8	57.7	42.3	0.0	100.0
25 bis 39 Jahre	7.2	20.0	23.5	45.4	56.3	43.6	0.1	100.0
40 bis 59 Jahre	6.5	16.5	21.9	46.4	55.6	44.5	0.0	100.0
60 Jahre und älter	4.4	13.1	15.2	28.6	38.2	60.5	1.2	100.0
Einkommen unter 6.000 Frs.	5.5	11.6	16.7	31.5	42.7	57.2	0.0	100.0
6.000 bis 10.000 Frs.	4.3	12.1	15.8	36.1	44.7	55.2	0.0	100.0
10.000 bis 15.000 Frs.	5.7	18.3	22.6	45.1	56.4	43.3	0.4	100.0
15.000 bis 20.000 Frs.	5.1	18.4	22.6	46.5	57.4	42.6	0.0	100.0
Einkommen über 20.000 Frs.	6.9	18.1	22.7	41.8	51.8	47.6	0.5	100.0
Nicht deklarierte Einkommen	4.8	11.9	13.8	45.2	53.3	45.4	1.2	100.0
Ländliche Gemeinden	4.2	12.7	17.3	42.9	56.2	43.6	0.2	100.0
Städte mit weniger als 20.000 Einwohnern	5.7	15.3	19.8	46.6	55.5	44.1	0.4	100.0
Städte mit 20.000 bis 100.000 Einwohnern	5.6	14.1	17.8	36.9	44.4	55.6	0.0	100.0
Städte mit mehr als 100.000 Einwohnern	5.2	15.2	19.6	38.6	48.1	51.7	0.1	100.0
Paris und Umgebung	9.0	28.8	32.3	45.2	53.8	45.4	0.8	100.0
Unabhängige Landwirte	0.4	2.8	4.9	40.0	57.5	42.5	0.0	100.0
Landwirtschaftliche Hilfskräfte	0.9	14.8	18.0	32.3	40.2	59.7	0.0	100.0
Unabhängige Geschäftsleute	9.6	25.2	34.6	54.5	64.8	33.6	1.4	100.0
Spitzenmanager und freie Berufe	2.0	11.1	14.5	39.0	51.4	48.5	0.0	100.0
Mittlere Manager	7.1	15.5	20.0	36.6	46.2	53.8	0.0	100.0
Büroangestellte	7.3	21.4	23.4	37.0	42.4	57.4	0.0	100.0
Facharbeiter und angelernte Arbeiter	6.0	19.8	23.8	49.1	57.8	42.0	0.2	100.0
Ungelernte Arbeiter	8.7	21.2	22.1	35.1	39.9	60.2	0.0	100.0
Andere Berufe	7.1	18.3	22.4	31.5	43.2	56.8	0.0	100.0
Nicht Berufstätige	5.7	13.9	18.4	33.7	44.8	54.9	0.3	100.0
Universitäts- und Fachhochschulabsolventen[a]	4.0	14.1	19.2	37.0	47.5	52.3	0.0	100.0
Abiturienten[a]	3.6	15.5	19.4	42.3	53.9	46.0	0.1	100.0
Realschulabsolventen	7.3	18.9	22.9	45.1	54.0	45.5	0.5	100.0
ohne Schulabschluß	5.4	15.4	19.7	40.4	51.8	48.0	0.2	100.0

[a] Dies sind die deutschen Begriffe, die den sehr unterschiedlichen französischen Kategorien am nächsten kommen.

Quelle: Debreu 1967, Tab. 241, 244, 247, 250, 253 auf S. 147–51.

einhalbfache des englischen (Lynn 1971, Tab. 7, 56). Wenn nun trotz dieser großen Differenz in ihren Trinkgewohnheiten die Häufigkeit ihrer Café- bzw. Pub-Besuche so stark übereinstimmt, dann unterstützt dies nur meine These, daß sie dort in erster Linie um der Unterhaltung willen hingehen.

Die sehr ausführlichen französischen Zahlen vermitteln einen guten Eindruck von dem Kundentyp und der Besuchshäufigkeit. Danach scheint diese Angewohnheit nicht nur universell zu sein, sondern auch erstaunlich einheitlich gehandhabt zu werden, da sie sich durch sämtliche Arbeits- und Einkommensgruppen sowie durch alle sozialen Schichten der französischen Gesellschaft zieht. Außerdem weist sie nur relativ geringe Abweichungen in der Häufigkeit auf, wobei die gelernten und angelernten Arbeiter zwischen den selbständigen Geschäftsleuten einerseits und den freien Berufen und leitenden Angestellten andererseits eine Zwischenstellung einnehmen. Einer von sechs Franzosen geht mindestens zweimal täglich in ein Café – ein ausgesprochen hoher Anteil, wenn man bedenkt, daß hierin sowohl 14jährige als auch 80jährige enthalten sind. Die entsprechenden englischen Zahlen, die es bisher noch nicht gibt, dürften ganz ähnlich lauten. Tabelle 17 zeigt, wie irreführend und nichtssagend eine einzige Zahl sein kann, die einen so ungenauen Wert wie »einmal im Monat« als Kriterium verwendet.

In anderen Ländern scheint es keine vergleichbaren Statistiken zu geben. Aber die Freizeituntersuchungen von 1966 zeigen, daß der Anteil der Männer und Frauen, die mindestens einmal am Tag in eine Gaststätte oder ein Cafe gehen, in Westdeutschland (mit 8,1) fast genauso groß ist wie in Frankreich (8,6), wohingegen der Anteil in den USA nur knapp halb so groß ist (4,0).[54] In unseren Bars und Cafés wird man vergeblich nach einem sichtbaren und hörbaren Beweis für angeregte Unterhaltung als wichtiger Quelle der Befriedigung suchen. Meistens sind sie relativ leer, und viele Kunden gehen nur hinein, um etwas zu trinken oder schnell eine Kleinigkeit zu essen, aber nur wenige kommen, um sich mit jemandem zu unterhalten. Allein die typische Anordnung der amerikanischen Bar symbolisiert ihren andersartigen Zweck: Die Kunden sitzen aufgereiht an der Theke; sie sitzen sich nicht gegenüber, sondern sind dem Bar-Mann zugewendet – was zwar die Bestellfreudigkeit erhöht und das schweigende Austrinken begünstigt, aber nicht der Unterhaltung förderlich ist. In einem der wenigen amerikanischen Straßencafés direkt neben dem »Waikiki-Beach« kann man folgende Aufforderung lesen:

Bitte nicht trödeln!
Wir möchten Sie auf keinen Fall unter Druck setzen, aber angesichts der wenigen Tische möchten wir Sie bitten, sich erkenntlich zu zeigen und diese Tische anderen Kunden freizumachen.

Der Text erscheint vielleicht etwas ungewöhnlich, aber die dahinter verborgene Einstellung ist es nicht. Zahlreiche Autoren haben sich bereits über die »subtilen« Methoden ausgelassen, mit denen das Gastgewerbe versucht, den Aufenthalt der Kunden zu verkürzen. Eine davon ist, die Sitze möglichst unbequem zu machen, damit die Gäste sie freiwillig schnell wieder an andere abtreten.

Diese Praxis ist allerdings weniger bezeichnend für den Café-Besitzer als vielmehr für dessen Kunden, die ein derartiges Verhalten bereitwillig als legitimes Mittel der Gewinnmaximierung akzeptieren, da sie mit der zugrundeliegenden Auffassung, daß man ins Café geht, um zu konsumieren und nicht um seine Zeit zu vertrödeln, voll übereinstimmen.

Dennoch ist es in den meisten, wenn nicht gar allen anderen Ländern und Kulturen üblich, daß die Menschen zum bloßen Zeitvertreib ins Café gehen. Und ihr Verzehr ist das Entgelt für das Privileg und den Raum, durch die der Eigentümer das Treffen und das Gespräch mit Freunden oder einfach das angenehme Gefühl der Zugehörigkeit zu einer Gruppe ermöglicht.

Deswegen sind die ausländischen Café-Besitzer sicherlich nicht weniger an der Gewinnmaximierung interessiert als die amerikanischen, aber da sie sich des andersartigen Charakters ihrer verkauften Leistung bewußt sind, verhalten sie sich auch anders. Und sie würden sicherlich nie versuchen, den Kunden unter Druck zu setzen. Denn die Einzelpersonen kommen schließlich wegen der Fülle und Lebendigkeit, die im Café herrschen, während die anderen, die das Gespräch suchen, eine bestimmte Anlaufzeit benötigen, um sich wohlzufühlen, bis es ihnen schließlich so gut gefällt, daß sie länger bleiben und mehr verzehren. Statt unbequemer Sitzgelegenheiten verwenden die europäischen Café-Besitzer eher kleinere Gläser und Tassen. Diese Strategie ermöglicht es dem Kunden, unendlich lange zu bleiben und beliebig viel zu konsumieren, so daß auch er letztlich die Länge seines Aufenthaltes mitbezahlt. Und die Gäste, die in erster Linie zum Reden und weniger zum Trinken kommen, werden sich kaum beschweren; denn es erscheint völlig logisch, für die Intensität und Lebendigkeit der Unterhaltung bezahlen zu müssen.

Wenn wir Amerikaner schon nicht sonderlich oft in Cafés und Gaststätten gehen, kompensieren wir das dann wenigstens durch entsprechend häufigere private Besuche? Scheinbar nicht. Denn ausländische Besucher beklagen sich immer wieder, daß es bei uns unmöglich ist, unangemeldet Freunde zu besuchen. Vielleicht wollen wir es nur im voraus wissen, um bessere Gastgeber sein zu können oder um den Besuch festlicher zu gestalten, aber fest steht, daß die Häufigkeit von Besuchen dadurch eingeschränkt wird. Außerdem eignen sich unsere gesellschaftlichen Abende in der Regel auch nicht besonders gut zur Unterhaltung, da meistens zu viele Gäste eingeladen sind und zuviel Alkohol getrunken wird. Und in der Sitte, daß im Hintergrund immer Musik spielt, äußert sich ebenfalls die Erwartung der Gastgeber, daß das Gespräch der Gäste untereinander nicht unterhaltsam genug sein wird, um die Langeweile zu vertreiben.

In Amerika fehlt auch weitgehend die Tradition, daß man seine Freunde häufig besucht, um zu diskutieren, zu plaudern und um Neuigkeiten auszutauschen. Die meisten Länder, deren Einwohner ein starkes Bedürfnis nach derartigen Kontakten verspüren, haben die entsprechenden Einrichtungen entwickelt, um diesem Bedürfnis entgegenzukommen. Da dies bei uns nicht der Fall ist, kann unser Bedürfnis danach nicht sehr ausgeprägt sein. »Was gibt's Neues?« ist in vielen Sprachen gleichzeitig ein gewohnheitsmäßiger Gruß und eine Aufforderung zu einem kurzen Gespräch. Die amerikanische Form »What d'you know« ist dagegen ein reiner Gruß, der sich unmöglich als eine ernstgemeinte Frage auslegen läßt. Es scheint, als ob wir keine Zeit zum müßigen Plaudern hätten oder haben wollten. Natürlich wird damit Zeit sinnlos vertan, aber andererseits ist das Gespräch ja auch eine wesentliche Quelle menschlicher Anregung und Befriedigung.

Meine vorherigen Ausführungen über die Bildung erklären uns auch, warum wir uns so ungern auf Plaudereien einlassen und es versäumt haben, Orte und Möglichkeiten für lockere Unterhaltung zu schaffen. Außerdem fehlt uns auch das »Zeug« zur richtigen Konversation – wodurch sich vielleicht manches erklären ließe. Wir Amerikaner neigen ständig zum Fachsimpeln – als ob wir damit beweisen wollten, daß wir genauso gern reden wie alle anderen auch. Aber leider beschränken wir uns dabei auf ein enges Thema, das nur für wenige Gesprächspartner geeignet ist und das nur wenige Leute lange anhören können. Um mehr bieten zu können, müssen wir noch andere Interessen im Leben haben und mit anderen teilen wie zum Beispiel: Politik, Sport, Menschenkenntnis, Gesellschaft, Mode, Kunst, Wissenschaften und so fort. Darüber hinaus benötigen wir ein bestimmtes Grundwissen sowie die Erinnerung an ähnliche und miteinander zusammenhängende Dinge, über die wir gemeinsam reden können. Denn zu einer angenehmen Unterhaltung bedarf es für alle Beteiligten eines gemeinsamen Hintergrundes, und da zu diesem auch die Konsumfähigkeiten gehören, können sich alle, die diese nicht besitzen, auch nicht richtig unterhalten.

Ich kann natürlich nicht beweisen, daß uns dieser Hintergrund fehlt. Ich überlasse es dem Leser, das von mir angeführte Beweismaterial mit anderen Daten zu vergleichen und dann selbst zu entscheiden. Fest steht jedenfalls, daß man dies bei uns *vermuten* muß. Ein Beweis ist die einzigartige journalistische Tradition der Amerikaner, nach der jeder Artikel so geschrieben werden muß, daß jeder Neuankömmling von einem anderen Planeten ihn verstehen könnte. Deswegen müssen der Titel oder die Stellung jeder öffentlichen Persönlichkeit sowie jedes Konzept – unabhängig davon wie bekannt oder vertraut es der Öffentlichkeit bereits ist – jeden Tag in jedem Artikel wieder erläutert werden. Diese Praxis ist für die informierten Leser ausgesprochen lästig, für die uninformierten dagegen eine echte Hilfe. Und die letzteren müssen sehr zahlreich sein, wenn man ihretwegen den informierten Lesern die langweilige Wiederholung der Fakten zumutet. Die übliche Begründung hierfür, daß bei uns der Anteil der zeitunglesenden Bevölkerung größer ist als in anderen Ländern, kann kaum stimmen; denn nach dem »United States Statistical Abstract« werden in dreizehn anderen Ländern Tageszeitungen häufiger als bei uns gelesen – und dies trotz der Tatsache, daß wir eine ausführlichere und längere Ausbildung genießen.

Wir haben es weitgehend unserer individuellen Rationalität zuzuschreiben, daß wir weniger Spaß am Leben haben als andere. So ist es zum Beispiel ausgesprochen kurzsichtig von mir gedacht, wenn ich mich gegen das Erlernen von

Konsumfähigkeiten entscheide, die sich später als sinnvoll herausstellen. Und es ist eigensüchtig von mir, wenn ich den Nutzen vernachlässige, der allen Menschen in meiner näheren Umgebung durch mein kulturelles Wissen entsteht. Ich habe behauptet, daß man dem abhelfen könnte, indem man einer höheren oder gesellschaftlichen Vernunft Priorität verleiht, die aus längerfristigen Überlegungen besteht und das Wohlergehen anderer vor das eigene stellt.

Möglicherweise sind eine höhere gesellschaftliche Vernunft und eine Bereitschaft, im Interesse der Gesellschaft zu handeln, grundsätzlich die besten Mittel; aber im Falle der Kultur gibt es auch noch andere Möglichkeiten. Da die Konsumfähigkeiten normalerweise von jungen Menschen in der Schule erlernt werden, bestünde eine Möglichkeit darin, mehr philosophische Kurse als Pflichtfächer einzuführen. Und da überdies viele Konsumfähigkeiten am besten durch deren Ausübung erlernt werden, böte sich hier die Subventionierung der schönen Künste als andere Lösung an. Um effizient zu sein, müßten wir vor der Realisierung dieser Maßnahmen ein besseres Verständnis für die Bedeutung sowie für den Sinn der Kultur entwickeln. Denn es ist äußerst schwer, den Menschen bestimmte Verhaltensweisen »einzubleuen«, ohne daß sie wissen, wozu diese gut sind.

Kapitel 12

Was stimmt nicht mit der Massenproduktion?

Spezialisierung, Arbeitsteilung, Massenproduktion, Skalenerträge – dies sind alles Begriffe und Aspekte eines einzigen Prinzips, das zuerst von Adam Smith erkannt und dargestellt wurde, daß nämlich die Arbeitsteilung die Güterproduktion erhöht. Dieses Prinzip begründet unseren hohen Lebensstandard, ist der Leitfaden jeglichen wirtschaftlichen Wachstums, und seine Vorteile kommen uns tagtäglich in irgendeiner Form zugute. Aber es hat auch Nachteile. Da wir diese genauso spüren wie die Vorteile, erscheint es sinnvoll, daß wir von beiden einen möglichst umfassenden Eindruck bekommen. Denn die Nachteile sind im Gegensatz zu den Vorteilen weithin unbekannt – dies ist ein Manko, das ich im folgenden beseitigen möchte.

Die Massenproduktion ist ein Stadium der Arbeitsteilung, die im Amerika des 19. Jahrhunderts als Reaktion auf eine Knappheit an gelernten Arbeitskräften entstand. Das Prinzip besteht in der Zerlegung eines bestimmten Arbeitskomplexes, der bisher von einem Facharbeiter ausgeführt wurde, in kleine Arbeitsvorgänge, die alle von einem ungelernten Arbeiter verrichtet werden können. Die damit einhergehende Erhöhung der Geschwindigkeit und Produktivität ist die Grundlage der hohen Leistungskraft unserer heutigen Wirtschaft. Andererseits wurden damit gleichzeitig für die meisten Arbeitnehmer – außer einem kleinen Teil – viele interessante, herausfordernde, anspruchsvolle Arbeiten in mühelose, aber langweilige und monotone Tätigkeiten umgewandelt.

Heute läßt sich kaum mehr feststellen, bis zu welchem Ausmaß die Monotonie bewußt hingenommen wurde, weil die Kosten gegenüber den damit verbundenen Vorteilen vergleichsweise gering erschienen, oder inwieweit wir uns von der Entwicklung haben treiben lassen. Wir wollen hier im Interesse unserer Argumentation einfach unterstellen, daß die Verwandlung der Arbeit und der Arbeitsbedingungen von allen Betroffenen bewußt und freiwillig akzeptiert wurde. Schließlich wurde die weniger interessante Arbeit aufgrund ihrer höheren Produktivität auch besser bezahlt. Somit erschien es den Arbeitern vernünftig, die größere Eintönigkeit zugunsten einer besseren Bezahlung in Kauf zu nehmen, da sie sich mit dem Zusatzverdienst entsprechend mehr Anregungen leisten und während ihrer größeren Freizeit genießen zu können glaubten. Der einzige Denkfehler hierbei war, daß die gleichzeitige qualitative Veränderung unserer Güter, die sich im Laufe der Zeit auf unsere gesamte Umgebung ausgewirkt hat, dabei außer acht gelassen wurde.

Die Eintönigkeit unserer Produkte

Die Eintönigkeit der Massenproduktion findet ihr Äquivalent in der Monotonie der hergestellten Güter. Anregung hängt von Abwechslung und Neuheit ab. Beides liefert zum Teil die Natur, aber den größten Teil schafft der Mensch; denn die meisten leblosen Gegenstände um uns herum sind schließlich von Menschenhand gemacht. Andererseits hängt die vom Menschen stammende Abwechslung, Vielfalt und Neuheit teils von der menschlichen Fantasie und teils von einer menschlichen Unzulänglichkeit ab. Der Mensch kann oder will nicht genau dasselbe reproduzieren, was er oder irgendein anderer gemacht hat. Während die Spezialisierung uns an der vollen Entfaltung unserer Fantasie hindert, beseitigt die Massenproduktion unsere Unfähigkeit und mangelnde Bereitschaft zur Reproduktion. Auf den ersten Punkt werde ich später noch zurückkommen. Den zweiten will ich hier kurz an Hand eines einfachen Beispiels erläutern.

Das Eßgeschirr gehört mit zu den vielen Gegenständen, die uns ständig umgeben. Wenn es aus der Massenproduktion stammt, sehen wir es gelegentlich an, betrachten seine Form und sein Muster vielleicht beim ersten Kauf und möglicherweise noch einige Male danach, aber wir nehmen es bald als selbstverständlich hin und gebrauchen es später gedankenlos und ohne Sinn für sein Äußeres.

Demgegenüber erregt handgemachtes oder handbemaltes Geschirr unsere Aufmerksamkeit sehr viel länger. Geringfügige Abweichungen in der Form oder im Muster sowie minimale Unregelmäßigkeiten bei der Ausführung verleihen jedem Stück etwas Einzigartiges, das ungewollt immer wieder ins Auge fällt. Jedes Stück ruft ein ganz spezifisches Interesse in uns wach und erregt unsere Aufmerksamkeit, so daß der Tag, an dem wir es wegen der absoluten Vertrautheit nicht mehr wahrnehmen, erheblich hinausgezögert wird. Dabei müssen solche besonderen Merkmale nicht unbedingt etwas mit artistischem Können zu tun haben. Ein großer Teil des massenproduzierten Tafelgeschirrs hat schönere Muster und ist durch seine bessere Verarbeitung ansprechender als viele handgemachte Geschirrteile. Ein Gegenstand ist keineswegs nur deswegen schön, weil er handgearbeitet ist, aber er hebt sich dennoch von allen anderen ab, und die mit dieser Andersartigkeit verbundene Neuheit und Abwechslung machen ihn besonders interessant und anregend. Wenn dann auch noch ein gewisses Maß an künstlerischer Qualität hinzukommt, wirkt er umso anregender.

Dieses Beispiel des Tafelgeschirrs bringt die Tatsache zum Ausdruck, daß jeder einzelne Gegenstand oder jede Kombination von Gegenständen auf ihre Weise zu unserer gesamten visuellen Stimulierung beitragen. Und der anregende und kumulative Effekt der Reize, die von den handgemachten und individuell gestalteten Gegenständen primitiver Wirtschaften ausgehen, beeinflussen und prägen ihre gesamte Umgebung natürlich ganz anders als die massenproduzierten und gleichförmigen Güter der entwickelten Wirtschaften.

Jede primitive Gesellschaft entwickelt einen ganz spezifischen Stil in der Kleidung, Töpferei, Einrichtung, Architektur etc.. Die Vielfalt der einfachen Artikel beruht auf dem Unvermögen und der Abneigung der Menschen, etwas ganz genau nachzuahmen, und die Schönheit ihrer Muster wird durch eine Art natürlicher Selektion gewährleistet. Der Mensch besitzt eine natürliche Neigung, sich die besten Exemplare als Modell zu wählen, um diese nachzuahmen und gleichzeitig zu verbessern. Das Ergebnis ist zwar ein ziemlich hohes Maß an Redundanz, die aber zugleich viel Abwechslung bietet, und beide zusammen wirken meistens angenehm. Der Mensch scheint einen angeborenen Sinn für Ästhetik zu besitzen, der immer dann entwickelt wird, wenn ein großer Teil der Bevölkerung mit der Gestaltung von Gegenständen befaßt ist.

Daß die Gegenstände des täglichen Gebrauchs in primitiven Gesellschaften ein hohes Maß an visueller Stimulierung bieten, zeigt sich sehr deutlich darin, daß sich die Mitglieder dieser Gesellschaften nur selten ihres Bedürfnisses nach Anregung bewußt sind. Die Existenz dieses Bedürfnisses und die Wertschätzung der zu ihrer Befriedigung dienenden Objekte werden erst dann entdeckt, wenn die Massenproduktion die handwerkliche Produktionsweise verdrängt oder wenn Ausländer, deren wirtschaftliche Entwicklung ihre eigene Umgebung derartiger visueller Reize beraubt hat, die Aufmerksamkeit auf die Einzigartigkeit der primitiven Herstellungsmethode lenken. Die Volkskunst ist bekannt dafür, daß sie immer unbewußt wirkt und unbemerkt bleibt, solange sie blüht (Vgl. den Artikel über Volkskunst in *Encyclopedia of World AZ*, New York 1959).

Auf der anderen Seite muß man sich davor hüten, den Anhängern der Volkskunst mehr künstlerisches Verständnis zuzusprechen als deren Urhebern. Wir Amerikaner sind wahrscheinlich allen anderen Ländern in der Anerkennung und Sammlung zeitgenössischer primitiver Kunst voraus, und diese Tatsache haben wir weitgehend der außerordentlichen Pionierleistung von Nelson Rockefeller zu verdanken. Aber es wäre falsch, daraus zu folgern, daß wir und Herr Rockefeller diese Kunst besser verstünden als die Melanesier, Polynesier und afrikanischen Eingeborenen, die ja schließlich die von uns gesammelten und bewunderten Gegenstände herstellen. Allerdings schätzen wir die Eingeborenenhandarbeit mehr als sie selbst, weil wir in unserer Umgebung die anregenden Objekte vermissen, die sie in Unmengen herstellen und ständig um sich haben. Für uns haben diese Gegenstände einen Knappheitswert, wir messen ihnen künstlerischen Wert bei und bezahlen für ihren Besitz enorme Summen. Das Gegenstück hierzu ist unsere Einschätzung von sauberer Luft und unverschmutzten Gewässern, deren Wert bei uns im Steigen begriffen ist, während die primitiven Völker beides noch als selbstverständlich hinnehmen.

Ein etwas näherliegendes Beispiel ist die Tagesdecke aus Patchwork, die die amerikanische Hausfrau noch Anfang dieses Jahrhunderts selbst herzustellen gewohnt war. Heute gelten diese Decken als Kunsthandwerk. Ihre ausgezeichneten Muster und Farbkombinationen finden großen Anklang, und sie kosten heute das Zehn- bis Dreißigfache ihrer massenproduzierten Äquivalente. Dennoch besaßen die Frauen, von denen sie hergestellt wurden, vermutlich ein völlig »normales« künstlerisches Verständnis und Geschick, was sich normalerweise jeder mit ein bißchen Übung aneignen kann (solange man es nicht kommerziell betreibt, sondern in der Erwartung, daß man den Rest seines Lebens mit diesen Gegenständen verbringen wird).

Man wird sich nun fragen, wie ein scheinbar so gewinnträchtiges Handwerk inzwischen hat aussterben können. Die Antwort ist einfach. Massenproduzierte Güter sind als visuelle Stimulierung nicht zwangsläufig minderwertiger als handgemachte Objekte, sondern ihre langweilige Gleichförmigkeit und damit Minderwertigkeit tritt erst dann zutage, wenn immer mehr Menschen dieselben oder ähnliche Gegenstände erwerben und damit die Häufigkeit erhöhen, mit der ein einzelner den identischen Abbildern eines von ihm besessenen Objekts wiederbegegnet. Der Eintritt des endgültigen Zustandes absoluter Langeweile kann Jahrzehnte brauchen – und damit der Zeit entsprechen, die massenproduzierte Güter benötigen, um in Heimarbeit angefertigte oder handgearbeitete Gegenstände zu substituieren. Das ist zugleich der Punkt, an dem eine Sache auf geheimnisvolle Weise von »altem Gerümpel« zu einer wertvollen Antiquität aufgewertet wird.

Tatsächlich müssen die massenproduzierten Möbel und Haushaltsgegenstände, als sie erstmals Mitte des 19. Jahrhunderts zur Zeit des Viktorianischen Zuckerbäckerstils auf den Markt kamen, mit ihren verschiedenartigen nationalen Stilen, die sie nachahmten, eine willkommene Abwechslung von der relativ geringeren Vielfalt der lokalen handwerklichen Produkte geboten haben. Und wahrscheinlich war sowohl der Reiz des Neuen als auch ihr günstiger Preis dafür ausschlaggebend, daß viele sie unwiderstehlich fanden. Die Monotonie kam erst ganz allmählich zum Tragen, weil sich schließlich Tausende von Wohnungen mit gleichartigen Gegenständen füllten und sich deren Gleichförmigkeit noch nicht einmal durch die ungleichmäßige Ausführung der Produkte vertuschen ließ.

Die wichtigste menschliche Quelle visueller Anregung ist die Architektur. Die architektonischen Bauwerke der vorindustriellen Gesellschaften bieten eine unübertroffen interessante und angenehme Vielfalt. Dabei ist es gleichgültig, ob es sich um das Werk berufsmäßiger Architekten oder – wie bei der Volkskunst – um eine Baukunst ohne fachmännische Anleitung handelt (Rudovsky

1965). Wenn man die gotischen Kathedralen in England und Frankreich nach ihrem Informationsgehalt beurteilt, der in erster Linie zur Erhebung des Betrachters und zur Erregung seines Interesses und seiner Emotionen dient, dann sind diese Bauwerke sicherlich unübertroffen. Andererseits gibt es jedoch viele Hügelstädte, Fischerdörfer und andere Gebäudekomplexe, deren vortreffliche örtliche Anordnung unter Ausnutzung aller natürlichen Gegebenheiten der Umgebung eine völlig vergleichbare visuelle Anregung und Vielfalt bieten. Der wunderbare Katalog »Architektur ohne Architekten«, der vom New Yorker Museum of Modern Art herausgegeben wurde, illustriert überaus gut, mit welch einfachen Mitteln man eine große Wirkung erzielen kann. Er bringt zugleich die Universalität dieses Reizes zum Ausdruck, der in allen Zeitaltern, Rassen und Kulturen – allerdings nur selten in einer Wirtschaft mit Massenproduktion – zu finden ist (eine Ausnahme beschreibt Lassus 1972, 139–42; 1–26).

Ein Beweis dafür, daß die USA mit visuellen Reizen nicht sehr reich gesegnet sind, ist die Tatsache, daß wir Amerikaner sie sehr viel häufiger im Ausland suchen als andere dies bei uns tun. So gibt es sehr viel mehr amerikanische Touristen, die ins Ausland fahren, als ausländische Touristen, die unser Land besuchen. (Wir besitzen keine Daten über kanadische Besucher in den USA. Deswegen klammere ich die amerikanischen Touristen nach Kanada ebenfalls aus.) In die USA kommen in einem Jahr etwa 3,3 Millionen nichtkanadische ausländische Touristen, während immerhin 7,6 Millionen Amerikaner nach Übersee und Mexiko fahren.[55]

Dieser Unterschied läßt sich nicht nur durch unseren größeren Reichtum erklären, denn wir machen insgesamt viel weniger und viel kürzeren Urlaub als viele Ausländer, die außerdem weniger reich sind als wir. Früher war der Urlaub in den Vereinigten Staaten eindeutig teurer als in Übersee, und dementsprechend war auch die Diskrepanz zwischen der Zahl der amerikanischen Touristen und der ausländischen Besucher vor einigen Jahren noch sehr viel größer. Heute fallen diese Kosten jedoch nicht mehr ins Gewicht; durch die wiederholten Abwertungen des Dollar sowie durch unsere langsamere Inflationsrate sind die Kosten für den Lebensunterhalt und für Rundreisen durch die Vereinigten Staaten gegenüber den entsprechenden Kosten in vielen westeuropäischen Ländern deutlich gesunken. Somit verbleibt als Erklärung nur noch die geringere Anregung und Vielfalt, die unsere Städte dem fremden Betrachter bieten. Natürlich besitzen wir etliche Schönheiten und Wunder der Natur, und die »Skyline« sowie die anderen spektakulären Gebäude von New York, Chikago und San Francisco wirken sicherlich stimulierend und faszinierend. Größtenteils wird jedoch unsere Umgebung von solchen »Menschenwerken« geprägt, die im Zeitalter der Massenproduktion entstanden – und genauso sehen sie auch aus. Denn offensichtlich hat niemand Gedanken oder Geld dafür verschwendet, sie nicht nur funktional sondern auch schön zu machen. Verglichen mit dem, was der amerikanische Tourist in ärmeren Ländern an malerischen Städten und Dörfern zu sehen bekommt, wirken sie farblos und eintönig.

Natürlich gibt es noch andere Möglichkeiten als das Reisen ins Ausland, um eine zuwenig stimulierende Umgebung zu beleben. Eine ist zum Beispiel die Verschönerung unserer Wohnung mit dekorativen Gegenständen wie Kuriositäten, Souvenirs, Genrebildern, Antiquitäten, Kunstgegenständen und Blumen. Häufig dienen einfache Töpfe und normale Gebrauchsgegenstände einer früheren Generation oder einer ärmeren Gesellschaft als zentrale Dekorationsstücke von Kaffeetischen. Dies ist ein Ausdruck dafür, daß unsere dekorativen Objekte oft nur die Funktion haben, die Anregung unserer Sinne zu gewährleisten, da die meisten massenproduzierten Gebrauchsgegenstände uns dies nicht mehr bieten können. Dies ist ähnlich wie mit den Vitaminpillen, welche die unserer vorgefertigten Nahrung entzogenen Nährstoffe ersetzen sollen. So symbolisiert Großmutters Nachttopf, der heute in einem modernen Wohnzimmer als Pflanzenbehälter dient, nicht etwa die Oberflächlichkeit der Reichen, sondern vielmehr die Armut einer Gesellschaft, die sich selbst einer schönen und interessanten Umgebung beraubt hat.

Es lohnt sich, einen kleinen Blick auf die Geldbeträge zu werfen, die wir für derartige Dekorationen ausgegeben. Nach einer Unternehmensbefragung (Census of Business) beliefen sich unsere Antiquitätenkäufe 1972 auf 270 bis 300 Millionen Dollar. Da wir darüber hinaus noch Antiquitäten und Kunstwerke im Wert von 200 Millionen Dollar importierten, haben wir insgesamt Antiquitäten und Kunstwerke im Wert von 400 Millionen Dollar gekauft. Der Umsatz von Geschenk-, Pop- und Andenkenläden belief sich auf etwa 900 Millionen Dollar, worin allerdings viele nichtdekorative Posten enthalten sind, während andererseits die Umsätze der Geschenkabteilungen von Waren- und Versandhäusern noch unberücksichtigt sind.[56] Eine noch genauere Vorstellung von dem Wert unserer Ausgaben für Dekorationsgegenstände erhält man durch die Schätzung der addierten heimischen Umsätze von Häusern wie »Akron«, »Pier I Imports«, »San Francisco's Cost – Plus Imports«, »Seattle's Pirate's Plunder«, etc., die auf ausgefallene, farbenprächtige, außergewöhnliche und angeblich handgemachte Importe spezialisiert sind. Eine private Schätzung gibt ihren Gesamtumsatz mit 350 Millionen Dollar an, worin wiederum ähnliche von Warenhäusern verkaufte Gegenstände nicht enthalten sind.[57] Wenn man hierzu noch einen groben geschätzten Wert der Warenhaus- und Auktionsumsätze sowie der Verkäufe von Kunstgegenständen, Zeichnungen, Drucken, Reproduktionen, Rahmen etc. addiert – diese Posten sind zu geringfügig, um sie gesondert im Census aufzuführen – dann dürften sich unsere Gesamtausgaben für Antiquitäten, Kunstgegenstände und alle anderen dekorativen Objekte zwischen 1,25 und 1,50 Milliarden Dollar bewegen.

Und von den 1972 getätigten Blumen- und Blumentopfkäufen, die auf 2,1 Milliarden Dollar geschätzt werden, sind vermutlich 47 Prozent für Krankenzimmer, Beerdigungshallen und Gräber ausgegeben worden.[58] Wenn man die für den Eigenbedarf bestimmten verbleibenden 1,1 Milliarden Dollar zu der obigen Zahl hinzuzählt, dann erhält man für 1972 als grobe Schätzung einen Wert von 2,5 Milliarden Dollar, die dazu dienten, unseren Heimen Reiz, Vielfalt und visuelle Anregung zu verleihen. Dies entspricht einem drittel Prozent unserer gesamten Konsumausgaben.

Neben den Objekten, die ausschließlich Dekorationszwecken dienen, gibt es aber noch andere, die Abwechslung von der Eintönigkeit einer massenproduzierten Umgebung bieten. Eine andere und erheblich teurere Form ist die schnelle Aufeinanderfolge von Modetrends, die den Mangel an zeitgenössischer Vielfalt kompensieren sollen. So wird von amerikanischen Frauen behauptet, daß sie sich beharrlich weigern, an aufeinanderfolgenden Tagen im Büro in denselben Kleidungsstücken zu erscheinen. Deshalb werden die Modeströmungen in den USA vermutlich eher akzeptiert, gründlicher mitgemacht und sind vergänglicher als woanders. Wir brauchen uns nur die Leichtfertigkeit vor Augen zu halten, mit der wir noch gut erhaltene Kleidung und Möbel ausrangieren, nur weil wir sie nicht mehr sehen können. In New York haben sich (genau wie ein Freund von mir, der immerhin Millionär ist) viele Einwanderer ihre Wohnungen mit ausrangierten Möbeln eingerichtet, die sie an den Tagen von der Straße aufgelesen haben, an denen die Müllabfuhr Sperrmüll abholte. Ich habe bereits erwähnt, daß wir unsere Wohnungen zwei- oder dreimal so häufig wechseln wie die Einwohner anderer Länder. Außerdem wird uns nachgesagt, daß wir unsere Autos schneller ersetzen als andere Nationen. Das Mitmachen von Modetrends mag verschwenderisch erscheinen, aber wir müssen einsehen, daß das menschliche Bedürfnis nach Abwechslung und Neuheit genauso legitim ist wie der Wunsch zu überleben. Man kann den Menschen ihre Leichtfertigkeit und den Produzenten die Förderung dieser Leichtlebigkeit nur dann vorwerfen, wenn man gleichzeitig billigere oder bessere Alternativen der Bedürfnisbefriedigung bietet.

Sorgfältige und zuverlässige Schätzungen über die Kosten der jährlichen Modellveränderungen in der amerikanischen Autoindustrie haben ergeben, daß diese immerhin ein Viertel der Gesamtkosten ausmachen (Fisher u. a. 1962, 433–51). Das heißt, daß wir 25 Prozent des Preises für unser neues Auto nicht für das Transportmittel, sondern für die Neuheit und Abwechslung bezahlen, die uns unsere Autos durch ihre alljährlich veränderte äußere Aufmachung, ihr Aussehen und ihre Ausstattung bieten. Wenn wir diesen Wert zu dem Neuwagenumsatz im Jahre 1972 hinzufügen, belaufen sich unsere Ausgaben für die Neuartigkeit des Autodesigns auf 10 Milliarden Dollar.

Da es keine vergleichbaren Schätzungen der Kosten für die Neuheit der sich ändernden Kleidermode gibt, möchte ich vorschlagen, die mit dem Autokauf verbundene Neuheit als Ausdruck einer mit Nützlichkeit gemischten Leichtfertigkeit zu akzeptieren, und die Nachfrage nach Blumen und Dekorationsgegenständen als Symbol reiner Leichtfertigkeit zu betrachten. Und wenn wir berücksichtigen, daß wir für »Autoneuheiten« das Vierfache aufwenden als für die »dekorativen Neuheiten«, dann entspricht dies wahrscheinlich genau der größeren Bedeutung, die der Konsument der »nützlichen Leichtfertigkeit« in seinem Budget beimißt.

Interessant wäre nun zu wissen, ob diesen Ausgaben auch eine entsprechend größere Präferenz für diese Art Leichtfertigkeit gegenübersteht. Die Antwort lautet: nur bedingt. Denn die Wirkung des Neuen und die Freude des Konsumenten an der Neuheit seines Autos läßt im Laufe der Zeit nach. Dieses Nachlassen hängt zum Teil mit seiner zunehmenden Vertrautheit mit dem neuen Besitz zusammen und rührt zum Teil von der zunehmenden Verbreitung des gleichen Modells. Für den Konsumenten ist dieses Nachlassen des Interesses an seinem neuen Wagen nur natürlich, während der zweite Effekt für ihn eine Art externer Nachteil ist, den er erst verspürt, *nachdem* er seinen Kauf getätigt hat. Und seine Ausgaben sind um den Wert dieses externen Nachteils zu hoch.

Andererseits hat der Konsument gewöhnlich nicht die Möglichkeit, zwischen einem neuen Auto mit neuen Eigenschaften und einem neuen Auto mit gleichbleibenden Eigenschaften zu entscheiden. Abgesehen von den wenigen Wochen am Jahresende, in denen die Autohändler sowohl die neuen Modelle des kommenden Jahres als auch ihre bleibenden Vorräte des vorjährigen Modells anbieten, muß der Konsument – ob er will oder nicht – seinen neuen Wagen mit der neuen Form und den neuen Eigenschaften kaufen. Insofern müssen auch diejenigen einen Teil der Kosten der Modellveränderung tragen, die sie gar nicht wollen. Das heißt, die Gesellschaft bekommt – und bezahlt – mehr Modellveränderungen als die Gesamtheit ihrer Mitglieder überhaupt für wünschenswert hält. Diese Art der Aufoktroyierung bestimmter, von einer Gruppe befürworteten Neigungen und deren Kosten auf die ganze Gesellschaft ist einer der Nachteile der zunehmenden Skalenerträge. Diese sind in der Automobilindustrie zwar besonders groß, sind aber sonst überall dort vorhanden, wo die neue Mode die alten Modelle auf den Regalen der Geschäfte früher verdrängt, als es nach den Vorstellungen des konservativsten Käufers unbedingt notwendig wäre.

Außerdem verursacht die Verbindung von Neuheit und Nützlichkeit noch zusätzliche Kosten, die durch ihren Charakter eines »Warenpakets« bedingt sind, der allerdings aus dem Autobeispiel nicht hervorgeht. Alle »Kopplungsgeschäfte« sind von vorneherein verdächtig, da der Käufer, der zwei verschiedene Dinge möchte und diese als ein Warenpaket erhält, damit rechnen muß, daß er von einem auf jeden Fall zuviel bekommt; wobei die Gesellschaft die Extrakosten tragen muß. Das Auto ist ein Beispiel für die Kopplung von praktischem Nutzen und leichtfertiger Neuheit, die in festen Anteilen kombiniert werden. Dasselbe gilt praktisch für alle mehr oder weniger langlebigen Konsumgüter. Wir empfangen einen großen Teil unserer Anregung aus derartigen »Paketen«, deren erster Zweck ist, irgendeine Form der Bequemlichkeit und des Behagens zu bieten. Der Grund hierfür ist einfach: Die Amerikaner besitzen grundsätzlich eine starke Präferenz für derartige Kombinationen.

Vielleicht hat diese Vorliebe ihren Ursprung in unserer puritanischen Zurückhaltung gegenüber allen direkten Formen des Vergnügens und der Lust, die keinerlei praktischen Nutzen haben. Aber im Laufe der Zeit hat sie sich in eine ästhetische Vorliebe für Einfachheit und Funktionsfähigkeit, für eine einfache Umgebung ohne sinnlose Gegenstände und für ein funktionales Design verwandelt, das die Funktion nützlicher Objekte eher offenbart als versteckt. Wir verbinden gern unser ästhetisches Empfinden mit nützlichen Objekten, indem wir deren Funktionen mit einem Design und einem schönen Aussehen koppeln. Deswegen ziehen die meisten Amerikaner die »natürliche« Eleganz eines schnittigen Cadillacs der »aufgesetzten«Eleganz von Fransenvorhängen und Blumenvasen des (sowjetischen) Moskautyps vor. Unser Geschmack als Verbraucher zeigt sich sehr deutlich in unseren industriellen Fertigprodukten. Unser Industriedesign ist hervorragend und gehört zu den besten der Welt.

In der Wirtschaft der Massenproduktion muß man für die Befriedigung einer solchen Präferenz einen Aufpreis zahlen. Die Befriedigung durch einen Reiz hängt von dessen Neuheit ab, und diese verbraucht sich natürlich bei Gütern, die in tausend- und millionenfacher Ausführung produziert werden, sehr viel eher als das Behagen, das sie bieten. So empfinden wir Kleidungsstücke und Möbel schon lange vor ihrer tatsächlichen Abnutzung als langweilig und unmodern und wir werden sehr schnell unserer Autos, Geräte und technischen Hilfsmittel überdrüssig, obwohl sie noch sehr lange funktionsfähig wären. Selbst Spielzeug verliert bei den Kindern oft an Interesse, noch bevor es kaputtgeht. In der heutigen Wirtschaft neigen deshalb alle diejenigen, die ihre Anregung weitgehend aus diesen Quellen beziehen, zu einem erheblich früheren Ersatz oder zu einer viel größeren Vorratsbildung ihrer Gebrauchsgüter, als nach rein utilitaristischen Gesichtspunkten notwendig wäre.

Dieser vorzeitige Ersatz bzw. die Anhäufung von Gebrauchsgegenständen erscheint bei oberflächlicher Betrachtung als Verschwendung, weil man mit der gewünschten zusätzlichen Anregung zugleich auch eine überflüssige zusätzliche Nutzungsmöglichkeit erhält, die man mitbezahlen muß. Manchmal täuscht dieser Eindruck der Verschwendung jedoch. Ein typischer Fall ist wieder das Auto, weil Autos zu teuer sind, um nach ihrem Ersatz einfach weggeworfen zu werden. Stattdessen verkauft man sie an jemand anderen, der weniger wohlhabend ist oder aber keinen so großen Wert auf die stimulierende Wirkung eines neuen Autos legt, wie man selbst. Für die gesellschaftliche Wohlfahrt ist dieses Verhalten gar nicht so ungünstig. Der gesamte Vorrat an Privatautos entspricht wahrscheinlich genau unserem Bedarf an Bequemlichkeit. Die jährlichen Modellveränderungen garantieren eine mittelmäßig anregende Vielfalt der Formen und Größenklassen auf unseren Straßen, und wenn unsere Autos im Durchschnitt jünger sind als die anderer Länder, dann liegt der Grund hierfür wahrscheinlich in unserem hohen Export älterer Wagen.

Natürlich führt der Wunsch nach Abwechslung und Neuheit meistens zu einer Verschwendung von Ressourcen, aber diese muß man als Kosten betrachten, die man mit dem Nutzen der Autos vergleichen muß. Der Mensch begehrt Anregung und Behagen, und die meisten Güter bieten beides. Wenn sie jedoch massenproduziert werden, stimmen die in ihnen enthaltenen Anteile der beiden Befriedigungen oft nicht mit den Wünschen der Konsumenten überein. Somit entsteht ein Dilemma. Um das richtige Maß an Anregung zu erhalten, muß man oft ein bestimmtes Übermaß an Behagen hinnehmen, und um das richtige Maß an Bequemlichkeit zu erhalten, muß man häufig auf Anregung verzichten. Die erste Alternative verursacht Kosten, die zweite entgangenen Nutzen, und jeder Mensch sollte die Möglichkeit haben, sich allein nach seinen eigenen Vorstellungen für eine der beiden zu entscheiden.

Es gibt jedoch einen Ausweg aus diesem Dilemma, den ich bereits besprochen habe. So kann ich eine grundsätzlich zu wenig stimulierende Umgebung durch Dekorations- und Kunstgegenstände sowie durch Kunst, handwerkliche Arbeiten, Hobbys etc. erheblich interessanter und anregender gestalten. Wenn bisher relativ wenig Menschen eine derartige Lösung dieses Dilemmas gewählt haben, dann kann dies entweder an unserer Ablehnung rein dekorativer und stimulierender Gegenstände liegen oder aber an der Tatsache, daß dies das Erlernen von Konsumfähigkeiten voraussetzt. Vielleicht erscheint uns das Interesse unserer Gegenkultur an handwerklichen Arbeiten als rückständig, aber es entspricht einer völlig rationalen Lösung dieses Dilemmas und verfolgt ausgesprochen konsequent die amerikanische Tradition der Einfachheit und des Funktionalismus.

Die Banalisierung der Kunst

Wir haben gesehen, daß unsere heute vorherrschende Monotonie weitgehend durch die moderne Industrie und ihre mechanische Perfektion bedingt ist. Wir kommen nun zu einer weiteren Ursache für unsere so monotone Umwelt: unsere ausgesprochen knappe Phantasie. Der technische Fortschritt und der Anstieg der Arbeitsproduktivität haben in unserer Wirtschaft eine äußerst einseitige Entwicklung gefördert. Sie bilden sozusagen die Stützpfeiler unserer Bequemlichkeit und haben vor allem das Einkommen all derer ansteigen lassen, die irgendeine Form des Behagens vermitteln. Dank des relativ hohen Wettbewerbs auf dem Arbeitsmarkt bewirkt ein Lohnanstieg bei gewöhnlichen Arbeitern auch bei solchen Berufen eine Erhöhung ihrer Verdienste, die uns Neuheit und Anregung vermitteln. Dadurch steigen natürlich die Kosten der Anregung, so daß Konzerte, Opern, Ballett- und Theateraufführungen sowie die meisten anderen künstlerischen Leistungen und künstlerischen Aspekte von Produkten immer teurer werden. Dieser Preisanstieg wird die Nachfrage der Öffentlichkeit nach Kunst im weitesten Sinne vermutlich abschrecken, obwohl dieser Prozeß in den darstellenden Künsten durch ihre vermehrte Subventionierung von seiten des Staates und altruistischer Stiftungen verlangsamt wird (Scitovsky 1972, 62–69).

Der Grund für ein derartig einseitiges Wachstum ist ziemlich einfach. Dank unseres so großen technischen Einfallsreichtums hat sich die Effizienz der Arbeitskraft bei der Produktion von Gütern, die Bequemlichkeit bzw. Behagen vermitteln, stark verbessert. Andererseits entspringt alles Neue und der damit verbundene Reiz in erster Linie der Phantasie, und wir haben es nicht geschafft, die Leistungsfähigkeit der menschlichen Phantasie bei der Produktion von Neuheiten in gleichem Maße zu steigern. Somit erhöhen die steigenden Kosten der Phantasie den Preis der Neuheit, während die steigenden Kosten der normalen Arbeit durch deren gesteigerte Produktivität aufgewogen werden, so daß der Preis für Behagen konstant bleibt. Der Anstieg des relativen Preises für Neuheit macht deren Angebot natürlich noch knapper und stellt deren Anbieter – Künstler, Unterhalter und ähnliche Berufe – vor die unangenehme Wahl zwischen einer Einkommensverminderung und einer Reduzierung ihrer Zahl. Und man kann es ihnen kaum verdenken, daß sie sich für die zweite Alternative entscheiden, aber die Gesellschaft leidet natürlich an der Verringerung des Angebots an Neuheit und Anregung, die diese Entscheidung nach sich zieht. Die Situation wird noch dadurch verschlimmert, daß die Naturwissenschaften und die Technologie ebenfalls um das knappe Angebot an Phantasie wetteifern.

Eine derartige Vorliebe für das Behagen und gegen die Stimulierung ist keineswegs technologieimmanent und beruht wahrscheinlich in erster Linie darauf, daß wir die Technik bisher nur zu bestimmten Zwecken eingesetzt haben. Das Neue muß mit dem Vertrauten verbunden sein, um angenehm anregend zu wirken, und in manchen Gebieten der Kunst – wie der Musik oder der abstrakten Malerei – wird ein angenehmes Maß von Redundanz durch neue Varianten, Kombinationen und Abänderungen bereits bekannter Elemente eines vertrauten Stils gewährleistet. Die Computertechnologie ist in der Lage, eine derart begrenzte Neuheit in erheblich größerem Umfang und sehr viel schneller zu produzieren als das menschliche Gehirn. Daher scheint es keineswegs ausgeschlossen, daß der Computer für den Künstler ein wirksames Hilfsmittel zur Steigerung seiner Produktivität werden könnte. Mit Hilfe des Computers hat man immerhin bereits eine ganz passable Musik erzeugt, obwohl man natürlich nicht gleich von großen Kunstwerken sprechen kann. Aber wir müssen berücksichtigen, daß sich diese Verwendungsmöglichkeit noch im Experimentierstadium befindet.

Während einerseits die Technologie, die angenehme Neuheit erzeugt, noch vor uns liegt, gibt es andererseits schon die Technologie, die uns alles Neue der Gegenwart und Vergangenheit näherbringt. Dieses zeigt sich z. B. sehr deutlich in unserem Nachrichtenwesen. Nicht weniger wichtig sind jedoch die mechanische Reproduktion von Bildern, das Aufnehmen und Übertragen von Musik sowie die Verbreitung sämtlicher anderen darstellenden Künste über Film und Fernsehen. Obgleich der Anstieg der relativen Preise für Originalität das Angebot an originären Quellen der Anregung reduziert hat, werden die verfügbaren Mittel der Stimulierung in so viel größerem Umfang und an so viel mehr Menschen weitergegeben, daß das Gesamtangebot an verfügbarer Anregung pro Kopf der Bevölkerung wahrscheinlich gestiegen ist. Dadurch wurde zugleich auch die Demokratie gefördert, da viele Formen des Reizgenusses einem größeren Teil der Bevölkerung zugänglich gemacht wurden. Es bleibt allerdings die Frage, ob dieser verminderte Zugang zu den originären Formen der Anregung durch das erhöhte Angebot an mechanisch reproduzierter Stimulierung für den einzelnen einen Gewinn oder einen Verlust darstellt.

Die Frage geht zu weit, als daß sie sich in diesem Buch beantworten ließe, obwohl ich bereits einen Aspekt behandelt habe. Einen weiteren Gesichtspunkt können wir durch eine ähnlich lautende Frage ansprechen. Kann die mechanische Reproduktion der schönen Künste überhaupt genauso gut sein wie das Original? Bleiben wir beim Beispiel der Musik. Während die Musiker diese Frage in der Regel verneinen, äußern sich Toningenieure meist positiv. Offenbar scheint es zwei Lösungen für die widersprüchlichen Ansichten zu geben – wenn man einmal von der technologischen Seite absieht, deren weitere Perfektion nur noch eine Frage der Zeit ist.

Die eine hängt mit der zusätzlichen Befriedigung zusammen, die die meisten von uns aus der menschlichen Komponente ziehen, das heißt, aus der unmittelbaren Anwesenheit der Musiker und der Zuhörer sowie aus der gespannten, erwartungsvollen, festlichen Atmosphäre, die damit einhergeht. Ich habe diesen Aspekt bereits angedeutet. Wahrscheinlich spielt er bei den meisten Menschen eine größere Rolle, als sie zugeben wollen.

Die andere Lösung der konfligierenden Meinungen über die mechanische Wiedergabe hängt mit der Vielfalt und der Ungewißheit zusammen. Jede Direktübertragung eines Musikstücks kann sehr viel häufiger mit gesteigertem Genuß erlebt werden als eine Aufnahme davon. Denn die verschiedenen Live-Aufführungen unterscheiden sich hinsichtlich ihrer Geschwindigkeit, Interpretation, Ausgewogenheit sowie ihrer Perfektion, und sie sind immer mit einer gewissen Unsicherheit über den letztlichen Erfolg einer spezifischen Aufführung verbunden. Live gespielter Jazz ist sogar noch unvorhersehbarer; denn hier spielt die von dem Künstler erwartete Improvisation eine dominierende Rolle. Der Zuhörer erfährt Vielfalt, Neuheit und Spannung, selbst wenn er das Stück schon gut kennt. Manche Zuhörer, die Musik nur von Schallplattenaufnahmen kennen, finden diese Spannung derart unangenehm, daß sie erst lernen müssen, diese zu akzeptieren, bevor sie Direktaufführungen voll genießen können. Natürlich kann man bei dem wiederholten Anhören derselben Platte oder desselben Tonbandes auf keinen Fall dieselbe Vielfalt und Spannung empfinden.

Deswegen nehmen die subjektive Neuheit und der Reizgenuß bei jedem Abspielen derselben Platte sehr viel schneller ab als bei jeder Konzertaufführung desselben Stückes. Die Neigung vieler Menschen, beim Lesen oder bei irgendeiner anderen Beschäftigung eine Schallplatte zu hören, ist vielleicht ebenfalls ein Zeichen dafür, daß die Platte zuviel Redundanz enthält oder daß sie allein nicht die Langeweile vertreiben kann, sondern daß es dazu eines zusätzlichen Stimulus bedarf. Ein naheliegendes Mittel zur Behebung dieser Unzulänglichkeit wäre der Besitz mehrerer Aufnahmen von ein- und demselben Stück – was vom rein finanziellen Standpunkt her auch machbar wäre, da die Aufnahme eines vollen Konzertes nicht mehr kostet als zwei gute Konzertkarten. Dennoch werden sich die meisten Menschen eher eine Platte von einem anderen Stück kaufen als von der Musik, die sie bereits haben, weil sie für ihr Geld mehr subjektive Information erhalten wollen. Und viele Menschen werden auch nicht in eine Konzertaufführung gehen, wenn sie von dem gebotenen Programm bereits eine Platte besitzen und der Meinung sind, daß die Aufführung schlechter sein wird als die Plattenaufnahme. Aus diesem Grunde hört sich ein Musikliebhaber heute ein bestimmtes Repertoire sehr viel schneller über als seine Vorgänger, da ihm jede Komposition weniger Neuheit und Vielfalt bietet, so daß er für ein Minimum an Stimulierung immer mehr Neuheit braucht.

Ganz ähnlich wirkt eine Entwicklung, der wir uns gar nicht mehr erwehren können: Es hat sich immer mehr eingebürgert, in Wartezimmern, Büros, Warenhäusern, öffentlichen Verkehrsmitteln und an verschiedenen anderen Orten Musik zu spielen, die wir uns anhören müssen, ob wir wollen oder nicht. Dabei hören wir oft mit »halbem Ohr« zu, da unsere Aufmerksamkeit eigentlich einer anderen Sache gilt und die Wiedergabequalität in der Regel minderwertig ist. Auf jeden Fall wirkt sie stimulierend und trägt dazu bei, daß die Neuheit des Stückes verringert und die Redundanz erhöht wird, so daß unser Genuß beim späteren Zuhören beeinträchtigt wird.

Eine derartige Banalisierung ist auch in anderen Kunstarten zu beobachten. So ist beispielsweise das mehrmalige Betrachten eines Films sehr viel weniger interessant als der häufigere Besuch desselben Theaterstückes auf der Bühne. Desgleichen vermindert die hohe Zahl von Reproduktionen mancher Bilder sehr stark das ursprüngliche Interesse und den Genuß daran. Dieser Effekt verstärkt sich noch, wenn man eine gute Reproduktion nicht nur gelegentlich bei einem Freund im Wohnzimmer entdeckt, sondern wenn man ständig irgendwelchen weniger guten Reproduktionen in Zeitschriften, auf Buchumschlägen und auf Postern begegnet. Ein weiteres Beispiel, das ich bereits erwähnte, ist die weibliche Mode. Die schnelle und starke Verbreitung von modischen Kleidungsstücken läßt deren Reiz des Neuen schnell verblassen und erklärt zugleich die Geschwindigkeit, mit der sich die Modetrends ändern.

Der menschliche Wunsch nach der Einzigartigkeit eines Bildes, eines Kunstgegenstandes, eines Kleides oder irgendeines anderen Besitztums mag zwar snobistisch anmuten, aber er beruht dennoch auf dem natürlichen Wunsch nach einem Maximum an Neuheit und Reizgenuß. Natürlich nutzt sich für den Besitzer selbst der Reiz des Neuen schnell ab, aber die Einzigartigkeit eines Gegenstandes erhöht zugleich den Genuß anderer Betrachter und vermittelt dadurch wiederum dem Besitzer Befriedigung.

Nun erhebt sich die Frage, ob die Banalisierung der Kunst für den einzelnen positiv oder negativ zu beurteilen ist. Die Häufigkeit, mit der wir schlechte Reproduktionen von Musikstücken oder Bildern ertragen müssen, bewirkt natürlich, daß sich deren Neuheitsgehalt schneller abnutzt, als dies sonst der Fall wäre. Der Nachteil ist nur, daß die größere Häufigkeit kein entsprechend größeres Vergnügen mit sich bringt. Professor Abraham Moles, der als erster diese Frage aufwarf, vertrat die Ansicht, daß der Bedarf an künstlerischer Phantasie in der heutigen Wirtschaft größer ist als deren Angebot, und er befürwortete deshalb eine Computertechnologie, mit deren Hilfe sich die kreative Produktivität der Künstler erhöhen ließe (Moles 1968, 27).

Dieses Problem ist bisher ungelöst, und vielleicht erscheint es all denen, die bereit und fähig sind, sowohl die Neuheiten der Gegenwart als auch die der Vergangenheit zu genießen, in einem ganz anderen Licht. Auf jeden Fall ist es nur dann sinnvoll, einen Gegenstand, ein Theater- oder ein Musikstück fast bis zum Überdruß auszukosten, wenn es für die gesamte Dauer eines Lebens nicht genügend qualitativ gleichwertige Stücke gibt. Ob und wo dies der Fall ist, hängt wiederum von der Kunstform und den eigenen Interessen, den jeweiligen Konsumfähigkeiten sowie dem Bedarf an Stimulierung ab. Für manche Menschen kann Musik ohne weiteres eine Quelle der Anregung sein, deren im Laufe der Jahrhunderte angehäufter Vorrat ausreicht, um bedenkenlos und verschwenderisch damit umzugehen. Der Schallplatten-Enthusiast von heute kennt wahrscheinlich mehr Musikstücke sowie deren Genuß als viele Amateurmusiker des 19. Jahrhunderts. Und wer ist schon im Stande zu entscheiden, ob sein oberflächlicher Genuß von mehr Musik weniger wert ist als der intensivere Genuß seiner Vorfahren, den diese aus ihrer eingehenderen und profunden Kenntnis eines kleineren Repertoires ableiteten?

Hierbei müssen wir es belassen. Die Banalisierung der Kunst ist zweifellos eine wichtige Konsequenz der Massenproduktion. Wie sie sich letztlich jedoch auf den Geschmack, das Verhalten und den Kunstgenuß der Menschen auswirkt, läßt sich nur schwer abschätzen. Diese kurze Diskussion sollte dem Leser nur einen Eindruck von der Art des Problems vermitteln, ohne es lösen zu wollen.

Kapitel 13
Was stimmt nicht mit der Spezialisierung?

Nachdem wir uns mit einigen Konsequenzen abnehmender Skalenerträge befaßt haben, möchte ich mich nunmehr den unmittelbaren Auswirkungen der Spezialisierung zuwenden. Die Spezialisierung ist das »A und O« der hohen und ständig steigenden Leistungskraft unserer Wirtschaft, auf der nicht zuletzt das hohe Ansehen der Spezialisten in unserer stark produktionsorientierten Gesellschaft beruht. Aber wenn die starke Spezialisierung für die Effizienz der Produktion von grundlegender Bedeutung ist, dann müßte eigentlich für einen »effizienten« Konsum das genaue Gegenteil gelten. Der Mensch hat viele Bedürfnisse, und sein Wohlergehen hängt von der Befriedigung aller oder fast all seiner Bedürfnisse ab. Eine Form der Befriedigung – nämlich die angenehme Anregung – läßt sich auf die verschiedensten Arten erreichen und auch hier gilt, daß ein ausgefülltes und interessantes Leben die Fähigkeit voraussetzt, vielleicht nicht alle, aber doch einen bestimmten Teil dieser Befriedigungen genießen zu können. Um seine Chancen möglichst weitgehend ausnutzen und die besten Entscheidungen treffen zu können, muß der Konsument praktisch »allwissend« sein, das heißt, er muß die ihm offenstehenden Möglichkeiten zur Bedürfnisbefriedigung kennen, er muß sich über alle tatsächlichen und potentiellen Quellen des Genusses informieren und sich schließlich sämtliche Konsumformen aneignen, die es sich lohnt zu lernen. Der moderne amerikanische Konsument ist in dieser Beziehung ausgesprochen »ungebildet«. Meine Aufgabe ist es nun, in diesem Kapitel zu erklären, warum dies so ist.

Zur Spezialisierung gehört unter anderem die Arbeitsteilung zwischen dem Spezialisten und dem »Generalisten«. Schauen wir uns nur einmal die herkömmliche Aufgabenteilung zwischen den Ehepartnern an. Bei den Männern gilt die Regel, daß das Familieneinkommen umso höher ist, je spezialisierter sie sind, während die Frauen das Wohlergehen ihrer Familie umso eher garantieren können, je umfassender ihr Wissen von all den schönen Dingen des Lebens ist. Der Spezialist maximiert seine Leistung oder das Einkommen in dem Bereich, in dem er sich spezialisiert hat. Der Generalist bedient sich seines Urteilsvermögens und seines Wissens, um über die Verteilung der Ausgaben und den Einsatz der diversen Spezialisten zu entscheiden und damit irgendein relativ weitgefaßtes Ziel zu erreichen; wobei letzteres meistens zu umfassend ist, um es einem einseitig fachorientierten Spezialisten anvertrauen zu können.

Die Aufgabe des Generalisten ist insofern anders und sehr viel schwieriger als die des Spezialisten. Ich möchte nochmals Mitchell zitieren:

»Beim Geldverdienen müssen einzig und allein die monetären Werte der zum Teil ganz verschiedenartigen Dinge berücksichtigt werden, und diese lassen sich immer ins Gleichgewicht bringen, vergleichen und nach bestimmten Grundsätzen ordnen und systematisieren. Dies gilt jedoch nicht für die Werte der Hausfrau . . . Ihr Gewinn läßt sich nicht in Dollar ausdrücken wie die Profite eines Unternehmers, sondern er besteht in dem körperlichen und seelischen Wohlergehen ihrer Familie. In Ermangelung eines zufriedenstellenden gemeinsamen Nenners kann sie noch nicht einmal einen objektiv gültigen Vergleich zwischen den verschiedenen Befriedigungen anstellen, die sie vielleicht für zehn Dollar bieten kann: die medizinische Versorgung eines Zahns bei einem Kind, ein Geburtstagsgeschenk für ihren Mann, zwei Tage Aufenthalt in einem Sanatorium für sich selbst . . . Das Geldausgeben läßt sich einfach nicht mit dem Geldverdienen vergleichen, solange nicht jemand einen gemeinsamen Maßstab findet, um die monetären Kosten mit den verschiedenen Arten und Mengen subjektiver Befriedigungen, die Geld für Menschen mit unterschiedlichem Temperament bieten kann, auf einen Nenner zu bringen. Zweifellos haben die von uns geführten Haushaltsbücher ihren Wert, aber wir können noch so große Anstrengungen unternehmen, um über die Verwendung jedes einzelnen Pfennigs Rechenschaft abzulegen, die eine für uns lebenswichtige Frage bleibt dennoch offen: was wir damit eigentlich gewinnen.« (Mitchell 1912, 277 ff.)

Mitchells Hochachtung vor den schwierigen Aufgaben der Hausfrau läßt sich unmittelbar auf die Aufgaben jedes Generalisten übertragen. Die Hausfrau muß mehr Faktoren miteinbeziehen als der Spezialist, sie muß mehr Urteilsvermögen besitzen und sie muß darüber hinaus über sehr viel mehr Dinge mindestens genauso gründlich Bescheid wissen wie der Spezialist. Andererseits läßt der Umfang ihrer Zielsetzung gewöhnlich keine Quantifizierung zu und versagt ihr damit die starke Motivation einer Leistungsmessung. In dem Fall, wo Urteilsvermögen vorrangig und keine Messung möglich ist, müssen Erfahrung und Weisheit die formale Ausbildung und das Anhäufen rein mechanischen Wissens ersetzen – dies ist eine weitere Eigenschaft, die den Generalisten auszeichnet.

Die meisten Gesellschaften erkennen die größeren Schwierigkeiten und die stärkeren Anforderungen sowie das für seine Aufgabe erforderliche größere Allgemeinwissen des Generalisten an, indem sie allen mit derartig umfassenden Funktionen Betrauten hohe Anerkennung zollen. Ein Beispiel hierfür ist in den meisten Ländern das durchgängig hohe Ansehen von Staatsmännern und Politikern, die ja eindeutig »Allroundwissen« besitzen und dies auch benötigen, um ihre Funktionen richtig und gut erfüllen zu können. Sie spielen für den öffentlichen Haushalt in etwa die gleiche Rolle wie die Hausfrau für ihr privates Budget.

Die Hausfrau genießt in den lateinamerikanischen Ländern, insbesondere in Italien, großes Ansehen. Vermutlich weil dort die Rolle eines Generalisten in der Familie am deutlichsten und ausschließlichsten bei der Mutter und Frau liegt. Sie kämpft gegen die allzu große Sorglosigkeit ihres Mannes in Bezug auf Geld und Arbeit, sie trifft im wesentlichen die Entscheidungen hinsichtlich der Bedürfnisse der Familie und deren Befriedigung, sie verwaltet das Familieneinkommen, sie entscheidet über das soziale Leben und die Freizeitaktivitäten sowie über die Ausbildung der Kinder.

Am anderen Ende des bunten Spektrums stehen die Amerikaner, die die Hausfrau und ihre Funktionen sehr minderwertig beurteilen. Diese Geringschätzung beruht darauf, daß wir der Produktion und dem Geldverdienen einen sehr viel höheren Wert beimessen als dem Konsum und dem Geldausgeben, was ich ja bereits auf unsere puritanische Einstellung zurückgeführt habe. Doch letztlich ist keine der genannten Faktoren ausreichend, um unser verglichen mit anderen Völkern so andersartiges und scheinbar so irrationales Verhalten zu erklären. Und selbst wenn unsere puritanische Ethik ein hinreichender Grund wäre, um unsere arrogante Einstellung gegenüber der Hausfrau und ihren Aufgaben zu erklären, könnte sie dennoch kaum unsere ähnliche Haltung gegenüber allen anderen Generalisten rechtfertigen. So betrachten die Amerikaner die Politiker – als die Verwalter unseres öffentlichen Haushalts – fast genauso geringschätzig wie die Hausfrauen. Dies ist eine ausschließlich amerikanische Haltung, die weit in unsere Geschichte zurückreicht. Andere Generalisten unter uns – Handlanger unter den Arbeitern, praktische Ärzte unter den Fachärzten, Intellektuelle unter den Akademikern – befinden sich ebenfalls am unteren Ende der Prestige- und Einkommensskala innerhalb ihrer Gruppen. Dies geht sogar so weit, daß sie früher oder später sicherlich aussterben werden.

Die alten Menschen, die in den meisten Ländern ein relativ hohes Ansehen genießen, gehören in Amerika ebenfalls zu den rechtlosen Außenseitern. Dies ist ein weiterer Beweis für unsere Verachtung und unsere mangelnde Verwendungsmöglichkeit des Generalisten. Denn alte Menschen besitzen ebenfalls ein hohes Allgemeinwissen – obwohl sie dies nicht freiwillig, sondern eher zwangsläufig erworben haben. In ihrer Jugend beginnen sie gewöhnlich als Spezialisten, aber der wissenschaftliche und technische Fortschritt führt dazu, daß der größte Teil des spezialisierten Wissens und der Spezialausbildung im Laufe eines Lebens veraltet. Die im Laufe ihres Lebens angehäuften beruflichen und menschlichen Erfahrungen machen es den alten Menschen möglich, ihr veraltetes Spezialwissen durch Urteilsvermögen und Klugheit zu ergänzen, so daß sich ihre Rolle ändert und ihre Nützlichkeit in gewissem Umfang erhalten bleibt. Leider werden diese Qualitäten jedoch in der amerikanischen Gesellschaft nicht sonderlich geschätzt; denn wir legen offenbar nur wenig Wert auf Urteilsvermögen und Weisheit. Beide Fähigkeiten sind die wichtigsten Eigenschaften eines Generalisten, und wenn man diese unterbewertet, dann ist das in der Regel gleichbedeutend mit einer Geringschätzung des Generalisten. Aber die Frage bleibt, woher bei uns diese Einstellung kommt.

Die Zielsetzungen des Generalisten sind weit gesteckt und dementsprechend schwer quantifizierbar – was natürlich auch für deren Erfüllung gilt. Diese Schwierigkeit führt gewöhnlich zu einer Unterbewertung des monetären Wertes, der den Leistungen des Generalisten beigemessen wird, und ist gewöhnlich für die geringen Verdienste derjenigen verantwortlich, deren Leistungen über den Markt gehen. In unserer geldorientierten Gesellschaft sind geringe Einkünfte gleichbedeutend mit geringem Prestige. Außerdem müssen wir in einer so mobilen und unpersönlichen Gesellschaft wie der unseren die Fähigkeiten der Menschen nach ihren Referenzen beurteilen – und die meisten Generalisten haben offenbar keine guten. (In dieser Beziehung sind die Ärzte der Allgemeinmedizin eine Ausnahme.) Allein der Umfang ihrer Aufgaben macht es in der Regel unmöglich, eine bestimmte Ausbildung, ein Diplom oder eine besondere Art der Erfahrung als angemessene Qualifikation anzugeben, und umfangreiches Wissen, lange Erfahrung, gute Urteilskraft und Klugheit sind zwar sehr wichtig, aber sie lassen sich nur selten belegen. Deswegen können die meisten Generalisten keine besonders guten Referenzen vorweisen – ein weiterer Grund für ihr geringes Ansehen.

Die Sache verschlimmert sich noch durch eine einzigartige Besonderheit der Aufgaben eines Generalisten. Jede zusätzliche Spezialisierung erleichtert die Aufgaben sämtlicher anderer betroffenen Spezialisten, und der Zweck der verstärkten Spezialisierung ist tatsächlich die Steigerung der Leistungsfähigkeit des Spezialisten, indem ihm seine Aufgabe erleichtert wird. Aber derselbe Prozeß, der die Aufgaben der Spezialisten erleichtert, erschwert wiederum die des Generalisten, weil er von nun an noch mehr Spezialgebiete kennen und zwischen ihnen entscheiden muß. Der technische und wissenschaftliche Fortschritt stellt insofern immer höhere Anforderungen an den Generalisten und trägt dazu bei, daß seine Arbeit immer undankbarer, anstrengender und schwieriger sowie schlechter bezahlt und von der heutigen Gesellschaft immer mehr unterbewertet wird. Daher erstaunt es nicht, wenn immer weniger Menschen zur Ausübung einer derartigen Arbeit bereit sind.

Der Abstieg des Generalisten

Wie ist es überhaupt möglich, daß wir dieser wichtigen Aufgabe die angemessene Anerkennung sowie die Bereitstellung ausreichender finanzieller Mittel versagen, ohne daß dies ungeheure Probleme aufwirft? Nehmen wir einmal das allmähliche Aussterben des praktischen Arztes als Beispiel. Seine Aufgabe besteht eigentlich darin, Diagnosen zu stellen und Entscheidungen zu treffen – wenn man einmal von der Übernahme kleinerer Aufgaben absieht, die der Entlastung der Spzialisten dienen. Er hat zu entscheiden, welchen oder welche Spezialisten der Patient möglicherweise benötigt und ob für ihn in Anbetracht seines Alters, seines allgemeinen Gesundheitszustandes, seiner körperlichen und seelischen Verfassung sowie seiner familiären und wirtschaftlichen Situation eine Operation oder eher eine ärztliche Behandlung angebracht ist oder ob es sich um ein gutartiges Leiden handelt, das keine Behandlung erfordert und als relativ geringfügige Unpäßlichkeit hingenommen werden muß.

Diese Fragen sind immerhin lebenswichtig. Aber da wir deren Bedeutung offenbar nicht erkennen und die für ihre Beantwortung geeignete Person unzureichend entlohnen, sehen wir uns heute einem ausgesprochenen Mangel an hochqualifizierten praktischen Ärzten gegenüber, deren Urteil wir bedingungslos vertrauen können. Statt dessen erwarten wir eine angemessene Beantwortung unserer generellen Frage von Spezialisten, die wir uns selbst aussuchen, und machen uns nicht bewußt (obwohl wir uns darüber im klaren sind), daß sogar der selbstloseste und aufrichtigste Spezialist lieber auf seinem Spezialgebiet arbeitet – und sei es nur, weil er über die anderen Spezialbereiche soviel weniger weiß oder aber weil er die Auswirkungen anderer Heilmethoden nicht kennt. Ich habe bereits unsere übertrieben hohe Zahl operativer Eingriffe sowie deren Unvermögen nachgewiesen, unser Leben zu verlängern. Möglicherweise ist der Mangel an objektiver qualifizierter Beratung durch Ärzte der Allgemeinmedizin mit einer der hierfür ausschlaggebenden Gründe.[59]

Zu diesem Fall des praktischen Arztes gibt es noch etliche Parallelbeispiele – und keineswegs nur die ganz typischen wie den Fall des allmählich aussterbenden Faktotums. Im Gegensatz zu dem Arzt der Allgemeinmedizin können natürlich Politiker und Verbraucher rein physisch nicht einfach von der »Bildfläche« verschwinden. Aber feststeht, daß sie ihre eigentliche Funktion aufgeben, wenn sie versuchen, ohne die Entscheidungen und Urteile auszukommen, für die sie ja ausgesprochen kompetent sind. So sieht der moderne Politiker seine Aufgabe immer mehr darin, das zu tun, was die Wähler von ihm erwarten, und handelt nach ihren mehr oder weniger konkreten Anweisungen, statt selbst initiativ zu werden und nach seinem eigenen Gutdünken zu entscheiden. Und er sollte genügend Überzeugungskraft besitzen, um die Wähler von der Richtigkeit seiner Entscheidung zu überzeugen.

Aber kehren wir zum Verbraucher zurück. Er gibt zum Teil seine Souveränität dadurch auf, daß er bestimmte ursprünglich von ihm gefällte Urteile und Entscheidungen dem Spezialisten überläßt und daß er sein eigenes Urteils- und Entscheidungsvermögen vernachlässigt. Ich habe vorhin sehr stark betont, daß die meisten Reizgenüsse aus Konsumfähigkeiten resultieren und dementsprechend eine Anfangsinvestition an Zeit und Energie erfordern, um einen höheren Lebensgenuß zu ermöglichen. Außerdem habe ich unsere offensichtliche Abneigung gegenüber derartigen Investitionen zu erklären versucht. Hierin liegt vielleicht sogar die allerwichtigste Erklärung überhaupt. Wenn die zunehmende Erschwernis seiner Rolle als Generalist den Konsumenten vor dem Einsatz seines Urteils- und Entscheidungsvermögens zurückschrecken läßt, wird er sich höchstwahrscheinlich vor den schwierigsten Entscheidungen am meisten zu drücken versuchen, nämlich vor den Investitionsentscheidungen, die zugunsten eines künftigen größeren Genusses das Ertragen einer vorübergehend unangenehmen Situation mit sich bringen.

Wir legen großen Wert auf die individuelle Entscheidungsfreiheit und haben es auch geschafft, die Flexibilität unseres Bildungssystems so zu erhöhen, daß die meisten Schüler und ihre Eltern in dieser Beziehung mehr Freiheiten haben als in vielen anderen Länder. Unglücklicherweise besitzen wir neben dieser ausserordentlichen Entscheidungsfreiheit eine noch größere Abneigung, Urteile und Entscheidungen zu fällen. Es ist sehr viel leichter und sicherer, sich diese Entscheidungen von Experten und deren wissenschaftlicher Ausrüstung abnehmen zu lassen. Dabei scheint es uns nicht sonderlich zu stören, wenn die Ausbildung von Konsumfähigkeiten zu kurz kommt.

Es gibt noch ähnliche Beispiele, anhand derer sich die zunehmend engere Auslegung dessen illustrieren läßt, was der Konsument unter der »Verwaltung« seiner Familie und seines Haushalts versteht. Zunächst ist auffällig, daß er sich in immer mehr Gebieten, in denen ihm eigene Sachkenntnis fehlt, auf das Urteil von Spezialisten verläßt. Auf den ersten Blick erscheint es ausgesprochen sinnvoll und klug, wenn der Generalist zur Erfüllung seiner äußerst schwierigen Aufgaben Bücher, Schallplatten und Schauspiele sowie die unparteiischen Urteile über technisch und chemisch komplizierte Güter durch die »Consumer Reports« zu Rate zieht. Doch es gibt auch andere Beispiele, die sich kaum von den eben erwähnten unterscheiden, aber dennoch ganz anders zu beurteilen sind.

Ich habe bereits die Monotonie unserer Umwelt angesprochen, die das Ergebnis unserer massenproduzierten Güter ist. Andererseits gibt es in einer so großen Wirtschaft wie der unseren immer noch zahlreiche massenproduzierte Güter, die dem Konsumenten noch genügend Spielraum für seinen individuellen Geschmack und seine Fähigkeit bieten, anders zu sein. Dies erreicht er allein schon dadurch, daß er sich die massenproduzierten Güter sehr gründlich auswählt, sie nach seinem Geschmack verwendet und arrangiert und sie mit ausgefallenen Gegenständen kombiniert. Zufällig ist dies auch eine der positiveren und lohnenderen Aufgaben des Generalisten, die überdies keine formale Ausbildung erfordert. Dementsprechend müßten Menschen, die gern einkaufen, sie eigentlich besonders genießen und in der Lage sein, darin Hervorragendes zu leisten.

Nehmen wir einmal die Wohnungseinrichtung als Beispiel. Seit altersher hat die Menschheit die Verschönerung ihres äußeren und inneren Heimes mit viel Lust und Liebe betrieben, um sich und anderen eine anregende und angenehme Umgebung zu schaffen. Dies war eine der Hausarbeiten, für die sich selbst ein Adeliger nicht zu schade und der Bauer nicht zu bescheiden war, um sich aktiv und kreativ daran zu beteiligen. Heute beschränkt sich unser Spielraum durch die Hochhäuser und Bauplaner meistens auf die Auswahl der Farben, Stoffe und Tapeten sowie auf die Zusammenstellung und Anordnung der Möbel und Dekorationsgegenstände. Dies ist eine relativ einfache Aufgabe, die im Rahmen der durchschnittlichen Fähigkeit der Haushaltsführung liegt und keine besondere Fertigkeit oder formale Ausbildung verlangt. Dennoch treten die meisten Amerikaner diese Aufgabe lieber an andere ab. Die Innenarchitektur ist in den USA ein blühender Gewerbezweig. Die amerikanische Gesellschaft der Innenarchitekten hat 12 000 Mitglieder, deren Arbeit vornehmlich in der Planung, Auswahl, dem Einkauf und dem Arrangieren der Einrichtung von Privatwohnungen besteht. Die einzelnen Firmen arbeiten mit vielen Stoff-, Möbel- und Antiquitätenhändlern zusammen, die ausschließlich an und durch sie verkaufen. Diejenigen, die sich ihren Rat nicht leisten können, können sich von einem mehr oder weniger qualifizierten Dekorateur eines Einrichtungsgeschäftes kostenlos beraten lassen. Eine telefonische Umfrage von Möbelhändlern in der Bucht von San Francisco hat ergeben, daß alle großen Einrichter – egal ob sie gut oder schlecht, billig oder teuer sind – professionelle Dekorateure beschäftigen, die etwa an der Hälfte ihrer Möbelumsätze beteiligt sind und bei 30 bis 40 Prozent (gemessen am Wert der Umsätze) der Kunden Hausbesuche machen. Es scheint keineswegs übertrieben, die Zahl der Amerikaner, die sich bei ihrer Inneneinrichtung fachmännisch beraten lassen, mit mindestens einem Drittel aller amerikanischen Haushalte zu beziffern.

Ich besitze keine vergleichbaren Daten für andere Länder, aber nach Ansicht amerikanischer Dekorateure, die sich in Europa auskennen, ist die Situation dort völlig anders. Nach Aussagen eines Innenarchitekten, der zugleich in Paris arbeitet, sind die französischen Kunden viel zu sehr darauf bedacht, ihre eigene Persönlichkeit und ihren Geschmack unter Beweis zu stellen, so daß ihnen kaum an einem Innenarchitekten gelegen ist. Nur die Superreichen verhalten sich anders – und dabei geht es ihnen weniger um die Ideen sondern mehr darum, jemand zu haben, der ihnen die schmutzigen Arbeiten abnimmt. In Frankreich gibt es keine selbständigen Innenarchitekten; sie könnten auch nicht existieren, da sie nicht die notwendige Unterstützung ihrer Existenz durch die Exklusivverträge mit den Möbel- und Stofflieferanten haben. Die wenigen professionellen französischen Dekorateure arbeiten bei Dekorationsfirmen, welche die institutionelle Kundschaft und die ganz Reichen betreuen. Dasselbe gilt auch für das reichste Land Europas, Schweden, sowie für alle anderen skandinavischen Länder. In England gibt es zwar mehr Innenarchitekten, aber diese arbeiten praktisch nur für die Besitzer großer Landhäuser und für die sehr Reichen. Westdeutschland scheint in dieser Beziehung in etwa zwischen Frankreich und den Vereinigten Staaten zu liegen.[60]

Es gibt einen feinen, aber grundlegenden Unterschied zwischen der Inanspruchnahme eines Modeberaters oder eines Innendekorateurs und dem Lesen eines Verbraucherberichts vor dem Kauf einer Geschirrspülmaschine. Denn die »Consumer Reports« beurteilen die »innere Qualität eines Geräts, während es den Dekorateuren um die äußere Aufmachung und um deren Fähigkeit geht, dem Konsumenten zu gefallen. Heißt dies nun, daß jeder, der sich von einem Dekorateur beraten läßt, einen Fachmann braucht, der ihm sagt, was ihm gefällt? Manchmal und in gewissem Umfang kann man dies sehr wohl behaupten. Der Genuß visueller Anregung ist gelernter Konsum, und der Dekorateur und der Modeberater haben die Qualifikation, diese an andere weiterzugeben. Gleichzeitig sind diese Fähigkeiten für jemand, der ein echtes Interesse daran besitzt, ausgesprochen leicht zu erlernen, und die meisten Menschen brauchen wahrscheinlich zu ihrer Aneignung nicht mehr Zeit als sie benötigen, um einen Fachmann anzuheuern. Wir müssen uns jedoch klar machen, daß die Mehrzahl der Menschen, die einen Dekorateur beschäftigen, dieses nicht tun, um die Fähigkeit zu erlernen, sondern um die anderen mit einem Können zu beeindrucken, daß sie selbst nicht besitzen, und um ihren Gästen einen Genuß zu bieten, den sie selbst nicht schätzen. Und manchmal wollen sie sogar Eindruck schinden, daß sie sich einen so teuren Innenarchitekten leisten können.

Die Menschen, die einen Sinn für Kleidung und Einrichtung haben und beides genießen, tun dies sowohl bei sich selbst als auch bei anderen, und das Bewußtsein, daß sie ihren Genuß mit anderen teilen, bietet ihnen zusätzliche Befriedigung. Seltsamerweise vermitteln teure Kleider und Möbel sogar noch denen Statuszufriedenheit, die deren Stimulierung eigentlich nicht genießen können. Ihre Befriedigung stammt demnach eher von dem Gefühl des Sich-Hervorhebens oder des »In«-Seins als von dem Bewußtsein, anderen durch die Vermittlung angenehmer Anregung einen Genuß geboten zu haben. Wir haben diesen Unterschied schon früher gesehen, und ich habe dabei auf dessen Bedeutung für die Summe der gesellschaftlichen Befriedigungen hingewiesen. Die Menschen, die in ihren professionell eingerichteten Wohnungen ästhetische Anregung und Genuß suchen, heben sich deutlich von denen ab, die nur auf das damit verbundene Prestige aus sind.

Zu guter Letzt wollen wir uns noch mit der zunehmenden Inanspruchnahme einer fachmännischen Beratung und Planung unserer Urlaubsreisen befassen. Die Entscheidung über den Urlaubsort, die Sehenswürdigkeiten, die Unterbringung und die Ernährung sowie die Befriedigung der persönlichen und der familiären Interessen und Neigungen waren und sind ein wesentlicher Bestandteil des besonderen Urlaubsvergnügens und damit eine eigenständige Quelle der Befriedigung, zu der unter anderem auch die schnelle Information anhand eines guten Führers gehörte. Die verstärkte Neigung der Amerikaner zu organisierten Pauschalreisen hat den Genuß dieser wichtigen Quelle der Anregung, die dank der modernen Technologie heute jedem von uns zugänglich ist, doch erheblich getrübt. Überdies behaupten manche Leute, daß nach ihren Erfahrungen die Vorbereitungszeit, die man bei Pauschalreisen spart, gewöhnlich um ein Vielfaches wieder durch die Wartezeiten während der Reise aufgewogen wird. Aber der Hauptverlust ist natürlich die Standardisierung der Aussichten, Mahlzeiten und Hotels sowie die Isolierung der Touristen von persönlichen Kontakten mit den Einheimischen und schließlich der Verlust des Gefühls, selbst auf Entdeckung gehen und seinen eigenen Neigungen folgen zu können. Pauschalreisen machen das Reisen im Ausland fast genauso komfortabel, als wenn man in einem bequemen Sessel sitzt und einen Reisebericht im Fernsehen verfolgt – und fast genauso wenig spannend. Aber sie ersparen uns sehr viel Mühe, was unserer Bequemlichkeit entgegenkommt. Und die Tatsache, daß wir diese Bequemlichkeit dem Vergnügen vorziehen, scheint der hauptsächliche Erklärungsgrund für die Beliebtheit derartiger Reisen zu sein. Ein anderer Vorteil hängt mit unseren geringen Fremdsprachenkenntnissen zusammen. Diese gehören ebenfalls zu den Konsumfähigkeiten. Denn es gibt außerhalb des Fremdenverkehrsbereichs und des Transportgewerbes kaum Arbeitsplätze, die die Kenntnis von Fremdsprachen erfordern. Und diejenigen, die die Sprachkenntnisse von Ausländern bewundern, machen sich selten klar, daß diese vorwiegend den oberen Schichten angehören, in den Sprachen als eine

Konsumfähigkeit gilt, die es ihnen ermöglicht, in der Welt herumzukommen und sie besser zu genießen.

Präferenzen der Produzenten

Zu den Spezialisten, an die der Konsument einen Teil seiner Souveränität abtritt, gehört unter anderem der Produzent. Die zunehmende Spezialisierung läßt den Abstand zwischen dem Spezialwissen des Produzenten und der Unkenntnis des Konsumenten hinsichtlich der Eigenschaften und der Form der maschinell gefertigten Güter unweigerlich immer größer werden. Insofern ist es völlig natürlich, daß sowohl Produzenten als auch Konsumenten hinsichtlich der Mittel der Bedürfnisbefriedigung ein größeres Vertrauen in das Urteil der ersteren setzen. Das Dilemma besteht darin, daß beide wegen ihrer unterschiedlichen Interessenlage andere Ziele verfolgen und daß die Auffassung des Produzenten über das, was für den Konsumenten richtig ist, von seinen Vorstellungen über das, was ihn als Produzent befriedigt, beeinflußt wird.

Der Produzent hat ein Interesse daran, den für einen bestimmten Güterausstoß erforderlichen Aufwand an Zeit und Energie möglichst klein zu halten, weil dies sowohl seine Gewinne als auch das Wachstum der Wirtschaft steigert. Was liegt näher, als daß er versucht, den Konsumenten auf dieselbe Weise entgegenzukommen? Die meisten Konsumgüter, die Amerika für die Welt produziert hat, sparen Zeit und Mühe – kein Wunder, daß wir mit beiden übertrieben sparsam umgehen. Wir können schließlich nur unter den Dingen wählen, die verfügbar sind. Und da wir von dem überaus reichlichen Angebot an zeit- und arbeitssparenden Geräten geradezu geblendet sind, kann man uns kaum einen Vorwurf daraus machen, daß wir zu viele davon erwerben. Dies wird noch verstärkt durch unser Vertrauen in den Sachverstand der Produzenten, der uns verleitet, die Arbeitsersparnis als das »höchste Gut« anzusehen. Da das, was man möchte, stark von dem abhängt, was man hat oder bekommen kann, läßt sich der Einfluß des Produzenten auf unser Konsumverhalten nur schwer nachweisen – außer in den seltenen Fällen, in denen man erahnen kann, »was hätte sein können«.

Ein Beispiel für eine derartige »Ahnung« ist die ganz unterschiedliche Entwicklung der Autos in Amerika und in Europa. Die amerikanischen Wagen haben den Autofahrer immer mehr der Aufgabe des Wissens, Tuns, Denkens und des Krafteinsatzes enthoben. Unsere Autos besitzen automatische Kupplung, automatische Gangschaltung, elektrische Bremsen, Servolenkung, automatische Fenster und Sitzregulierer sowie »idiotensichere« Summtöne oder Blinklichter, um vor offenen Türen, angezogenen Handbremsen, unbenützten Sicherheitsgurten usf. zu warnen. Demgegenüber haben sich die europäischen Wagen in genau die entgegengesetzte Richtung entwickelt. Sie haben mehr Gänge, mehr Anzeiger, mehr Lampen, Licht- und Hupsignale sowie ein Lenkradschloß und andere Spezialteile erhalten, die dem Fahrer mehr Kontrolle und mehr zu tun geben. Sie entsprechen dessen Wunsch nach Herausforderung und nach der Möglichkeit, sein Fahrkönnen zu zeigen und auszuüben. Fast sämtliche Sportwagen kommen aus Europa, und die von uns hergestellten sehen zwar ganz ähnlich aus, aber von ihren Eigenschaften her sind sie nicht sonderlich sportlich. Der Unterschied zwischen den amerikanischen und europäischen Wagen ist enorm und reflektiert unsere Vorliebe für Bequemlichkeit und deren Spaß an Aufregung und Spannung. Wenn man jedoch noch den hohen Anteil europäischer Sportwagen und die große Zahl andersartiger europäischer Wagen mit einbezieht, die bei uns verkauft werden, dann offenbart sich darin ebenfalls ein bedeutender Unterschied zwischen dem amerikanischen Konsumenten und der Auffassung des amerikanischen Produzenten über den Sinn und Zweck eines Wagens. Das Erstaunliche ist nämlich, daß unsere selbstgebastelten Rennwagen ursprünglich normale Limousinen waren, die von ihren Besitzern selbst umgebaut, »aufgemöbelt« und mit extra Kontrollgeräten versehen wurden.

Das Auto ist ein gutes Beispiel für die Hilflosigkeit des Konsumenten, sobald der Produzent die Entscheidungsgewalt übernommen hat. Während der Nachkriegsjahrzehnte machte Detroit – angeblich als Reaktion auf unsere genau erforschten Wünsche – die Wagen länger, schwerer und protziger. So »wuchsen« die billigsten und kürzesten Standardmodelle in einem Jahrzehnt fast um dreißig Zentimeter, und ihre Durchschnittslänge stieg von 1938 bis 1948 von 462 auf 492 Zentimeter, und in der Zeit von 1960 bis 1971 von 520 auf 543 Zentimeter. Von seiten der Industrie wurde uns versichert, daß die Öffentlichkeit die kürzeren und leichteren Wagen von gestern nicht mehr haben wollte. Wir hätten nie das Gegenteil beweisen können, hätte uns nicht die Existenz der im Durchschnitt fast 120 Zentimeter kürzeren Importautos (400 Zentimeter) die Möglichkeit gegeben, unsere Präferenzen sowohl gegenüber dem heimischen Angebot als auch gegenüber den Importautos zu zeigen. Die Importe stiegen seit 1948 von einem halben Prozent der Neuwagenverkäufe bis 1958 auf zehn Prozent, erhöhten sich bis 1969 auf 15,5 Prozent und erreichten 1974 sogar 22 Prozent. Dies läßt auf eine ziemlich große Diskrepanz zwischen den Ergebnissen der Marktforscher und den tatsächlichen im Marktverhalten offenbarten Konsumentenpräferenzen schließen. Aus diesem Grund hat Detroit 1960 die »Kompaktwagen« auf den Markt gebracht, die im Durchschnitt 452 Zentimeter lang und damit fast 75 Zentimeter kürzer waren als die billigsten Standardausführungen, obgleich sie immer noch etwas länger, breiter und schwerer als die Importwagen waren und dies immer mehr wurden (1969 betrug ihre Länge 465 Zentimeter und 1974 bereits 492 Zentimeter). Erst seit dem Erscheinen der Kleinwagen, die nochmals 60 Zentimeter kürzer sind als die Kompaktwagen, kann man davon sprechen, daß die Konsumentensouveränität wieder voll rehabilitiert war. 1970 waren bereits 40 Prozent aller neuen Wagen Kompakt- und Kleinwagen, und ihr Anteil nimmt ständig zu.[61]

Präferenzen der Künstler

Ein typischer »Produzent«, an den der Konsument ebenfalls Initiative abtritt, ist der Künstler. Künstler bieten uns sozusagen Stimulierung in reinster Form – im Gegensatz zum reinen Behagen und zur Mischung aus Behagen und Stimulierung. Die Tatsache, daß Kunstwerke häufig als Kapitalanlage betrachtet werden, ist ein wichtiger, aber unbeabsichtigter Nebeneffekt. Der Künstler unterscheidet sich vielleicht von anderen Produzenten durch die Ablehnung von Methoden der Massenproduktion, aber er ist genau wie diese ein Spezialist, der von dem Wert seiner eigenen Arbeit voll und ganz überzeugt ist und diese Überzeugung auch anderen vermittelt. Darüber hinaus ähnelt er dem Produzenten insofern, als er oft nicht das vom Konsumenten Gewünschte erzeugt.

Ich habe bereits hinlänglich ausgeführt, daß ein Reiz, um angenehm zu sein, Redundanz und Neuheit verbinden muß, und daß das Maß an Redundanz von dem Wissensstand und den vorhergehenden Erfahrungen eines Menschen abhängt. Deshalb kann ein bestimmtes Bild oder Musikstück dem einen zu wenig, einem anderen zu viel und einem Dritten vielleicht gerade die richtige Menge an Redundanz bieten, um einen maximalen Genuß zu gewährleisten. Natürlich wissen die Berufskünstler sehr viel mehr über ihre eigene Kunst und die ihrer Kollegen als andere Menschen. Deswegen wird fast jede Arbeit für einen Berufskünstler immer mehr Redundanz und weniger Neuheit enthalten als für einen Laien. Demzufolge ist die für den Künstler optimale Mischung aus Redundanz und Neuheit für die breite Öffentlichkeit meistens zu neu und zu unorthodox, und er wird die Kunst, die den Betrachtern am meisten gefällt, nach seinen professionellen künstlerischen Maßstäben häufig als zu routiniert und zu wenig innovativ empfinden.

Diese Unterschiede lassen sich nicht vermeiden und sie zeigen, warum die weniger innovativen Künstler in der Regel zu ihren Lebzeiten stärkere Anerkennung finden, während die Großartigkeit der phantasievolleren Künstler erst später erkannt wird, wenn die in den Augen des Publikums übermäßige Neuheit ihrer Werke nachläßt. Deshalb muß ein großer Künstler schon lange leben, wenn er noch zu Lebzeiten in den Genuß der Anerkennung kommen will. Wenn das kunstinteressierte Publikum allerdings viel Kunstverständnis besitzt, wird der Unterschied in der Betrachtungsweise zwischen Künstler und Publikum relativ gering sein, da viele Kunstwerke sowohl dem Künstler als auch der Öffentlichkeit eine angenehme Mischung aus Neuem und Vertrautem bieten. Wenn die Diskrepanz dagegen groß ist, weil das Publikum künstlerisch nicht vorgebildet ist, muß sich der Künstler entscheiden, ob er für sich selbst und für seinesgleichen etwas schafft und eine verständnislose Öffentlichkeit ignoriert oder ob er sich nach dem Geschmack der Leute richtet und das darstellt, was ihnen gefällt, selbst wenn er und seine Kollegen es phantasielos oder einfach banal finden.

Viele Menschen glauben, daß der Abstand zwischen dem Künstler und dem Publikum heute größer ist als in der Vergangenheit. Und man kann immer wieder lesen, daß moderne Musikkompositionen außer von einer kleinen Gruppe Eingeweihter – nämlich den Komponisten selbst – von niemandem verstanden und genossen werden.

»Der Beruf des Komponisten enthüllt die Einzigartigkeit eines Menschen, der sich selbst zermartert, um etwas zu produzieren, für das es keine Konsumenten gibt . . . Der zeitgenössische Komponist ist ein Eindringling, der versucht, in eine Gesellschaft einzudringen, zu der er nicht eingeladen worden ist. Der heutige Usus, ein zeitgenössisches Werk zwischen Beethoven und Brahms »einzuschieben«, entlarvt nur zu deutlich, wie sich der Eindringling im Schutze der Frackschöße der Großen in den Konzertsaal Eingang zu verschaffen sucht . . . Es gibt nur wenig Menschen, die Musik wirklich lieben. Und es gibt noch weniger, die viel davon mögen. Die meisten Menschen mögen sie überhaupt nicht. Aber sie wird dennoch geschrieben, gespielt, besprochen, als ob sie ungeheuer wichtig wäre. Warum eigentlich?« (Pleasants 1955, 7)

Der Mann, der dies schrieb, wirft dem Komponisten vor, daß er sich nicht um den Geschmack der Musikliebhaber kümmere und beschuldigt die Stiftungen und Universitäten, daß sie ihm hierfür die finanziellen Mittel zur Verfügung stellen. Daraufhin haben ihn wiederum andere Autoren angegriffen, indem sie sich auf die Seite des Komponisten stellten und der Öffentlichkeit die Schuld gaben. Aber alle scheinen sich darin einig zu sein, daß zwischen Komponisten und Öffentlichkeit eine große Lücke klafft.

Ich kenne zwar keine ähnlichen Klagen über eine entsprechende Diskrepanz zwischen Malern und ihren Anhängern, aber deren Situation ist schließlich auch ganz anders. Bilder sind im Gegensatz zu Musikstücken häufig zugleich Kapitalanlagen, und je neuartiger sie sind, desto lieber werden sie gekauft, da sie trotz ihrer gegenwärtigen Fehleinschätzung später vielleicht umso wertvoller werden. Deshalb ist für einen Kunstmäzen, der neben einer Quelle der Anregung eine gute Kapitalanlage sucht, der Anreiz äußerst groß, den Geschmack der Berufskünstler zu erlernen oder zumindest deren Urteil über seine eigenen Präferenzen zu stellen. Übrigens sei in diesem Zusammenhang bemerkt, daß es in Sowjet-Rußland, wo der Vermögensaspekt eines Bildes keine Rolle spielt, eine vieldiskutierte Diskrepanz gibt zwischen den Neigungen der Maler und denen der Öffentlichkeit oder dem, was die Öffentlichkeit lieben soll.

Obgleich die Unterschiede zwischen den Neigungen der Produzenten und Konsumenten und zwischen denen von Künstlern und Publikum ziemlich ähnlich gelagert sind, reagieren wir dennoch ganz andersartig auf beide Gruppen. Uns wäre es eindeutig lieber, wenn der Geschmack der Konsumenten das Warenangebot der Produzenten beeinflussen würde als umgekehrt, aber viele von uns würden nur zögernd befürworten, daß der Geschmack der Öffentlichkeit in ähnlicher Weise auf das künstlerische Schaffen einwirken sollte. Der Grund hierfür ist, daß wir den Reizgenuß des Künstlers eindeutig dem der Öffentlichkeit vorziehen. Denn Kunstwerke sind langlebige Quellen des Reizgenusses, die Jahre oder Jahrhunderte überdauern können. Und da das Urteil des Spezialisten hinsichtlich der Vorhersage des Urteils unserer Nachkommen für glaubwürdiger gehalten wird als das der breiten Masse, verbinden wir mit seinem Urteil das der kommenden Generationen, und dies wiegt natürlich schwerer als das Urteil einer einzigen gegenwärtigen Generation. Daher stammt unser Gefühl, daß der Künstler nicht seine Kunst verleugnen sollte, nur um den vorübergehenden Neigungen der Verbraucher entgegenzukommen. Wenn er sich an seinen eigenen Geschmack hält, hat er eine größere Chance, bei unseren Nachkommen Anerkennung zu finden – und zugleich den länger anhaltenden Neigungen zukünftiger Verbrauchergenerationen zu gefallen.

Do-it-Yourself

Uns interessiert hier jedoch nur die gegenwärtige Generation der Konsumenten, und für sie ist völlig gleichgültig, ob die Produzenten oder Künstler ihre

Präferenzen aus guten oder schlechten Gründen übergehen. Die Präferenzen der Produzenten scheinen sie in die Richtung von weniger Anregung und mehr Bequemlichkeit zu lenken, als sie vielleicht bei völlig freier Entscheidung wählen würden. Demgegenüber stimulieren die Neigungen der Künstler die Konsumenten teilweise zu stark, so daß sie verwirrend und nicht mehr angenehm sind. Der unerfahrene Konsument befindet sich also wieder in einem Dilemma. Aufgrund übermäßigen Behagens sehnt er sich nach mehr Anregung, wird aber andererseits durch die exzessive Neuheit der Kunst abgeschreckt. Alle Formen des »Do-it-your-self« bieten hier wahrscheinlich einen Ausweg, und ihre zunehmende Beliebtheit ist ein Zeichen dafür, daß der Konsument dies begriffen hat.

Eine andere und vielleicht noch bessere Erklärung für das Do-it-Yourself ist, daß sie den Konsumenten die Möglichkeit bietet, ihrer Rolle als Verbraucher und als Generalisten zu entrinnen. Ich habe mehrere Gründe angeführt, warum wir die Rolle des Generalisten ablehnen, ihre Verantwortung vermeiden und deren Fähigkeiten nicht mehr erlernen wollen. Und ich habe dargestellt, wie wir auf den verschiedensten Wegen mehr Zeit und Energie sparen sowie den Einsatz unserer effektiv und potentiell vorhandenen Fähigkeiten stärker minimieren, als den meisten von uns lieb ist. Wenn unsere Konsum- und Freizeitaktivitäten weniger anregend sind, als wir eigentlich möchten, können und werden wir stattdessen andere Formen der Anregung in produktiven und kreativen Beschäftigungen suchen. Ich habe zuvor behauptet, daß durch den wirtschaftlichen Fortschritt die meisten Arbeiten erheblich weniger anspruchsvoll und anregend geworden sind, daß aber die Menschen, die ihre Anregung weitgehend aus ihrer produktiven Arbeit beziehen oder aber zu wenig Anregung durch ihren Konsum erhalten, einen finanziell einträglichen, aber grundsätzlich langweiligen Beruf durch eine finanziell weniger lukrative, aber anregendere und anspruchsvollere Nebenbeschäftigung ergänzen können. Und diejenigen, die vom Einkommen her unabhängig sind oder deren Energie nicht für zwei Berufe ausreicht, sollten vielleicht einen lukrativen Posten für eine weniger gut bezahlte Stellung aufgeben, die anregender ist und mehr Spaß macht.

Das Do-it-Yourself ist wahrscheinlich nicht das einzige und vielleicht noch nicht einmal das wichtigste Beispiel für eine Arbeit, die zum Teil aus reinem Vergnügen gemacht wird, aber es ist der einzige Fall, dessen Bedeutung sich abschätzen läßt. Ursprünglich bezog sich das Do-it-Yourself vor allem auf die Gestaltung des Gartens, des Hauses und der Wohnräume (Anstreichen und Tapezieren) sowie auf die Instandhaltung der Wohnung. Sie umfaßte also genau die Art von Arbeit, deren selbsttätige Erledigung aufgrund unserer Einkommmensteuer lohnend wird, da ein gesparter Dollar mehr wert ist als ein verdienter. Neben dem Effekt des Geldsparens macht diese Arbeit aber auch einfach Spaß – und zwar umso mehr, weil die Tatsache, daß man dadurch Geld spart, alle puritanischen Bedenken wegen des damit verbundenen Genusses zerstreut.

Eine 1954 veröffentlichte staatliche Untersuchung schätzte den Wert der in den USA für Do-it-yourself-Arbeiten verwendeten Artikel und Materialien auf sechs Milliarden Dollar oder 2,5 Prozent der gesamten Konsumausgaben (U.S. Department of Commerce, Small Business Administration, *Summary of Information on the Do-It-Yourself Market*: Business Service Bulletin 84, 1954). Der Wert, der durch die Arbeit selbst noch entsteht, schwankt in den Schätzungen von dem doppelten Materialwert – wie beispielsweise beim Tapezieren oder beim Zimmern – bis zu dem Vierfachen dieses Wertes – wie beim Hausstreichen – und geht sogar bis zu einem noch höheren Mehrfachen des Materialwertes bei der Gartenarbeit. Letztere ist in Amerika wahrscheinlich eine der wichtigsten Formen kreativer und angenehmer Do-it-yourself-Aktivitäten überhaupt. Ich will hier annehmen, daß der Wert der Do-it-yourself-Arbeit im Schnitt das Zwei- bis Dreifache des Wertes der verwendeten Materialien entspricht, also zwischen 12 und 18 Milliarden Dollar liegt. Diese Schätzung kann man zu unserer vorhergehenden Schätzung (vgl. Tabelle 4) über den Wert der nicht über den Markt gehenden Arbeit in Beziehung setzen, in der die Do-it-yourself-Arbeit ja enthalten ist. Hierbei ergibt sich, daß der Schätzwert nur etwa 6 bis 9 Prozent des Gesamtbetrages ausmacht.[62] Aus diesen Zahlen geht meines Erachtens deutlich hervor, daß weniger als ein Zehntel der nicht über den Markt gehenden Arbeit kreativ und angenehm ist und daß der Rest reine Schinderei ist – was man sicherlich eher als eine vorsichtige und konservative These bezeichnen kann. Sie impliziert jedoch, daß der Marktwert unserer mehr oder weniger angenehmen Do-it-yourself-Aktivitäten 1954 zwischen 18 und 24 Milliarden Dollar lag oder etwa 10 Prozent der gesamten Konsumausgaben betrug. Die Schätzung gibt nur die Anfänge der Do-it-yourself-Bewegung wieder; seither hat diese sicherlich noch an Bedeutung gewonnen. Denn einerseits wird der größte Teil des »Werkelns« im Haus und im Garten von Hausbesitzern gemacht, und der Anteil der Privathäuser an allen Wohneinheiten ist immerhin von 55 Prozent auf 63 Prozent gestiegen (1974). Andererseits haben die Aktivitäten, die aus reinem Vergnügen durchgeführt werden, ziemlich stark zugenommen. So gibt es im heutigen Amerika eine Blüte der Handarbeiten und des Kunsthandwerks ohnegleichen. Dieser Gewerbezweig reicht von Lederarbeiten, Schmuckverarbeitung und Töpferei bis zur Malerei und Bildhauerei und wird von solchen Menschen ausgeübt, die bereit sind, zugunsten einer schöpferischen Arbeit ein geringeres Einkommen hinzunehmen; außerdem von Hausfrauen und Arbeitnehmern nach Arbeitsschluß sowie von denen, deren gesichertes Einkommen ihnen genau das zu tun erlaubt, wozu sie Lust haben. Alle Arbeiten haben den Zweck, die Ausführenden herauszufordern und zu stimulieren. Darüber hinaus bringen sie noch genügend Geld ein oder verhelfen zum Sparen von Geld, um unser puritanisches Gewissen zu beruhigen, und vermitteln uns gleichzeitig genügend Sachverstand, um nicht mehr dilettantisch zu wirken.

Das heißt, selbst wenn uns durch unsere puritanische Einstellung, durch unseren Mangel an Konsumfähigkeiten sowie durch unsere Geringschätzung einer Allgemeinbildung als Konsumenten sehr viel angenehme Anregung entgeht, können wir diesen Verlust dadurch wieder gutmachen, daß wir die kreative Befriedigung der produktiven Arbeit suchen. Die hohe Leistungsfähigkeit amerikanischer Geschäftsleute, Manager und Wissenschaftler wird häufig mit ihrer aufopfernden Hingabe bei ihrer Arbeit begründet, die sie wiederum nur fertigbringen, weil Arbeit ihre Hauptbefriedigung darstellt. Es ist sehr gut möglich, daß diejenigen unter uns, die bei ihrer regelmäßigen Arbeit nicht die volle Befriedigung finden, ihre Erfüllung dann bei anderen Beschäftigungen suchen – wie bei den soeben besprochenen. Leider neigen wir dazu, die Bedeutung von Gütern und Dienstleistungen sowie von Aktivitäten und Befriedigungen zu unterschätzen, die nicht über den Markt laufen und deshalb keinen monetären Wert haben. Ein Ziel der soeben aufgestellten Rechnung war, uns vor dieser Kurzsichtigkeit zu hüten, indem wir zumindest eine Grundlage für einen numerischen Wert schaffen, mit dem sich die soeben betrachteten nicht über den Markt gehenden Beschäftigungen beziffern lassen. Wenn man die wachsende Bedeutung des Do-it-Yourself in den vergangenen 20 Jahren berücksichtigt, dann müssen wir den kommerziellen Wert des durch derartige Aktivitäten erzeugten Produkts auf ungefähr das Zweifache unserer Gesamtausgaben für Freizeit und Unterhaltung veranschlagen (vgl. Tabelle 11). Hinzu kommt noch der unbekannte und schwer schätzbare Wert der Handarbeiten und des Kunsthandwerks, die für den Eigenbedarf, für Freunde und für den Markt hergestellt werden. Ich weiß nicht, wie hoch der Gesamtwert all jener Aktivitäten zusammen mit dem Do-it-Yourself in etwa ist; aber allein das Do-it-Yourself schneidet mit seinem 10-prozentigen Anteil an den gesamten Konsumausgaben als Quelle der Befriedigung gegenüber anderen Quellen der Befriedigung in unserer Wirtschaft keineswegs schlecht ab.

Die große Bedeutung der Do-it-yourself-Arbeit liegt in der Lösung des Konflikts zwischen unserer Tendenz, im Vergleich zu anderen Völkern eher *mehr* Anregung im Sex und in Aufputschmitteln sowie in häufigen beruflichen und örtlichen Veränderungen zu suchen, und unserer Neigung, in den meisten anderen Konsumbereichen eher *weniger* Anregung zu suchen. Die erste Eigenschaft hängt nach Ansicht der Psychologen mit unserem nationalen Charakter, unserer Extrovertiertheit, zusammen, während ich die zweite durch kulturelle und wirtschaftliche Einflüsse zu erklären versucht habe, die uns zur Wahl oder Hinnahme unseres reizlosen Konsummusters veranlassen, das uns äußerst viele Anregungen vorenthält, die für andere Länder einen wichtigen Bestandteil eines befriedigenden Lebens bilden. Wenn eine derartige Deprivation tatsächlich gegen unseren Willen und unsere Bedürfnisse geschieht, dann muß dies natürlich frustrierend sein – es sei denn, es erhöht unseren Drang nach Anregung in irgendeinem anderen produktiven Bereich und bietet uns dort die Möglichkeit voller Entfaltung. Die Bedeutung einer solchen produktiven Betätigung ist ein Zeichen dafür, daß wir in anderen Lebensbereichen ein gewisses Maß an Stimulierung vermissen.

Wie gut setzen wir Amerikaner unsere Ressourcen zur Befriedigung unserer Bedürfnisse nun tatsächlich ein? Und was geschieht mit dem Leser dieses Buches, der mit oder ohne fremde Hilfe die ihn umgebenden wirtschaftlichen Probleme bewältigen muß? Selbst in meinen kühnsten Erwartungen konnte ich nur hoffen, mit diesem Buch ein neues Untersuchungsgebiet freizulegen, neue Fragen aufzuwerfen und ein wenig Beruhigung zu bieten, daß die aufgezeigten Probleme nicht ganz so schwer zu bewältigen sind, wie sie zunächst scheinen. Dieses Buch hat kein richtiges Ende – vor allem deshalb, weil das Thema selbst noch nicht abgeschlossen ist. Wenn ich manche Leser dazu verleitet habe, meine Thesen weiterzudenken, zu erweitern, zu überprüfen und zu widerlegen, dann habe ich schon viel erreicht.

Die Neuartigkeit dieses Buches liegt darin, daß Neuheit als ein Wunschobjekt und als Quelle der Befriedigung dargestellt wird. Es wäre absurd, ein ganzes Buch allein der trivialen Aufgabe zu widmen, der bereits recht langen Liste der Ökonomen eine weitere Quelle der Bedürfnisbefriedigung hinzuzufügen, wenn dies nicht aufgrund der Tatsache geschähe, daß der Reiz des Neuen zu den grundlegenden menschlichen Bedürfnissen gehört und daß die Neuheit ein ganz besonderes »Gut« ist – genau wie die Jungfernschaft oder eine kostbare Blume – und ganz andersartig als das entsprechende »Angebot« der Ökonomen. Meine Kollegen waren viel zu ernsthaft und zu puritanisch, um das Bedürfnis des Verbrauchers nach Neuheit zu erkennen, und der amerikanische Konsument selbst ist ebenfalls zu ernst und puritanisch, um seinen Wunsch nach Anregung und Neuheit einzugestehen. Er kauft und genießt zwar, aber in viel geringerem Ausmaß, als er es eigentlich könnte. Und er braucht selbst für das Wenige noch eine Entschuldigung oder er gibt anderen die Schuld, daß sie ihm dies unterstellen. Unser Verbrauch an Anregung, Vielfalt und Neuheit liegt deutlich unter dem Durchschnitt, und ich habe versucht, einige der kulturellen, bildungsbedingten und wirtschaftlichen Faktoren zu diskutieren, die für dieses Konsummuster verantwortlich sind. Wir könnten natürlich behaupten, daß es ja eigentlich nicht weiter schlimm ist, wenn wir mehr Behagen als Anregung suchen, wenn dies unserer persönlichen Idealvorstellung von einem angenehmen Leben entspricht. Folgende Gründe aber widersprechen dieser Ansicht: Erstens übertreiben wir den Komfort, zweitens zwingt die heutige Massenproduktion der gesamten Gesellschaft den Geschmack der Mehrheit auf, und wenn die Mehrheit beschließt, zugunsten der Bequemlichkeit auf den Reiz des Neuen zu verzichten, dann wird dadurch sowohl das Schaffen von Neuem als auch die Suche einer Minderheit nach neuen Formen eines guten und angenehmen Lebens eingeschränkt.

Schließlich haben wir indirekte Beweise für die übertriebene Vermeidung von Reizen gesehen. Unser überdurchschnittliches Interesse an Do-it-yourself-Aktivitäten läßt vermuten, daß unser begrenzter Genuß herkömmlicher Stimulierungsformen eine Leere hinterläßt, die wir auszufüllen versuchen.

Do-it-Yourself ist nicht das einzige Beispiel für unseren Versuch der Kompensierung einer unzureichenden Anregung. Ein anderes Beispiel ist unser außerordentlich großes Interesse an Gewalttätigkeit in Film und Fernsehen sowie in der Taschenbuchliteratur im Kioskstil. Ein anderes Zeichen für unseren Mangel an normalen Formen der Anregung könnte unsere erstaunlich große Toleranz gegenüber dem Verbrechen, der Gewalttätigkeit und der Bedrohung unseres Lebens und Eigentums sein.

Es gibt keine objektiven Testmöglichkeiten, um zu beurteilen, ob die Anregung, die wir in einem Konzert oder bei einem Kartenspiel empfangen, besser oder schlechter ist als der Reiz, den uns das Bauen eines Bücherregals oder das Lesen eines Buches von Mickey Spillane bietet. Aber wenn ein verstärkter Genuß von gewaltloser Anregung den Wunsch nach und die Toleranz gegenüber aktiver Gewalttätigkeit mindert, dann wäre dies allein schon lohnend und Grund genug für die Förderung einer derartigen Anregung.

Als ich die Fragen des zweiten Teils dieses Buches – Wie ist unser Lebensstil? Wie unterscheidet er sich von dem anderer Länder? Welchen Einflüssen unterliegt er? – zum ersten Mal stellte, schienen sie für sich genommen sehr interessant, und ihre Beantwortung oder besser der Versuch einer Beantwortung schien geeignet, die Verwendungsmöglichkeiten des im ersten Teil dargestellten analytischen Rahmens zu illustrieren. Jetzt scheint das Thema durch die Energiekrise noch an Aktualität gewonnen zu haben.

Denn unabhängig von den Vor- und Nachteilen unseres Lebensstils verkörpert er dennoch das Ideal, das ein großer Teil der Weltbevölkerung nachzuahmen versucht oder hofft. Ob wir es wollen oder nicht, wir sind tonangebend in unserer Lebensweise. Aber der von uns entwickelte Stil ist vom Energieaufwand und den knappen Ressourcen her derart teuer, daß es zweifelhaft ist, ob unser Globus sich sehr viel mehr Menschen mit einem ähnlichen Lebensstil leisten kann. Wenn dies so ist – und die meisten Schätzungen und Vorhersagen legen dies nahe – dann ist es höchste Zeit für uns, unseren Lebensstil zu überprüfen und herauszufinden, wie wichtig er für unser Glück ist. Ich hoffe, daß dieses Buch den Konsumenten und Ökonomen die Werkzeuge für eine derartige kritische Überprüfung geliefert und einen Hinweis für deren Anwendung vermittelt hat.

Wir erhalten und bezahlen mehr Behagen als für ein angenehmes Leben notwendig ist, und ein Teil dieses Behagens schließt einige Lebensgenüsse aus. Dabei ist diese Feststellung gar nicht einmal schlecht, sondern ausgesprochen gut für uns; denn sie bedeutet, daß mehr Menschen ein angenehmeres Leben führen können werden, als dies der Fall wäre, wenn unser Lebensstil der einzig wahre wäre. Eine Veränderung des Lebensstils ist jedoch ein ausgesprochen langsamer und schwieriger Prozeß. Und solange unsere Lebensweise tonangebend ist, steht es uns kaum zu, anderen Völkern zu einem andersartigen Lebensstil zu raten. Die Veränderung unseres eigenen Stils, um damit ein neues Vorbild abzugeben, ist fast ebenso schwierig. Die Ironie liegt darin, daß das, was ich unseren puritanischen Geist genannt habe, in starkem Maße für die hohen Kosten unseres Lebensstils verantwortlich ist. Und es fällt uns ausgesprochen schwer, die Vorstellung zu akzeptieren, daß eine Möglichkeit, unseren Lebensstil *weniger* teuer zu machen, darin besteht, weniger streng mit uns zu sein. Eine derart erstaunliche Aussage widerspricht völlig unserem gewohnheitsmäßigen Denken. Doch die Ergebnisse dieses Buches zeigen eindeutig in diese Richtung.

Anmerkungen

1 Dieser Abschnitt basiert auf den Ausführungen von Hebb 1955, 243–54 und Fiske/Maddi 1961, 11–56.

2 Elizabeth Duffy (1957, 265–75) war die erste, die das Konzept der Erregung eingeführt und analysiert und seine Bedeutung erkannt hat.

3 Dieser Abschnitt entspricht den Veröffentlichungen von H. J. Eysenck, 1967 und 1972, Kap. 1.

4 Eine Maßzahl für die durchschnittliche Erregung erhielt man dadurch, daß man in einem Test in kurzen Abständen die Amplitude maß und den Durchschnitt daraus bildete und in dem anderen Test die Häufigkeit der Alpha-Wellen der Versuchsperson registrierte. Der Mittelwert der Häufigkeiten betrug für Extrovertierte 9,15 Hertz und für Introvertierte 11,1 Hertz; der Mittelwert und die Standardabweichung der Amplituden betrugen 81 ± 14,9 für Extrovertierte und 28,7 ± 8,55 für Introvertierte. (Die Standardabweichung ist ein Maß für die Streuung um den Durchschnittswert. Gewöhnlich befinden sich etwa zwei Drittel der beobachteten Werte innerhalb des Bereichs einer mittleren Abweichung von dem Durchschnittswert). Beide Unterschiede sind statistisch signifikant; vgl. Eysenck 1967, 178.

5 Die Hauptquellen für dieses Kapitel sind Berlyne 1960; ders. 1971; Hunt 1965.

6 Nach der Langzeitstudie der Duke-Universität über das Altern ist »die Tatsache, daß man in seinem späteren Leben eine befriedigende Arbeit zu tun hat, eng mit dem Erreichen eines hohen Alters korreliert«. Ich habe die Quelle für dieses Zitat verloren, aber dieser Zusammenhang scheint den Forschern dieses Gebietes hinlänglich bekannt zu sein und von ihnen akzeptiert zu werden.

7 Der binäre Logarithmus einer Zahl ist die Potenz, die zu der Basis 2 genau die Zahl ergibt.

8 Das ist der Mittelwert einer Reihe von Schätzungen. Eine Zusammenfassung dieser und anderer quantitativer Schätzungen findet sich bei Riedel 1968.

9 Dies scheint auf den ersten Blick eine frühere Aussage zu widerlegen, nach der eine ängstliche Person aufgrund der süchtig machenden Wirkung der verschiedenen erregungssteigernden Reize weniger Anregung suchen wird als jemand, der entspannt ist. Aber wir müssen uns vor Augen halten, daß dort ein organischer Reiz von einem sinnlichen Stimulus überlagert wurde, während wir es hier mit zwei sich gegenseitig ausschließenden Sinnesreizen zu tun haben, die sozusagen um die Aufmerksamkeit wetteifern.

10 Nur für ganz bestimmte Zwecke werden die beiden in dem Konzept des mathematischen Erwartungswertes kombiniert, welcher den numerischen Wert für die Konsequenzen eines Ereignisses angibt, der um die Wahrscheinlichkeit seines Auftretens diskontiert wird.

11 Dies entspricht einer Informationsmenge zwischen 3.500 und 4.000 bit pro Druckseite. Wenn wir uns daran erinnern, daß die Informationsverarbeitungskapazität des Gehirns ungefähr 16 bit pro Sekunde oder 1.000 bit pro Minute beträgt, können wir die Lesegeschwindigkeit eines Erwachsenen auf 3,5 bis 4 Minuten pro Seite oder 15 bis 20 Seiten pro Stunde schätzen. Dieser Wert ist wahrscheinlich zu niedrig veranschlagt, da die Redundanz der englischen Sprache mit 50 Prozent zu niedrig angesetzt ist. Wir müssen uns also vor Augen halten, daß diese Schätzung sich auf einen unbekannten Text mit einem unbekannten Thema bezieht. Die Vertrautheit mit dem Thema erhöht stark die Redundanz und damit auch die Lesegeschwindigkeit.

12 Moles hat jedoch einen interessanten Versuch unternommen, die Redundanz der musikalischen Programme von Konzerten zu messen (vgl. 1966, 27–32).

13 Eine detaillierte Besprechung der Ähnlichkeiten und Unterschiede zwischen der Nahrung und

der Neuheit findet sich bei Berlyne 1971, Kap. 7, Abs. über »Intake of Food Versus Intake of Information«, 293 ff.

14 Diese Annahme ist der Ausgangspunkt des mathematischen Modells über das menschliche Handeln, das von Atkinson/Birch klargestellt wird.

15 Diese eindrucksvolle staatliche Untersuchung über Freizeitverhalten in Frankreich enthält viele statistische Tabellen, die nachweisen, daß sich mit zunehmendem Alter die Präferenzen eindeutig in Richtung auf mehr Behagen und weniger Anregung hin verändern.

16 Die Entstehung von Gewohnheiten und ihre Stärke wird in dem letzten Abschnitt von Kapitel 6 noch ausführlich diskutiert werden.

17 Die Tatsache, daß Schätzungen des Sozialprodukts immer den Wert der Befriedigungen unterschätzen, hängt damit zusammen, daß das Gesamtprodukt immer zu Preisen bewertet wird, die auf den Grenzwerten beruhen und nicht auf den Durchschnittswerten. Dieser Mangel ist jedem Ökonomen bekannt, wird aber dennoch oft übersehen.

18 Der ganze Absatz beruht auf Fromms Darstellung der Marxschen Anschauung zu diesem Thema.

19 Marx' Darstellung der Entfremdung vermittelt den etwas irreführenden Eindruck, daß die Spezialisierung und die Monotonie sowie die lange Arbeitszeit in der Fabrik eine ursprünglich angenehme Arbeit erst unangenehm machte. Dies mag zwar für eine Beschreibung des Übergangs vom Handwerk zur Fabrikarbeit gelten, da sich jedoch die Reservearmee der Arbeitskräfte in der Landwirtschaft befand, begannen die meisten Fabrikarbeiter als landwirtschaftliche Hilfskräfte, wo ihre Arbeit wahrscheinlich genauso hart und ermüdend war, wenn auch weniger monoton.

20 In einer Fragebogenuntersuchung von 1955, in der 400 männliche Erwerbstätige interviewt wurden, bejahten 80 Prozent die Frage: »Wenn Sie durch Zufall genügend Geld erben würden, um ohne arbeiten zu müssen angenehm leben zu können, würden sie dennoch arbeiten?«

21 Die zeigen zum Beispiel die Daten, die im Januar/Februar 1965 von dem Survey Research Center der Universität von Michigan für ihre Studie über Arbeiten und Planen (National Study of Working and Planning, Project 745) gesammelt wurden und auf der die Veröffentlichung des Centers »Productive Americans« aufbaute. Ich bin Dr. Farley Bloch zu Dank verpflichtet, weil er die Korrelation mit sämtlichen auf dem Band gespeicherten Daten berechnet hat.

22 Nach privater Korrespondenz mit offiziellen Vertretern des Department of Health and Social Security, in London.

23 Diesen Wert erhielt man, indem man die Freizeitstunden mit dem Wert einer Freizeitstunde multiplizierte, wobei unterstellt wurde, daß diese dem Verdienst einer Stunde entsprach, auf die man zugunsten der Freizeit verzichtet hatte. Der Denkfehler liegt in der Vernachlässigung der Befriedigung (oder des Arbeitsleids) dieser Arbeitsstunde, obwohl diese ebenfalls den Wert einer Freizeitstunde beeinflußt.

24 Das Hauptproblem, das bei dieser Vereinfachung auftritt, wurde ebenfalls von Hawtrey gesehen, der streng zwischen dem kreativen Konsum und der »bloßen Vermeidung von Langeweile« trennte.

25 Es gibt eine mögliche Ausnahme. Ich werde später behaupten, daß Statusstreben in dem Sinne eines Verhaltens, das auf die Mitgliedschaft in einer Gruppe abzielt, eine biologische Notwendigkeit ist, die sowohl für das Überleben des Menschen als auch verwandter Lebewesen zutrifft. Der Bedarf nach einem derartigen Status kann unersättlich sein.

26 Die Erforschung eines derartigen Verhaltens in Tiergemeinschaften befindet sich noch im Anfangsstadium, aber ist dennoch äußerst relevant; vgl. Chance/Jolly 1970.

27 Die Schätzung wurde von dem Autor auf der Basis der persönlichen Einkommensverteilung und der durchschnittlichen langfristigen Wachstumsrate errechnet, die von dem amerikanischen Handelsministerium veröffentlicht werden.

28 Eine ausführliche und faszinierende Untersuchung dieses Themas in archaischen Gesellschaften findet man bei Mauss 1954.

29 Die Naturwissenschaften haben bisher noch nicht die 1969 entstandene Kontroverse gelöst, ob regelmäßige medizinische Vorsorgeuntersuchungen positiv oder negativ zu beurteilen sind. Auch das Argument, daß ein hoher hygienischer Standard die Bildung von Immunstoffen verhindert und dadurch die Menschen anfälliger für bestimmte Infektionskrankheiten macht (wie z. B. die Mononukleose), ist bisher noch nicht widerlegt worden. Genauso zweifelhaft ist der Nutzen unseres hohen Vitaminverbrauchs.

30 Die Entzugserscheinungen von Koffein äußern sich genau wie bei Kokain und bei anderen Auf-

putschmitteln als Depression, manchmal sogar schwere Depression. Die Aufputschmittel unterscheiden sich in dieser Hinsicht von den Beruhigungsmitteln wie Opium, Heroin, Morphium, Alkohol und den Barbituraten, deren Entzugserscheinungen sich als gesteigerte Erregung und Unwohlsein (Übelkeit, Ruhelosigkeit usw.) äußern. Aus diesem Grunde ähnelt die Abhängigkeit von Beruhigungsmitteln mehr den homöostatischen Trieben wie Hunger und Durst, die ebenfalls mit gesteigerter Erregung verbunden sind.

31 Die in der Tabelle 6b enthaltenen Daten gibt es in ähnlicher Form fast für alle Untersuchungszeitpunkte. Darüber hinaus gibt es noch Daten über die Abhängigkeit der selbstgeschätzten Zufriedenheit vom Alter, vom Ausbildungsniveau und von der Hautfarbe. Ähnliche Untersuchungen sind in vielen anderen Ländern durchgeführt worden. Der interessierte Leser sollte wegen weiterer Einzelheiten und Informationen auf die Quellen der Tabellen 6a und 6b zurückgreifen.

32 Zu den interessantesten und bedeutendsten Arbeiten der heutigen Ökonomen gehört ihre Untersuchung, wie die einzelnen Wirtschaftssubjekte die Marktinformationen erhalten und übertragen. Dank dieser Forschungen können wir jetzt erkennen, wie stark die Märkte in der Praxis von dem idealisierten Markt des vollkommenen Wettbewerbs der Ökonomen abweichen.

33 Wir Amerikaner haben pro Kopf der Bevölkerung zweimal soviel Lebensversicherungen abgeschlossen wie die Einwohner der reicheren westeuropäischen Länder. Vgl. *A Survey of Europe Today*, London 1970, Tab. 12, 70f.; *Life Insurance Fact Book 1970*, New York 1970, 26.

34 Nach der 1967 vom Santa Clara County (Kalifornien) durchgeführten Tiefenstudie erzeugen wir täglich pro Kopf 3,5 Pfund Haushaltsmüll, das ist mehr als zweimal soviel wie die Tagesmenge von 1,3 bis 1,5 Pfund pro Kopf in Westdeutschland. Vgl. *Solid Waste Management in Germany – Report of the U. S. Solid Waste Study Team Visit 25. Juni – 8. Juli 1967*, U. S. Department of Health, Education and Welfare 1969, 1.

35 Dieser Abschnitt beruht weitgehend auf Mayer 1968, Kap. 5 u. 8; Fox/Skinner 1965, 731–46.

36 Eine monotone Relation heißt, daß, wenn sich eine Menge in einer Richtung verändert, die andere Menge sich ebenfalls nur in einer Richtung verändern wird.

37 Normalerweise ist der durchschnittliche Triglyceridespiegel des Blutes in einer Zufallsstichprobe einer normalen Bevölkerung bei den Männern etwa um 20 bis 25 mg/100 ml höher als bei den Frauen. In einer in Nordkalifornien durchgeführten Studie beispielsweise betrugen die Triglyceridekonzentrationen bei Männern 146 ± 108 und bei Frauen 122 ± 92; in einer in Albany, New York, durchgeführten Untersuchungen betrugen die Triglyceridespiegel bei Männern 93 ± 38 und bei Frauen 73 ± 42. Vgl. Wood u. a. 1971; Brown/Dandiss 1973, 558.

38 Extrem große Unterschiede zeigen die äußerst umfangreichen vergleichenden Studien der Hausarbeiten bei Männer und Frauen, die von Professor Kathryn E. Walker des New York State College of Human Ecology der Cornell University, Ithaca, New York, durchgeführt wurden.

39 Viele Amerikaner befinden sich dermaßen tief unter der Untergrenze des lebensfähigen Bereichs, daß eine Schlankheitskur erheblich einfacher erscheint als die zusätzlich erforderliche Menge an körperlicher Bewegung, die erforderlich wäre, um diese Grenze zu erreichen oder zu überschreiten.

40 Eine kleine Ausnahme ist der Lautsprecher, der an manchen Flughäfen die Benutzer der elektrischen Transportbänder auffordert, die Passanten, die in Eile sind, vorbeizulassen.

41 Vgl. einen Brief v. Stocks, in: Lancet 1, 1951. 1952 wurde die erste statistische Untersuchung in großem Umfang durchgeführt; die Versuchspersonen waren Londoner Busfahrer und Busschaffner; vgl. Morris u. a. 1953.

42 Die detaillierte Untersuchung des dreijährigen Hartford-Experiments mit einem Fernsehzahlgerät liefert eine Fülle von Dokumentationen über den geringen Wert, den die Öffentlichkeit der Zeit beimißt, die sie vor dem Fernsehschirm verbringt. Vgl. *Subscription Television, Hearings*, 90. Cong., 1 Sitz (1967).

43 Es handelt sich hier um ungewichtete Durchschnittswerte, die für die Vereinigten Staaten von den »Consumer Reports« (Oktober 1974, 724ff., September 1973, 551) und für Deutschland aus der Zeitschrift »DM« vom April 1974, 87, und aus der Zeitschrift »test« vom Mai 1974 entnommen sind. Die durch die Versandhäuser verkauften Modelle sind weder in den amerikanischen noch in den deutschen Zahlen enthalten.

44 Ein indirekter Beweis dafür, daß der amerikanische Käufer europäischer Importe weniger sorgfältiger ist als die anderen Käufer der gleichen Güter, ist der sehr viel höhere Preis, den er hierfür bezahlt. So kostet z. B. importierter französischer Käse in San Francisco das Zweifache oder mehr als das Zweifache als in Vancouver – dies ist ein enormer Unterschied, der sich nicht durch unterschiedliche Zollsätze und Frachtraten erklären läßt. Und die Produzenten der vielen fran-

zösischen Parfums berechnen den amerikanischen Händlern höhere Preise als ihren eigenen, um von der geringeren Preiselastizität unserer Nachfrage zu profitieren. Diese Beispiele sind ein Beweis für das weniger sorgfältige und weniger wettbewerbsintensive Einkaufsgebaren der amerikanischen Verbraucher.

45 Die Küche des amerikanischen Südens und des Gebietes um New Orleans lasse ich hier außer Betracht. Ich finde es bedauerlich, daß sie in dem übrigen Amerika so wenig Anklang gefunden hat.

46 Man könnte versucht sein, unseren geringeren Butterkonsum durch unsere größere Besorgnis um einen zu hohen Cholesterinspiegel und die damit verbundenen Gefahren von Herzkrankheiten zu erklären, aber die neuesten verfügbaren Daten beziehen sich auf 1963 bis 1965 und damals spielten derartige Überlegungen in diesem Land noch keine so große Rolle, und die Margarine galt noch nicht als die »gesunde« Alternative.

47 (Vgl. Cseh-Szombathy: Szalai 1972, Tab. 1, 309). Die Osteuropäer verbringen sogar noch weniger Zeit allein, aber das ist in erster Linie der großen und generellen Wohnungsknappheit in den kommunistischen Ländern zuzuschreiben.

48 Lynn 1971, 59, 84: Die Korrelation zwischen Lynns Länderskala und dem durchschnittlichen Koffeinverbrauch der einzelnen Länder wurde für den Autor von Gita Sen mit dem Computer berechnet. Ein statistisches Ergebnis gilt dann als signifikant, wenn die Wahrscheinlichkeit, daß es ein reiner Zufallswert ist, kleiner als ein bestimmter Bruchteil ist; gewöhnlich ist dies weniger als 1 von 100 oder manchmal auch weniger als 1 von 20. Der erste Wert wird als »signifikant auf dem Ein-Prozent-Niveau«, der zweite als signifikant auf dem »Fünf-Prozent-Niveau« bezeichnet.

49 Eine ausgezeichnete und gut dokumentierte Darstellung des Puritanismus der Gründungsväter findet sich bei Morgan 1967, 3–43.

50 Der gebräuchlichere Begriff ist »opferlose Verbrechen«, aber da sie zugleich Delikte gegen den Staat (z. B. Spionage) enthalten, erscheint es angebracht, eher von einer Kriminalität ohne Verbrechen zu sprechen.

51 Wenn Lynns Behauptung zutrifft, daß introvertierte, stark erregte Menschen anfälliger für Verkehrsunfälle sind, dann gehören wir zu den Nationen, die auch in dieser Beziehung keine besonders niedrigen Geschwindigkeitsbegrenzungen benötigen.

52 McKee/Wolf 1963, 119. Die meisten Informationen und Daten dieses Abschnitts entstammen dieser Veröffentlichung, die auf diesem Gebiet als die beste überhaupt gilt.

53 In dem städtischen Erwachsenenbildungsprogramm des Santa Clara-Bezirks (Kalifornien) von 1974/75 haben sich weniger als 20 Prozent aller Hörer für den kulturellen und kreativen Bereich sowie für Sprachkurse eingeschrieben, während mehr als 60 Prozent berufliche Aus- und Fortbildungskurse sowie Diplomkurse belegten und weitere 20 Prozent sich für Haushaltsführung, Verbraucheraufklärung usw. interessierten. Diese Anteile, die den statistischen Informationen von MAEP (Metropolitan Adult Education Program) entnommen wurden, scheinen weitgehend mit den entsprechenden Daten in anderen Teilen des Landes übereinzustimmen.

54 Szalai 1972, Tab. 2.–1.2., 579. Diese Daten beziehen sich sowohl auf Männer als auch auf Frauen und sind deshalb nicht mit den Zahlen aus Tabelle 16 und 17 vergleichbar, die ausschließlich Männer betrachten. Es ist jedoch ausgesprochen beruhigend zu sehen, daß die französische Zahl (8,6 Prozent), die in dem Text von Szalai zitiert wird, fast genau mit der entsprechenden Zahl für Männer und Frauen in mittleren Städten übereinstimmt, die von Debreu geliefert wird (vgl. Quellenangabe von Tabelle 17), dessen Untersuchung völlig unabhängig und getrennt von Szalais vorgenommen wurde.

55 Die Zahlen beziehen sich auf 1972 und entstammen dem Jahresbericht des U. S. Immigration and Naturalization Service sowie dem U. S. Census of Transportation, *National Travel Survey, Travel During 1972.*

56 Die Unternehmensbefragung von 1972 (Census of Business) war beim Schreiben dieses Buches noch nicht veröffentlicht. Alle Zahlen in dem Text sind eigene Schätzungen, die ich durch die Extrapolation früherer Umfragen erhalten habe.

57 Mein besonderer Dank gilt L. A. Henderson, Präsident von »Pier I Imports«, Inc., Fort Worth, Texas, der mir diese Schätzung geliefert hat.

58 Der Schätzwert für 1972 wurde aus den Daten von Tabelle 13 extrapoliert; der Anteil der Blumen für Krankenhäuser usw. ist den U. S. D. A. *Marketing Economics Division*, Economics Research Service, Bericht 855, Tab. 2, 3 entnommen.

59 In diesem Zusammenhang ist jedoch wichtig, daß sich gegenwärtig ein neuer Typ des Facharz-

tes durchzusetzen scheint, der des Hausarztes (family physician). Vielleicht fangen wir zumindest in diesem Bereich an, die Bedeutung der Funktionen des Generalisten zu erkennen, indem wir versuchen, sein Ansehen und sein Einkommen dadurch aufzubessern, daß wir ihn als Spezialisten bezeichnen.

60 Diese Information verdanke ich Shirley VanCampen, Vorstandssekretärin bei der American Society of Interior Designers, California Northern District Chapter, sowie Michael Vincent, ASID, und Emerson Whipple, ASID, von San Francisco, und Lilian Grassman von Stockholm.

61 Die Umsatzzahlen entstammen dem »Automobile Facts and Figures« von 1949, 1959 und 1969; die Zahlenangaben über die Länge sind ungewichtete Durchschnitte, die von dem Autor an Hand von Informationen aus den Consumer Reports vom Februar 1938, Mai 1948, September 1958, April 1960, Januar, April, Juli 1969 und April 1964 berechnet wurden.

62 Die Angabe von 1954 in Tabelle 4 ist in Preisen von 1958 ausgedrückt und mußte verkleinert werden, um sie mit den Schätzungen im Text vergleichbar zu machen.

Literatur

Alsleben, K., *Ästhetische Redundanz*, Quickborn 1962.

Amsel, A., *The Role of Frustrative Nonreward in Noncontinuous Reward Stituations:* Psychological Bulletin 55, 1958.

Atkinson, J. W./D. Birch, *The Dynamics of Action*, New York 1970.

Baumann, D. D., *Perception and Public Policy in the Recreational Use of Domestic Water Supply Reservoirs:* Water Resources Research 5, 1969.

Beckerman, W., *International Comparisons of Real Incomes*, Paris 1966.

Beesly, M. E. *The Value of Time Spent in Travelling: Some New Evidence:* Economica 32, 1965.

Berlyne, D. E., *Conflict, Arousal, and Curiosity*, New York 1960.

–, *Arousal and Reinforcement:* Nebraska Symposium on Motivation 1967, Lincoln 1967.

–, *Aesthetics and Psychobiology*, New York 1971.

Bexton, W. H./W. Heron, T. H. Scott, *Effects of Decreased Variation in the Sensory Environment:* Canadian Journal of Psychology 8, 1954.

Bills, A. G., *The Influence of Muscular Tension on the Efficiency of Mental Work:* American Journal of Psychology 28, 1927.

Bolande, R. P., *Ritualistic Surgery – Circumcision and Tonsillectomy:* New England Journal of Medicine 280, 1969.

Boring, E. G., *A New Ambiguous Figure:* American Journal of Psychology 42, 1930.

Boskin, M., *The Effects of Taxes on the Supply of Labor: With Special Reference to Income Maintenance Programs:* Proceedings of the 64th Annual Conference on Taxation, Columbus 1971.

Bradburn, N. M./C. E. Toll, *The Structure of Psychological Well-being*, Chicago 1969.

Break, G. F., *Income Taxes and Incentives to Work: An Empirical Study:* American Economic Review 37, 1957.

Brecher, E. M. u. a. Hg., *Consumer Reports, Licit and Illicit Drugs*, Mount Vernon 1972.

Brown, D. F./K. Daudiss, *Prevalence (of Hyperlipoproteinemia) in a Freeliving Population in Albany*, N. Y.: Circulation 47, 1973.

Bruce, R. H., *The Effect of Lessening Drive upon Performance by White Rats in a Maze:* Journal of Comparative Psychology 25, 1938.

Brunner, D./G. Manelis, *Myocardial Infarction Among Members of Communal Settlements in Israel:* Lancet 2, 1960.

Bunker, J. P., *Surgical Manpower. A Comparison of Operations and Surgeons in the United States and in England and Wales:* New England Journal of Medicine 282, 1970.

–, *Economic Incentives of Social Progress in Medicine:* Pharos of Alpha Omega Alpha 34, 1971.

Burney, C., *Solitary Confinement*, London 1952.

Chance, M. R. A./C. J. Jolly, *Social Groups of Monkeys, Apes and Men*, London 1970.

Chartes, W. W., *How Much Do Professors Work:* Journal of Higher Education 13, 1942.

Cofer, C. N./M. H. Appley, *Motivation: Theory and Research*, New York 1964.

Colquhoun, W. P./D. W. J. Corcoran, *The Effects of Time of Day and Social Isolation on the Relationship between Temperament and Performance:* British Journal of Social and Clinical Psychology 3, 1964.

Cseh-Szombathy, L., *International Differences in the Types and Frequencies of Social Contacts:* Szalai 1972.

Debreu, P., *Les Comportements de Loisirs des Français (Enquête de 1967) Résultats détaillés:* Les Collections de l'INSEE 25.

Dember, W. N., *Response by the Rat to Environment Change:* Journal of Comparative Physiological Psychology 49, 1956.

–, *Alternation Behavior:* Fiske/Maddi 1961.

Duffy, Elizabeth, *The Psychological Significance of the Concept of ›Arousal‹ or ›Activation‹:* Psychological Review 64, 1957.

Easterlin, R. A., *Does Economic Growth Improve the Human Lot?:* P. A. David/M. W. Reder (Hg.), *Nations and Households in Economic Growth. Essays in Honor of Moses Abramovitz,* New York 1974.

Eysenck, H. J., *The Biological Basis of Personality,* Springfield Ill. 1967.

–, *Psychology is About People,* London 1972.

Ferge, Susan, *Social Differentiation in Leisure Activity Choices: An Unfinished Experiment:* Szalai 1972.

Fisher, F. M., Zvi Griliches, Carl Kaysen, *The Costs of Automobile Changes Since 1949:* Journal of Political Economy 70, 1962.

Fisk, Martin, *University of Minnesota Faculty Acitvities Report of Fall Quarter,* 1968.

Fiske, D. W./S. R. Maddi, *A Conceptual Framework:* dies. (Hg.), *Functions of Varied Experience,* Homewood, Ill. 1961.

Flugel, J. C., *›L' Appétit Vient en Mangeant‹: Some Reflections on the Self-Sustaining Tendencies:* British Journal of Psychology 38, 1948.

Fox, S. M./J. S. Skinner, *Physical Activity and Cardiovascular Health:* The American Journal of Cardiology 14, 1965.

Frank, C. W. u. a., *Physical Inactivity as a Lethal Factor in Myocardial Infarction Among Men:* Circulation 34, 1966.

Frank, H., *Informationsästhetik. Grundlagenprobleme und erste Anwendung auf die Mime Pure,* Quickborn 1968.

Fromm, E., *Marx's Concept of Man,* New York 1961; Deutsch: *Das Menschenbild bei Marx,* Köln ⁴1972.

Fuchs, V. R., *Some Economic Aspects of Mortality in Developed Countries:* Mark Perlman (Hg.), *The Economics of Health and Medical Care-Proceedings of Conference held by the I.E.A. at Tokyo,* London 1974.

Giedion, S., *Mechanization Takes Command,* New York 1948.

Giese, H./G. Schmidt, *Studenten-Sexualität. Verhalten und Einstellung,* Hamburg 1968.

Grubb, W. N./M. Lazerson, *American Education and Vocationalism: A Documentary History 1870–1970,* New York 1974.

Gunzenhäuser, R., *Zur informationstheoretischen Betrachtung von Lernvorgängen: Konsequenzen für die Erzeugung und Betrachtung ästhetischer Objekte:* Ronge 1968.

Harlow, H. F., *Learning and Satiation of Response in Intrinsically Motivated Complex Puzzle Performance by Monkeys:* Journal of Comparative and Physiological Psychology 43, 1950.

Hawtrey, R. G., *The Economic Problem,* London 1925.

–, *The Need for Faith:* Economic Journal 56, 1946.

Hebb, D. O., *Elementary School Methods:* Teacher's Magazine (Montreal) 12, 1930.

–, *Drives and the C.N.S.:* Psychological Review 62, 1955.

–, *The Organization of Behavior,* New York 1949.

Heilmann, J. D., *Methods of Reporting the College Teacher's Load and Administrative Efficiency:* Educational Administration and Supervision 11, 1925.

Helson, H., *Adaptation Level Theory,* New York 1964.

Hilgard, E. R./G. H. Brower, *Theories of Learning,* New York ³1948.

Hill, W. E., *My Wife and My Mother-in-law:* Puck 6, 1915.

Holloszy, J. u. a., *Effects of A Six-Month Program of Endurance Exercise on the Serum Lipids of Middle-Aged Men:* American Journal of Cardiology 14, 1964.

Hume, David, *On Refinements in the Arts:* E. Rotwein (Hg.), *Writings on Economics* Madison 1955.

Hunt, J. McV., *Intrinsic Motivation and its Role in Psychological Development:* Nebraska Symposium on Motivation 1965, Lincoln 1965.

Hutton, G., *We Too Can Prosper,* London 1953.

Judson, H. F., *A Reporter at Large (Heroin in Great Britain):* The New Yorker 24. 9., 1. 10. 1973.

Kaplan, J., *Marijuana: The New Prohibition,* New York 1970.

Karsten, A., *Psychische Sättigung:* Psychologische Forschung 10, 1928.

Kevenhörster, P./W. Schönbohm, *Zeitökonomie im Management: Zur Zeiteinteilung von Führungskräften in Wirtschaft und Politik,* Bonn 1972.

Kinsey, A. C./W. B. Pomeroy, C. E. Martin, *Sexual Behavior in the Human Male,* Philadelphia 1948.

Koos, L. F., *The Adjustment of the Teaching Load in a University:* Washington D. C. Bulletin 15, 1919.

Lassus, B., *Vers un Paysage Global de l'Habitant au Professionnel:* Society and Leisure 4, 1972.

Latane, B./J. M. Darley, *the Unresponsive Bystander: Why Doesn't He Help?* New York 1970.

Le Roux, P., *Les Comportements de Loisirs des Français:* Les Collections de l'INSEE, Serie M, 2, 1970a.

–, *Les vacances des Français en 1969:* Les Collections del'INSEE, Serie M, 6, 1970b.

Lewis, C. E., *Variations in the Incidence of Surgery:* New England Journal of Medicine 281, 1969.

Linder, S. B., *The Harried Leisure Class,* New York 1970.

Long, L., *On Measuring Geographic Mobility:* Journal of the Statistical Association 65, 1970.

Lynn, R., *Personality and National Character,* Oxford 1971.

Marshall, L. A., *Men Against Fire,* New York 1947.

Maslow, A. H./N. L. Mintz, *Effects of Esthetic Surroundings: I. Initial Effects of Three Esthetic Conditions upon Perceiving ›Energy‹ and ›Well-being‹ in Faces:* Journal of Psychology 41, 1956.

Mauss, M., *The Gift,* Glencoe, Ill. 1954.

May, E., *Narcotics Addiction and Control in Great Britain: Dealing with Drug Abuse. A Report to the Ford Foundation,* New York 1972.

Mayer, J., *Overweight: Causes, Cost, and Control,* Englewood Cliffs, N. Y. 1968.

McKee, J. E./H. W. Wolf (Hg.), *Water Quality Criteria,* Sacramento 1963.

Melder, K. E., *The Beginnings of the Women's Rights Movements in the U.S. 1800–1840* (Diss.) 1969.

Meyer, L. B., *Emotion and Meaning in Music,* Chicago 1956.

Mintz, N. L., *Effects of Esthetic Surroundings:* II. Prolonged and Repeated Experience in a ›Beautiful‹ and an ›Ugly‹ Room: Journal of Psychology 41, 1956.

Mitchell, W. C., *The Backward Art of Spending Money;* American Economic Review 2, 1912.

Moles, A., *Information Theory and Esthetic Perception,* Urbana 1966.

–, *Information und Redundanz:* Ronge 1968.

Morecock, E. M., *How the Faculty of a Technical Institute Divides its Time:* Educational Research Bulletin 13, 1935.

Morgan, E. S., *The Puritan Ethic and the American Revolution:* William and Mary Quarterly, Serie 3, 24, 1967.

Morris, J. N. u. a., *Coronary Heart Disease and Physical Activity of Work:* Lancet 2, 1953.

Morris, N.,/G. Hawkins, *The Honest Politician's Guide to Crime Control,* Chicago 1970.

Moss, M., *Consumption: A Report of Contemporary Issues:* W. B. Sheldon/W. E. Moore (Hg.), *Indicators of Social Change. Concepts and Measurements,* New York 1968.

Mowrer, O. H., *Two-Factor Learning Theory Reconsidered, with Special Reference to Secondary Reinforcement and the Concept of Habit:* Psychological Review 63, 1956.

Nahrstedt, W., *Die Entstehung der Freizeit,* Göttingen 1972.

Niaudet, J., *L'Evolution de la Consommation des Ménages de 1959 à 1968:* Consommation-Annales du CREDOC 2/3, 1970.

Nissen, H. W., *The Nature of the Drive as Innate Determinant of Behavioral Organization:* Nebraska Symposium on Motivation, Lincoln 1954.

Nordhaus, W./J. Tobin, *Is Growth Obsolete?:* National Bureau of Economic Research, General Series 96.

Oscal, L. u. a., *Normalization of Serum Triglycerides and Lipoprotein Electrophoretic Patterns by Exercise:* American Journal of Cardiology 30, 1972.

Paz, O., *Eroticism and Gastrosophy:* Daedalus 101, 1972.

Pearson, R. J. C. u. a., *Hospital Caseloads in Liverpool, New England, and Uppsala: An International Comparision:* Lancet 2, 1968.

Piaget, J., *La Naissance de l'Intelligence chez l'Enfant,* Neuchâtel/Paris 1936.

Pleasants, H., *The Agony of Modern Music,* New York 1955.

Pullar, P., *Consuming Passions – A History of English Food and Appetite,* London 1970.

Quarmby, D. A., *Choice of Travel Mode for the Journey to Work: Some Findings:* Journal of Transport Economics and Policy 1, 1967.

Riedel, H., *Einführung in die Informationspsychologie:* Ronge 1968.

Rietz, Carl A., *A Guide to the Selection, Combination, and Cooking of Foods,* 2 Bde., Westport, Conn. 1961–65.

Robinson, J. P., *Social Change as Measured by Time Budget* (Arbeitspapier zum American Sociological Association Meeting 1967).

Robinson, J. P./P. E. Converse, A. Szalai, *Everyday Life in Twelve Countries;* Szalai 1972.

Ronge, H. (Hg.), *Kunst und Kybernetik,* Köln 1968.

Rudovsky, B., *Architecture without Architects,* New York 1965.

Schmalensee, R., *The Economics of Advertising,* Amsterdam 1972.

Scholes, P. A., *The Oxford Companion to Music,* London 9 1938.

Scitovsky, T., *What's Wrong with the Arts Is What's Wrong with Society:* American Economic Review (Proceedings) 62, 1972.

Shannon, C. E./W. Weaver, *The Mathematical Theory of Communication,* Urbana 1949.

Sharpless, S./H. Jasper, *Habituation of the Arousal Reaction:* Brain, Bd. 79, 1956.

Sheffields, F. D./J. J. Wulff, R. Backer, *Reward Value of Copulation without Sex Drive Reduction:* Journal of Comparative and Physiological Psychology 44, 1915.

Sheppard, H. L./N. Q. Herrick (Hg.), *Where Have All the Robots Gone?* New York 1972.

Simon, J. L., *Interpersonal Welfare Comparisons Can be Made – And Used for Redistribution Decisions:* Kyklos 27, 1974.

Siragelding, A.-H., A.-H., *Non-market Components of National Income,* Ann Arbor 1969.

Solomon, R. L./J. D. Corbit, *An Opponent-Process Theory of Motivation: I. Temporal Dynamics of Affect:* Psychological Review 81, 1974.

Szalai, A. (Hg.), *The Use of Time,* Den Haag 1972.

Taira, Koji, *Consumers Preferences, Poverty Norms and Extent of Poverty:* Quarterly Journal of Economics and Business 1969.

Tawney, R. H., *Religion and the Rise of Capitalism,* New York 1926.

U. S. Department of Commerce/Office of Business Economics, *The National Income and Product Accounts of the United States, 1929–65,* Statistical Tables.

Vayda, E., *A Comparison of Surgical Rates in Canada and in England and Wales:* New England Journal of Medicine 289, 1973.

Welker, W. J., *An Analysis of Exploratory and Play Behavior in Animals:* D. W. Fiske/S. R. Maddi (Hg.), *Functions of Varied Experience,* Homewood, Ill. 1961.

Wilensky, H. L., *The Uneven Distribution of Leisure: The Impact of Economic Growth on ›Free Time‹:* Social Problems 9, 1961.

Wood, P. D. S. u. a., *Prevalence of Plasma Lipoprotein Abnormalities in a Free-Living Population of the Central Valley, California:* Circulation 45, 1971.

Young, M./P. Willmott, *The Symmetrical Family,* New York 1973.

Zukel, W. u. a., *A Short-Term Community Study of the Epidemiology of Coronary Heart Disease –* American Journal of Public Health 49, 1959.

Register

Reihe Campus

Daniel Bell
Die nachindustrielle Gesellschaft
Band 1001:
1985. 392 Seiten

Lutz Franke (Hg.)
Menschlich wohnen
Band 1002:
1985. 168 Seiten

Käte Frankenthal
Jüdin, Intellektuelle, Sozialistin
Lebenserinnerungen einer Ärztin in Deutschland und im Exil
Band 1003:
1985. 256 Seiten

Joel Kovel
Kritischer Leitfaden der Psychotherapie
Band 1004:
1985. 312 Seiten

Oskar Negt
Lebendige Arbeit, enteignete Zeit
Politische und kulturelle Dimensionen des Kampfes um die Arbeitszeit
Band 1005:
1985. 312 Seiten

Stephan Quensel
Mit Drogen leben
Erlaubtes und Verbotenes
Band 1006:
1985. 177 Seiten

Dieter Bartetzko
Architektur kontrovers
Schauplatz Frankfurt
Band 1007:
1986. 192 Seiten mit 35 Abb.

Hermann Bausinger
Volkskultur in der technischen Welt
Band 1008:
1986. 228 Seiten

Jörg Tröger (Hg.)
Hochschule und Wissenschaft im Dritten Reich
Band 1009:
1986. 140 Seiten

Daniel Bell
Die Sozialwissenschaften seit 1945
Band 1010:
1986. 204 Seiten

K.-W. Brand, D. Büsser, D. Rucht
Aufbruch in eine andere Gesellschaft
Neue soziale Bewegungen in der Bundesrepublik
Band 1011:
1986. 320 Seiten

Karl-Heinz Kohl
Exotik als Beruf
Erfahrung und Trauma der Ethnographie
Band 1012:
1986. 152 Seiten

Paul Lüth
Von der stummen zur sprechenden Medizin
Über das Verhältnis von Patient und Arzt
Band 1013:
1986. 222 Seiten

Henner Hess
Rauchen
Geschichte, Geschäfte, Gefahren
Band 1014:
1987. 192 Seiten mit 25 Abbildungen

Albert Mehrabian
Räume des Alltags
Wie die Umwelt unser Verhalten bestimmt.
Band 1015:
1987. 184 Seiten

Peter L. Berger, Brigitte Berger, Hansfried Kellner
Das Unbehagen in der Modernität
Band 1016:
1987. 212 Seiten

André Malraux
Das imaginäre Museum
Band 1017:
1987. 120 Seiten

Benedict Anderson
Die Erfindung der Nation
Zur Karriere eines folgenreichen Konzepts
Band 1018:
1988. 216 Seiten

Luciano Mecacci
Das einzigartige Gehirn
Über den Zusammenhang von Hirnstruktur und Individualität
Band 1019:
1988. 200 Seiten.
37 Abbildungen

Joachim S. Hohmann
Geschichte der Zigeunerverfolgung in Deutschland
Band 1020:
1988. 248 Seiten

Oskar Negt
Die Herausforderung der Gewerkschaften
Plädoyers für die Erweiterung ihres politischen und kulturellen Mandats
Band 1021: 1989.
Ca. 200 Seiten

John Allen Paulos
Ich lache, also bin ich
Einladung zur Philosophie
Band 1022:
1988. 176 Seiten

Bernhard Groethuysen
Philosophie der Französischen Revolution
Mit einem Nachwort von Eberhard Schmitt
Band 1023:
1989. 210 Seiten

Frank Niess (Hg.)
Interesse an der Geschichte
Band 1024:
1989. 143 Seiten

Mathias Greffrath (Hg.)
Die Zerstörung einer Zukunft
Gespräche mit emigrierten Sozialwissenschaftlern
Band 1025:
1989. 317 Seiten

Bernhard Lutz
Der kurze Traum immerwährender Prosperität
Eine Neuinterpretation der industriell-kapitalistischen Entwicklung im Europa des 20. Jahrhunderts
Band 1026:
1989. 283 Seiten

Benjamin B. Ferencz
Wege zum Weltfrieden
Band 1027: 1989.
204 Seiten

Charles Perrow
Normale Katastrophen
Die unvermeidlichen Risiken der Großtechnik
Band 1028:
1989. 434 Seiten

Tibor Scitovsky
Psychologie des Wohlstands
Die Bedürfnisse des Menschen und der Bedarf der Verbraucher
Band 1029:
1989. 252 Seiten